EL DERECHO DE AUTOR EN EL
MARCO DE LOS DERECHOS HUMANOS
SU CONSAGRACIÓN CONSTITUCIONAL EN ESPAÑA Y
DEMÁS PAÍSES IBEROAMERICANOS

GILENI GÓMEZ MUCI

EL DERECHO DE AUTOR EN EL MARCO DE LOS DERECHOS HUMANOS SU CONSAGRACIÓN CONSTITUCIONAL EN ESPAÑA Y DEMÁS PAÍSES IBEROAMERICANOS

PRÓLOGO

PROFESOR CARLOS FERNANDO BONDÍA ROMÁN
Catedrático de Derecho Civil de la
Universidad Carlos III de Madrid

COLECCIÓN ESTUDIOS JURÍDICOS

N° 112

Editorial Jurídica Venezolana
Caracas, 2016

© Gileni Gómez Muci
ISBN 978-980-365-339-2
Depósito Legal lf54020163401116

Editorial Jurídica Venezolana
Sabana Grande, Av. Francisco Solano, Edif. Torre Oasis, Local 4, P.B.
Apartado Postal 17.598, Caracas 1015-A, Venezuela
Teléfonos: 762.2553/762.3842 - Fax: 763.5239
E-mail fejv@cantv.net
http://www.editorialjuridicavenezolana.com.ve

Impreso por: Lightning Source, an INGRAM Content company
para Editorial Jurídica Venezolana International Inc.
Panamá, República de Panamá.
Email: ejvinternational@gmail.com

Diagramación, composición y montaje
por: Mirna Pinto de Naranjo, en letra Book Antigua 11,
Interlineado 12, mancha 11.5x18

A mi madre Gileni Muci Mendoza (1923-2014)
In Memoriam

El contenido de esta obra constituyó la tesis doctoral defendida en Madrid, España, el día 18 de mayo de 2015, para la obtención del título de Doctor por la UNED, con la calificación de Sobresaliente.

El tribunal designado para juzgarla, estuvo integrado por el catedrático de la UNED, Profesor Ramón Parada Vázquez en calidad de Presidente; la catedrática de la Universidad de Valencia, Profesora Concepción Saiz García en calidad de Secretaria; y la catedrática de la Universidad de Alicante, Profesora Raquel Evangelio Llorca.

La tesis fue dirigida por el catedrático de la Universidad Carlos III de Madrid, Profesor Carlos Fernando Bondía Román, siendo designado como tutor de la misma, el Catedrático de la UNED, Profesor Jesús Prieto de Pedro.

A todos estos eminentes profesores, mi consideración y agradecimiento.

Caracas, abril 2016

Gileni Gómez Muci

ABREVIATURAS

ADPIC	Acuerdo sobre los Aspectos de los Derechos de Propiedad Intelectual relacionados con el Comercio
CAN	Comunidad Andina de Naciones
CE	Constitución española de 1978
CONVENCIÓN AMERICANA	Convención Americana sobre los Derechos Humanos
CONVENCIÓN DE ROMA	Convención internacional sobre la protección de los Artistas intérpretes y ejecutantes, los productores de fonogramas y los organismos de radiodifusión
CEDH	Corte Europea de Derechos Humanos
CUB	Convenio de la Unión de Berna para la Protección de las Obras Literarias y Artísticas
CUDA	Convención Universal sobre Derecho de Autor
DECLARACIÓN AMERICANA	Declaración Americana de los Derechos y Deberes del Hombre de 1948
DIRECTIVA EUROPEA	Directiva europea sobre derechos de autor y derechos afines a los derechos de autor en la sociedad de la información
EEUU	Estados Unidos de América

GATT	General Agreement on Tariff and Trade
LsDA	Ley sobre Derecho de Autor venezolana
LPI	Ley de Propiedad Intelectual española
OMC	Organización Mundial del Comercio
MPI	Organización Mundial de la Propiedad Intelectual
TC	Tribunal Constitucional español
TDH	Tribunal Europeo de Derechos Humanos
TFUE	Tratado de Funcionamiento de la Unión Europea
TODA	Tratado de la OMPI sobre Derecho de Autor
TOIEF	Tratado de la OMPI sobre Interpretación o Ejecución y Fonogramas
TS	Tribunal Supremo español
TRIPs	Agreement on Trade Related Aspects on Intellectual Property
TRLPI	Texto refundido de la Ley de Propiedad Intelectual Española
UK	Reino Unido / Inglaterra
VARA	Visual Artists Rights Act (EEUU)
WIPO	World Intellectual Property Organization OMPI

PRÓLOGO

Este libro constituye en lo fundamental la tesis doctoral que la autora defendió brillantemente en la Universidad Nacional de Educación a Distancia en mayo de 2015, una vez reducida a unas dimensiones aconsejables para su publicación en forma de libro y corregida con las observaciones y sugerencias formuladas por el tribunal ante el que se leyó la tesis. Culminó así sus estudios del Doctorado en Derecho de la Cultura, impartido conjuntamente entre la citada universidad y la Universidad Carlos III de Madrid. De ahí que se mencione en el título a España, ya que aunque el tema del libro abarca a todos los países iberoamericanos, se dedica especial atención al ordenamiento español, no solo por doctorarse en España -lo cual es intranscendente, pues lo que se juzga e importa es un estudio científico, original y analítico, con independencia de su adscripción a uno o varios ordenamientos concretos-, sino sobre todo porque es donde mayor doctrina y jurisprudencia existe sobre el derecho de autor y los derechos humanos. Obviamente ello no supone que no se preste la debida atención ni se trate de agotar el estudio de la materia en el resto de los países iberoamericanos.

Comienza la doctora Gómez Muci por hacer una necesaria presentación panorámica, pero ajustada y precisa, del derecho de autor como algo previo y necesario para luego analizar su consideración como un derecho humano y su encaje en los textos constitucionales. Tarea no sencilla, pues no resulta fácil tratar de precisar su naturaleza jurídica ni ofrecer sus rasgos esenciales o elementos estructurales, tanto por la propia dificultad intrínseca como por la diversidad de configuraciones que ofrece en las legislaciones nacionales de los diferentes Estados analizados. Aunque lo que no parece que ofrezca duda es, con independencia de la denominación que se le dé y de las diversas teorías al respecto que la autora describe acertadamente, su carácter de derecho real sobre un bien inmaterial (obra literaria, científica o artística), que otorga a su titular (autor como titular originario o cualquier otro titular derivativo que traiga causa del autor o de la ley) un poder o señorío pleno sobre el mismo, un *ius prohibendi*, una exclusiva de explotación o, si se quiere, un monopolio. Aunque no tan pleno en el caso de los cesionarios o titulares derivativos, pues el aspecto no patrimonial o moral del derecho de autor es indisponible, a diferencia de lo que sucede con los derechos de explotación, que son despiezables y susceptibles de transferencia a terceros.

El grueso de la monografía está dedicado, de conformidad con su título, a la incardinación del derecho de propiedad intelectual entre los derechos humanos y los derechos fundamentales, lo que exige la previa delimitación de ambos y posterior distinción si menester fuera, lo que la autora aborda con decisión para concluir, sin llegar a caer en una logomaquia, en que hay una relación de "subordinación" podríamos decir, en la medida en que después de un análisis de textos jurídicos nacionales e internacionales, se aboga por una relación de género (derechos humanos) a especie (derechos fundamentales). Aunque vienen a ser lo mismo si estos se encuentran positivizados en las constituciones estatales, tal como se acaba concluyendo. Pero lo cierto es que no en todos los textos normativos analizados vienen a significar lo mismo, e incluso en algunos se añade otra categoría distinta a los expresamente considerados por la autora, como son los denominados derechos de la personalidad, que no siempre coinciden en su naturaleza jurídica, alcance o significado con los derechos humanos y los fundamentales ¿Es el derecho de autor un derecho de la personalidad? Si así no fuera ¿Significaría que no puede ser considerado como un derecho fundamental? ¿Son todos los derechos de la personalidad derechos fundamentales? No entra la autora en especiales consideraciones al respecto y hace bien, porque lo sustancial no son las categorías o clasificaciones, sino los efectos que produzcan los derechos y estos vienen diseñados por las leyes o constituciones que los reconocen.

En realidad, la historia nos pone de manifiesto como el propio derecho de autor está vinculado al liberalismo político y al reconocimiento de los derechos naturales, de los derechos del hombre y del ciudadano o de los derechos humanos. Dejando al margen el Estatuto inglés de 1709, es con la Constitución de los Estados Unidos de 1787 y con la Declaración de los derechos humanos proclamada por la Revolución francesa cuando se llega a la consagración definitiva del derecho de autor como tal, es decir, como un derecho fundado sobre situaciones objetivas y reconocido por una ley aplicable a todos. O sea, como un auténtico derecho subjetivo y no como un privilegio concedido primero a los editores y luego a los autores, que encuentra su fundamento tanto en razones de interés público para la promoción de la cultura y la ciencia, como en principios basados en el Derecho natural y en la tutela dominical de los resultados del trabajo, o sea, de la creación. Por tanto, ya desde sus orígenes el derecho que protege la obra producto de la inteligencia de su autor se considera como un derecho natural, como uno de los derechos humanos del individuo respecto de los cuales el Estado no hace más que constatar su existencia.

En España, el advenimiento del Estado liberal también origina la correspondiente disposición legislativa que viene a otorgar a la propiedad intelectual el carácter de un verdadero derecho y no el de un simple privilegio al que se tenía la posibilidad de acceder. Así, un Decreto de las Cortes de Cádiz de 1813 estableció "que siendo los escritos una propiedad de su autor, sólo éste, o quien tuviere su permiso, podría imprimirlos". Decreto, recuérdese, que, al igual que la Constitución de Cádiz, tuvo vigencia en gran parte de América, en todo el territorio de las Españas.

Puede afirmarse, pues, que la regulación del derecho de autor (o propiedad intelectual en sentido estricto), al otorgar derechos exclusivos por un periodo de tiempo limitado a los autores responde, por una parte, al interés público en estimular la creatividad en las artes y las ciencias y, por otra, a las exigencias que reclaman una difusión lo más amplia posible de los resultados del trabajo intelectual creador. Tal como se desprende del libro que presentamos y comentamos, esta conexión entre el interés público, la tutela del trabajo y el progreso cultural y científico, es la que determina la constitucionalización del derecho de autor y su consideración como un derecho fundamental. Lo que se pone de manifiesto tanto en la mayoría de los ordenamientos nacionales analizados (en unos expresamente y en otros de manera indirecta), como en los numerosos tratados y convenciones internacionales comentados por la autora. Especialmente en el art. 27 de la Declaración de derechos de 1948, que resulta paradigmático por regular en un mismo precepto dos derechos aparentemente antagónicos, pero con un fuerte parentesco de consanguinidad: el derecho de acceso a la cultura y el derecho de autor. Pudiera parecer que ambos derechos son contradictorios o incompatibles, pues el derecho de autor se basa en un sistema de exclusividad que representa un freno u obstáculos a la transmisión de los elementos fundamentales del saber, indispensable para la educación, el progreso cultural, social y económico. Pero forman aspectos complementarios de un todo indivisible. El progreso cultural depende del derecho de autor y la propia producción creativa requiere un previo acceso a la cultura.

De todo lo anterior, en su amplia extensión, con sus detalles y precisiones, trata la monografía de la doctora Gómez Muci. Su núcleo central consiste en destacar el valor político del derecho de autor, encuadrándolo en los derechos de libertad y en estrecha e íntima conexión con la libertad de expresión e información. Encuadramiento que resulta completamente lógico y consecuente con la evolución histórica del derecho de autor, pues este constituye una consecuencia de la libertad de expresión y un poderoso instrumento para la libre formación del desarrollo de la cultura, de la educación y de la información. La libertad de expresión forma parte del derecho de autor pues su ausencia ahoga la creatividad en todos sus ámbitos y, además, constituye el cauce o iter por donde discurre aquella. Al mismo tiempo, el derecho de autor es también una garantía de la libertad de expresión e información, pues permite al autor crear su obra sin dependencias financieras, controlar la utilización que se pueda hacer de la misma, decidir si se divulga o comunica y, en ese caso, en qué forma y por qué medios. Garantía que, puede decirse, se extiende a la existencia del mismo sistema democrático, en la medida en que fomenta la variedad, el pluralismo político y la existencia de una opinión pública libre y, por tanto, la elección de opciones en libertad. Como muy bien dice la autora en el libro que comentamos "el derecho de autor constituye una prolongación de la libertad de crear".

De ahí que en la gran mayoría de las constituciones analizadas, todas las iberoamericanas con excepción de la del Principado de Andorra, se refleje y considere el derecho de autor como derecho humano fundamental "tanto por el contenido dogmático de la norma, como por las máximas garantías establecidas en todos esos países para su ejercicio", ya sea de forma explícita o a través de distintas configuraciones jurídicas o jurisprudenciales que conducen a los mismos resultados prácticos. Al margen de la terminología y técnicas propias de cada texto constitucional, dichos resultados se traducen básicamente en la posibilidad de acudir al órgano jurisdiccional garante de los derechos constitucionalmente consagrados para la protección y tutela del derecho de autor, así como en un mayor rango normativo o mayorías cualificadas para su desarrollo legal.

El trabajo de la doctora Gómez Muci representa una tarea ingente de búsqueda, recopilación, estudio, sistematización y análisis de multitud de textos normativos, ya sean nacionales o internacionales, también doctrinales y jurisprudenciales. Ofrece una completa visión del tema analizado y representa un muy útil instrumento de consulta y estudio para la defensa y promoción del derecho de autor, así como para dar impulso a posteriores investigaciones y desarrollo de muchos temas que plantea y suscita su lectura. Revela muchos años de trabajo, esfuerzo y dedicación que, sin duda, tendrán su recompensa en el reconocimiento académico y personal que merezca la autora para sus lectores, que, al menos para quien esto gustosamente escribe, resulta elevado y especialmente considerado.

Fernando Bondía Román
Catedrático de Derecho Civil
Universidad Carlos III de Madrid

RESUMEN: *Toda la evolución del derecho de autor y su innegable impacto en lo económico, tecnológico y comercial, no debe opacar su esencia y razón de ser que no es otra que su fundamentación como derecho humano, en forma de un reconocimiento legal expreso de los derechos morales y patrimoniales de los titulares del derecho de autor, lo que se ve reflejado en la tutela otorgada a este derecho como derecho fundamental tanto por el Derecho Internacional como por el Derecho Constitucional de los países iberoamericanos.*

PALABRAS CLAVE: *Derecho internacional de los derechos humanos, derecho de autor, derechos humanos, derechos fundamentales, derecho constitucional comparado.*

ABSTRACT: *The droit d'auteur's development and evolution as well as its undeniable impact on the economic, technological and commercial matters, should not deter us from recognizing its essence and its raison d'être, which is no other than a fundamental human right. As a matter of fact, droit d'auteur rightholders see their moral and material rights expressly recognized by International law, as well as by the Constitutions from Iberoamerican countries.*

KEY WORDS: *International Human Rights Law, droit d'auteur, human rights, fundamental rights, comparative constitutional law.*

PRESENTACIÓN

El derecho de autor y su gran importancia en lo económico, tecnológico y comercial como consecuencia del desarrollo de innumerables soportes que permiten su divulgación a nivel global, no debe apartarnos de su esencia que no es otra que su fundamentación como derecho humano lo que aparece consagrado en diversos instrumentos jurídicos internacionales, con su posterior consagración en los estamentos constitucionales de los diferentes países.

Es significativa la importancia del reconocimiento del derecho de autor a través del sistema internacional de los derechos humanos, hoy llamado *Derecho internacional de los derechos humanos*, a pesar de que el enfoque económico que se le da en general, a la propiedad intelectual, particularmente en los Tratados de Libre Comercio –TLCs- difiere grandemente de lo que se entiende como un derecho humano universal ya que frente a lo individual que pareciera la propiedad intelectual en su conjunto, como derecho de carácter privado, la óptica de los derechos humanos toma en cuenta a los creadores colectivamente, en el marco de grupos, comunidades o naciones, considerando su valor intrínseco como manifestación de la libre creación, la evolución cultural y la dignidad del ser humano, condicionado a su aporte al bien común y a la sociedad en su conjunto.

Ahora bien, a nivel de derecho interno, pareciera no existir una vertiente normativa constitucional uniforme para el derecho de autor, consagrando su protección explícita entre otros, como derecho humano o como derecho de propiedad o de manera implícita en el marco de otros derechos humanos fundamentales como el de libertad de expresión.

Partiendo de las diferencias terminológicas entre lo que se entiende por un derecho humano y un derecho fundamental, esta investigación pretende hacer un pequeño aporte académico para determinar en el Derecho Constitucional en Iberoamérica, la consagración del derecho de autor como uno u otro de estos derechos, lo que vendrá dado tanto por su incorporación sustantiva en el texto constitucional como por el establecimiento de las garantías necesarias para su efectivo ejercicio y así poder determinar la existencia o no, de una vertiente normativa constitucional y legal para este derecho, en Iberoamérica.

La falta de uniformidad de criterios y la escasez de literatura específica sobre el tema del derecho de autor como derecho humano, impuso a esta investigación, realizar tanto un enfoque analítico exhaustivo para poder construir puentes entre el derecho de autor y los derechos humanos, como de un enfoque interdisciplinario entre las áreas del conocimiento abordadas y figuras, disciplinas y parcelas jurídicas implicadas de las cuales sobresalen, el Derecho constitucional, el Derecho civil, el Derecho internacional de los derechos humanos y el Derecho administrativo, tratando de aplicar la legislación, doctrina y jurisprudencia de estas disciplinas en forma equilibrada y ajustada a la importancia que cada una de ellas merece.

El estudio del tema se presenta dividido en cuatro grandes núcleos/capítulos, el primero dedicado al Derecho de autor; el segundo concentrado en los Derechos humanos y en el Derecho de autor en el marco de los derechos humanos; el tercero, enfocado en la Consagración Constitucional del Derecho de Autor en España y el cuarto, en la Consagración Constitucional del Derecho de Autor en los países iberoamericanos.

Al profundizar en la primera parte del capítulo segundo, en el estudio de los nexos existentes entre ambas instituciones jurídicas, el derecho de autor y los derechos humanos, resaltamos su diferente naturaleza jurídica y sus sistemas de tutela, con basamento en el Derecho privado, el derecho de autor, y en el Derecho público, los derechos humanos. Para ello se trató de esclarecer la diversidad de léxicos utilizados en los espacios territoriales estudiados con una presentación y sistematización lo más clara y armónica posible.

El estudio de las diferencias terminológicas existentes entre los derechos humanos y los derechos fundamentales, resulta ser un punto medular para nuestro estudio ya que es allí donde establecemos la hipótesis emanada de la doctrina jurídica según la cual, estos términos, derechos humanos y derechos fundamentales, son conceptos diferentes. Se resalta de los primeros su categoría jurídica propia del derecho internacional con un sentido cerrado y absoluto en razón de su relación integral con el hombre, constituyendo el género, y de los segundos, como especie, con un sentido abierto y relativo, el hecho de ser asumidos como tales, por recibir el grado máximo de tutela en medida superior que otros derechos humanos, en el ámbito no sólo de los ordenamientos internos sino también de los internacionales, considerados como una obligación fundamental de la Comunidad Internacional.

Habiendo asumido luego, en la segunda parte del capítulo segundo, que el derecho de autor constituye un derecho humano universal consagrado en diversos instrumentos jurídicos internacionales, pasamos a establecer el problema de la tesis con el fin de determinar si el derecho de autor ha sido asumido como fundamental en el derecho constitucional comparado, por medio de la búsqueda de las vertientes normativas existentes con el estudio de los textos constitucionales de los países iberoamericanos, que nos indicarán la forma de tutela constitucional del derecho de autor en un primer momento, por su contenido sustantivo y de seguidas, por el sistema de garantías establecidas constitucionalmente, para la efectividad del ejercicio de estos derechos por sus titulares, todo ello a la luz de jurisprudencia disponible y de doctrina calificada.

Le hemos dedicado todo el capítulo tercero al estudio de la Constitución española vigente de 1978, la CE, por considerar este caso particularmente interesante, con muchas aristas en el Derecho Constitucional, en razón de las posiciones doctrinarias encontradas respecto a si el derecho de autor aparece o no, consagrado como derecho fundamental en el artículo 20.1.b) de la CE, aunado a la existencia de jurisprudencia considerada por muchos como contradictoria, a lo que añadiríamos que, ciertamente contradictoria en el tiempo pero en razón de la estricta aplicación de la legislación vigente para el momento por el Tribunal Supremo español, el TS, y en menor medida, por el Tribunal Constitucional español, el TC. A pesar de haber realizado este estudio de la Constitución española, nuevamente incluimos a España como uno más de los países iberoamericanos en el capítulo cuarto, por considerar relevante desplegar el levantamiento de información y estudio de la CE, pero ahora, dentro del esquema temático específico utilizado en el último capítulo.

Para finalizar, se presenta el capítulo cuarto dedicado a las constituciones de los países iberoamericanos, seguido de las consideraciones finales, A MODO DE CONCLUSIÓN, y la BIBLIOGRAFÍA general de este trabajo.

CAPÍTULO I
EL DERECHO DE AUTOR

La protección jurídica al derecho de autor por parte de los Estados como un reconocimiento legal expreso de los derechos morales y patrimoniales de los autores de cualquier obra científica, literaria y artística, tiene su fundamento en lo establecido en la *Declaración Universal* (art. 27, numeral 2°).

Esta tutela constitucional y legal en la mayoría de los Estados tiene por norte el promover e incentivar la creatividad en el contexto de las diferentes políticas gubernamentales a través de la difusión y explotación de sus resultados, estimulando de esta manera, los intercambios leales y contribuyendo al desarrollo socio-económico de un país.

Ahora bien, en virtud del derecho de las personas de tener libre acceso a la creación, base del desarrollo cultural de los pueblos, tanto el derecho de autor y los derechos conexos como los derechos de propiedad industrial ambos reunidos en la concepción doctrinaria de *propiedad intelectual*[1], se encuentran limitados en el tiempo estando sometidos a variados controles contra los posibles abusos.

---

[1] Algunos doctrinarios como *Antequera Parilli*, opinan que la propiedad intelectual en su sentido amplio, puede considerarse más bien, como un "espacio jurídico" (término acuñado por el jurista español Antonio Delgado Porras), dentro del cual tienen cabida, distintos sistemas normativos con la finalidad de tutelar bienes inmateriales de variados órdenes. ANTEQUERA PARILLI, Ricardo. "Manual para la enseñanza virtual del derecho de autor y los derechos conexos". Escuela Nacional de la Judicatura de la República Dominicana, tomo I, Primera edición, 2001, ISBN: 99934-816-0-2, p. 3.

Geográficamente además, estos derechos sólo son reconocidos y pueden ejercerse en los territorios bajo la autoridad del país o de los países cuyas leyes regulan su concesión; pero dado que las creaciones intelectuales traspasan fácilmente las fronteras nacionales lo que se acentúa aún más en un mundo de naciones interdependientes, muy especialmente con la globalización de la economía, es por lo que los gobiernos de los diferentes países, desarrollados y en vías de desarrollo, han venido negociando y adoptando diversos tratados de alcance multilateral en esta materia, estableciendo las llamadas "uniones" de países que aceptan conceder a los nacionales de otros países que también integren esa "unión", la misma protección otorgada a sus connacionales.

En el Convenio de Estocolmo de 1967 que crea la Organización Mundial de la Propiedad Intelectual, la OMPI, aparece el derecho de autor formando parte con la propiedad industrial, del concepto doctrinario de *propiedad intelectual*, la que no define, consagrando solamente en su artículo 2, VIII) que *"...se entenderá por propiedad intelectual, los derechos relativos a..."*, estableciendo estos derechos de forma enunciativa, entre otros, a las obras literarias, artísticas y científicas, protegidas por el derecho de autor; las interpretaciones, grabaciones y transmisiones referidas al concepto de los derechos conexos al derecho de autor; y a otras figuras que se engloban dentro del concepto de propiedad industrial (diseños industriales, patentes de invención, signos distintivos, nombres comerciales) con una cláusula residual al final que incluye a *"...todos los otros derechos resultantes de la actividad intelectual en los campos industriales, científicos, literarios y artísticos"*.

Casos de bienes que no se incluyeron en esta lista del artículo 2, VIII) y que se protegieron con posterioridad: los circuitos integrados, el software, las bases de datos.

1. Generalidades

Para *Edwin Harvey*[2], existen cuatro grandes áreas que hoy día, pueden ubicarse dentro de la legislación cultural internacional, el derecho humano a la cultura, el patrimonio cultural, la circulación de bienes culturales y el derecho de autor.

Harvey señala que la principal de las áreas nombradas así como la más antigua, es la del derecho de autor, como lo demuestra la suscripción del *Convenio de Berna* en el siglo XIX y otros que le sucedieron, entre los que destaca la *Convención Universal* en 1952, época inmediatamente posterior al fin de la segunda guerra mundial.

La protección legal de los derechos intelectuales a través del derecho de autor[3] es pues de antigua data, en razón de haberse concientizado la importancia de proteger a los creadores intelectuales para estimular y recompensar su actividad creadora y por ende, beneficiar al propio acervo cultural[4]. Pue-

---

[2]   HARVEY, Edwin. "Legislación Cultural. (Aproximación a la materia)". Monte Ávila Editores, Caracas, 1991, p. 133.

[3]   "El dogma de todo sistema de Derecho de autor queda plasmado en la siguiente sentencia: el derecho de autor no nace si no hay obra ni creador. Estas dos circunstancias no son alternativas sino que se acumulan: no habrá lugar al nacimiento de un derecho de autor sin la existencia de una obra, igualmente, no será posible que nazca este derecho si no hay autor". "Cosa distinta es que el autor no esté determinado. Es suficiente que sea determinable. En este supuesto los ordenamientos jurídicos prevén una serie de mecanismos para asegurar la explotación de la obra, respecto de la cual puede su autor original recabar su reconocimiento como tal en cualquier momento". SAÍZ GARCÍA, Concepción. "Objeto y sujeto del derecho de autor". Biblioteca Jurídica Cuatrecasas. Dirigida por: F. Vicent Chuliá. Tirant lo Blanch, Valencia 2000, ISBN: 84-8442-124-4, p. 33, pie de página número 1.

[4]   "Sentado por la doctrina, proclamado por la jurisprudencia y reconocido universalmente por la ley, el fin de la institución del derecho de autor es el de proteger la creación para el progreso de la humanidad." GARCÍA SANZ, Rosa María. "El Derecho de autor en Internet". Colex, Madrid, 2005, p. 182

blos como los de Grecia, Roma o China, le otorgaban especial importancia a la protección del aspecto moral de las obras del ingenio, considerando deshonrosas ciertas actividades ilícitas como el plagio.[5]-[6]

Hoy día, existe una multiplicidad de normas que tienen que ver con la tutela de los autores así como la de los artistas, intérpretes y ejecutantes, entre otros titulares de derechos conexos o afines a este derecho, estando conformados por un conjunto normativo que protege la producción de obras del ingenio de carácter creador derivada de la actividad intelectual del ser humano[7] y que son agrupadas en función de su índole

---

[5] El término plagio proviene del latín *plagium*: *Acción y efecto de plagiar* y *plagiar* entre otros significados, en sentido figurado, es *"...copiar obras ajenas"*. REAL ACADEMIA ESPAÑOLA. Diccionario castellano de la Real Academia Española. Versión digital. Vigésima Segunda Edición. Este término se refiere a una ley romana, la ley Fabia *de plagiariis* que castigaba a los ladrones de niños, de esclavos o de hombres libres. El poeta Marcial también utilizó este término "plagiarius" para referirse al ladrón de versos. NETTEL DÍAZ, Ana Laura. "Derecho de autor y plagio". "Revista ALEGATOS", N° 83, pp. 135-152. Universidad Autónoma Metropolitana. Enero-abril de 2013. Sección Artículos de Investigación, México, p. 140-141.

[6] Con los adelantos de la ciencia y particularmente con el perfeccionamiento de la imprenta por *Johannes Gütenberg* en 1450, aumentaron las posibilidades de difusión de las obras del intelecto para más personas y con menor costo. Esto determinó la necesidad de establecer una normativa que protegiera a los autores con respecto a las reproducciones no autorizadas de sus obras. Se estima que las primeras copias ilícitas de que se tenga noticia, ocurrieron en "...la Atenas del tirano Pisístrato, alrededor del 550 A.C., cuando los esclavos copiaban en papiros traídos de Egipto los versos de Homero. Entonces, el libro era un rollo, fue en tiempos del Imperio Romano cuando se llegó a la encuadernación de las hojas...". ARRAIZ LUCCA, Rafael. "El día del idioma español". Diario El Nacional. Página de opinión. Caracas, domingo, 22 de abril de 2007.

[7] El hecho de que la actividad deba poseer carácter creativo, supone que el autor deba desarrollar su idea, tomada de la realidad o de su imaginación, en el seno de su espíritu por medio de sus facultades creadoras y le dé cuerpo en una forma perceptible sensorialmente. La obra protegible no puede ser el resultado de cualquier actividad

artística y literaria (las científicas[8] comprendidas dentro de esta última), cualquiera sea su género, forma de expresión, mérito o destino, subrayando el hecho de que *las obras que generan un derecho de autor para su creador no pueden resultar de una actividad que no sea típicamente creativa*[9]...siendo la originalidad[10], como noción subjetiva que supone la realización de un

---

humana o del entendimiento... (...)... Los descubrimientos, teorías, reglas de un juego, etc., nunca pueden por sí mismos ser objeto de un derecho de autor. Su disfrute exclusivo por su descubridor supondría un importante obstáculo al desarrollo cultural que es, en última instancia, el interés protegido por la ley autoral. SAIZ GARCÍA, Concepción. "Objeto y sujeto del derecho de autor". *Op. Cit.* p. 93, pie de página número 39.

[8] La tutela por el derecho de autor no incluye a las ideas, lo que protege es su forma de expresión. Por tanto, si el autor describe una investigación en su obra, esta quedará protegida sin necesidad de formalidades, por el derecho de autor en cuanto a su expresión o forma de presentación de las ideas; pero con esta protección no podrá impedir que los resultados de su investigación puedan ser aprovechados en la práctica o que, a partir de él, se logren inventos o soluciones técnicas. Otra diferencia importante en esta materia reside en la diferencia entre creación y descubrimiento, este último no constituye ni una obra ni una invención, es simplemente toparse con algo existente en la naturaleza, no crearlo. ANTEQUERA PARILLI, Ricardo. "Introducción. La propiedad intelectual en sus diferentes facetas". En "Congreso Internacional PROPIEDAD INTELECTUAL Derecho de Autor y Propiedad Industrial. Homenaje al Dr. Ricardo Antequera Parilli". Universidad de Margarita 2004. Colección Eventos. ISBN: 980-12-0855-4, p. 44.

[9] "Así quedan excluidas de la protección autoral los resultados que derivan de procesos industriales, mecánicos o de un simple accidente". *Ibídem,* p. 94, pie de página número 41.

[10] La originalidad como presupuesto de protección de las obras de ingenio está llamada a cumplir dos funciones: Por un lado, la originalidad constituye el principal presupuesto de protección de todas las obras del espíritu. Por otro, la originalidad de una obra determinará el ámbito de protección del autor, pues solamente respecto de utilizaciones ilegítimas de los elementos "originales" que incluyera su obra, podrá solicitar el autor la protección que le otorga su derecho exclusivo. Por consiguiente, la originalidad constituye, de un lado, un presupuesto del concepto genérico obra y, simultáneamente, delimita los aspectos que, en el caso concreto, deberán ser tenidos en cuenta por el juzgador a la hora de ponderar si ha habido o no lesión de un derecho

acto creativo, el presupuesto básico para otorgar protección a las creaciones intelectuales.[11]

La transmisión del derecho de autor se puede realizar por vía sucesoria o por acto entre vivos. Entre estos últimos, por medio de contratos de cesión o de licencia[12] cuyos elementos en general, son comunes, lo que no exime de considerar características específicas de estos derechos intelectuales al momento de cederlos o licenciarlos.

Las licencias otorgan una autorización de uso o explotación de uno, algunos o todos los derechos del título de propiedad intelectual. Estas pueden tener un carácter obligatorio ya sea por haber sido autorizados legalmente o por una autoridad competente, conocidas como *"licencias legales u obligatorias"* o

---

de autor."... (...)..."En conclusión, la originalidad de una obra, en su acepción subjetiva, debe ser la consecuencia lógica del carácter creativo que reviste la actividad desarrollada para la elaboración de la obra. Sólo desde esta perspectiva puede ser interpretada la exigencia del reflejo de la personalidad del autor". SAIZ GARCÍA, Concepción. "Objeto y sujeto del derecho de autor". *Op. Cit.* pp. 106 y 125.

[11] BONDÍA ROMÁN, Fernando. "Propiedad intelectual, su significado en la sociedad de la información". La nueva ley de 11 de noviembre de 1987, Editorial Trívium, Madrid, 1988, p. 195.

[12] La cesión y la licencia tienen una naturaleza jurídica distinta. "...la cesión constituye un acto de transmisión de los derechos, de modo que el cesionario se instituye en un "titular" de los derechos transferidos y, salvo pacto en contrario, puede ceder a un tercero esos derechos de los cuales se ha instituido en titular".......".Por el contrario, la licencia es apenas una 'autorización de uso', exclusiva o no exclusiva, transferible o intransferible, de acuerdo al contrato respectivo, que no constituye al licenciatario en titular del derecho exclusivo.....". ANTEQUERA PARILLI, Ricardo. "La Decisión 344 de la Comunidad Andina de Régimen Común sobre Propiedad Industrial". En GÓMEZ MUCI, Gileni y ANTEQUERA PARILLI, Ricardo. "Legislación sobre Propiedad Industrial". Colección Textos Legislativos Nº 18. Primera edición. Editorial Jurídica Venezolana, Caracas, 1999, p. 123.

bien, ser el resultado de un acuerdo entre partes, siendo denominadas *"licencias contractuales"*.[13]

Por el tipo de derechos a licenciar que no son otros que bienes inmateriales, los contratos de licencia no pueden ubicarse dentro de las clasificaciones clásicas contractuales de los bienes materiales, por tanto, su naturaleza jurídica nos lleva a ubicarlos dentro de los contratos *sui generis, bilaterales, consensuales e intuito personae*. Esta última característica justifica la inclusión en el contrato, de obligaciones en cabeza del licenciatario que consisten en no ceder la licencia o en no sublicenciar los derechos otorgados sin autorización expresa del licenciante.

Las licencias se consideran en principio, otorgadas a cambio de una contraprestación económica pero no necesariamente tienen que comportar un valor económico, como es el caso de las licencias gratuitas aunque la gratuidad de la transmisión del derecho patrimonial debe constar expresamente ya que en muchas legislaciones como la venezolana, existe la presunción legal de un beneficio oneroso por los contratos de cesión, concesión o licencia de los derechos de utilización (Decisión 351 sobre un *Régimen Común sobre Derecho de*

---

[13] Resulta fundamental establecer en primer término, que es un *derecho de propiedad* el que vincula a un sujeto de derecho con su creación intelectual, como una invención o una obra literaria o artística, de conformidad con lo establecido en el artículo 546 del Código Civil venezolano al que debemos inmediatamente vincular con el artículo precedente, que no es otro que el 545 que define el derecho de propiedad. A partir de este momento y cumplidos los extremos de ley, es que la administración de un Estado tiene la potestad de reconocer este derecho con el otorgamiento de título(s) de propiedad intelectual a sus titulares, que les permiten realizar de manera exclusiva, variadas actividades relacionadas con la explotación y comercialización de las técnicas y productos amparados por estos derechos intelectuales. Así entonces, les otorgan un derecho negativo, conocido como *ius prohibendi* o la facultad de impedir que terceros realicen estos actos sin su consentimiento. El alcance de los derechos otorgados a sus titulares será objeto entonces, de limitaciones por parte de cada Estado en función de sus objetivos económicos y del respeto en el ejercicio de un comercio leal.

Autor y Derechos Conexos de la *Comisión del Acuerdo de Cartagena* de la *Comunidad Andina de Naciones* CAN[14], artículo 31; Ley sobre derecho de autor venezolana LSDA, artículo 50).

Los derechos que reconoce el régimen jurídico autoral son independientes de la propiedad del objeto material en que se haya fijado la obra, tal como lo establece el artículo 6° de la mencionada Decisión 351, lo que quiere decir que el derecho de autor es una forma de propiedad diferente de la que se tiene del soporte en el que se ha fijado la creación, por tanto, la titularidad del derecho de autor no es la misma que la que se tiene del objeto material donde se fija la obra.

El derecho exclusivo del autor sobre la obra *(corpus misticum)* es independiente del objeto que la contiene *(corpus mechanicum)*[15]. En materia de artes plásticas por ejemplo, esta

---

[14] El 17 de diciembre de 1993, la Comisión del Acuerdo de Cartagena expide la denominada Decisión 351. Por medio de ella se crea un *Régimen Común sobre Derecho de Autor y Derechos Conexos*, con carácter supranacional, que junto con las Decisiones 486 sobre propiedad industrial, 345 de protección de los derechos de los obtentores de variedades vegetales y 391 de acceso a los recursos genéticos, forman parte de un Derecho Común emanado de un órgano legislativo comunitario, de aplicación inmediata, con preeminencia sobre las leyes ordinarias que regulan las materias concernientes en cada uno de los países miembros de la subregión andina, a la fecha, Bolivia, Colombia, Ecuador y Perú.

[15] Al referirse al encargo de obra intelectual, la jurista española *Raquel Evangelio Llorca,* explica que al hablar de propiedad, se está hablando tanto del dominio material del objeto en que se plasma la creación intelectual como de propiedad intelectual sobre la obra, las que deben distinguirse cuando se trata de obras del espíritu. "En efecto, el art. 10 TRLPI, a cuyo tenor son objeto de propiedad intelectual todas las creaciones originales literarias, artísticas o científicas expresadas por cualquier medio o soporte, tangible o intangible, actualmente conocido o que se invente en el futuro, permite distinguir dos elementos de la obra objeto de propiedad intelectual: la creación intelectual original y el medio o soporte en el que ésa se manifiesta..." Se diferencian claramente, la obra como bien inmaterial....y el soporte en el que se expresa,... y cuando el soporte es un bien material, son objeto de derechos diferentes..." EVANGELIO LLORCA, Raquel. El encargo de obra

distinción se refleja de manera patente; así, la *Ley sobre derecho de autor* venezolana, la LsDA, establece en el párrafo segundo de su artículo 54, que el adquirente de una obra de arte no tiene por la mera adquisición, el derecho de explotación de ésta salvo su exhibición pública a título gratuito u oneroso.

Además se debe tener presente que a partir del "*...principio por el cual las excepciones a un derecho deben interpretarse en sentido restrictivo –y el precepto general es que el derecho de autor es independiente de la propiedad del soporte en el cual se incorpora la creación–, las facultades concedidas por disposiciones como las anotadas al propietario del objeto físico que representa la obra de arte, no pueden ser interpretadas de manera extensiva, ni en cuanto a su aplicación a otro género de obras, ni para que comprenda formas de utilización distintas de las taxativamente mencionadas en la norma, a menos que así haya sido pactado de modo expreso en el contrato de enajenación de dicho objeto.*"[16]

Desde el punto de vista económico, el principal objetivo del derecho de autor es el de ofrecer incentivos para la creación intelectual de forma tal que "*...se maximice la diferencia entre el valor del resultado protegido y el costo social de su creación, incluyendo el costo de administración del sistema...*" por medio de la limitación al acceso de las obras esto es, la prohibición de la copia o uso comercial de la obra sin remuneración o autorización[17].

---

intelectual. Dykinson, S.L. 2006. ISBN-10:84-9772-904-8. ISBN-13: 978-84-9772-904-8, p. 137.

[16] ANTEQUERA PARILLI, Ricardo. "Derecho de Autor". Servicio Autónomo de la Propiedad Intelectual. Dirección Nacional del Derecho de Autor. Segunda edición. Caracas, 1998, p. 246.

[17] "La función del derecho de autor y los derechos conexos puede examinarse, como otros derechos, en términos económicos..." (...) "La creación intelectual no sólo compromete aspectos económicos, ni puede ser reducida a consideraciones de mercado. Ella involucra valores socioculturales que no pueden ser medidos en términos puramente monetarios." CORREA, Carlos M. "Metodologías para la medición de la importancia económica del Derecho de autor y derechos conexos en

La importancia creciente del derecho de autor en materia económica resulta de la difusión de la tecnología digital como instrumento para la creación, fijación y comunicación de obras, y en opinión de algunos autores, este derecho desde sus inicios, ha resultado ser un *hijo de la tecnología* ya que no existió la necesidad de derechos exclusivos autorales con anterioridad al año 1450, año de la invención de la imprenta por *Gütemberg* y así, siglos después, la proliferación de técnicas y tecnologías ha dilatado de forma dramática, los mercados para la data y el entretenimiento reproducida mecánicamente y han dinamizado al derecho de autor en su tarea ordenadora de esos mercados.[18]

Existen concepciones distintas en los sistemas jurídicos de protección a las obras, uno que es el *copyright*[19] –sistema

---

América Latina". Sistema Económico Latinoamericano SELA. Secretaría Permanente. Caracas, Venezuela, Enero de 1999. SP-E Nº 1-99. p. 7.

[18] CORREA, Carlos M. "Metodologías para la medición de la importancia económica del Derecho de autor y derechos conexos en América Latina". *Op. Cit.* p. 9-10.

[19] "Los orígenes del copyright se remontan al siglo XVII en Inglaterra. Antes de la invención de la imprenta, la realeza inglesa controlaba la divulgación de la información mediante la imposición de castigos a autores disidentes. A partir de la llegada de la imprenta, el control se centró en los editores, a los que, mediante decretos reales, se les exigía que indicasen su nombre, ciudad y fecha de publicación en las obras que editaban. Algunos editores decidieron constituirse en asociación, creando la *Stationers Company*, a la que en 1662 se le otorgó el derecho exclusivo de practicar «el misterio o arte» de la impresión, a cambio de la obligación de publicar sólo aquellas obras aprobadas por el Parlamento. También se les concedió la potestad de defensa de este monopolio, que incluía la posibilidad de quemar los libros e imprentas de competidores no autorizados. Para poder llevar un control sobre obras autorizadas, los editores crearon un sistema de registro, que fue, de hecho, el precursor del sistema de registro de copyright. Las leyes de censura británicas caducaron en 1694, y a partir de entonces los editores presionaron para aliviar la fuerte competencia en la que vivían. La respuesta fue el *Copyright Act* de 1709, también conocida (*sic*) como el Estatuto de la Reina Ana, que otorgaba al autor el derecho sobre el control de los ejemplares de su obra durante un período de 14 años, que podía renovarse otros catorce años al cumplirse dicho plazo." VARIAN, Hal R. "Copying and copyright: los derechos de propiedad

jurídico desarrollado en Inglaterra desde la conquista de los normandos en 1066-, vocablo originado en la época en que la copia era el único medio de difusión de la obra literaria, del *common law* o derecho de la costumbre que *"...se centra en la prevención de la copia sin autorización (free riding)..."* y el otro, que es el sistema continental de tradición latina del derecho de autor focalizado no sólo en la recompensa económica sino también en la retribución de tipo moral (derechos morales del autor); entre algunas de sus diferencias[20] tenemos, para los países del derecho de autor, el no reconocer la autoría a las personas jurídicas ni a los resultados de actividades técnicas como los fonogramas, aunque a estos últimos se les reconoce otro tipo de derechos denominados derechos conexos o afines al derecho de autor.[21-22]

---

en la era de internet". Páginas 17-27. Fecha: 10-06-07. http://www.mityc.es/NR/rdonlyres/5BF32BD8-0E92-4190-AA32-9BCAEECD70A1/0/1P1727_Ei3605.pdf, p. 17-18.

[20] La diferencia de criterios existentes entre ambas tradiciones jurídicas se basa por una parte, en lo relativo a las concepciones de obra, autoría-titularidad y originalidad y por la otra, en el reconocimiento de los derechos patrimoniales (reproducción, comunicación pública, traducción y modificación de la obra) y los morales (divulgación, paternidad, integridad y retiro de la obra), estos últimos, los morales, contrariamente a la tradición anglosajona, han venido siendo tradicionalmente reconocidos por los países con tradición civilista como inalienables, irrenunciables e imprescriptibles.

[21] CORREA, Carlos M. "Metodologías para la medición de la importancia económica del derecho de autor y derechos conexos en América Latina". *Op. Cit.*, p. 8.

[22] Mientras que en los países de *common law*, es posible que, en determinadas circunstancias, la titularidad originaria del *copyright* resulte atribuida a una persona diferente de quien efectivamente desarrolló la labor creativa, en los países que siguen el sistema europeo continental o de *Droit d'auteur*, esta cuestión se responde a partir del principio de autoría según el cual, la titularidad originaria del derecho de autor sólo puede corresponder a la persona o personas que hayan creado la obra. Sólo en algunos casos excepcionales prevén algunas de las legislaciones –y no todas- excepciones a este principio. SAIZ

La vocación universal de las obras intelectuales, su condición de bien inmaterial o intangible[23] y el don de la ubicuidad que las caracteriza, es lo que ha determinado que en el derecho de autor, las convenciones y los tratados internacionales hayan tenido una importancia decisiva, como señala la jurista argentina *Delia Lipszyc*, *"...al punto que muchos países contaron en su ordenamiento jurídico positivo antes con normas internacionales contractuales que con una regulación interna específica."*[24]

2. *Evolución*

A través del tiempo, los diferentes tipos de protección otorgada por el derecho de autor pueden ser ubicados de manera general, en cuatro períodos, el territorial, el internacional, el global y el post-ADPIC.

GARCÍA, Concepción. "Objeto y sujeto del derecho de autor". *Op. Cit.*, p. 31.

[23] Ambos adjetivos *intangible* e *inmaterial*, provienen del latín y son utilizados indistintamente, para denominar este tipo de bienes que no pueden tocarse o percibirse, aun cuando el primero de ellos, *intangible*, es el utilizado en los países anglosajones. El adjetivo *intangible "que no debe o que no puede tocarse."* proviene del adjetivo *tangible* con el prefijo *in*; a su vez, este vocablo *tangible*, proviene del latín *tangibilis*, *"1. Que se puede tocar. 2. fig. Que se puede percibir de manera precisa."*. Por su parte, el adjetivo *inmaterial* que no existe en idioma inglés, significa en lengua española *"no material"*, y proviene del latín, *inmaturus*. REAL ACADEMIA ESPAÑOLA. *Diccionario castellano de la Real Academia Española. Op. Cit.*

[24] LIPSZYC, Delia. "La protección de la obra extranjera y los convenios internacionales". Organización Mundial de la Propiedad Intelectual OMPI/Universidad Católica Andrés Bello/Instituto de Estudios Jurídicos del Estado Lara. Colegio de Abogados. Editores S.R.L. Barquisimeto, Estado Lara, Venezuela, pp. 49-84. En Libro memorias del Congreso Internacional sobre la protección de los derechos intelectuales (del autor; el artista y el productor) a la memoria de *Roberto Goldschmidt*, 1986, p. 51.

A. *Período territorial*

El período *territorial* se caracterizó por una ausencia de protección a nivel internacional siendo la actividad editorial la que detonara la consagración de los derechos de autor en el mundo[25], dando los primeros pasos en la protección del *copyright* en Inglaterra, el Estatuto de la Reina Ana en 1709, cuyo título completo se explica por sí solo, *"un acta para el reforzamiento de la educación mediante la venta de copias de libros impresos por los autores o los vendedores o de sus copias durante los tiempos aquí mencionados"*.[26]

Este estatuto constituía un sistema de incentivos al autor *motivado por las externalidades positivas[27] generadas por su labor.*

---

[25]   El primer marco legal monopolístico era todavía un marco feudal cuyos objetivos eran el control político de la naciente faceta pública, por lo que el autor no aparecía como sujeto de derechos, sino el impresor. Ese control estatal (en parte delegado a la Iglesia y a la Inquisición en el mundo católico), allanó el camino no obstante a la aparición (*sic*) de las primeras patentes. Parece ser que la primera de la que se tiene constancia es una patente de monopolio de la República de Venecia en 1491 a favor de Pietro di Ravena que aseguraba que sólo él mismo o los impresores que dictaminase tenían derecho legal, dentro de los límites territoriales de la República, a imprimir su obra. PIZARRO MORENO, Eugenio. "Análisis de los fundamentos filosóficos de la propiedad intelectual". "Teoría & Derecho. Revista de Pensamiento Jurídico. Autonomía de la Voluntad y Control Registral", Tirant lo Blanch, pp. 158-180. Revista Semestral. Junio 5, 2009, p. 169

[26]   UCHTENHAGEN, Ulrich. "Génesis y evolución del derecho de autor en el mundo". VI Congreso Internacional sobre la protección de los derechos intelectuales. SEP. OMPI. FEMESAC. México, 1991, p. 9. Fecha: 20-05-07. http://www.sieca.org.gt/publico/ProyectosDeCooperacion/Proalca/PI/Revistas/R4A2/ElEditordeLibros.htm

[27]   Entendemos por *externalidades,* los efectos secundarios de una actividad económica, como son los daños y mejoras causadas al espacio circundante o medio ambiente, conjuntamente con otros elementos (bienes públicos, efectos distributivos de políticas ambientalistas y de crecimiento económico, entre otros), constituyendo recursos analíticos que han permitido incorporar en forma sistemática, diferentes variables como la cultural o la ambiental, al análisis económico, permitiendo así internalizar los costos o beneficios del deterioro o mejora de

Constituyó el primer documento legislativo de protección general al autor con el objetivo de crear un estímulo para el fomento del arte, de la literatura y de la ciencia[28], y que, como ya mencionamos, otorgaba al autor, el derecho sobre el control de los ejemplares de su obra durante un período de 14 años y que podía renovarse por igual período, al cumplirse dicho plazo.

Más tarde, durante la segunda mitad del siglo XIX, comenzaron a proliferar en toda Europa, una gran variedad de leyes que establecían regímenes de propiedad intelectual bajo el principio de territorialidad (vinculación soberanía-derechos de propiedad-territorio) de estos derechos, por lo que su protección no se extendía más allá del espacio soberano que los hubiera otorgado por primera vez.

Posteriormente, en distintos países fueron promulgadas regulaciones a la protección del autor. Los países donde se decretan por primera vez estatutos[29] son los siguientes: en 1741, Dinamarca; en 1777, Francia y después de la revolución francesa, los decretos de 1791 y 1793; en 1789, Alemania y Austria[30]; en 1790, los Estados Unidos de América, los EEUU, con su primera legislación federal y España con su primera ley de propiedad intelectual en 1879.

---

un bien cultural o ambiental, sobre sus causantes. El análisis económico realizado a partir de este concepto puede llevar a situaciones contradictorias entre ambiente o cultura y la ciencia económica.

[28]   PIZARRO MORENO, Eugenio. "Análisis de los fundamentos filosóficos de la propiedad intelectual". *Op. Cit.*, p. 169.

[29]   Estatuto: "Establecimiento, regla con fuerza de ley para el gobierno de un cuerpo" (…) "Con sentido más jurídico, "régimen de Derecho al cual están sometidas las personas o las cosas en relación con la nacionalidad o el territorio" (Dic. Acad.). OSSORIO, Manuel. *Diccionario de ciencias jurídicas, políticas y sociales.* Editorial Obra Grande S.A., Montevideo, Uruguay 1986; Editorial Heliasta, Buenos Aires, República Argentina, p. 297.

[30]   COLOMBIA. Ministerio de Gobierno. Dirección Nacional del Derecho de Autor. "Génesis y evolución del derecho de autor." VV.AA, 2ª Edición Bogotá 1995, p. 13.

En Latinoamérica, Chile y Colombia expidieron su primer estatuto en 1834, Venezuela en 1839, Perú en 1849, Argentina en 1869 y México en 1871.

B. *Período internacional*

En el transcurso del siglo XVIII, cada país mantuvo políticas diferentes en la materia como fue el caso particular de Inglaterra, el UK, país que tenía una cantidad considerable de autores cuyas obras eran reproducidas en el exterior sin autorización y sin percibir regalías, principalmente en los Estados Unidos de América, los EEUU, donde autores ingleses como *Charles Dickens,* gozaban de una gran popularidad entre el público y los editores de ese país. Ante esta situación, el UK en 1838 y 1844, respondió a esta situación con leyes basadas en el principio de reciprocidad especialmente la de 1844 la cual desembocó en la conclusión de un número considerable de convenios bilaterales entre el UK y los demás países europeos.[31]

Es a finales del siglo XIX, que comienza un segundo período, el *internacional,* que se inicia en Europa a finales del siglo XIX cuando los Estados comienzan a tener un mayor interés en la posibilidad de una cooperación internacional en propiedad intelectual, lo que se manifestó en un primer mo-

---

[31] Es interesante resaltar que desde 1790, la legislación de *copyright* de los EEUU, la *USA Copyright Act,* sólo otorgaba protección a los ciudadanos y residentes de ese país, legislación proteccionista que sorprendentemente, prevaleció en ese país durante más de un siglo, basándose en el principio de la nacionalidad del autor, incentivando así la piratería de obras publicadas por extranjeros en ese país, situación que perduró hasta después de la segunda guerra mundial cuando los EEUU comenzaron a ejercer un verdadero liderazgo en materia de protección del *copyright* a nivel internacional. DRAHOS, Peter. "The universality of intellectual property rights: origins and development". "Intellectual property and human rights", pp. 13-41. A panel discussion to commemorate the 50th anniversary of the Universal Declaration of Human Rights. Geneva, November 9, 1998, organized by WIPO/OMPI in collaboration with the Office of the United Nations High Commissioner for Human Rights. Traducción libre, p. 16-17.

mento, con la suscripción de acuerdos bilaterales[32] por parte de algunos países preocupados por los problemas de copias sin autorización ni compensación económica o *free-riding*, manteniéndose aislados aquellos países receptores de *externalidades*[33] positivas. Así vemos como el gobierno francés en 1852, emite un decreto otorgando protección por el derecho de autor a obras y autores extranjeros sin la exigencia de reciprocidad a los fines de mantener *vivos* los tratados bilaterales en la materia.[34]

---

[32] A este respecto señala la autoralista *Delia Lipszyc*: "En un principio, la protección del derecho de autor en el orden internacional fue asegurada por medio de convenios bilaterales de reciprocidad, en su mayoría concluidos entre Estados europeos; pero esos convenios, de alcances limitados, no eran uniformes y la internacionalización de los mercados del libro y de la música hizo necesaria una uniformación del régimen de protección trasfronteras. Los convenios bilaterales eran insuficientes y a ello se debió que el derecho de autor fuera una de las primeras materias en las que se logró concretar entre los países europeos una codificación internacional de derecho internacional privado a través de un tratado multilateral: el Convenio para la Protección de las Obras Literarias y Artísticas concluido en Berna el 9 de septiembre de 1886." LIPSZYC, Delia. "Derecho de autor y derechos conexos", Ediciones UNESCO, CERLALC, Zavalia, Buenos Aires: 1993, p. 591.

[33] El problema de las externalidades en materia de propiedad de intangibles resulta diametralmente diferente al que se plantea en materia de bienes materiales. "En este caso, el conflicto surge de las tremendas dificultades que se plantean para excluir, en el caso de los bienes inmateriales, a los demás del goce exclusivo sobre los bienes". PIZARRO MORENO, Eugenio. "Análisis de los fundamentos filosóficos de la propiedad intelectual". *Op. Cit.*, p. 178, pie de página número 50. En cuanto a las externalidades podemos decir que el tema puede resolverse acorde al criterio...."según el cual, los recursos deben ser distribuidos de forma tal que se consiga la internacionalización de todos los costes sociales. Con lo que se concluye en la obvia afirmación de que el único modo posible de internalización será a través de la asignación de recursos en régimen de propiedad privada. PAZ-ARES, Cándido. "La economía política como jurisprudencia racional". ADC, núm. 34, 1981, p. 640-641.

[34] DRAHOS, Peter. "The universality of intellectual property rights: origins and development". *Op. Cit.*, p. 16.

La solución del problema a través de políticas de protección basadas en el principio del bilateralismo, no fue suficiente para los autores. El gran movimiento hacia una verdadera cooperación internacional en materia de derecho de autor se materializó en forma de un pilar multilateral de protección con la aparición del *Convenio de Berna,* el 9 de septiembre de 1886, resultado de varias reuniones previas en el continente europeo, estableciendo una *Unión de países* para la protección de obras literarias y artísticas. Este tratado junto con el *Convenio de París* para la protección de la propiedad industrial de 1883, dieron inicio a una nueva era internacional para toda la propiedad intelectual, con la proliferación de varios tratados en la materia durante finales del siglo XIX y comienzos del siglo XX.

a.   *La Organización Mundial de la Propiedad Intelectual OMPI*

Esta nueva etapa internacional comprendió también, la aparición de nuevas formas institucionales. Así, en un inicio, ambos convenios, el de *París* y el de *Berna* establecieron cada uno por su parte, la creación de una Secretaría Administrativa denominada *"Oficina Internacional".* Las Secretarías así creadas en virtud de ambos convenios, fueron reunidas en 1893 bajo la supervisión del gobierno federal suizo, manteniendo su sede en la ciudad de Berna de esa Confederación Helvética.

Con el transcurso del tiempo, esta Oficina Internacional recibió diversos nombres siendo el último de ellos el de *"Oficinas Internacionales Reunidas para la Protección de la Propiedad Intelectual",* mejor conocida por sus siglas en francés como *"BIRPI",* ente que sólo se ocupaba de la administración de estos dos tratados internacionales.

Posteriormente en 1967, durante la Conferencia Diplomática de Estocolmo, se firma el Convenio que establece la Organización Mundial de la Propiedad Intelectual, la OMPI, mejor conocido como *"Convenio de Estocolmo"* y que entrara en vigor tres años después, en 1970, cuando el número de ratificaciones requerido fue finalmente alcanzado, entrando así la OMPI para diciembre de 1974, a formar parte del variado grupo de agencias especializadas de la ONU.

En la actualidad, la OMPI administra veintiséis (26) tratados internacionales[35], incluido el *Convenio de la OMPI*, diecisiete (17) en materia de propiedad industrial y ocho (8) en materia de derecho de autor y derechos conexos.[36]

La centralización de estos tratados es completa en lo que se refiere a la propiedad industrial pero no en lo relativo al derecho de autor y a los derechos conexos, ya que existen otras tres convenciones internacionales que son administradas con-

---

[35] Fecha: 23.07-2015. http://www.wipo.int/treaties/es/

[36] A la fecha 01-12-2015, esta organización internacional contaba con ciento ochenta y ocho (188) Estados miembros además de 258 organizaciones no gubernamentales internacionales y 79 nacionales además de otras organizaciones del sistema de Naciones Unidas (17), gubernamentales internacionales (12), regionales (35), de propiedad intelectual (8) y Palestina que asisten a sus reuniones en calidad de observadores. Aproximadamente, para el bienio 2014-2015, el 94% del presupuesto total previsto de 674 millones de francos suizos, se previó cubrirlo mediante ingresos procedentes de los servicios que ofrece a los usuarios de los sistemas de registro internacional (PCT, Sistema de Madrid, Sistema de La Haya, etc.). El 6% restante sería cubierto principalmente mediante ingresos procedentes de los servicios de arbitraje y mediación, la venta de publicaciones y las contribuciones de los Estados miembros. Dichas contribuciones son relativamente reducidas; los cinco principales países contribuyentes donan aproximadamente el 0,5% del presupuesto de la Organización. La OMPI además de fomentar la protección de la propiedad intelectual en todo el mundo, centraliza la administración de las diferentes "Uniones de Países" en la Oficina Internacional de Ginebra, Suiza, que es la Secretaría de la OMPI, supervisando esa administración por medio de sus diversos órganos administrativos. Una importante actividad llevada a cabo por la OMPI desde el año 1994, consiste en la solución de controversias comerciales internacionales entre partes privadas relacionadas con la propiedad intelectual, por medio de su "Centro de Arbitraje". Fecha: 01-12-2015. http://www.wipo.int/http://www.wipo.int/about-wipo/es/how_wipo_works.html/http://www.wipo.intabout-wipo/es/budget

juntamente con otros organismos de la ONU; éstas son la *Convención Universal sobre Derecho de Autor*[37], la CUDA, suscrita en fecha 06-09-1952, con 100 países miembros para el 11-06-2014, administrada por la OMPI de manera conjunta con la Organización de las Naciones Unidas para la Educación, la Ciencia y la Cultura, la UNESCO; la *Convención de Roma*, de fecha 26-10-1961, cuya administración es realizada conjuntamente por la OMPI, la UNESCO y la Organización Internacional del Trabajo, la OIT; y la *Convención de Madrid sobre doble imposición en derecho de autor* adoptada en Madrid el 13-12-1979, la cual no ha entrado en vigor, prevista su administración conjunta por la OMPI y la UNESCO.[38]

Resumiendo entonces, los ocho (8) convenios de alcance multilateral administrados por la OMPI, en materia de derecho de autor y derechos conexos[39], son:

1. El *Convenio de Berna* del 09-09-1886, al 13-04-2016, con 171 países Miembros;

2. La *Convención de Roma* de 1961, al 01-12-2015, con 92 países Miembros;

---

[37] Suscrita en Ginebra el 06-09-1952, fue objeto de una revisión en París en 1971.

[38] Existen diecinueve diversas "uniones" consagradas en los diferentes tratados administrados en la actualidad por la OMPI, en materia de propiedad industrial y de derecho de autor y derechos conexos.

[39] Existe un Tratado sobre el Registro Internacional de Obras Audiovisuales (*"Tratado sobre el Registro de Películas"* o "FRT") que se adoptó en Ginebra el 18 de abril de 1989. Entró en vigor el 27 de febrero de 1991 con 13 países miembros (Argentina, Austria, Brasil, Burkina Faso, Chile, Colombia, Eslovaquia, Francia, Hungría, México, Perú, República Checa y Senegal). "...A la luz del bajo nivel de actividad en la utilización del Registro Internacional..." y a todos los efectos prácticos, este tratado ha quedado sin vigencia. Fecha: 31-07-2015. https://view.officeapps.live.com/op/view.aspx?src=http%3A%2F%2F www.wipo.int%2Fedocs%2Fmdocs%2Fgovbody%2Fes%2Fa_35%2Fa_3 5_14.doc

3. El *Convenio de Ginebra para la Protección de los Productores de Fonogramas contra la Reproducción no Autorizada de sus Fonogramas* de 1971, al 01-12-2015, con 78 países Miembros;

4. El *Convenio de Bruselas sobre la Distribución de Señales Portadoras de Programas Transmitidas por Satélite* de 1974, al 01-12-2015, con 37 países miembros;

5. *El Tratado de la OMPI sobre Derecho de Autor* conocido por sus siglas en inglés y español como WCT o TODA respectivamente, al 13-04-2016, con 94 países miembros; y

6. El *Tratado de la OMPI sobre Interpretación o Ejecución y Fonogramas,* conocido por sus siglas en inglés y español como WPPT o TOIEF respectivamente; al 13-04-2016, con 94 países miembros.[40]

7. El *Tratado de Beijing sobre Interpretaciones y Ejecuciones Audiovisuales,* de 2012; al 01-12-2015, con 74 países miembros (10 ratificaciones), sin vigencia.

8. El *Tratado de Marrakech para facilitar el acceso a las obras publicadas a las personas ciegas, con discapacidad visual o con otras dificultades para acceder al texto impreso,* de 2013; al 01-12-2015, con 80 países miembros (11 ratificaciones), sin vigencia.

Tanto el *Convenio de Berna* como la *Convención Universal,* instrumentos jurídicos internacionales con vocación universal, consagraron el principio del *trato nacional*[41] según el cual se

---

[40] Estos dos últimos instrumentos jurídicos internacionales, denominados por la prensa mundial como *"Convenios Internet",* fueron aprobados en el seno de la OMPI en fecha 20 de diciembre de 1996, y entraron en vigencia al reunir el número mínimo de países miembros exigido, en el año 2002.

[41] Este principio fundamental de los derechos de propiedad intelectual se fundamenta sobre la base de la nacionalidad, en el derecho humano de la no discriminación. Así, el Convenio de Berna asegura la protección del derecho de autor en todos los Estados miembros, constituyendo una medida que promueve el reconocimiento de la no discriminación

reconoce la protección de obras en cualquier Estado miembro, con la misma que ellos reconocen a sus obras nacionales. Ambos convenios presentan orientaciones diferentes con influencia europea y norteamericana, respectivamente.

La protección internacional a través de la gama de convenios internacionales en derecho de autor, se garantiza por un grupo de principios básicos a respetar por los Estados contratantes, lo que elimina la prueba de la reciprocidad y permite fijar una protección mínima convencional, estandarizando *"...al menos en cuanto a esos preceptos básicos de obligatoria aceptación, el régimen de protección internacional:"* Sólo por esto estaría justificada la existencia de los convenios internacionales en la esfera del derecho de autor y los derechos conexos.[42]

b. *El Convenio de Berna*

A pesar de que el Acta originaria de este convenio tenía un propósito de carácter universal pues estaba abierta a la adhesión de todos los Estados (artículo 18) sin discriminaciones políticas ni ideológicas, se consideró como una iniciativa propia y particularmente europea. Según algunos autores era un Acta que sólo comprendía a algunos países de Europa y su posible proyección a los países de otros continentes, lo que al menos en lo inmediato, sólo podía lograrse por medio de la *"cláusula colonial"*, la cual establecía que los países que se ad-

---

por razones de nacionalidad consagrando de esta manera, la universalización del derecho de autor. BURDEKIN, Brian. *"The universality of intellectual property rights: origins and development". Intellectual property and human rights. opening address.* A panel discussion to commemorate the 50th anniversary of the Universal Declaration of Human Rights. Geneva, November 9, 1998, organized by WIPO/OMPI in collaboration with the *Office of the United Nations High Commissioner for Human Rights.* Traducción libre, p. 6.

[42] ANTEQUERA PARILLI, Ricardo. *El nuevo régimen del derecho de autor en Venezuela.* Editorial Buchivacoa, Autoralex, Caracas, 1993, p. 559-560.

hirieran al Convenio tenían el derecho de hacerlo extensivo a sus colonias o posesiones extranjeras.[43]

Desde la promulgación del Acta originaria, el 9 septiembre de 1886, el CUB ha sido objeto de un proceso alterno de cinco revisiones (1908, 1928, 1948, 1967 y 1971) y tres complementos (1896, 1914 y 1979). En cada fase de revisión o complemento se intentaba perfeccionar el sistema jurídico con respecto a la adhesión de los países del Convenio constituidos en *Unión*, lográndose diversas reformas a fin de proteger las obras como resultado de nuevas técnicas de creación (obras fotográficas y cinematográficas), ampliar el derecho de autor en proporción al desarrollo de nuevas técnicas de utilización y difusión de las obras (*v.gr.*: reproducción mecánica y radiodifusión), establecer mejores criterios de protección (entre otros, supresión de formalidades y duración de la protección), uniformar la reglamentación convencional, efectuar una reforma estructural y establecer disposiciones particulares para los países en vía de desarrollo.[44]

---

[43]   En los países latinoamericanos se le consideraba ciertamente como un tratado europeo, cuyo fin era la protección sólo de obras europeas. Como consecuencia de ello, durante los primeros ochenta años de vigencia, a la referida Acta únicamente se le adhirió Haití como representante latinoamericano, aunque después renunció y por ende, sólo tuvo aplicación desde 1887 hasta 1943. En época reciente, este país volvió a adherirse a la Unión de Berna, con efectos a partir del 11 de enero de 1996, siguiendo el ejemplo de Brasil que estaba incorporado desde 1922..."La idea de la incompatibilidad entre el Convenio de Berna y las legislaciones latinoamericanas existía, pues, en ambos continentes." LIPSZYC, Delia. "Esquema de la protección internacional del derecho de autor por las convenciones del Sistema Interamericano". LIPSZYC, Delia, VILLALBA, Carlos y UCHTENHAGEN, Ulrich. "La protección del derecho de autor en el Sistema Interamericano" Universidad Externado de Colombia. Dirección Nacional de derecho de autor de Colombia. Primera Edición: abril de 1998, p. 19-20.

[44]   LIPSZYC, Delia. "Derecho de autor y derechos conexos". *Op. Cit.*, p. 621.

Por la importancia y relevancia que merecen las normas de este convenio[45], resulta pertinente puntualizar:

1. El CUB, suscrito en 1886, es el tratado multilateral más antiguo y de mayor vigencia, el cual es resultado de las revisiones periódicas arriba mencionadas, contándose entre ellas: en 1896, el Acta adicional de París; en 1908, Berlín; en 1928, Roma; en 1948, Bruselas; en 1967, Estocolmo (que no entró en vigencia); y, en 1971, nuevamente París.[46]

2. El CUB tiene una proyección histórica de enorme relevancia en el proceso de uniformar las legislaciones internas.[47]

---

[45] El autoralista *Claude Masouyé* destaca que desde su origen, el varias veces citado Convenio de Berna, contiene dos grandes categorías de disposiciones: "En primer lugar, las sustantivas o de fondo dirigidas a reglamentar lo que se llama el derecho material; en segundo lugar, las disposiciones administrativas y las cláusulas finales, que se refieren a cuestiones de carácter administrativo o estructural". Generalmente, se admite que las disposiciones sustantivas o de fondo pueden a su vez dividirse en normas convencionales y normas de remisión." MASOUYÉ, Claude. "Guía para la aplicación del Convenio de Berna para la protección de las obras literarias y artísticas". (Acta de París 1971). Ginebra: Organización Mundial de la Propiedad Intelectual OMPI, 1978, p. 5.

[46] Cada una de las revisiones tuvo como propósito común el perfeccionamiento del sistema jurídico que establece entre los países miembros constituidos en Unión, el reconocimiento del derecho de autor, la elevación de los niveles mínimos de protección, la uniformidad de la reglamentación y la reforma administrativa y estructural del organismo que administra el Convenio de Berna, la Organización Mundial de la Propiedad Intelectual (OMPI). Las sucesivas revisiones del *Convenio de Berna* al igual que las que se hicieron al *Convenio de París para la protección de la propiedad industrial*, se reflejan en la numeración de sus artículos ya que para no alterar su orden inicial, se fueron incorporando al texto original, por medio del procedimiento de adicionar a éstos, los sufijos latinos, *bis, ter, quater, quinquies* y así sucesivamente.

[47] Como bien ha expresado *Valerio De Sanctis*, "indudablemente, el Convenio de Berna constituye uno de los actos de orden internacional más importantes del siglo XIX. Desde su conclusión, fue un factor decisivo de uniformación (*sic*) de las legislaciones nacionales a través de los contenidos mínimos" (el *ius conventionis*). DE SANCTIS, Valerio.

3. Los tres principios básicos del CUB son: el del *"trato nacional o asimilación"*, el de *"la protección automática"* y el de la *"independencia de la protección"*[48] los cuales aparecen consagrados en su artículo 5, numerales 1) y 2).[49]

4. El Convenio incluye una serie de disposiciones con respecto a la protección mínima concedida a las obras, el derecho de amparo y la duración de la protección (artículo 7).

5. El derecho de reproducción pese a ser uno de los derechos por excelencia del derecho de autor y reconocido como tal por todas las legislaciones nacionales, no aparece explícitamente establecido en las Actas anteriores a la de Estocolmo (1967); aunque sí de forma implícita; sólo llega a ser incluido en el texto de París (art. 9.1.)[50].

"Desarrollo y consagración internacional del derecho de autor". Trad. de Juana Martínez-Arretz, RIDA, 1974, RAÍDA, N° LXXIX, enero 1974. p. 230.

[48] COLOMBET, Claude. "Grandes principios del derecho de autor y los derechos conexos en el mundo". Estudio de derecho comparado. Traducción Martín Almeida, Ediciones UNESCO/CINDOC, 3era. Edición, Madrid, 1997, p. 161.

[49] Articulo 5: "1. Los autores gozarán, en lo concerniente a las obras protegidas en virtud del presente Convenio, en los países de la Unión que no sean el país de origen de la obra, de los derechos que las leyes respectivas conceden en la actualidad o concedan en lo sucesivo a los nacionales, así como de los derechos especialmente establecidos por el presente Convenio. 2. El goce y el ejercicio de estos derechos no estarán subordinados a ninguna formalidad y ambos son independientes de la existencia de protección en el país de origen de la obra. Por lo demás, sin perjuicio de las estipulaciones del presente Convenio, la extensión de la protección, así como los medios procesales acordados al autor para la defensa de sus derechos se regirán exclusivamente por la legislación del país en que se reclama la protección." Fecha: 02-11-2012. http://www.wipo.int/treaties/en/ip/berne/trtdocs_w0001.html #P109_16834

[50] Respecto de los derechos de traducción y adaptación, entendidos como formas de reproducción de obras, nos comenta *Delia Lipszyc* que, en primer lugar, la disposición que establece el derecho de traducción (artículo 8 del Acta de Estocolmo), reconocida originalmente en el Acta

6. En el artículo 9.2 del Acta de París, se atribuye a las legislaciones de los países de la Unión la facultad de autorizar excepciones al derecho exclusivo de reproducción siempre que se establezca en los términos de los *"usos honrados"*, es decir, *"en determinados casos especiales"*, que la *"reproducción no atente contra la explotación normal de la obra..."* y, *"que no cause perjuicio injustificado a los intereses legítimos del autor."* Estas excepciones al derecho exclusivo de reproducción deben entonces, cumplir con estas tres exigencias, para que puedan ser aceptadas conforme a este Convenio[51]-[52]

---

de 1886 (artículo 5) y modificada de modo sustancial en el Acta adicional de París (artículo 1, § IV del Acta adicional), fue el resultado de la transacción propuesta por Bélgica a fin de dirimir una cuestión sustancial entre los países como Francia que argumentaban sobre la traducción como un modo de reproducción de la obra y propugnaban por consiguiente la asimilación completa y los países como Noruega que se oponían a tal argumentación. Añade que es importante señalar que, según el artículo 7 del Acta de Berna de 1886, la reproducción autorizada no comprendía los folletines y las novelas por entregas (*romans-feuilletons* y *nouvelles*) publicadas en los periódicos o compilaciones periódicas (artículo 1, § IV del Acta Adicional). Por último, se viene a reconocer el derecho de traducción en el acta de Berlín (1908), en principio con el mismo estatus de los demás derechos exclusivos del autor, "sin condición alguna y con la misma duración que la reconocida al derecho sobre la obra original"... (artículo 8 del Acta de Berlín). LIPSZYC, Delia. "La protección internacional del derecho de autor en los países latinoamericanos". *Op. Cit.,* p. 630, 631 y 634.

51 *Ídem,* p. 658-659.

52 Con el desarrollo de las técnicas del fotocopiado y de la reproducción "doméstica" de grabaciones sonoras y audiovisuales, estas reproducciones se han convertido en modalidades comunes, no así legítimas, de explotación de las obras en razón de las enormes cantidades de reproducciones que el público efectúa directamente. De modo que si en 1967, cuando se celebró la Conferencia de Estocolmo, tomando en cuenta el desarrollo alcanzado por la tecnología hasta ese entonces, resultaba posible considerar que lo atinente al citado artículo 9.2) era aplicable a tales reproducciones, en la actualidad ha dejado de serlo. LIPSZYC, Delia. "Derecho de autor y derechos conexos". *Op. Cit.,* p. 695-696.

7. En el Anexo del CUB se incluyeron facultades especiales a favor de los países en vía de desarrollo con respecto a los derechos de traducción y de reproducción de textos destinados al uso escolar, universitario o de investigación, es decir, para "fines escolares y universitarios". Las licencias para reproducción se aplican *"exclusivamente a las obras publicadas en forma de edición impresa o en cualquier otra forma análoga de reproducción"* (art. III del Anexo al CUB 7 a) lo cual comprende a las obras musicales, literarias y artísticas, pero excluye las grabaciones sonoras y audiovisuales.[53]

En relación al sistema de licencias obligatorias, no exclusivas e intransferibles, para la traducción o la reproducción de obras publicadas en los países desarrollados, se establece que pueden ser otorgadas por la autoridad competente de un país en vía de desarrollo a sus nacionales, editoriales y organismos de radiodifusión con sede en el mismo país (Anexo art. 11.9), siempre y cuando hayan obtenido dichas facultades en forma debida[54]. No obstante, existen diversas restricciones y condiciones que complican la aplicación de esas disposiciones de preferencia.

El titular de la licencia debe pagar una justa compensación al titular del derecho de autor, conforme a los criterios aplicados normalmente en el país en vía de desarrollo con relación a las licencias voluntarias, entre otras (Anexo, Artículo IV. 6).*a*).[55]

---

[53] LIPSZYC, DELIA."Derecho de autor y derechos conexos". *Op. Cit.*, p. 710-711.

[54] Anexo. Disposiciones relativas a los países en desarrollo. Limitaciones del derecho de traducción. Artículo II. 1) Fecha: 08-11-2012. http://www.wipo.int/treaties/es/ip/berne/trtdocs_w0001.html

[55] Para ejercer las facultades especiales contempladas en el Anexo del Convenio de Berna, es necesario e imprescindible que el respectivo país declare que invocará el beneficio de una o todas las prerrogativas establecidas en el mismo Anexo (artículo 1). Sin embargo, hasta que se tenga conocimiento, solamente dos países: Cuba y Tailandia, pueden

c. *La Convención Universal*

Durante el proceso de evolución de las convenciones americanas[56], desde el Tratado de Montevideo de 1889 hasta la Convención de Washington de 1946, las obras de autores europeos quedaron prácticamente excluidas de la protección en el continente americano.

Debe apuntarse que el Tratado de Montevideo estaba abierto para la inclusión de los países europeos, pero cuando Francia, España, Italia, Bélgica, Austria y Alemania decidieron su adhesión, sólo Argentina y Paraguay estaban dispuestos a la reglamentación recíproca del derecho de autor sobre la base del citado tratado. Las demás convenciones no preveían la adhesión de los Estados europeos, por eso durante muchos

---

hacer uso del régimen de licencias obligatorias por haber presentado la declaración donde invocaron el beneficio de las facultades a que se refiere el artículo primero y mantenerla vigente, bajo las condiciones establecidas en el Anexo del Convenio de Berna. ANTEQUERA PARILLI, Ricardo. "Derecho de autor". *Op. Cit.*, p. 900.

[56] Las Convenciones del Sistema Interamericano sobre derecho de autor tienen un valor meramente histórico, a saber, los *Tratados de Montevideo* de 11-01-1889 y 04-08-1939; la *Convención de México* de 27-01-1902.; la *Convención de Río de Janeiro* de 23-08-1906; la *Convención de Buenos Aires* de 11-08-1910.; y las Convenciones de La Habana y Washington de 18-02-1928 y 22-06-1946, respectivamente. Por su parte, Venezuela sólo formó parte del Acuerdo de Caracas del 17 de julio de 1911, el cual no tuvo una relevancia significativa ya que su mismo origen fue el resultado del Congreso Bolivariano, al cual acudieron solo los países andinos. "En la actualidad, la importancia de las Convenciones del sistema interamericano reside en su valor histórico. Si bien muchas de ellas siguen formalmente en vigor, su aplicación entre los países del Continente (y entre algunos de éstos y los europeos que adhirieron al Tratado de Montevideo de 1889) ha sido desplazada por la adhesión al Convenio de Berna y a la Convención Universal". LIPSZYC, Delia. "Esquema de la protección internacional del derecho de autor por las convenciones del sistema interamericano". *Op. Cit.*, p. 36 y Anexo (Cuadro de adhesiones de los Estados americanos a las convenciones multilaterales internacionales sobre derecho de autor).

años sólo los acuerdos bilaterales hicieron posible una cierta relación sobre derecho de autor entre América y Europa.[57]

Al respecto, la autoralista argentina *Delia Lipszyc* expresa que la UNESCO recientemente constituida en 1947, retomó la iniciativa de crear la CUDA en base al vínculo existente entre la tutela internacional de la materia autoral y lo establecido en el numeral 2 del artículo 27 de la *Declaración Universal* cuando reconoce el derecho que tiene toda persona "...*a la protección de sus intereses morales y materiales que le corresponden por razón de las producciones científicas, literarias o artísticas de que sea autora*[58].

En la CUDA de 1952 se siguió un modelo similar al del CUB. Se adoptaron los principios del trato nacional y de la protección mínima, aunque la modalidad de tal protección está menos desarrollada que en el CUB[59]. Así vemos que la CUDA *persiguió el propósito de armonizar las legislaciones existentes cualquiera que fuera su nivel* a diferencia del CUB el que *no es sólo una tendencia a la universalidad, sino al mismo tiempo el propó-*

---

[57] Desde el punto de vista de los países europeos, tal situación resultaba en verdad poco atractiva, no así desde la perspectiva de los países de América, aunque continuaba el mismo flujo de obras hacia los mercados del nuevo mundo. Este estado de cosas cambia después de la segunda guerra mundial, pues la música, así como las películas y la literatura del nuevo continente, se proyectaron comercialmente en Europa e impulsaron indirectamente la propuesta de una convención para dirimir las cuestiones de derecho de autor entre ambos continentes. UCHTENHAGEN, Ulrich. "Acerca de la historia de las convenciones de derecho de autor latinoamericanas". LIPSZYC, Delia, VILLALBA, Carlos Y UCHTENHAGEN, Ulrich. "La protección del derecho de autor en el sistema interamericano" *Op. Cit.* p. 102-103.

[58] LIPSZYC, Delia. "Derecho de autor y derechos conexos". *Op. Cit.*, p. 750.

[59] Lo que se explica tanto por el propósito de atraer el mayor número posible de países para su adhesión a la Convención, como para facilitar la aceptación de la misma Convención por parte de aquellos países que consideraban demasiado alto el nivel de protección acordado en el referido Convenio de Berna. *Ídem*, p. 753.

sito de reconocer a los autores un grado de protección elevado y relativamente uniforme.[60]

En el Preámbulo de la Convención se expresa el objetivo general del tratado, que no es otro que: "asegurar en todos los países la protección del derecho de autor sobre las obras literarias, científicas y artísticas", mediante un régimen "adecuado a todas las naciones", "que se una a los sistemas internacionales vigentes sin afectarlos." Con la finalidad de confirmar el "respeto de los derechos de la personalidad humana", expresión que responde al interés de algunas delegaciones de aludir a los "derechos del hombre"; para otras delegaciones, el interés se centraba en la referencia al "derecho moral", así como "favorecer el desarrollo de las letras, las ciencias y las artes" y "la difusión de las obras del espíritu."[61]

---

[60] VILLALBA, Carlos. "Introducción a los tratados internacionales en materia de derecho de autor", pp. 331-349. *Revista La propiedad Industrial,* Buenos Aires, Ed. Depalma, 1980, pp. 335 y 338.

[61] Uno de los aspectos a destacar en la *Convención Universal,* como antecedente a la limitación de los derechos exclusivos a través de licencias obligatorias, es el relacionado con el derecho de traducción consagrado en su artículo V, en el cual se establece que el derecho de autor comprende también el derecho exclusivo de hacer, de publicar y de autorizar que se haga y se publique la traducción de las obras protegidas, permitiendo la restricción de este derecho, al establecer licencias obligatorias no exclusivas y remuneradas para el autor. La obra que los Estados cuya traducción y publicación autoricen, debe tomar en cuenta que la misma no debe haber sido publicada durante un plazo de siete años a partir de la primera publicación de la obra o sí, habiendo sido publicada la traducción, las ediciones están agotadas una vez transcurrido el plazo indicado. El solicitante, quien debe ser nacional del Estado Contratante en donde se solicita la licencia, debe demostrar que ha pedido al titular del derecho de traducción la autorización para hacer y publicar la traducción, y que después de las diligencias pertinentes no ha podido. La licencia sólo será válida para la publicación en el territorio del Estado Contratante donde ha sido solicitada. Fecha: 15-05-2007.
http://209.85.165.104/search?q=cache:kRFmx9C8VnwJ:www.lacult.or g/docc/1971derechoautor.doc+convenci%C3%B3n+universal+sobre+ derecho+de+autor&hl=es&ct=clnk&cd=3&gl=ve&lr=lang_es

Conviene presentar algunas consideraciones resumidas, de la misma manera como se hizo con el CUB, a saber:

1. El origen de la CUDA es a la vez un resultado del interés internacional, posterior a la Segunda Guerra Mundial, por ampliar el ámbito geográfico de aplicación del sistema internacional de protección. En particular, se logró la incorporación de algunos países del hemisferio occidental que sobre todo, por el aumento de los niveles mínimos de protección exigidos, habían postergado la adhesión al CUB, por lo que puede considerarse un "Arreglo particular" en los términos del artículo 20 del CUB pero sin ser aplicable entre ellos sino sólo en las relaciones con los países que no forman parte de la Unión de Berna que sean parte en la CUDA (Declaración anexa relativa al art. XVII, § b)[62-63].

2. El propósito de la Convención fue el de lograr cierta armonía entre las legislaciones existentes cualquiera fuera el nivel de las distintas normativas, así que, *"para ello se abandonó toda pretensión primordial de lograr una legislación uniforme a todo intento programático en busca de un ascenso en el grado de protección. Cumplió su propósito de armonizar las distintas convenciones, arreglos o tratados sobre la materia. Sobre estas bases cumple con uno de los principios históricos: el de la universalidad del sistema"*.[64]

[62] LIPSZYC, Delia. "Esquema de la protección internacional del derecho de autor por las convenciones del sistema interamericano". *Op. Cit.*, p. 34-36.

[63] Artículo 20 del CUB: "Los gobiernos de los países de la Unión se reservan el derecho de celebrar entre ellos Arreglos particulares, siempre que estos Arreglos confieran a los autores derechos más amplios que los concedidos por este Convenio, o que comprendan otras estipulaciones que no sean contrarias al presente Convenio. Las disposiciones de los Arreglos existentes que respondan a las condiciones antes citadas continuarán siendo aplicables". Fecha: 02-11-2012. http://www.wipo.int/treaties/en/ip/berne/trtdocs_w0001.html#P109_16834 y http://www.wipo.int/treaties/es/text.jsp?file_id=283698

[64] VILLALBA, Carlos. "Introducción a los tratados internacionales en materia de derecho de autor". *Op. Cit.* p. 338.

3. Se consideró que una convención de menor exigencia en la tutela que la establecida en el CUB, facilitaría el ingreso de aquellos países en vías de desarrollo que no tenían condiciones para mejorar en aquel entonces, los niveles de protección y por tanto, alcanzar las exigencias mínimas del CUB. Esto permitiría la adhesión de algunos Estados de los distintos continentes que iniciaban apenas su vida independiente[65].

4. La CUDA contiene normas de protección menos rígidas que las del CUB; así mismo, acoge el principio del trato nacional prescribiendo formas mínimas de protección o un nivel razonable de protección efectiva aunque la modalidad de tal protección está menos desarrollada que en el CUB, además del principio de la independencia de la protección así como disposiciones sobre su coexistencia y una cláusula de salvaguardia a fin de garantizar el estricto cumplimiento de la misma. En cuanto a las formalidades exigidas, estableció que las obras publicadas en el extranjero cumplirán con estas formalidades cuando lleven el símbolo © acompañado del nombre del titular del derecho de autor con la indicación del año de la primera publicación con lo que queda entendido que el derecho ha quedado reservado.[66]

5. Se establece en el artículo IV *bis* de la CUDA, los derechos fundamentales del autor a la reproducción, radiodifusión, representación y ejecución pública. De igual manera, son incluidas en su Anexo, licencias a favor de los países en vía de desarrollo con objeto de permitirles una mejor protección de los derechos patrimoniales exclusivos del autor al igual que un mayor alcance de la protección al derecho de traducción[67].

---

65   LIPSZYC, Delia. "Esquema de la protección internacional del derecho de autor por las convenciones del sistema interamericano". *Op. Cit.*, p. 35.

66   *Ídem.* p. 760.

67   Hacemos notar que en relación a las disposiciones relativas a los países en desarrollo, en concreto a la posibilidad de beneficiarse de las licencias obligatorias respecto de los derechos de traducción y reproduc-

6. Conforme a la CUDA, los Estados contratantes deben adoptar todas las disposiciones necesarias a fin de asegurar una protección suficiente y efectiva de los derechos de autor (artículo I). No obstante, los Estados sólo pueden establecer excepciones a esos derechos siempre y cuando no resulten contrarias al espíritu ni a las disposiciones de la Convención. Los Estados que, eventualmente ejerzan esa facultad, deben conceder un nivel razonable de protección efectiva al derecho que sea objeto de esas excepciones (artículo IV *bis* 2).

7. Se limita al uso, lo concerniente a la licencia de reproducción prevista en el artículo V *quater*, con relación a la enseñanza escolar y universitaria. La expresión *enseñanza escolar y universitaria* debe entenderse de acuerdo con la interpretación de la Conferencia de Revisión de 1971, como una expresión que comprende no solamente a las actividades de los programas escolares y extraescolares de un establecimiento de enseñanza sino también, todas las formas organizadas de educación extraescolar.

8. Esta Convención a pesar de ser posterior a la *Declaración Universal* de 1948 y de haberse realizado bajo los auspicios de la UNESCO, no incluye explícitamente la consagración como derecho humano de la protección de los intereses morales y patrimoniales que le correspondan a una persona en razón de la(s) obras(s) de que sea autor(a). A pesar de la buena disposición de algunos países para incluir el contenido del artículo

ción, son sólo diez países los que se han beneficiado de ellas. Se les critica el ser poco funcionales y complicadas respecto a su aplicación, además del efecto perverso que puedan tener sobre la creación local desincentivándola dado el acceso expedito a obras extranjeras. Sin embargo, a su favor se argumenta que estas podrían ser beneficiosas en materia técnica y científica en países con bajo nivel de desarrollo. VON LEWINSKI, Silke. "El papel de la Convención Universal sobre derecho de autor y su futuro". UNESCO. e-Boletín de derecho de autor. Oct.-Dic. 2006, p. 13-14. Fecha: 09-10-10.
http://portal.unesco.org/culture/es/files/32622/11718944031ucc_study_sp.pdf/ucc_study_sp.pdf

27.2 de la *Declaración Universal*, en particular, el reconocimiento del derecho moral del autor, tal ratificación no se adoptó. Sin embargo, en la Exposición de Motivos (revisión de 1971)[68] se habla de que los Estados Contratantes: *"...Convencidos de que un régimen de protección de los derechos de autor adecuado a todas las naciones y formulado en una convención universal, que se una a los sistemas internacionales vigentes sin afectarlos, contribuirá a asegurar el respeto de los derechos de la personalidad humana y a favorecer el desarrollo de las letras, las ciencias y las artes"*; por tanto, se refieren entonces a los *derechos del hombre* evitando referirse al derecho moral del autor.[69]

9. Es importante resaltar que el papel de la CUDA ha venido decreciendo desde finales de los años ochenta en razón de la adhesión al CUB por parte de los EEUU y una gran parte de los países herederos de la extinta Unión Soviética, a tal punto que en la actualidad, sólo un país está obligado exclusivamente por la CUDA en vez de estarlo también por el CUB de 1886, el ADPIC de 1994 de la OMC o el TODA de 1996, nos referimos a Laos.[70]

---

68   Fecha: 05-11-2012. http://portal.unesco.org/es/ev.php-URL_ID=15241 & URL_ DO=DO_TOPIC&URL_SECTION=201.html

69   La propuesta aceptada fue la de los EEUU en el sentido de ratificar el artículo 27 de la *Declaración Universal* pero no en esa *Convención Universal*, sino en los pactos que se suscribieren para reforzar a esta *Declaración Universal*, como se ve reflejado en el artículo 15 del Pacto Internacional de Derechos Económicos, Sociales y Culturales de 1966. PLAZA PENADÉS, Javier. "El derecho de autor y su protección en el artículo 20, 1,b) de la Constitución". Tirant Monografías. Valencia 1997. p. 194-196, I.S.B.N. 84-8002-451-8.

70   Los países que no son, a la fecha, miembros de ningún instrumento multilateral para la protección del derecho de autor son Afganistán, las Islas Cook, Eritrea, Etiopia, Irán, Irak, Kiribati, las Islas Marshall, Nauru, Niur, Palau, San Marino, San Tomé y Príncipe, Seychelles, Somalia, Timor Oriental, Turkmenistán, Tuvalu, Vanuatu y Yemen (*sic*). VON LEWINSKI, Silke. "El papel de la Convención Universal sobre derecho de autor y su futuro". *Op. Cit.*, p. 1-2.

10. Finalmente podemos concluir en que aunque el valor de la CUDA es históricamente incuestionable, su importancia "...es cada vez más escasa, en la medida en que los países ingresan al sistema del Convenio de Berna, ya que conforme a la llamada "Cláusula de Salvaguardia" (artículo XVII y Declaración anexa), el instrumento que se comenta no es aplicable entre los Estados ligados por el de Berna en lo referente a la protección de las obras que, conforme a este último, tienen como país de origen uno de los países de la Unión de Berna...". Así mismo, los países miembros de la OMC, de conformidad con el ADPIC, aunque no sean parte del CUB, están obligados a observar tanto los artículos 1 al 21 de éste como su apéndice "...y una disposición similar figura en el nuevo Tratado de la OMPI sobre Derecho de Autor. Es así como cada vez son menos los países del área latinoamericana que pueden invocar entre sí la protección que se deriva de la Convención Universal".[71]

C. *Período global*

Como hemos visto, el proceso de consolidación de la propiedad intelectual como sistema jurídico internacional privado de protección a las creaciones humanas fundamentadas en un *ius prohibendi* o facultad de impedir que terceros realicen actos de explotación y comercialización de las técnicas y productos amparados por estos derechos intelectuales sin el consentimiento del titular, se inicia a finales del siglo XVIII y es a lo largo del siglo XIX cuando se institucionaliza concretamente, en 1886, como sistema de protección internacional[72] con la adopción del primer texto del CUB.

---

[71] ANTEQUERA PARILLI, Ricardo. "Panorámica de las legislaciones latinoamericanas en materia de derecho de autor y derechos conexos". *Reunión de Jefes de oficina o responsables de derecho de autor en los países iberoamericanos*, Montevideo, 08-12-1997. Documento de la Organización Mundial de la Propiedad Intelectual OMPI/JDA/MVD/97/1, p. 6-7.

[72] Además del Convenio de Berna, paralelamente, se adoptaron los primeros textos de tres tratados internacionales en materia de propiedad intelectual referidos a la propiedad industrial, los dos Arreglos de

Como sabemos, la tutela de la propiedad intelectual se encuentra regida por el principio de la territorialidad lo que limita su eficacia al espacio físico del Estado que reconoce su protección, por tanto, deben satisfacerse los requerimientos legislativos de cada país para asegurar su protección en el respectivo territorio[73] lo que evidentemente acarrea conflictos en el ámbito transnacional.

Ahora bien, con el fenómeno de la globalización que ha traído consigo una apertura de las economías a lo que se añade paralelamente, un proceso de integración de mercados regionales (Unión Europea, Comunidad Andina de Naciones, la CAN, el MERCOSUR, entre otros), estos conflictos obviamente, no han desaparecido, antes al contrario, se han acentuado. De allí que una efectiva protección jurídica de la propiedad intelectual en el contexto de una economía globalizada y de países interdependientes, sea premisa fundamental de una competencia leal y de un intercambio sin distorsiones, del flujo de la propiedad intelectual como mercancías o servicios.

a.   *El Acuerdo sobre los Aspectos de los Derechos de Propiedad Intelectual relacionados con el Comercio*

Este tercer período *global* se inicia con la conexión que realiza en los años 80, los EEUU, entre comercio y propiedad

---

Madrid de 1891 relativos al Registro Internacional de Marcas y a la Represión de las Indicaciones de Procedencia Falsas o Engañosas en los Productos, y el Convenio de París para la Protección de la Propiedad Industrial de 1883.

[73]   En opinión de la tratadista argentina *Lipszyc*, para que la protección de la obra nacional resulte eficaz dentro del propio territorio, resulta "…necesario que la obra extranjera también se encuentre protegida, de lo cual se deriva una aparente paradoja: para proteger la obra nacional hay que proteger la obra extranjera, pues la obra extranjera desprotegida puede ser utilizada sin autorización de su autor y sin pagar por su uso. De este modo compite deslealmente con la obra nacional protegida y tiene aptitud potencial para desplazar a esta última porque su utilización resulta más onerosa". LIPSZYC, Delia. "Derecho de autor y derechos conexos". *Op. Cit.*, p. 590.

intelectual a nivel multilateral[74], lo que originara fuera del ámbito de la ONU, la integración de la tutela sobre toda la

[74] Resulta importante incluir en este trabajo, algunos antecedentes sobre el tema. Recordemos que después de la segunda guerra mundial, los países en desarrollo comenzaron a adherirse a la Convención de Berna, los cuales deseaban un sistema internacional donde se les considerara su condición de países no desarrollados y tener por tanto, peso propio a la hora de negociar. Es así que la India lidera la Revisión de Estocolmo del Convenio de Berna 1967, con el fin de otorgar a estos países un mayor acceso a materiales protegidos por el derecho de autor, a través de la concesión de franquicias para la utilización de las obras de los autores nacionales de países desarrollados, revisión que aprueba un Protocolo relativo a estos países provocando severas críticas del medio autoral entre otras tantas, el hecho de que esa normativa sustituía la voluntad del autor por decisiones de las oficinas nacionales, lo que provocó una especie de crisis en escenarios internacionales del tema y aunque el Acta de Estocolmo nunca entró en vigencia por no contar con el mínimo de adhesiones para ser aprobada (sólo contó con el voto de 40 Estados), la Conferencia de Revisión de París en 1971, aprobó un Anexo a la Convención que mantenía las preferencias a los países en desarrollo como las licencias no exclusivas para la traducción o reproducción de obras extranjeras bajo determinados requisitos, pero eliminaba disposiciones del Acta de Estocolmo consideradas lesivas al derecho de los autores tales como la caducidad del derecho de traducción, entre otras. También hay que recordar que el período que precedió al global, el internacional, estuvo caracterizado por una tolerancia al acceso sin autorización ni compensación económica, *free riding*, a las obras protegidas por el derecho de autor ya que el único mecanismo de observancia bajo los diferentes tratados de propiedad intelectual en general, era acudir ante la Corte Internacional de Justicia, mecanismo que ningún país se atrevía a activar, amén de que la mayoría de los Estados contratantes, habían hecho reserva expresa de las cláusulas contentivas de tal procedimiento, además, los EEUU no formaba parte del Convenio de Berna (Nota de la autora: no fue sino hasta el 16-11-1988 que los EEUU se adhirieron al Convenio entrando este en vigor, en fecha 01-03-1989) aunque paradójicamente, sus editores se beneficiaban de los altos estándares de protección arreglando publicaciones simultáneas con Canadá, país que si era miembro del mismo. Por otra parte, un grupo selecto de gente dedicada al *lobby*, abogados y consultores en los EEUU y a entes de comercio global, concibieron la idea de vincular la propiedad intelectual al comercio para así poder ubicar sus bienes y servicios en cualquier parte del mundo de manera segura en el entendido que su producción estaría protegida por la propiedad intelectual lo cual les proporcionaría dos grandes ventajas, una con-

propiedad intelectual a escala comercial internacional conjuntamente con las mercancías y los servicios, contenida en uno de los tres pilares fundamentales del sistema de comercio multilateral, como Anexo 1C denominado *"Acuerdo sobre los Aspectos de los Derechos de Propiedad Intelectual Relacionados con el Comercio"*, el *ADPIC* del *Acuerdo de Marrakech* por el que se establece la Organización Mundial del Comercio, la OMC, que fuera aprobado en fecha 15 de abril de 1994, en el seno del *"Acuerdo General sobre Tarifas y Comercio"* -GATT-, dentro de lo que se llamó la "Ronda Uruguay" del mismo, constituyendo la OMC *"...el único organismo internacional que se ocupa de las normas que rigen el* comercio entre los países..." *teniendo como propósito principal* "... asegurar que las corrientes comerciales circulen con la máxima facilidad, previsibilidad y libertad posible."[75]

---

sistía en que si un grupo de estándares de protección por la propiedad intelectual formara parte de un tratado multilateral comercial, esos estándares tendrían cobertura en todo el mundo, y la otra, es que se podría hacer uso de los mecanismos de observancia que los Estados habían desarrollado para las solución de disputas comerciales. Durante la década de los 80, los EEUU reforzó su ley comercial con una serie de estrategias de observancia contra los países que ellos consideraran tenían niveles inadecuados de observancia de propiedad intelectual o que no eran diligentes en la observancia de tales derechos así, en 1984, los EEUU reformaron su ley comercial, *Trade Act* de 1974, para incluir a la propiedad intelectual en la sección 301 de la misma, lo que trajo como consecuencia directa en 1988, la ley *Omnibus Trade and Competitivenes Act,* que vino a reforzar el procedimiento estipulado en la sección 301 de su ley comercial, adicionando otros procesos denominados *Regular 301, Special 301* y *Super 301,* los cuales se aplicaban a los países que no respetaran la propiedad intelectual, exponiéndoles a medidas de retaliación por parte de los EEUU. DRAHOS, Peter. "The universality of intellectual property rights: origins and development". *Intellectual property and human rights. Op. Cit.* Traducción libre, p. 19-21.

[75] Aprobado por los países miembros del GATT en diciembre de 1993. En funcionamiento desde el 1° de enero de 1995. La Organización Mundial del Comercio OMC cuenta con 162 Miembros al 01-12-2015 y un presupuesto consolidado para el año 2014, de CHF 197,203,900 (*sic*) millones de francos suizos. Para el 2015, las contribuciones de los paí-

El inicio de este acuerdo comercial[76] se da a partir del momento en que la propiedad intelectual queda incluida dentro de las materias de negociación, en septiembre de 1986 durante la Reunión Ministerial de Punta del Este, evento donde se lanzó la llamada *Ronda Uruguay* de negociaciones comerciales por

---

ses miembros ascendieron a la suma de 195.500.000 (*sic*) de francos suizos. Fecha: 01-12-2015.
http://www.wto.org/english/thewto_e/whatis_e/who_we_are_e.htm/
http://www.wto.org/spanish/thewto_s/whatis_s/inbrief_s/inbr00_s.htm /
http://www.wto.org/english/thewto_e/secre_e/budget_e.htm

[76] El especialista argentino en el tema, Carlos Correa, relata la forma en que fue propuesto el tema de la propiedad intelectual en el ámbito del GATT. Nos explica que la propiedad intelectual se constituyó en motivo de interés para el *General Agreement on Trade and Tariffs* (GATT), por influjo del gobierno de los Estados Unidos. De hecho, fue el gobierno estadounidense el impulsor del debate sobre el tema de la propiedad intelectual, inicialmente con relación a la defraudación ("*counterfeiting*", contrahechura en idioma español) de los llamados derechos marcarios. "...Durante la *Rueda de Tokyo*, se organizó la "International Anti-counterfeiting Coalition", contando con la participación de un centenar aproximadamente de empresas multinacionales, con el fin de prestarle colaboración al gobierno estadounidense en la redacción de una propuesta de 'Código sobre falsificación.' En 1979, los Estados Unidos y la Comunidad Europea (CE) alcanzaron un acuerdo para presentar en conjunto una propuesta de 'Agreement on Measures to Discourage the Importation of Counterfit Goods'. El proyecto de Código -que fue revisado y apoyado más tarde por Japón y Canadá- establecía medidas para detener y embargar bienes con marcas falsificadas. Los Estados Unidos presentaron, en la etapa preparatoria de la Reunión Ministerial del GATT en 1982, una propuesta formal para adoptar tal Código, que encontró una fuerte oposición de los países en desarrollo. En la declaración ministerial de 1982, empero, se incluyó el tema y se creó un Grupo de Expertos para estudiar los efectos del Código propuesto en el comercio internacional, el que se expidió en 1985." Un año después, la nueva Rueda de negociaciones del *Comité Preparatorio* resultó ser el espacio oportuno para una nueva propuesta de los Estados Unidos, en esta ocasión, apoyada por Japón, dirigida a tratar los derechos de propiedad intelectual y lo relativo a marcas falsificadas en el ámbito del GATT. CORREA, Carlos "Acuerdo TRIPs. Régimen internacional de la propiedad intelectual". Segunda edición, Ciudad Argentina, ©1988, p. 13-14.

iniciativa de los EEUU con el apoyo de Europa, Canadá y Japón, finalizando con la firma de este tratado que crea la OMC, por parte de 124 países.

El ADPIC[77] sin constituir una ley uniforme, establece estándares mínimos de protección para los derechos de propiedad intelectual sin llegar a determinar el contenido de los derechos que deben establecer las legislaciones de los países miembros, quedando éstos en libertad de adoptar una protección mayor que la comprometida por el Acuerdo.

Los principios básicos para la aplicación de las normas del ADPIC además del principio del agotamiento internacional de derechos (el artículo 6 establece que el tema como tal, no puede ser objeto de reclamo ante la OMC bajo el mecanismo de solución de diferencias), son los siguientes:

1°. Principio del trato nacional.

Como ya se mencionó, la obligación básica en virtud del Acuerdo es aplicarlo bajo la ley nacional, extensivo a los titulares de derechos de otros Estados miembros acorde a la disposición sobre trato nacional donde se establece que cada miembro concederá a los nacionales de otros Estados

---

[77] Cabe apuntar que el texto final del Acuerdo evidencia un verdadero pragmatismo, pues se perciben en algunos artículos, ciertas excepciones que fueron aceptadas por determinados países en razón del interés colectivo. Prueba de ello, son los artículos siguientes: Artículo 9.1, donde se establece que ningún Miembro tendrá obligaciones respecto de los derechos conferidos por el artículo 6bis., del Convenio de Berna en lo relativo a los derechos morales, ni respecto de los derechos que se deriven del mismo; Artículo 14, contentivo de una amplia excepción de los derechos de arrendamiento de programas en menoscabo del Japón; Artículo 11, contiene igualmente una amplia excepción sobre la consideración del derecho de autor en las emisiones de radio y de televisión, consideradas como prerrogativas de los Estados Unidos y Canadá. Si bien el Acuerdo implicó un "alto en lo conceptual" de carácter radical, por el amplio contenido y el enfoque sobre los aspectos comerciales, su texto fue aprobado en un tiempo menor al de otras iniciativas conocidas, como el Convenio de Berna. CORREA, Carlos, "Acuerdo TRIPs. Régimen internacional de la propiedad intelectual". *Op. Cit.* p. 19.

miembros, el mismo trato que concede a sus propios nacionales con respecto a la protección de la propiedad intelectual (artículo 3.1).

El principio se aplica de diferente manera con relación al derecho de autor y los derechos conexos. En cuanto al derecho de autor, se aplica globalmente a todos los derechos, es decir, no solamente a los expresamente previstos en el Acuerdo, sino también a los derechos comprendidos en las leyes nacionales. En lo relativo a los derechos conexos, incluyendo los derechos de los artistas intérpretes o ejecutantes, los productores de fonogramas y los organismos de radiodifusión, el principio del trato nacional se aplica únicamente sobre la base de aquellos derechos previstos en el Acuerdo.[78] Si un país concede derechos más amplios en virtud del ADPIC, no está obligado a conceder esos derechos también a los extranjeros (artículo 3.1 *in fine*). Las respectivas excepciones están ya previstas en el *Convenio de París* (1967), el *Convenio de Berna* (1971), la *Convención de Roma* y el *Tratado sobre la Propiedad Intelectual respecto de los Circuitos Integrados*.

2°. Principio de la nación más favorecida.

El Acuerdo contiene un principio sobre la nación más favorecida ya mencionado, el cual establece que cualquier ventaja, favor, privilegio o inmunidad respecto de la protección de la propiedad intelectual será inmediata e incondicionalmente concedida a los nacionales de todos los demás Estados miembros (artículo 4). No obstante, existen algunas excepciones en cuanto al derecho de autor y los campos conexos. Una primera excepción es la innecesaria aplicación del ADPIC cuando el CUB o la *Convención de Roma* permitan la reciprocidad, sea el caso del *droit de suite*[79]; una segunda excepción, está relacio-

---

[78] CORREA, Carlos "Acuerdo TRIPs. Régimen internacional de la propiedad intelectual". *Op. Cit.*, p. 44-45.

[79] Este derecho consagrado en el artículo 14 *ter* del CUB, puede definirse como un derecho de retribución o seguimiento de la obra por el autor y sus herederos que conlleva el cobro de un canon o porcentaje del

nada con los derechos conexos y, en tal caso, tampoco es necesario aplicar el principio de nación más favorecida a los derechos que no estén previstos en el Acuerdo; una tercera excepción se refiere a la posibilidad de previsión en acuerdos que hayan entrado en vigor antes del citado Acuerdo, por ejemplo, acuerdos bilaterales o regionales como el denominado Tratado de Libre Comercio TLC entre los países de América del Norte (NAFTA en idioma inglés), a saber, México, Canadá y los EEUU[80].

El principio de la nación más favorecida es más amplio que el principio del trato nacional. Este último se aplica únicamente a los derechos como tales, mientras que el primero también se aplica a otras medidas relativas a la protección de la propiedad intelectual.[81]

---

precio de enajenación de la misma por cada reventa efectuada. En otras palabras, el *droit de suite* consiste en el derecho de los autores de recibir una participación en las reventas del soporte. "... 1) En lo que concierne a las obras de arte originales y a los manuscritos originales de escritores y compositores, el autor -o, después de su muerte, las personas o instituciones a las que la legislación nacional confiera derechos- gozarán del derecho inalienable a obtener una participación en las ventas de la obra posteriores a la primera cesión operada por el autor." Fecha: 09-11-2012. http://www.wipo.int/treaties/es/ip/berne/trtdocs_w0001.html

[80] CORREA, Carlos "Acuerdo TRIPs. Régimen internacional de la propiedad intelectual". *Op. Cit.*, p. 46-47.

[81] El ADPIC consagra adicionalmente, otros principios tales como el de la transparencia (art. 63) y el de la globalidad. Sobre este último, prohíbe expresamente hacer reservas relativas a cualquiera de sus disposiciones (artículos 72 y XVI.5 del Acuerdo OMC), aplicándose por tanto en su totalidad a todas las partes contratantes, regla esta que encuentra excepción en sus disposiciones transitorias donde consagró el beneficio de períodos de transición para los países en desarrollo, para los menos desarrollados y para aquéllos que se encuentren en un período transicional de economía centralizada a otra de libre mercado. Fecha: 09-11-2012.
http://www.wto.org/spanish/docs_s/legal_s/27-trips_07_s.htm
http://www.wto.org/spanish/docs_s/legal_s/27-trips_01_s.htm
http://www.wto.org/spanish/docs_s/legal_s/04-wto_s.htm

Destacamos el papel protagónico que han comenzado a jugar las organizaciones regionales e internacionales como la OMC a nivel internacional, en la protección de la propiedad intelectual, debido principalmente al hecho de quedar integrada de forma coordinada su tutela jurídica dentro del movimiento globalizante y de integración regional[82], con el fin último de evitar obstáculos al libre comercio procurando una competencia leal.

D.   *Período post-ADPIC: los Convenios Internet*

En 1994, después de la adopción del ADPIC de la OMC, se observaba todavía la falta de respuesta a los problemas imperantes como resultado de la asombrosa expansión de la tecnología digital, particularmente, a través de la Internet y de las telecomunicaciones, todo lo cual incidió en la determinación de introducir oportunas aclaratorias.

Al efecto, se aceleró la labor de los órganos rectores de la OMPI para la preparación de un Protocolo al CUB, cuya última revisión se había realizado mediante el Acta de París de 1971 y que en cierto modo se había visto rezagada porque los

---

[82]   La integración económica por regiones consecuencia de globalización, ha promovido igualmente, procesos de armonización de la legislación sustantiva nacional en la materia y de progresiva unificación en su protección jurídica. En el caso de la Comunidad Andina de Naciones CAN, las normas comunitarias, a los fines de su aplicación, pasan a formar parte de los sistemas jurídicos de los países miembros, manteniendo su carácter originario y de aplicabilidad directa e inmediata a los nacionales y residentes, sin que medien instancias intermedias. Este es el caso de los regímenes comunes sobre propiedad industrial, derecho de autor, de protección de los derechos de los obtentores de variedades vegetales y de acceso a los recursos genéticos, contenidos en las Decisiones Subregionales números 486, 351, 345 y 391, respectivamente, los cuales forman parte de un derecho común emanado de un órgano legislativo comunitario, de aplicación inmediata, con preeminencia sobre las leyes ordinarias que regulan las materias concernientes en cada uno de los países de la subregión (Colombia, Ecuador, Perú y Bolivia).

gobiernos interesados no aceptaban su interferencia en las complejas negociaciones del ADPIC.[83]

En cuanto al derecho de autor, vemos que la primera parte del artículo 1.1[84] del TODA, tiene una especial importancia para la interpretación del mismo. En ella queda claro que, como observa la Oficina Internacional de la OMPI[85], no es

---

[83] "Las razones que justificaban la elaboración de un "Protocolo", y no de una modificación actualizada del Convenio, estaban en que la aprobación de una nueva revisión, conforme al artículo 27,3 de la Convención, requería de la unanimidad de los votos emitidos, evento muy poco probable cuando el número de estados parte del sistema de Berna supera los ciento cuarenta. Por el contrario, un protocolo "adicional" tenía mayores probabilidades de aprobarse porque no se exigía la unanimidad de los países miembros de la Unión de Berna, todo de conformidad con el artículo 20 del Convenio por el cual los gobiernos de los países de la Unión se reservan el derecho de adoptar "arreglos particulares "(obligatorios solamente para los países que los adopten), siempre que los mismos confieran a los autores derechos más amplios que los concedidos por la Convención, o que contemplen estipulaciones no contrarias a ella." ANTEQUERA PARILLI, Ricardo. "Cuestiones claves relacionadas con la aplicación del WCT Y el WPPT". *El Derecho de Reproducción en el Entorno Digital. Los Derechos que Rigen la Transmisión por Internet los Derechos de Distribución y Alquiler. Seminario Subregional sobre el Tratado de la OMPI sobre Derecho de Autor (WCT), el Tratado de la OMPI sobre Interpretación o Ejecución y Fonogramas (WPPT), y las Actividades Actuales de Establecimiento de Normas. Organización Mundial de la Propiedad Intelectual.* San José de Costa Rica. 16-19 de diciembre de 1999. Documento OMPI/DA/COS/99/3, p. 2.

[84] Artículo 1.1) del TODA: "el presente Tratado es un arreglo particular en el sentido del artículo 20 del Convenio de Berna para la protección de las Obras Literarias y Artísticas, en lo que respecta a las Partes Contratantes que son países de la Unión establecida por dicho Convenio". Fecha: 20-05-07. http://www.wipo.int/treaties/es/ip/wct/trt docs_ w0033.html

[85] En las sesiones que se celebraron entre el 4 y el 8 de noviembre de 1991, en las cuales un Comité de Expertos analizó los documentos preparatorios presentados por la Oficina Internacional de la OMPI, se generó un ardiente debate durante la primera sesión del Comité, sobre la propuesta de la Oficina en cuanto a incorporar al instrumento en estudio, en el marco de un eventual Protocolo al Convenio de Berna, un dispositivo que reconociera derechos a los productores de fonogramas, coincidentes unos y adicionales otros a los contenidos en la Conven-

aceptable ninguna interpretación del mismo que pueda ocasionar una disminución del nivel de protección otorgado por el CUB.

En lo atinente a los derechos conexos, en particular a los de los productores de grabaciones sonoras, también se expresó una opinión abrumadoramente mayoritaria en cuanto a que la modernización de esa protección debía tener lugar en el contexto de la *Convención de Roma* y otros instrumentos, y no bajo el marco del CUB.[86]

Durante los años comprendidos entre 1990 y 1996, se discutieron en el seno de la OMPI, temas como la aplicabilidad del CUB, por cuanto se consideraba en muchos países de la Unión, que algunos dispositivos del mismo no eran suficientes para proteger la explotación de las obras dentro del entorno digital, razón por la cual era necesario establecer nuevas normas para que el centenario tratado pudiera dar respuesta con todo vigor, a los retos que el desarrollo tecnológico le tendía a las obras literarias y artísticas.[87]

---

ción de Roma para la protección de los intérpretes o ejecutantes, los productores de fonogramas y los organismos de radiodifusión. ORGANIZACIÓN MUNDIAL DE LA PROPIEDAD INTELECTUAL. "Tratado de la OMPI sobre derecho de autor". Documento WIPO/CR/POS/99/2 preparado por la Oficina Internacional de la OMPI. *Simposio Regional para Países de América Latina y el Caribe sobre el Tratado de la OMPI sobre Derecho de Autor (WCT) y el Tratado de la OMPI sobre Interpretación o Ejecución y Fonogramas (WPPT).* Puerto España, Trinidad y Tobago, 16-18 de marzo de 1999, p. 3-4.

[86] Acta de la Primera Sesión del Comité de Expertos sobre un eventual Protocolo al Convenio de Berna, en "Derecho de Autor". OMPI. Ginebra, 1992. Año IV, N° 3, p. 54. ANTEQUERA PARILLI, Ricardo. "Cuestiones claves relacionadas con la aplicación del WCT y el WPPT". *Op. Cit.,* p. 2.

[87] ZAPATA LÓPEZ, Fernando. "Los tratados de la OMPI de diciembre 1996". III Congreso Iberoamericano de sobre Derecho de Autor y Derechos Conexos, Montevideo 1997, p. 1040.

Hacia 1992, la Asamblea y la Conferencia de Representantes de la Unión de Berna, los mismos órganos rectores de la OMPI que en 1989 habían previsto la Convocatoria de un Comité de Expertos para examinar las cuestiones relativas a un eventual Protocolo al CUB, deciden convocar otro Comité de Expertos para que examinara la posibilidad de un nuevo instrumento sobre la protección de los derechos de los artistas intérpretes o ejecutantes y los productores de fonogramas.

Tanto el TODA como el TOIEF tenían proyectado entre sus principales objetivos, expresándolo así en los respectivos preámbulos, aclarar por un lado la interpretación de ciertas normas vigentes y por el otro, crear nuevas normas para dar respuesta a las cuestiones de la tecnología digital, particularmente las cuestiones planteadas a través de las redes electrónicas. Con ello trataban de establecer la base y fundamentos que respondieran a los primeros retos legales y también mejorar los patrones mínimos de protección de los derechos de autor con relación específica a determinados materiales y de los derechos conexos en las redes de bases de datos digitales.[88]-[89]

---

[88] "*Reconociendo* la necesidad de introducir nuevas normas internacionales y clarificar la interpretación de ciertas normas vigentes a fin de proporcionar soluciones adecuadas a los interrogantes planteados por nuevos acontecimientos económicos, sociales, culturales y tecnológicos,…" Fecha: 19-01-2013. http://www.wipo.int/treaties/es/ip/wct/trtdocs_w0033.html#preamble

[89] "*Reconociendo* la necesidad de introducir nuevas normas internacionales que ofrezcan soluciones adecuadas a los interrogantes planteados por los acontecimientos económicos, sociales, culturales y tecnológicos,". *Reconociendo* el profundo impacto que han tenido el desarrollo y la convergencia de las tecnologías de información y comunicación en la producción y utilización de interpretaciones o ejecuciones y de fonogramas,…" Fecha: 19-01-2013. http://www.wipo.int/treaties/es/ip/wppt/trtdocs_w0034.html#preamble

3.   *Naturaleza Jurídica del derecho de autor*[90]

De la copiosa doctrina que explica la naturaleza jurídica del derecho de autor, tales como aquellas que ven al derecho de autor como un derecho natural, de la no imitación, de los derechos de clientela, del derecho del trabajo, del derecho personal de crédito[91], entre otras tantas, presentaremos como las más relevantes, las teorías que lo consideran como derecho de propiedad, de bienes inmateriales, de la personalidad, como derecho moral y patrimonial, de los derechos intelectuales y como monopolio de explotación, concluyendo con aquélla que afirma la naturaleza híbrida del derecho de autor, concebido a la vez como derecho de propiedad y como derecho de la persona.

Muy acertada la opinión de *Antequera Parilli*, cuando afirma que en la tutela *de las obras del intelecto, juega un papel determinante, el criterio que se tenga acerca de su naturaleza.* Si se considera al derecho de autor como un derecho real, en caso de no existir una norma expresa en la legislación autoral, serán aplicables entonces, por analogía, las normas generales sobre

---

[90]   Interesante la opinión del jurista *Eduardo Pizarro Moreno* en el resumen de su interesante trabajo sobre los fundamentos filosóficos de la propiedad intelectual, cuando afirma: "El estudio de la propiedad intelectual ha generado una constante sensación de desconcierto, la segura percepción de que los problemas derivados de su configuración están irresueltos; a ello, se ha unido la convincente certeza dogmática de que los planteamientos son equívocos: en primer término, la confusión planteada por el hecho de que el objeto de protección en los derechos de propiedad intelectual está constituido por un bien inmaterial, y en segundo lugar, el recidivante debate que se plantea con respecto a la naturaleza jurídica de la propiedad intelectual. Derecho moral del autor; derecho patrimonial de autor, o por el contrario, ¿derecho único con naturaleza mixta?, esto es, derecho de la personalidad con trascendencia patrimonial. El desatino no procede sólo del legislador...".
PIZARRO MORENO, Eugenio. "Análisis de los fundamentos filosóficos de la propiedad intelectual". *Op. Cit.*, p. 158.

[91]   LIPSZYC Delia. "Derecho de autor y derechos conexos". "Otras teorías...". *Op. Cit.*, p. 27.

la propiedad. Otra sería la norma aplicable, caso de considerar *a este derecho como un derecho de la personalidad, un privilegio del Estado o un derecho propio y especial.*[92]

Desde el siglo XVIII, más exactamente en el año 1791, se resalta la importancia que se le ha venido reconociendo al derecho de autor, asimilándolo al derecho de propiedad, un derecho natural fruto del trabajo del hombre. Recordamos las famosas palabras del diputado francés *Le Chapelier*, en la defensa de las leyes del 19 de enero de 1791 y 19 de julio de 1793, intituladas respectivamente, *"Decreto relativo a los espectáculos"* (representación pública de las obras de los autores) y *"Decreto relativo a los derechos de propiedad de los autores de escritos de todo género, compositores de música, pintores y diseñadores"*. En efecto, ya entonces señalaba que la más sagrada, la más legítima, la más inatacable, y si pudiera decirlo así, la más personal de las propiedades es la obra, fruto del pensamiento de un escritor...así como es extremadamente justo que los hombres que cultivan el ámbito del pensamiento, obtengan algunos frutos de su trabajo.[93]

---

92   ANTEQUERA PARILLI, Ricardo. "Consideraciones sobre el derecho de autor (con especial referencia a la legislación venezolana)". Talleres Gráficos Leonardo Impresora, Buenos Aires, 1977, p. 37.

93   Traducción libre de «*Décret relatif aux spectacles*» y «*Décret relatif aux droits de propriété des auteurs d'écrits en tous genres, compositeurs de musique, peintres et dessinateurs*» así como del siguiente párrafo: "*La plus sacrée, la plus légitime, la plus inattaquable, et si je puis parler ainsi, la plus personnelle des propriétés, est l'ouvrage fruit de la pensée d'un écrivain... comme il est extrêmement juste que les hommes qui cultivent le domaine de la pensée tirent quelques fruits de leur travail...*". Estos decretos indican que el derecho de autor en Francia tiene el carácter de un derecho subjetivo del autor sobre su obra y reconocido por ley. Un derecho exclusivo del cual el autor disfrutará durante toda su vida y del cual los herederos se beneficiarán igualmente, durante un determinado período al que seguirá su entrada en el dominio público en beneficio e interés de todos. FRANCIA. Rapport du groupe de travail de l'académie des sciences morales et politiques présidé par M. Gabriel de Broglie. "Le droit d'auteur et l'internet", p. 14. Fecha: 23-06-2007. http://www.culture.gouv.fr/culture/cspla/rapportbroglie.pdf

Para el Profesor *André Françon*, los redactores de estos decretos parecen haber considerado al derecho de autor como un derecho natural del cual el legislador se contentaba sólo con constatar su existencia. La propiedad literaria y artística no era por tanto, una mera creación legal. La evolución ulterior de esta parte de la propiedad intelectual confirmará la fuerza de este derecho dicho "natural" que el resto de los países europeos adoptarán con algunos matices.[94]

Sin embargo, con el paso del tiempo, cuando fue desarrollándose el derecho de autor denominado *propiedad literaria y artística* en Francia, lo que muestra la asimilación al derecho de propiedad, así como su doctrina y jurisprudencia, se puso en entredicho su asimilación al derecho de propiedad sobre bienes materiales. En efecto, se empezaron a delimitar sus diferencias, a este respecto, citamos nuevamente, la opinión de la autoralista argentina *Delia Lipszyc*:

1. En el derecho de autor tenemos una forma de propiedad diferente de la que se tiene del soporte en que se ha fijado la creación, por lo que la titularidad del derecho autoral no es la misma que la que se tiene del objeto material donde se fija la obra.

2. En segundo lugar, el derecho de autor nace desde el mismo momento de la creación de la obra, a diferencia del derecho de propiedad de bienes materiales o tangibles que presenta mecanismos determinados para adquirirla como la acción, tradición, apropiación, prescripción, entre otros.

3. Respecto al plazo de protección del derecho patrimonial del autor generalmente, está circunscrito a la vida del autor y varios años después de su fallecimiento, mientras que el derecho de propiedad de bienes materiales es ilimitado. Igualmente, existen diferencias importantes entre el régimen de coautoría y el de condominio.

---

[94] FRANÇON, André. *Cours de propiété littéraire, artistique et industrielle*. Litec, 1999. p. 15.

4. En el derecho de propiedad de los bienes materiales no existe el derecho moral propio del derecho de autor y en caso de transferencia, en el caso del derecho autoral nunca sucede de forma total ya que la obra de alguna u otra manera, permanece en el ámbito de la personalidad del autor, como mínimo en lo relativo al derecho de paternidad y de integridad.[95]

Otro punto de particular importancia viene dado por el hecho de que el derecho de autor tiene un doble contenido, patrimonial y extra patrimonial, esto es, que el primero se refiere a un grupo de facultades de explotación exclusiva para el autor mientras que el referido al contenido extra patrimonial presenta un cúmulo de facultades que no pertenecen al derecho de dominio, tales como su carácter perpetuo, imprescriptible, inalienable e irrenunciable. En otras palabras, el derecho de propiedad es en su esencia patrimonial mientras que el derecho de autor es además moral.[96]

La evolución del derecho de autor a lo largo del siglo XIX llevó a dividir las opiniones doctrinarias, de manera tal, que algunos lo ubicaron dentro del *grupo de los derechos patrimoniales* como un derecho sobre bienes inmateriales, no como derecho de dominio; otros dentro de la categoría de los derechos de la personalidad; mientras que una teoría digamos ecléctica o intermedia, alegaba que no podían ubicar al derecho de autor en ninguna de estas dos teorías dada su función dual de proteger tanto derechos patrimoniales como derechos de la personalidad.[97]

---

[95] LIPSZYC, Delia. "Derecho de autor y derechos conexos". "Otras teorías...". *Op. Cit.*, p. 20-21.

[96] RENGIFO GARCÍA, Ernesto. "Propiedad intelectual. El moderno derecho de autor". *Op. Cit.*, p. 65.

[97] PIOLA CASELLI, Eduardo. "Trattato del Diritto di Autore", Nápoles, E. Marghieri y Turín, Uniones Tip. Ed. Torinese, 1927, p. 42-43.

A. *Derecho de bienes inmateriales*

Esta teoría elaborada por el tratadista alemán *Josef Kohler* parte del hecho de que los derechos sobre bienes incorporales o inmateriales[98] deben reunirse en dos categorías, por una parte el derecho de autor y por la otra, el derecho de patentes, los que no deben ser considerados como propiedad sino que constituirían los llamados *derechos inmateriales;* por otra parte estarían los llamados *derechos individuales* constituidos por derechos sobre el nombre, la enseña, las armas, las marcas, entre otros, que vendrían a ser el derecho de personalidad. Subraya esta teoría que sobre estos derechos inmateriales surgen derechos absolutos los que por la inmaterialidad de su objeto, no pueden confundirse con los derechos reales.[99]

---

[98] "...el resultado de la aplicación de la teoría del derecho de la propiedad sobre los bienes inmateriales conduce a una configuración asistemática (*sic*) en la que se produce un doble "juego" de sectores normativos de regulación: por un lado, derivado del hecho de que la propiedad intelectual representa normalmente un interés privado que ha de ser protegido jurídicamente, entra dentro del ámbito de regulación del Derecho civil o privado y, por otro, fundamentado sobre la base de que ese interés privado tiene –aunque en una primera aproximación, pueda parecer contradictorio-, un alto componente de interés público, entra también dentro del ámbito de regulación del Derecho Público...". En España, se advierte una sobria y ponderada regulación en el Código civil, y una confusa y elemental regulación, *prima facie*, en el texto constitucional. PIZARRO MORENO, Eduardo. "La disciplina constitucional de la propiedad intelectual". Tirant lo Blanch, Valencia, 2012, p. 89-90.

[99] El tratadista alemán *Josef Kohler* desarrolla científicamente el concepto de los *bienes inmateriales*. Según su teoría, los derechos sobre las cosas incorporales se agrupan en dos categorías; por una parte, el derecho de autor y de patente (intelectual, industrial respectivamente), que no pueden llamarse propiedad como tal, sino que constituirían los *derechos inmateriales,* "...conformados análogamente, a la propiedad; de otro lado, los derechos sobre el nombre, sobre la enseña, sobre las armas, sobre las marcas, etc. que deberían calificarse como "derechos individuales" y no serían otra cosa que el mismo derecho de personalidad. Sobre esos derechos inmateriales surgen derechos absolutos, no confundibles con los derechos reales, precisamente por la inmateriali-

Muchos han interpretado este enfoque de *Kholer* como un perfeccionamiento de la teoría del derecho de propiedad mientras que para otros, representa una reacción contraria a lo que constituye esta teoría la cual se muestra incompetente o *inadecuada* para explicar y justificar el *poder jurídico* del creador sobre su obra.[100]

Esta teoría se la coloca dentro de las teorías dualistas del derecho de autor que veremos más adelante, al referirnos al contenido del derecho autoral, en razón de presentar dos categorías diferentes de facultades reconocidas a los autores y distinguidas en dos clases de derechos, el moral y el patrimonial, que aunque interrelacionados no deben ser confundidos entre sí, a diferencia de las llamadas teorías monistas que sostienen que la totalidad de los derechos del autor *"…deben entenderse como desdoblamientos de un derecho de autor único y uniforme"*.[101]

---

dad del objeto…" Esta doctrina representa una reacción contra la doctrina del derecho de propiedad, la cual se consideraba insuficiente o "…inadecuada, para expresar el poder jurídico que tiene el autor sobre sus creaciones…" La teoría de *Kohler* se coloca dentro de las tesis dualistas del derecho de autor en razón de haberla fundamentado sobre dos tipos de categorías diferentes aunque complementarias, las patrimoniales y las morales. La crítica a la teoría de *Kohler* la personificó el jurista italiano *Remo Franceschelli* alegando que si bien es cierto por una parte, que el término *derechos inmateriales* explica la naturaleza del bien, por la otra, "…no explica la verdadera naturaleza del derecho y el jurista fácilmente podría hablar para explicarla de 'derechos de propiedad sobre cosas inmateriales', sin salirnos del concepto clásico de propiedad. Esa la razón por la cual *Franceschelli…*"…"…creó la categoría de 'derechos de monopolio' para explicar la naturaleza de los derechos de propiedad industrial e intelectual". RENGIFO GARCÍA, Ernesto. "Propiedad intelectual. El moderno derecho de autor". *Op. Cit.,* p. 65-67.

[100]   *Ídem.,* p. 66.

[101]   PIOLA CASELLI, Eduardo. "Trattato del diritto di autore". *Op. Cit.* Cap. 4. Citado por LIPSZYC, Delia. "Derecho de autor y derechos conexos". *Op. Cit.,* p. 22.

Los críticos de *Kholer,* entre ellos *Remo Franceschelli,* alegan que si bien el término *derechos inmateriales* define la naturaleza del bien, no nos dice nada sobre la verdadera naturaleza del derecho lo que "justificaría" que los juristas explicaran los *derechos de propiedad sobre cosas inmateriales* sin salirse del concepto clásico de la propiedad. Basándose en esto es que *Franceschelli* enuncia la *teoría de los derechos de monopolio* que presentamos más adelante, para explicar la naturaleza jurídica de todos los bienes inmateriales.[102]

B. *Derecho de la personalidad*

Esta teoría ubica la obra como una proyección o prolongación de la personalidad del autor de forma que constituiría un bien de la personalidad y no un bien inmaterial, lo que se opone frontalmente a la teoría de los bienes inmateriales al negar la noción de propiedad y más aún, la de propiedad especial en el derecho autoral.[103]

La tesis en cuestión, tiene antecedentes en 1785, en el pensamiento de *Emmanuel Kant.* Para este filósofo el derecho de autor es simplemente un derecho de la personalidad, constituyendo un discurso dirigido al público por medio del editor. En el caso del soporte material del libro, el creador se dirige a

---

[102] RENGIFO GARCÍA, Ernesto. "Propiedad intelectual. El moderno derecho de autor". *Op. Cit.,* p. 67.

[103] El verdadero paladín de esta teoría del derecho de la personalidad en la segunda mitad del siglo XIX, fue el alemán *O. Gierke* quien formuló sus ideas en franca oposición a las teorías de corte patrimonialista que era las que predominaban en la doctrina jurídica de la época, en particular las teorías de los bienes inmateriales. Para este autor la obra es separable de la persona de su autor pero no de su personalidad. El aspecto patrimonial entonces no es el punto de partida para explicar la naturaleza jurídica del derecho de autor ya que ella es sólo un premio, una recompensa, otorgada por el esfuerzo del autor para incentivarlo y garantizar el respecto a su actividad. PLAZA PENADÉS, Javier. "El derecho de autor y su protección en el artículo 20, 1,b) de la Constitución". *Op. Cit.,* p. 134-135, pie de página número 247.

sus lectores lo que representa un derecho personal[104]. Su seguidor, el jurista *Gierke*, sostenía que el objeto del derecho de autor es la obra intelectual que forma parte integrante de la esfera de la personalidad de su autor, lo que para *M. Bertant* y *Blunstschmi* equivaldría al derecho que cualquier persona tiene sobre su decoro, su honor y reputación. En otras palabras, la obra es la prolongación de la personalidad del autor exteriorizada por medio de su creación.[105]

Aunque el desarrollo evolutivo del derecho de autor se originó en la protección de las consecuencias patrimoniales, toda la tutela que otorga la ley derivan del derecho único y personal del autor de comunicar su obra o bien, de mantenerla en secreto, lo que se considera un derecho de la personalidad sin límites en su duración además de ser inembargable. Adicionalmente, sus facultades exclusivas de explotación pueden no tener carácter patrimonial ya que podría ejercerlas sin interés económico alguno. Esto permite concluir que el derecho autoral tiene su fundamento en un derecho de la personalidad y solo asume carácter patrimonial de manera accesoria.[106]-[107]

---

[104] Por su parte, el editor como representante del autor, es el que le habla al público, de forma tal, que aquél que imprime el libro sin autorización del autor, habla en su nombre en contra de la voluntad de éste, inmiscuyéndose en un negocio ajeno que no le pertenece. PIZARRO MORENO, Eugenio. "Análisis de los fundamentos filosóficos de la propiedad intelectual". *Op. Cit.*, p. 164.

[105] Páginas 8-16. Fecha: 09-11-2012. http://www.tuobra.unam.mx/publicadas/040219212417.html

[106] PIOLA CASELLI, Eduardo. "Trattato del diritto di autore". *Op. Cit.*, p. 42-43.

[107] El derecho que ostenta el autor sobre su creación, dicen los tratadistas que sustentan esta tesis, "puede equivaler al que tiene cualquier persona sobre su decoro, su honor o reputación. El aspecto patrimonial en nada sirve para explicar la naturaleza de los derechos intelectuales, pues no es sino la recompensa que se le da al autor por su trabajo con el fin de garantizar el respeto a su actividad personal." ANTEQUERA PARILLI, Ricardo. "Consideraciones sobre el derecho de autor (con especial referencia a la legislación venezolana)". *Op. Cit.*, p. 38.

La crítica del tratadista *Hermenegildo Baylos Corroza* a esta teoría se basa en el hecho de que es difícil explicar la naturaleza del derecho de autor a través de una institución jurídica con elementos y características tan amplios como es el derecho de la personalidad. Por otra parte, se pronuncia sobre el acierto de esta teoría de haber podido resaltar la base de la tutela otorgada al autor, *"... la esencia radical del derecho, que es evidentemente de naturaleza ideal, el carácter complementario de toda derivación patrimonialista a que el derecho pueda dar lugar o que origine, en suma, la construcción monista del derecho."*[108]

---

[108] BAYLOS CORROZA, Hermenegildo. "Tratado de derecho industrial. propiedad industrial, propiedad intelectual, derecho de la competencia económica, disciplina de la competencia desleal", 3ª edición, Ed. CIVITAS, Madrid, 2014, p. 468.

C.   Derecho moral[109] y patrimonial

Esta doctrina se inserta en el derecho positivo de tradición romano-germánica. El derecho de autor contiene facultades patrimoniales y morales inseparables que conforman una unidad inseparable. Según esto, el derecho de autor se encuentra en un espacio heterogéneo, en una *"zona mixta"*, en el medio de los derechos patrimoniales y los derechos de la personalidad, conformando un todo inescindible de facultades del autor protegidos legalmente, tutela que no sólo abarca los derechos patrimoniales sino también los intereses de carácter personal del autor. Para *Eugen Ulmer,* el derecho de autor es

---

[109] Autores como *Pérez Serrano* califican como desgraciada la nomenclatura del derecho moral además de criticar la de propiedad intelectual, por...*inexpresiva, ambigua y hasta desorientadora.* Para este insigne tratadista español, las directrices de este derecho vendrían dadas por dos elementos, primero, que se trata de un derecho sin contenido económico o patrimonial que busca proteger derechos como el de paternidad, el de integridad y el de divulgación y segundo, el derecho de arrepentimiento o facultad de retirar la obra. Agrega que probablemente, este derecho moral nació en la vida real antes que el derecho patrimonial. Para él, se plantea un problema realmente espinoso con la construcción jurídica de la propiedad intelectual (derecho de autor en España) al admitir el derecho moral junto a los derechos patrimoniales, en particular, en países civilistas, donde se ha configurado este derecho como una propiedad especial, permiten acoger esta nueva modalidad sin quebrar la unidad global del concepto; por ello al denominar esta figura jurídica como propiedad intelectual o propiedad literaria y artística, resulta evidente que se centra su estructura en el universo de los derechos reales. Concluye preguntándose, si el derecho moral y los derechos patrimoniales no coinciden, si van en disociación, si no tienen la misma duración, ni comercialidad, ni el mismo titular presente, ni el mismo rango, de qué manera evitar los conflictos y como resolverlos?. PEREZ SERRANO, Nicolás. "El derecho moral de los autores". *Anuario de Derecho Civil*, 1949, p. 8. PIZARRO MORENO, Eugenio. "Análisis de los fundamentos filosóficos de la propiedad intelectual". *Op. Cit.*, p. 160-161.

un derecho único compuesto por las prerrogativas o facultades que lo integran y no el resultado de la suma de éstas.[110]

D. Derechos intelectuales

Esta teoría presentada por el jurista belga *Edmon Picard*, parte del hecho de considerar insuficiente la clasificación clásica de los derechos como reales, personales y de obligaciones por lo que añade una cuarta categoría *sui generis* que opone a la anterior de los derechos reales, donde ubica al derecho de autor (derechos sobre obras literarias y artísticas) junto con las invenciones, diseños y modelos industriales, las marcas de fábrica y las enseñas comerciales[111]. Posteriormente, en 1899, añade una quinta categoría a la clasificación tradicional, la de los derechos universales donde incluye a instituciones jurídicas como las sucesiones y la quiebra.

La teoría de los derechos intelectuales o inmateriales como también se le conoce, contiene dos elementos, el personal o moral del autor y el patrimonial o económico, focalizándose en el objeto del derecho que no es otro que la creación, la obra para el caso del derecho de autor.[112]

Las críticos de esta doctrina de *Picard*, entre ellos el jurista *André Françon,* se han centrado en el hecho de que las marcas no implican un trabajo intelectual sino que son instru-

---

[110] RENGIFO GARCÍA, Ernesto. "Propiedad intelectual. El moderno derecho de autor". *Op. Cit.,* p. 69.

[111] Para *Picard* resulta entonces incompleta la tradicional clasificación de los derechos, a la que le añade una cuarta categoría donde ubica a los derechos intelectuales cuyo objeto es la producción intelectual. Indica que el objeto de los derechos personales son las casualidades, el de los derechos obligacionales, los hombres y el de los derechos reales, las cosas. LASSO DE LA VEGA, Javier. "El contrato de edición o los derechos y obligaciones de autores y editores". Editorial Estades. Artes Gráficas. Madrid, 1949, p. 21.

[112] En la doctrina jurídica latinoamericana encontramos seguidores de esta teoría como *Carlos Mouchet* e *Isidro Satanowsky*. LIPSZYC, Delia. "Derecho de autor y derechos conexos". *Op. Cit., p.* 27.

mentos por excelencia para la actividad mercantil o para el caso de las denominaciones de origen, no hay tampoco un esfuerzo intelectual sino que más bien éstas obedecen a circunstancias geográficas del bien protegido.[113]

E. Monopolio de explotación

Esta doctrina, diametralmente opuesta a concebir el derecho de autor como una propiedad y menos aún, como propiedad especial, contiene varias fundamentaciones que consideran como un "monopolio" al derecho que tiene el autor sobre su obra.

Así, para el civilista español *C. Valverde y Valverde*, la función de la legislación especial que regula este derecho es precisamente prohibir la imitación que el derecho común no prohíbe[114], en otras palabras, el derecho que el autor detenta sobre su obra es consecuencia de su actividad y la esencia de este derecho es de naturaleza negativa, por tanto, esto no es un derecho de propiedad[115] sino un monopolio de derecho privado.[116]

---

[113] RENGIFO GARCÍA, Ernesto. "Propiedad intelectual. El moderno derecho de autor". *Op. Cit.*, p. 71.

[114] Página 9/16. Fecha: 09-11-2012. http://www.tuobra.unam.mx/publi cadas/040219212417.html

[115] Los defensores de esta tesis aunque niegan que el derecho autoral sea un derecho de propiedad, encuentran analogías entre ambos derechos, a saber: 1)… "la cosa objeto material del derecho de propiedad equivale a la idea científica o artística del derecho intelectual, 2) Porque el uso, disfrute y disposición del derecho de propiedad equivale al derecho exclusivo de reproducción que tiene el autor sobre su obra, y 3) Porque ambos derechos son transmisibles y pueden ser objeto de embargo por los acreedores." ANTEQUERA PARILLI, Ricardo. "Consideraciones sobre el derecho de autor (con especial referencia a la legislación venezolana)". *Op. Cit.*, p. 40.

[116] PLAZA PENADÉS, Javier. "El derecho de autor y su protección en el artículo 20, 1,b) de la Constitución". *Op. Cit.*, p. 126.

Como primer grupo de fundamentaciones de esta doctrina mencionaremos, en un primer grupo, a la *teoría de la clientela* atribuida a *M.P. Roubier,* que consideran a los derechos que tutelan las creaciones espirituales en su acepción amplia, como una ventaja en la búsqueda de la clientela a través de un monopolio temporal que les posiciona favorablemente frente a la competencia, ya sea *mediante* un bien inmaterial o *con la ayuda* de éste, diferenciándose de los derechos reales por el hecho de que estos son estáticos mientras que la clientela es fluctuante, en movimiento acorde a la actividad económica.[117]

Tenemos, en un segundo grupo, a la *teoría del derecho a la no imitación* elaborada por *E. Roguin,* teoría que focaliza la esencia de los derechos que tutelan las creaciones intelectuales, en una protección contra la imitación y reproducción no autorizada, a través del otorgamiento de licencias para explotar las creaciones de modo exclusivo, lo que no se puede calificar de otra manera, sino como un monopolio legal.[118]

Un nuevo enfoque de esta teoría que entiende al derecho de autor como monopolio de explotación, se lo da *R. Franceschelli,* quien lo extiende igualmente, a la propiedad industrial por la función económica que ambos cumplen. Para este autor, en el monopolio sitúa al titular del derecho como la única persona facultada para vender un bien aunque paralelamente, existe un monopolio legal que consiste en la facultad del titular de impedir que un tercero ofrezca

---

[117] PLAZA PENADÉS, Javier. "El derecho de autor y su protección en el artículo 20, 1,b) de la Constitución". *Op. Cit.,* p. 124.

[118] En España, estas teorías fueron defendidas por *C. Valverde y Valverde,* quien va más allá, calificando a la propiedad intelectual como un monopolio de derecho privado. Afirma para ello, que el derecho que el autor tiene sobre su creación es consecuencia de su actividad y que la esencia de la protección que otorga la propiedad intelectual es tanto un derecho positivo de explotar su obra como le plazca como un derecho negativo de impedir su imitación o reproducción por terceros sin su autorización, considerando esto entonces no como un derecho propietario sino como un monopolio de derecho privado. *Ídem,* p. 125-126.

productos idénticos y es precisamente, esa exclusión lo que constituye el verdadero objeto del derecho.[119]-[120]-[121]

F. *Opinión crítica*

Para el jurista colombiano *Ernesto Rengifo García*,[122] de las teorías presentadas, la que considera al derecho de autor como un derecho de propiedad, puede verse como un producto histórico-tradicional de la propiedad como institución jurídica que implica la tutela jurídica de un bien y que en el caso autoral, vendría dada por la relación jurídica sobre el objeto de la creación que no es otro que la obra literaria y artística. Ahora bien, el derecho de propiedad supone que el objeto sea un bien

---

[119] PLAZA PENADÉS, Javier. "El derecho de autor y su protección en el artículo 20, 1,b) de la Constitución". *Op. Cit.*, p. 126-127.

[120] Por el hecho de ser el derecho de autor, un medio de elusión de la competencia (monopolios) por cumplir una función competitiva(tal como ocurre con las patentes de invención), la tendencia moderna es la de ubicar el derecho de autor dentro del régimen jurídico de la competencia, tal como vemos en el Libro V del *Codice civile* italiano de 1942 (aunque su Constitución Nacional no contiene disposiciones específicas sobre el derecho de autor sólo algunas que se relacionan indirectamente con este derecho tales como el derecho a la libertad de expresión y del arte y del desarrollo humano). RENGIFO GARCÍA, Ernesto. "Propiedad intelectual. El moderno derecho de autor". *Op. Cit.*, p. 73.

[121] En el caso de México vemos que su Constitución Política en su artículo 28, consagra como excepción a los monopolios, el privilegio que de manera temporal se conceda a los autores para la producción de sus obras. Así establece que "Tampoco constituye monopolios los privilegios que por determinado tiempo se concedan a los autores y artistas para la producción de sus obras y los que para el uso exclusivo de sus inventos, se otorguen a los inventores y perfeccionadores de alguna mejora"...Se considera un Derecho Fundamental al estar comprendido dentro de las Garantías Individuales y por virtud del Artículo 1 del mismo ordenamiento se les reconoce tanto a los autores nacionales como extranjeros. ALAI ASOCIACIÓN LITERARIA Y ARTÍSTICA. "Derecho de autor y libertad de expresión". Jornadas de estudio ALAI 2006 Barcelona, 19-20 de junio de 2006, Barcelona, España. ALAI, ALADDA-2008. Lista de informes nacionales contenido en el CD anexo. Informe México, p. 1.

[122] *Ibídem*, p. 73-74.

material lo que en el caso del derecho de autor, la obra es un bien inmaterial aunque sus exteriorizaciones sean materiales, como el soporte que la contiene (libro, CD, DVD, entre otros).[123]

En relación a la teoría de los bienes inmateriales observa que sin constituir un derecho propietario, las creaciones del espíritu son el objeto sobre el que recae el derecho subjetivo y no en las formas materiales de la obra, conservando su carácter absoluto oponible *erga omnes* sin llegar a constituir un derecho de propiedad el que sólo se atribuye al aspecto pecuniario del derecho de autor, quedando fuera el aspecto moral.[124]

Respecto de la teoría del derecho de la personalidad, resalta que los derechos personales desaparecen con la persona, son inembargables e intrasmisibles mientras que el derecho de autor se tutela aún después de la muerte del autor, a favor de sus herederos, puede ser objeto de medidas cautelares y ser cedido total o parcialmente, de manera gratuita u onerosa.

[123] Para *Antequera Parilli,* la tesis del derecho de autor como derecho de propiedad puede ser fácilmente desvirtuable, porque: "1) El derecho de propiedad tiene como objeto bienes muebles e inmuebles, mientras que el derecho autoral, por su naturaleza incorporal, recae sobre ideas y creaciones del espíritu; 2.- El derecho de propiedad es perpetuo, mientras que el derecho intelectual es temporal, pues dura sólo por la vida del autor y después de su muerte por un tiempo determinado, pasado el cual la obra entra en el dominio público; 3.- El derecho de autor no puede adquirirse por prescripción, como sucede en el derecho de propiedad; 4.- La misma palabra propiedad ha sido creada teniendo en cuenta una relación jurídica cuyo contenido es netamente patrimonial. Por el contrario el Derecho de Autor tiene un doble contenido: moral y pecuniario, del cual el contenido moral es el más importante, dado que alude a la propia creación y talento del hombre." ANTEQUERA PARILLI, Ricardo. "Consideraciones sobre el derecho de autor (con especial referencia a la legislación venezolana)".*Op. Cit.,* p. 44.

[124] Como crítica a esta teoría, *Antequera Parilli* añade que la misma se hace susceptible de las mismas objeciones de la teoría anterior ya que decir que el derecho de autor es un derecho de propiedad pero cuyo objeto son bienes inmateriales, no es suficiente para explicar la temporalidad, la imprescriptibilidad, ni tampoco el contenido moral, características éstas de los derechos intelectuales. *Ídem,* p. 45.

Antequera Parilli destaca que mientras los derechos de la personalidad son innatos, es decir, nacen con la persona, el derecho autoral se origina con la creación; a pesar de que los derechos de la personalidad se extinguen cuando la persona deja de existir, el derecho de autor se transmite *mortis causa* y en algunos ordenamientos se admite su perpetuidad; y aunque los derechos de la personalidad se adquieren por el solo hecho de ser una persona, el derecho de autor se tiene por el solo hecho de haber creado una obra, a pesar de que para ser creador, sea necesario primero, ser persona.[125]

Algunos doctrinarios[126] destacan la nota de la *esencialidad* de los derechos de la personalidad aunque existen algunos derechos esenciales que no surgen por el sólo hecho de ser persona ya que requieren de algún otro elemento concurrente y por tal razón, sin dejar de ser esenciales, no tienen el carácter de innatos, que es lo que sucede específicamente con los derechos morales del autor[127] ya que aunque es esencial, no todas

---

[125] ANTEQUERA PARILLI, Ricardo. "Estudios de derecho de autor y derechos afines". Colección de propiedad intelectual. Fundación AISGE. ©Editorial Reus S.A. Madrid 2007, p. 14. ISBN: 978-84-2901458-7.

[126] En la doctrina española, tenemos al tratadista *Castán Tobeñas*, quien considera el derecho moral del autor como un derecho de la personalidad no innato ya que *presupone como hecho constitutivo la creación intelectual*. CASTÁN TOBEÑAS, José. "Los derechos de la personalidad". *Revista General de Legislación y Jurisprudencia*. Edición Séptima. Julio-Agosto 1952, Madrid, p. 59.

[127] El doctrinario español *Carlos Rogel Vide*, a propósito del hecho que el derecho moral del autor y los derechos de la personalidad compartan varios atributos, tales como el ser irrenunciables, inalienables e imprescriptibles, en base a lo cual se estructura la teoría de que los derechos morales del autor son derechos de la personalidad, alega que "los derechos morales de los autores y los derechos de la personalidad tienen conexiones innegables que podrían ser exploradas, acomodando plazos de duración y caracteres de unos y otros, sobre la base de que la era de los derechos absolutos, irrenunciables, imprescriptibles, posiblemente ya pasó." ROGEL VIDE, Carlos. "Estudios completos de propiedad intelectual". Volumen III, Editorial Reus S.A., Madrid, 2009, p. 131. ISBN: 9788429013818.

las personas son autores. Esta distinción entre derechos de la personalidad *innatos* y *no innatos*, atribuye al derecho moral del autor, esta característica de derecho no innato de la personalidad.[128-129]

En cuanto a la tesis del doble derecho, patrimonial y moral, el jurista colombiano *Rengifo García* alega que ambos aspectos son consecuencia de un solo derecho y no de un derecho doble además de que esta teoría va referida al contenido del derecho de autor que veremos de seguidas y no a su naturaleza jurídica.

En relación a la teoría de los derechos intelectuales o inmateriales, *Rengifo García* finaliza señalando que estamos ante un derecho diferente a las categorías jurídicas históricamente conocidas y en lo atinente a la tesis del monopolio, hace notar que este enfoque económico del derecho de autor es acertado al colocarlo dentro del derecho de la competencia (libertad de competencia/represión de la competencia desleal), ya que ciertamente, el titular de los derechos de explotación se encuentra en posición de ventaja frente a terceros competidores además se justifica la inclusión de esta teoría dado el gran impacto económico y comercial de este derecho en la actualidad[130] aunque no llega a explicar la naturaleza jurídica del derecho, cuyo aspecto moral no puede

---

[128] ESPÍN CÁNOVAS, Diego. "Las facultades del derecho moral de los autores y artistas". Cuadernos Civitas, Editorial Civitas S.A. Primera Edición, Madrid, 1991, p. 30-31. ISBN: 84-7398-883-3.

[129] Para el tratadista cubano *Rafael Roselló Manzano,* los derechos morales del autor no son derechos de la personalidad propiamente dichos, aunque sin lugar a dudas exista una estrecha vinculación entre ambas categorías. ROSELLÓ MANZANO, Rafael. "Derechos de la personalidad y derechos morales de los autores". Colección de Propiedad Intelectual. Fundación AISGE/ REUS/ ASEDA. Primera edición. Madrid, 2011, p. 69. ISBN: 978-84-290-1673-4.

[130] RENGIFO GARCÍA, Ernesto. "Propiedad intelectual. El moderno derecho de autor". *Op. Cit.,* p. 74-75.

concretarse en un supuesto salario que se le paga al autor por la explotación de sus obras.[131]

Para *Antequera Parilli*, la tesis que explica la naturaleza jurídica del derecho de autor no es otra que la teoría de *Picard*, que ve el derecho de autor *como un derecho nuevo, o los derechos intelectuales como él los denomina*, opinión que compartimos. Afirma que estos derechos por tener características tan particulares, no pueden ser ubicados dentro de *la clasificación tripartita de los derechos*. Reitera que no puede considerarse al derecho de autor como un derecho real por tener facultades de orden moral, ni tampoco como derecho de la personalidad porque igualmente, tiene contenidos materiales. Esta doble faceta en un solo y único derecho es de tal naturaleza que lo instituye como un derecho nuevo, en una cuarta categoría en la hasta entonces, clasificación tripartita de derechos. Concluye señalando que esta teoría de *Picard* necesitaría de alguna rectificación por haber incluido en este derecho autónomo, otras figuras distintas a la creación intelectual, tales como las marcas de fábrica y las enseñas comerciales.[132]

El jurista español *Eugenio Pizarro Moreno* hace notar que las implicaciones económicas de la propiedad intelectual son insondables y que la protección de los productos del intelecto tiende a ser imperfecta en su enfoque económico, ya que requiere del establecimiento en todo caso, de un monopolio temporal, subrayando que existe una división notable entre los efectos de un monopolio y la manera de proteger a la propiedad intelectual, que solamente crea el derecho de excluir a otros de un determinado producto o procedimiento añadiendo que el monopolio clásico supone la capacidad de excluir a otros de un mercado específico y un único producto raramente equivale a un mercado.

---

[131] ANTEQUERA PARILLI, Ricardo. "Consideraciones sobre el derecho de autor (con especial referencia a la legislación venezolana)". *Op. Cit.* p. 45.

[132] *Ídem,* p. 46.

En opinión de *Pizarro Moreno*, la propiedad intelectual concede una ventaja importante pero no llega a constituir un monopolio en este sentido, lo que protege es la creación, la invención pero no la empresa misma.

Así, el producto de la creación puede fracasar o ser superado en el mercado y en el caso del monopolio, la empresa misma es la que es objeto de protección.[133]

Finaliza este autor español afirmando: "*Aunque con la particular cautela derivada de la complejidad de la naturaleza jurídica de la propiedad intelectual, es forzoso declarar que ésta actúa como promoción de un equilibrio entre los intereses particulares y el interés general, y como excepción al régimen común de la propiedad*".[134]

4. Contenido del derecho de autor

El derecho autoral tiene un doble fin y una doble estructura, estando integrado por facultades exclusivas que componen el contenido de la materia, a saber, las personales que componen el derecho moral y permiten la protección de la personalidad del autor en relación con su obra y las pecunia-

---

[133] Para una mejor comprensión de este tema, en particular, sobre los principios económicos de la propiedad, escasez, costes del sistema y quiebra del mercado, ver la obra de este jurista (p. 167-168). PIZARRO MORENO, Eugenio. "Análisis de los fundamentos filosóficos de la propiedad intelectual". *Op. Cit.*, p. 168.

[134] "...Y ello porque, por una parte, el ejercicio de facultades derivadas de los derechos de autor conduce al establecimiento de derechos exclusivos de limitación temporal, y, de otra porque –como se ha podido leer en la dogmática nacional y foránea–, la propiedad intelectual ilustra la dimensión mítica de la propiedad, que, desde sus orígenes, ha de confrontarse con nuevas situaciones o, por mejor decir, nuevas formas de propiedad que ella misma –como institución– es incapaz de regir. Para esta misión se ha redescubierto la función social de la propiedad (intelectual); una función social que se interpone entre el sujeto-autor (propietario de las facultades derivadas de su creación) y el objeto inmaterial, auténtica "piedra de roseta" para entender la naturaleza jurídica aludida". *Ídem*, p. 172.

rias que forman el derecho patrimonial, que permiten al autor explotar económicamente su obra o autorizar a terceros para utilizarla y participar de los proventos.

Todas las teorías sobre el contenido del derecho de autor pueden englobarse dentro de las llamadas teorías *monista* y *dualista*.

Una primera teoría de la doctrina alemana, la *monista* o del monismo integral, agrupa aquellas teorías que consideran que el derecho de autor no es la reunión de dos derechos distintos, sino de un único derecho compuesto por todas las facultades que corresponden al creador tanto de carácter patrimonial como personal, son manifestaciones de un derecho unitario que garantizan en su conjunto, los intereses económicos e intelectuales y sin desconocer ambas clases de derechos, realiza una interpretación única de todas las facultades y derechos. Esta teoría niega que se puedan deslindar los dos tipos de facultades que componen el derecho de autor ya que constituyen "...*manifestaciones de un derecho unitario que garantiza, en su conjunto, tanto los intereses intelectuales del autor como los económicos*"[135-136].

Una segunda teoría, la *dualista*, que ha sido la que ha predominado en la mayoría de las legislaciones continentales, agrupa las diferentes teorías que dividen el conjunto de las facultades en dos tipos de derechos independientes, uno de contenido espiritual, el derecho moral y otro de carácter material, el derecho patrimonial, que únicamente tienen en común el objeto en base al que se originan, los que no deben ser confundidos a pesar de su interrelación recíproca; derechos que no tienen el mismo destino, que no nacen al mismo tiempo ni

---

[135]   LIPSZYC, Delia. "Derecho de autor y derechos conexos". *Op. Cit.*, p. 152.

[136]   Esta postura, de origen alemán, es la que pareciera tener mayor sustento en España. PLAZA PENADÉS, Javier. "El derecho de autor y su protección en el artículo 20, 1,b) de la Constitución". *Op. Cit.*, p. 140.

se extinguen juntos pudiendo ser objeto de regulaciones legales diferentes, y aunque se interrelacionen entre sí e interfieran de forma recíproca, no deben ser confundidos, pudiendo ser objeto de regulaciones legales diferentes.[137]

Para algunos doctrinarios como *Javier Plaza Penadés*, esto de agrupar todas las teorías sobre la naturaleza jurídica del derecho de autor en monistas y dualistas no sólo acarrea confusión en la explicación sino problemas de clasificación de las teorías formuladas y que surgieron para responder a otros asuntos.

Como ejemplo, señala la gran dificultad existente en determinar si la teoría de los bienes inmateriales pertenece a las teorías monistas o dualistas, lo que para él resultaría ser una postura monista en razón de considerar al derecho de autor como un derecho sobre un bien inmaterial que está integrado únicamente por derechos de carácter patrimonial aunque al mismo tiempo para este doctrinario podría ser calificada como dualista en razón de que la obra estaría integrada por dos derechos, uno de tipo personal y otro de carácter patrimonial, *"...abogando por que el primero quedase fuera del contenido propio del derecho de autor por tratarse de un derecho de la personalidad."*[138]

A todo esto hay que añadir el hecho de que existen otras teorías fuera del monismo que defienden la unicidad del derecho de autor considerando a éste como un derecho único integrado por un único grupo de facultades, y como ejemplo reseña la teoría de los derechos de la personalidad postulada por

---

[137] En razón de que para la corriente dualista se trata de dos tipos de derechos diferentes con distintos destinos jurídicos, podemos afirmar que "...mientras para los derechos patrimoniales se aplican los fundamentos de la transmisibilidad y la limitación temporal, para el derecho moral, en cambio, se aplican los postulados de la intransferibilidad e imprescriptibilidad y de la duración ilimitada.". LIPSZYC, Delia. "Derecho de autor y derechos conexos". *Op. Cit.*, p. 154.

[138] PLAZA PENADÉS, Javier. "El derecho de autor y su protección en el artículo 20, 1,b) de la Constitución". *Op. Cit.*, p. 142-143.

Gierke, según la cual el derecho de autor es un derecho de la personalidad[139] conformado por un único grupo de facultades de carácter personal[140].

A.   *Elementos patrimoniales*[141]

Entre las características del derecho patrimonial más relevantes, dentro del sistema jurídico latino del derecho de autor y a diferencia del *copyright* del derecho consuetudinario o *common law*, donde los derechos aparecen en la ley sujetos al sistema de *numerus clausus*, vemos que constituye un *derecho exclusivo* de vocación universal, que sólo el autor o su derechohabiente, puede realizar, autorizar o prohibir todo acto de utilización de su obra siendo oponible a todos, respecto a to-

---

[139]   Al estudiar los derechos de la personalidad, en la obra clásica de *Colin y Capitant*, revisada por *Julliot de la Morandiére*, se incluye junto con la protección del honor y de la imagen, la protección de la individualidad intelectual del pensamiento, que justifica lo que se denomina el derecho moral de autor de una obra literaria o artística, derecho de revelar la obra al público, de impedir cualquier deformación o mutilación de la obra. También *Marty y Rainaud* consideran el derecho moral del autor como un derecho de la personalidad afirmando que *"por este derecho moral de orden público el derecho de autor atañe a los derechos de la personalidad"*. La consagración del derecho moral de autor como un derecho de la personalidad, no solo sigue la trayectoria de la doctrina (como puede constatarse en obras fundamentales) y de la jurisprudencia francesa, sino que es consagrada en la Ley francesa de 11 de marzo de 1957. ESPÍN CÁNOVAS, Diego. "Las facultades del derecho moral de los autores y artistas". *Op. Cit.*, p. 20-22.

[140]   PLAZA PENADÉS, Javier. "El derecho de autor y su protección en el artículo 20, 1,b) de la Constitución". *Op. Cit.*, p. 143-144.

[141]   Destaca el doctrinario español *Andrés Ollero Tassara* que en la mayoría de las legislaciones nacionales, como en la de España, se puede constatar que la regulación de los aspectos patrimoniales del autor es mucho más extensa que la referida a los aspectos morales, los "...que prácticamente son enumerados de manera casi testimonial." MINTEGUIA ARREGUI, Igor. "Sentimientos religiosos, moral pública y libertad artística en la Constitución española de 1978". Colección Conciencia y Derecho. Dykinson S.L. Madrid, 2006, p. 51. ISBN-10: 84-9772-928-5.

dos; un derecho no sometido a *numerus clausus*, ya que la enumeración de formas de este derecho sólo tiene carácter enunciativo, teniendo un carácter excepcional, las limitaciones al ejercicio del mismo las cuales *"...deben constar expresamente en el texto legal aplicable y ser objeto de interpretación restrictiva."*; sus formas y modos de explotación son independientes entre sí *"...y cada una de ellas requiere de consentimiento expreso..."*[142]. El derecho patrimonial es transmisible, temporal y renunciable[143] y en lo relativo a los derechos conexos de sus titulares, los artistas intérpretes y ejecutantes, los productores de fonogramas y los organismos de radiodifusión, por tener características propias que varían de país a país, se encuentran enmarcados en una lista más o menos cerrada.

B.   *Elementos no patrimoniales*

Los elementos del derecho moral[144] que comparten con los derechos de la personalidad, se caracterizan por ser *esen-*

---

[142]   ANTEQUERA PARILLI, Ricardo. "Estudios de derecho de autor y derechos afines". *Op. Cit.*, p. 96-97

[143]   RENGIFO GARCÍA, Ernesto. "Propiedad intelectual. El moderno derecho de autor". *Op. Cit.*, p. 157.

[144]   El derecho moral tiene su génesis en Francia. El autor *Rams Albesa* cita su origen aunque con algún otro precedente judicial, en una sentencia de la Corte de París de fecha 01-02-1900, del caso *Lecocq* v. *Dame Cinquin*. Allí se afirma por primera vez, no sólo que el autor tiene derechos morales sobre su obra, por lo que éste puede retocar, embellecer o destruir su obra, sino que concluye que la propiedad literaria y artística, al presentar una naturaleza particular que no puede ubicarse en ninguna de las categorías clásicas de la propiedad ordinaria, no se entiende limitada "como lo hacían las leyes de 1797 y 1793, configurándola como privilegios temporales de explotación exclusiva, sino más bien como un conjunto de poderes, por lo que la obra debe mantenerse como privativa de su autor". Esta tesis llega a consolidarse a través de *Tulio Ascarelli*, quien "asienta la división dentro del mismo derecho de autor, de un elemento personal, espiritualista, *moral*, en definitiva, y un elemento patrimonial, materializado en el derecho de explotación de la obra". RAMS ALBESA, J. "La génesis de los derechos morales de los creadores", pp. 17-42. Colección de propiedad intelectual. Coord. por ROGEL VIDE, Madrid, 2003, p. 22. PIZARRO MORENO, Eugenio.

ciales en razón de contener un mínimo de derechos exigibles en virtud del sólo acto de creación de una obra; ser *extra patrimoniales* por no poder estimarse en dinero a pesar de tener consecuencias patrimoniales indirectas como en el caso de resarcimientos por lesiones a estos derechos; ser *inherentes* a la calidad de autor por estar unidos a su persona conservándolos éste durante toda su vida y después de su muerte, por herederos o personas designadas quienes ejercen algunas de sus facultades (las *negativas*, paternidad e integridad, y la de divulgar sus obras póstumas que es positiva junto con el derecho de retracto o arrepentimiento); tienen en principio, una duración ilimitada y son *absolutos* por ser oponibles *erga omnes* de lo que se deriva su condición de *inalienables* e *irrenunciables* y de esto último, se desprende su condición de *inembargables, inejecutables e inexpropiables*, además de ser *imprescriptibles* por estar fuera del comercio e *insubrogables* por ser inherentes a la calidad de autor.[145]

Ambos elementos o facultades, las patrimoniales y las no patrimoniales o derecho moral[146], *se encuentran recíprocamente*

"Análisis de los fundamentos filosóficos de la propiedad intelectual". *Op. Cit.*, p. 161.

[145] LIPSZYC, Delia. "Derecho de autor y derechos conexos". *Op. Cit.* p. 156-158.

[146] "Autoría e integridad son los únicos derechos morales que subsisten tras la entrada de la obra en dominio público". "Al respecto puntualiza *Marín López*"..."que la obra que ingresa en el dominio público es una *res nullius* pero no susceptible de ser objeto de propiedad privada y excluyente de alguien porque ya lo fue en un tiempo anterior". MARÍN LÓPEZ, J.J. "Comentario al artículo 41 LPI", *Comentarios a la Ley de Propiedad Intelectual*, coord. BERCOVITZ RODRÍGUEZ-CANO, 3ª edición, Madrid, Tecnos, 2007, p. 725, pie de página número 37. "Cuando la ley establece que la obra cae en dominio público, lo que verdaderamente ingresa en dicho dominio es el derecho de explotación sobre la misma, de tal suerte que se va a permitir su utilización por terceras personas ajenas a su creación. En todo caso, este hecho no atenta contra los derechos de paternidad ni integridad ya que si ese tercero transformara la obra original, se generaría una obra derivada, distinta de la original de modo que en ningún caso se vulnerarán los legítimos inte-

condicionadas de forma tal, *que su comprensión y alcance solo puede abordarse a través de la consideración conjunta de todas ellas.* Así sucede entre otras, con la facultad de divulgación de la obra que es reconocida por legislación nacional y comparada, como un derecho moral pero al mismo tiempo constituye una *conditio sine qua non* para poder concretar facultades patrimoniales con independencia de quien las ejercite[147].

En la búsqueda de soluciones integradoras en la materia, la doctrina tiene mucho que aportar y de hecho, así lo ha venido haciendo, lo que *no puede ser óbice* para que se indague en la clarificación[148] de *"los equilibrios que deben establecerse entre las facultades patrimoniales y las facultades morales del derecho de autor, con el fin de conseguir que el mismo respalde adecuadamente la producción y difusión de la cultura".*[149]

---

reses de su autor. Por lo tanto podemos afirmar que la paternidad no sólo constituye la principal defensa del autor sino que se erige en garantía del dominio público". MADRIÑÁN VÁZQUEZ, Marta. "Derecho a la herencia y Derecho de autor", pp. 99-117. "Constitución y propiedad intelectual". Luis A. Anguita Villanueva (Coordinador). Colección de propiedad intelectual. FUNDACIÓN AISGE. Editorial REUS. ASEDA. 1ª edición, Madrid, 2014, p. 112-113, pie de página N° 37. ISBN: 978-84-290-1768-7.

[147] Esta conexión moral-patrimonial resulta "...incuestionable también en otros supuestos concretos reconocidos por los textos positivos sobre la propiedad intelectual. A título de ejemplo, *Bercovitz* cita la concurrencia de los derechos de integridad sobre la obra –facultad o derecho moral– y el denominado derecho de transformación –facultad o derecho patrimonial–. Mientras que el derecho de integridad parece que atiende más a la defensa de la obra frente a posibles alteraciones, el derecho de transformación atiende más al ejercicio de la facultad que lógicamente tiene el autor de consentir, con plena eficacia vinculante, su alteración, esto es, la afectación de su integridad." BERCOVITZ RODRÍGUEZ-CANO. "Bienes de la personalidad y derecho moral del autor". Colección de Propiedad Intelectual, coord. Por ROGEL VIDE, pp. 95-110. Madrid, 2003, p. 107-108.

[148] PIZARRO MORENO, Eugenio. "Análisis de los fundamentos filosóficos de la propiedad intelectual". *Op. Cit.,* p. 163.

[149] *Ibídem,* p. 110 *in fine.*

5. Un derecho sui generis

El derecho de autor se configura aquí, como un solo y único derecho indivisible que contiene dos grupos de facultades de naturaleza jurídica y características diferentes.

Para *Javier Plaza Penadés* el derecho de autor es un *derecho subjetivo único* en razón de la tutela que otorga la normativa jurídica al autor sobre su obra; su objeto que es la creación intelectual en sí y no el soporte que lo contiene; y su contenido será doble para los partidarios de las posiciones dualistas, y único para los defensores del monismo. Para este jurista, este derecho pudiera ser definido en tanto que *derecho subjetivo único,* por los monistas y por los partidarios del dualismo, como el conjunto de derechos que el autor tiene sobre su obra, definición muy amplia a todas luces ya que no precisa el contenido del derecho de autor que es realmente el punto en que difieren ambas teorías.[150]

Es importante subrayar el hecho de que el derecho de autor viene a configurarse como un *derecho nuevo* por varias razones. Una de ellas de gran peso, viene dada por el cambio de la terminología que ha venido pasando de *propiedad intelectual,* con las excepciones del caso (España), a *derecho de autor,* eliminando todo lo relativo a disposiciones relativas al registro de esta propiedad, ya que se protege al autor por el sólo hecho de su creación y la omisión de su registro, *no menoscaba el ejercicio de los derechos protegidos por la ley.* Todo esto nos revela un abandono del concepto de propiedad en el cual el registro era obligatorio para la titularidad y el goce de los derechos sobre la creación y que manifiesta expresamente el legislador, en algunas exposiciones de motivos de las leyes especiales en la materia[151].

---

[150] PLAZA PENADÉS, Javier. "El derecho de autor y su protección en el artículo 20, 1,b) de la Constitución". *Op. Cit.,* p. 168-169.

[151] En el caso venezolano, la Exposición de Motivos de su Ley sobre el derecho de autor de 1963 (aunque modificada sustancialmente en

Podemos concluir en que el derecho de autor es un derecho subjetivo[152] único con un contenido plural de facultades[153], unas de contenido espiritual, *el derecho moral* y otras de carácter patrimonial, *el derecho patrimonial*, derechos con contenidos que no deben confundirse a pesar de su interrelación recíproca.

1993, mantiene la misma estructura y filosofía que la de 1963) afirma que "...aun cuando se aplicase, lo que es muy controvertido, el término de propiedad a los derechos sobre bienes inmateriales, no parece justificado aplicarlo a un derecho como el de autor, que reúne no sólo facultades patrimoniales [...] sino también facultades de orden moral que hoy en día cobran más relieve...". ANTEQUERA PARILLI, Ricardo. "Estudios de derecho de autor y derechos afines". *Op. Cit.*, p. 12.

[152] Una de las clásicas divisiones del Derecho, es la que lo escinde entre derecho objetivo y derecho subjetivo. Entendiéndose por derecho objetivo al..."conjunto de normas jurídicas que forman el ordenamiento vigente" (*v.gr*: el Derecho civil) y por derecho subjetivo "...a las facultades que dichas normas conceden y garantizan a los individuos sometidos a ellas", o bien, como el "...conjunto de facultades que corresponden al individuo y que éste puede ejercitar para hacer efectivas las potestades jurídicas que las normas legales le reconocen". OSSORIO Manuel. "Diccionario de ciencias jurídicas, políticas y sociales". *Op. Cit.*, pp. 238 y 240.

[153] *Bondía Román*, refiriéndose al artículo 2 del TRLPI, opina que "la propiedad intelectual no es una institución híbrida o mixta mezcla de derechos de naturaleza diferente..." sino que es un derecho integrado por facultades aunque en el texto de este artículo se habla de un derecho integrado por derechos distintos (personal y patrimonial), no por facultades, y que lo más adecuado hubiera sido consagrarlo como un derecho subjetivo único. BONDÍA ROMÁN, Fernando. "Propiedad intelectual, su significado en la sociedad de la información". *Op. Cit.*, p. 155-156, pie de página número 37 y en RODRÍGUEZ TAPIA, J. Miguel y BONDÍA ROMÁN, Fernando. "Comentarios a la Ley de propiedad intelectual". Primera edición. (Texto refundido, R.D. Leg. 1/1996, de 12 de abril). Editorial Civitas, S.A. Madrid, 1997, p. 22. ISBN: 84-470-0896-7.

6. *Elementos de Derecho Público y de Derecho Privado*[154]

Considerando la totalidad de la propiedad intelectual, término doctrinario que comprende al derecho de autor y a la propiedad industrial, ésta constituiría el vínculo que une la materialización de una idea con su creador generando beneficios económicos y morales por lo que tendría un carácter esencialmente privado, lo que reconoce variada jurisprudencia nacional y el Preámbulo del ADPIC, Anexo C del Tratado que crea la OMC, lo que quedaría demostrado además por su propio contenido ya que la creación intelectual forma parte de los derechos de integridad y privacidad del individuo, teniendo entonces, un carácter netamente privatista.[155-156]

---

[154] "Actualmente, se diferencia el Derecho Público del Privado sobre todo en el hecho de que el primero se inclina en la utilidad pública del Estado, mientras que en el Derecho Privado reina la utilidad de los particulares. No obstante, para determinar si la norma pertenece al Derecho Público o al Privado, hay que analizar el fin de la misma, porque en unas, se plantea la regulación de las relaciones políticas, en otras, la organización de los poderes del Estado, y por otro lado también se pueden observar entre otras las que regulan las relaciones jurídicas particulares.(…) Ahora bien, existen normas de Derecho Privado que pueden tener el carácter de ser de orden público; tal es el caso entre otros, de una norma de Derecho Privado que confiere al padre la potestad sobre los hijos, pero al mismo tiempo esa potestad está regulada como irrenunciable, no pudiéndose regular de modo inverso, por tener ese carácter de orden público" PEÑARANDA QUINTERO, Héctor Ramón. Análisis jurisprudencial de las sentencias del Tribunal Constitucional español Nros. 53/1985, 99/1994 y 136/1999. Nómadas, núm. 24, julio-diciembre, 2009. Publicación electrónica de la Universidad Complutense de Madrid. ISSN 1578-6730. Madrid, España, p. 11-12. Fecha: 31-10-2015. http://www.redalyc.org/articulo.oa?id=18112178016.

[155] "…Reconociendo que los derechos de propiedad intelectual son derechos privados"; Fecha: 02-11-2012. http://www.wto.org/spanish/docs_s/legal_s /27-trips_02_s.htm

[156] COLMENTER GUZMÁN, Ricardo. "Implicaciones de derechos humanos en las disposiciones de observancia contenidas en el ADPIC / Human rights implications in the TRIPs enforcement provisions". Caracas, 2002, p. 28.

Sin embargo, existen variadas circunstancias que causan confusión al estudiar a la propiedad intelectual como un todo[157]. Se subraya el hecho de que los instrumentos jurídicos internacionales sobre derechos humanos, obligan a los países a respetar y proteger los derechos económicos, sociales y culturales, entre ellos, a la propiedad intelectual y dentro de ésta expresamente, al derecho de autor, por tanto, la función del Estado debe ser activa para cumplir con estas obligaciones en beneficio de las personas, por existir una relación jurídica entre el Estado y los particulares aunque esta relación no debe confundirse con la naturaleza del derecho mismo ya que entonces la propiedad, derecho privado[158] protegido en instrumentos

---

[157] Para *Antequera Parilli*, el hecho de que el derecho de autor provenga del Derecho Civil, no implica necesariamente, que por ello deba ubicarse dentro del espacio del Derecho Privado. Igualmente, por la misma evolución de este derecho nuevo, no resulta fácil ubicarlo entre estos dos derechos, el Derecho Público y el Derecho Privado. Tampoco es posible colocarlo como una rama del Derecho Social, considerado el autor como el débil jurídico en su relación con los usuarios de su obra, ya que la normativa autoral no sólo protege al autor como individuo sino a toda una colectividad involucrada en el fomento del arte, las ciencias y las letras. Por último, sostiene que con el tiempo este derecho se encontrará en definitiva, como una rama del Derecho Público. Presenta en este trabajo, interesantes ejemplos de normas cuyo interés, utilidad y naturaleza de la relación, tanto en la legislación venezolana como en la comparada, resultan de carácter público, como es el caso entre otras tantas, de la institución del *dominio público pagante*. ANTEQUERA PARILLI, Ricardo. "Consideraciones sobre el derecho de autor (con especial referencia a la legislación venezolana)". *Op. Cit.*, p. 46-47.

[158] Algunos autores como *Alejandra Castro Bonilla*, consideran que la inclusión del derecho de autor en el derecho privado, conocida como teoría *iusprivatista* del derecho de autor, debe ser revisada ya que "...se ha pretendido reconstruir instrumentos e instituciones del Derecho Civil, para aplicarlas a una realidad disímil que es los derechos de autor (*sic*)". En efecto, a falta de legislación, de forma supletoria deben aplicarse las reglas del Derecho Civil. Sin embargo, para un mejor aprovechamiento de los efectos del derecho de autor, y considerando la necesidad de ajustar la realidad de su desarrollo a un espacio jurídico autónomo, eficaz y adecuado, es necesario revalorizar el derecho en esta perspectiva y abandonar la tendencia de buscar referentes del de-

internacionales de Derechos Humanos, estaría formando parte del Derecho público al confundirse con éste, dado que la obligación del Estado es de esta naturaleza[159].

El jurista venezolano *Ricardo Colmenter Guzmán* resalta la importancia de cumplir con la normativa de derechos humanos en la observancia de toda la propiedad intelectual, que puede ocurrir en espacios judiciales o administrativos, para lo que debe cumplirse, en primer lugar, con el *derecho de acceso a la justicia,* luego con el *derecho a un juicio justo* donde juega un papel primordial el *principio de la legalidad* que comprende el derecho a la igualdad y a la no discriminación; el *derecho a la defensa* contentivo de los principios de *igualdad* y *de no discriminación ante los tribunales.* Para culminar con estos derechos y principios, *la sentencia debe reflejar la Ley* lo que debe complementarse con el *derecho a la revisión judicial* además de una debida ejecución de sentencia, una *efectiva compensación* y la necesidad de *medidas provisionales para garantizar la protección efectiva*[160].

---

recho civil, que cada día se hacen más ineficaces sobre todo cuando se trata de legislar para el mundo digital con reglas y principios del mundo analógico. Precisamente por esa naturaleza compuesta y además compleja, los derechos de autor reciben protección jurídica en su condición de derechos fundamentales, pero también reciben tal protección bajo la legislación penal, laboral, mercantil y civil (como bienes reales). Es un derecho que ha sufrido cambios en el tiempo y que efectivamente debe protegerse en su condición de derecho fundamental, pero sobre todo porque dicha protección incentiva al autor y beneficia a la sociedad que gozará eventualmente de las obras que el creador produzca. CASTRO BONILLA, Alejandra. "El derecho de autor como un derecho humano". Costa Rica: *REDI: Revista Electrónica de Derecho Informático.* Número 50. ISSN 1576-7124, p. 9. Fecha: 24-11-2015. http://v2.vlex.com/global/redi/detalle_doctrina_redi.asp?articulo=167328

[159] COLMENTER GUZMÁN, Ricardo. "Implicaciones de derechos humanos en las disposiciones de observancia contenidas en el ADPIC / Human rights implications in the TRIPs enforcement provisions". *Op. Cit.*, p. 29.

[160] *Ídem*, p. 39-43

Puntualiza *Colmenter Guzmán*, un aspecto interesante respecto a estas últimas, las medidas provisionales, que nos hablan de las diferencias entre los sistemas europeo y americano de tutela de los derechos humanos. Para el primero se trata de basar las facultades de órdenes judiciales en el artículo 36 de los Reglamentos Internos de la *Comisión Europea para la Protección de los derechos humanos y libertades fundamentales* vigente desde 1953 y en el 34 del Reglamento de la Corte Europea de Derechos Humanos, la CEDH, ya que la mencionada *Convención Europea*, no otorga facultades a esta Corte para dictar órdenes judiciales. En contraposición a esta forma de consagración de medidas cautelares, en otros sistemas regionales como el interamericano, éstas medidas se han erigido como elemento primordial en la tutela efectiva de los derechos humanos en manos de la *Comisión Interamericana* y la *Corte Interamericana de Derechos Humanos* (instituciones que presentaremos en el próximo capítulo relativo a los derechos humanos), basados en las facultades otorgadas por la *Convención Americana* y los Reglamentos de ambas instituciones regionales[161].

---

[161] COLMENTER GUZMÁN, Ricardo. "Implicaciones de derechos humanos en las disposiciones de observancia contenidas en el ADPIC / Human rights implications in the TRIPs enforcement provisions". *Op. Cit.*, p. 72-73.

7. *Límites y excepciones al derecho de autor*[162]

Aun cuando las limitaciones y excepciones al derecho exclusivo del autor sobre su obra[163], están referidas al derecho

---

[162] Es importante resaltar que el fundamento básico de los límites y excepciones en materia jurídica radica en una norma general dado que no puede declararse exento o limitado, lo que no ha sido consagrado previamente, como derecho o facultad. En efecto, desde el punto de vista jurídico no puede concebirse una excepción o limitación sino como una especificación a una norma anterior, por tanto, lo exceptuado aparece entonces, como el resultado de la confluencia de dos normas: una previa que consagra y delimita el ámbito de aplicación de un derecho, facultad o potestad, ya sea de manera positiva o negativa (la connotación negativa de los derechos otorgados en materia de propiedad intelectual, derecho de autor y propiedad industrial, como sistema jurídico internacional privado de protección a las obras e invenciones, se centra en un *ius prohibendi* o facultad de impedir que terceros realicen actos de explotación y comercialización de las técnicas y productos amparados por estos derechos intelectuales sin el consentimiento del titular), y una segunda, que establece los supuestos comprendidos en el ámbito general de la primera, donde se establece de manera explícita, la excepción o limitación, por tanto, la normas contentivas de éstas, hacen referencia a una norma anterior de sujeción que describe el derecho o facultad consagrada, configurando entonces, sobre éste, sus limitaciones y excepciones; lo que nos indica la estrecha vinculación de ambas normas, la que consagra el derecho y la que lo limita o exceptúa. Es importante añadir que no siempre y necesariamente, la excepción o limitación aparece consagrada de manera explícita; puede darse el caso de excepciones o limitaciones que se desprenden de forma implícita de un instrumento jurídico (nacional, regional o internacional), ya sea por vinculación expresa con otra normativa o bien, que, sin estar consagradas expresamente, aparecen en actas que registran las discusiones y los desarrollos previos a la aprobación de los respectivos textos, como sucede por ejemplo, con la doctrina de las *"excepciones menores"* del CUB, la cual, a pesar de no ser objeto de ninguna disposición en particular, ha pasado a constituir fuente jurisprudencial de derecho (ver pie de página número 174, página 107).

[163] En las leyes como en la doctrina y la jurisprudencia, se suele emplear indistintamente las palabras "límites" y "excepciones". A modo de ejemplo vemos que en la Ley de Propiedad Intelectual española LPI, a veces se utiliza la palabra "límites" (arts. 31 y ss.) y otras la palabra "excepciones" (art. 135 en derecho *sui generis*). En ocasiones, dentro de un mismo artículo se utilizan ambas palabras (por ejemplo, rótulo del

patrimonial, resulta importante incluirlas aquí, en forma resumida, en primer lugar, para poder conocer el verdadero alcance del derecho de autor y en segundo lugar, en razón de que sus limitaciones y excepciones son dictados y encuentran su justificación en el respeto de las libertades fundamentales e intereses públicos, y en particular, dada la interrelación del derecho de autor y sus límites con otros derechos como son, entre otros, el derecho a la libre creación y producción intelectual, el derecho a la libertad de expresión[164]-[165] y el derecho

art. 100 y apartado 6). Las Directivas europeas por ejemplo, suelen emplear un lenguaje más versátil: unas veces "excepciones" (Directiva sobre bases de datos), otras "límites y excepciones" (Directiva sobre derechos de autor y derechos afines en la sociedad de la información, DDASI); la Directiva sobre derechos de alquiler y préstamo habla de "excepciones" para los derechos de autor (art. 5) y de "limitaciones" para los derechos afines (art. 10); la Directiva sobre programas de ordenador utiliza la expresión "excepciones a los actos sujetos a restricciones" (art. 5). Como se puede apreciar el lenguaje empleado es verdaderamente errático, sin que aparentemente haya razones que motiven el uso de una u otra terminología.

[164] La primera enmienda de la Constitución de los EEUU consagra expresa protección a la libertad de expresión, de reunión y religión asegurando los derechos de ejercicio y preservación de la cultura. Las expresiones artísticas generalmente, toman forma de expresión simbólica o visual que expresan comentarios sociales críticos, sátiras e ideas políticas o religiosas a través de historias, cuentos o imágenes. Las cortes judiciales en ese país han venido otorgando protección a la obra de arte en sí o al mensaje que trasmite o bien, a la imagen visual en si misma. Esta enmienda extiende la protección a los mensajes donde lo social y político están al centro de una imagen visual; por ejemplo, protege la parodia sobre una obra original; un símbolo ubicado sobre una bandera americana está también protegido como una expresión no verbal de protesta y disentimiento; unos dibujos animados políticos expresando opiniones críticas en forma simbólica manifestadas como arte, igualmente, son protegidos por esta enmienda que históricamente, ha estado relacionada con el resguardo de espacios específicos abiertos a la libertad de expresión. STEINER, Christine. "Intellectual property and the right to culture". A panel discussion to commemorate the 50th anniversary of the Universal Declaration of Human Rights. Geneva, November 9, 1998, organized by WIPO/OMPI in collaboration with the Office of the United Nations High Commissioner for Human Rights. Traducción libre, p. 48.

al honor, a la intimidad y a la propia imagen, todos ellos derechos humanos reconocidos por los Convenios internacionales, en el contexto de este trabajo que busca ubicar la justa dimensión del derecho de autor en el marco de los derechos humanos fundamentales.

La filosofía detrás de las limitaciones y excepciones establecidas en las legislaciones sobre derecho de autor tanto las civilistas como las del *common law*, busca constituir un justo balance entre el interés privado y el público, esto es, entre los intereses de los autores y los de una sociedad dada, ya que esta última, al otorgar a los creadores derechos exclusivos establece una contrapartida a cambio, en forma de beneficios científicos y culturales.[166]

---

[165] Resulta interesante mencionar aquí, el señalamiento que hace el Tribunal Supremo de los Estados Unidos de América, los EEUU, en relación al hecho de que el derecho de autor a pesar de que pudiera entrar en conflicto con la libertad de expresión de quienes no están protegidos por el derecho de autor, consagra e impulsa la libertad de expresión. Así, en el caso *Harper & Row Publishers, Inc.et. al. v. Nation Enterprises* (1985), sentenció que "...al hacer negociable en el mercado la expresión de las propias ideas, el derecho de autor crea un incentivo económico para crear y diseminar ideas". ALAI ASOCIACIÓN LITERARIA Y ARTÍSTICA. "Derecho de autor y libertad de expresión". *Op. Cit.* Ponencia de síntesis. Derecho de autor y libertad de expresión. Prof. Alberto Bercovitz, p. 756.

[166] La Constitución de los EEUU en el artículo 1 de su octava sección, establece las razones por las que se otorga un monopolio al autor, esto es, para "...fomentar el progreso de la ciencia y las artes útiles, asegurando a los autores e inventores, por un tiempo limitado, el derecho exclusivo sobre sus respectivos escritos y descubrimientos:" LEPAGE, Anne. "Panorama general de las excepciones y limitaciones al derecho de autor en el entorno digital". Doctrina y opiniones. E-Boletín de derecho de autor. Enero-marzo de 2003, p. 3.

Aunque las excepciones y limitaciones se han venido utilizando en forma indistinta como límites al derecho de autor[167]

---

[167] La doctrina española en general, no es uniforme al definir los términos límites y excepciones. Así encontramos connotados tratadistas españoles como LÓPEZ, Miguel Ángel. ("El derecho sui generis del fabricante de bases de datos". Editorial Reus/ Aisge. Madrid, 2001, p. 220), quien acertadamente sostiene que en los límites estamos ante supuestos en los que por existir intereses contrapuestos se restringen o se reducen los derechos de los titulares, pero no en supuestos en los que éstos no existan. Por el contrario, las excepciones abarcan supuestos de inefectividad o ausencia del derecho, como es el caso de las obras excluidas de protección (art. 13 LPI) o casos en los que, como indica GÓMEZ SEGADE, José Antonio ("El derecho de autor en el entorno digital". RGLJ, N° 13, enero-febrero, 2001, p. 10), la propia ley, a la hora de definir un derecho, realiza una delimitación del contenido conceptual del mismo, excluyendo de su ámbito determinados hechos. GARROTE FERNÁNDEZ-DÍEZ, Ignacio (El derecho de autor en Internet". Editorial Comares, Granada, 2001, p. 381), cree preferible hablar de excepciones en cuanto hay una derogación a la regla general de la exclusiva de explotación de la obra, reservando la palabra límites (límites naturales de los derechos subjetivos) a otros supuestos, como los relativos a la duración limitada del plazo de protección. Por su parte, SALELLES, José R. ("La armonización comunitaria proyectada del régimen de excepciones del derecho de autor y otros derechos afines en la sociedad de la información". RGD, N° 675, diciembre 2000, p. 15.096), entiende que bajo la rúbrica de límites y excepciones quedan comprendidos diversos supuestos, de distinto alcance y motivación, que tienen un diferente impacto en la posición jurídica que corresponden a los titulares de derechos de propiedad intelectual, en especial por lo que se refiere a la específica articulación en la participación de los resultados de la explotación de las obras. De cualquier manera y con independencia del alcance que eventualmente y en cada caso se pueda dar a la restricción del monopolio del autor según se califique ésta como *límite* o *excepción*, lo cierto es que los supuestos encuadrados por la LPI española en los artículos 31 a 40 bis, agrupados bajo el epígrafe de "Límites" en el capítulo II del título III, permiten la libre utilización de las obras. Como sostiene DE ÁNGEL YAGÜEZ. "Comentarios a la Ley de propiedad intelectual" (*Coordinador R. Bercovitz)*". Tecnos, 1ª ed., Madrid, 1987, p. 553), en los distintos casos encuadrados dentro del Capítulo dedicado a los límites, determinadas facultades integrantes del derecho de autor se sustraen a su monopolio permitiéndose su libre ejercicio para determinadas finalidades. Es decir, en los derechos reales, categoría jurídica en la que este autor ubica al derecho de autor, razones de política jurídica aconsejan restringir (limi-

podríamos agruparlas de forma general, en los siguientes grupos:

1. Las consideradas *limitaciones* a la protección *"...en cuanto no se requiere protección para la naturaleza específica del objeto en cuestión..."*, contenidas en disposiciones que excluyen o permiten excluir de protección, a varias categorías de obras o materiales, como serían los textos oficiales de orden legislativo, administrativo o judicial, las noticias del día y los discursos políticos y aquellos pronunciados en debates judiciales, consagradas en el CUB en sus artículos 2.4., 2.8 y 2*bis*.1., respectivamente.[168]

2. Las *excepciones* a la protección o *utilizaciones* permitidas que posibilitan la aplicación de una eximente en aquellas situaciones que pudieran originar una responsabilidad jurídica, contenidas en disposiciones que otorgan inmunidad en procedimientos de infracción respecto de determinadas formas de utilización como serían la reproducción y comunicación por la prensa de conferencias y alocuciones, algunas excepciones al derecho de reproducción[169] con sujeción a normas específicas,

tar, exceptuar) el ámbito de poder que representan para su titular en atención al sujeto pasivo de los mismos, o sea, atendiendo a los intereses de la colectividad.

[168] RICKETSON, Sam. "Estudio sobre las limitaciones y excepciones relativas al derecho de autor y a los derechos conexos en el entorno digital". OMPI. Comité Permanente de Derecho de Autor y Derechos Conexos. Novena Sesión. Documento SCCR/9/7. Ginebra, 23 a 27 de junio de 2003, p. 3.

[169] Resulta importante establecer la diferencia entre reproducción y copia. De conformidad con el *Glosario de derecho de autor y derechos conexos OMPI*, se entiende por reproducción "... la realización de uno o más ejemplares (copias) de una obra o de una parte sustancial de la misma en cualquier forma material, con inclusión de la grabación sonora y visual." ORGANIZACIÓN MUNDIAL DE LA PROPIEDAD INTELECTUAL OMPI. "Glosario de OMPI de derechos de autor y derechos conexos". Ginebra: Autor, 1980. Ediciones OMPI. Voz 223, p. 228. Por su parte, el artículo 3 de la Decisión 351 del Acuerdo de Cartagena define por copia "al soporte material que contiene la obra como resultado de un acto de reproducción". La copia puede ser de diversa índole, i.e.

las citas y utilizaciones con fines de enseñanza y utilizaciones relativas a acontecimientos de actualidad y a otros similares contenidas en el CUB los artículos 2*bis*.2, 9.2, 10 y 10*bis*, respectivamente.[170-171]

3. Las *licencias obligatorias* contenidas en disposiciones que permiten el uso del material protegido por el derecho de autor, previo pago al titular del derecho, lo que encontramos en los artículos 11*bis*.2) y 13 del CUB[172] así como en el Anexo del Acta de París del mismo. Otras disposiciones de este tratado y de otros convenios igualmente, permiten estas licencias bajo el cumplimiento de determinadas condiciones.[173]

---

impresión, dibujo, grabado, fotografía, moldeado, fotocopiado, microfilmación, o cualquier otro procedimiento de las artes gráficas y plásticas, así como de la grabación mecánica, cinematográfica y magnética, que permita comunicar la obra copiada de una manera indirecta, es decir, a través de la copia se materializa la reproducción de la obra. Fecha: 02-06-2014. http://www.dib.unal.edu.co/cip/pi_can_decision351.html

[170] RICKETSON, Sam. "Estudio sobre las limitaciones y excepciones relativas al derecho de autor y a los derechos conexos en el entorno digital". *Op. Cit.*, p. 3-4.

[171] Por su parte, la *Convención de Roma* en su artículo 15, establece excepciones similares y el *Acuerdo ADPIC*, el *TODA* y el *TOIEF* en sus artículos 13, 10 y 16, respectivamente, igualmente las consagran adicionándoles la exigencia del cumplimiento de la *regla de los tres pasos* del artículo 9.2 del Convenio de Berna, como condición de aplicación de las excepciones que establecen. Fecha: 02-11-2012. http://www.wipo.int/treaties/es/

[172] "Artículo 11bis: Derechos de radiodifusión y derechos conexos..."... 2. Licencias obligatorias;..."(...) "...Artículo 13: Posibilidad de limitar el derecho de grabar obras musicales y la letra respectiva; 1. Licencias obligatorias;..." Fecha: 02-11-2012. http://www.wipo.int/export/sites/www/treaties/es/ip/berne/pdf/trtdocs_w0001.pdf

[173] Los fundamentos jurídicos y políticos de estas disposiciones contentivas de límites, excepciones y licencias obligatorias son de diversa índole. Para las primeras *"limitaciones a la protección"*, son motivaciones de política pública las que fundamentan que la protección del derecho de autor no debería alcanzar a ciertas obras "...debido por ejemplo, a la necesidad de facilitar al público en general el acceso a dichas

Existe otro tipo de excepciones que se desprenden del espíritu de las conferencias y revisiones del CUB y que se conocen como *excepciones implícitas* como es el caso específico de la *doctrina de las reservas menores* o *excepciones menores*[174], y de

obras..."; para las segundas "excepciones a la protección", es el interés público el que justificaría "...la anulación de los derechos privados que tienen los autores sobre sus obras en estas circunstancias particulares..."; para las terceras, las *"licencias obligatorias"*, el derecho de autor sigue tutelando las obras aunque de forma más restringida, y aunque el interés público justifique su utilización, "...independientemente del consentimiento del autor, dicha utilización está sujeta al pago de una adecuada remuneración...". En la mayoría de los convenios internacionales en la materia se encuentran consagradas estas limitaciones y excepciones aunque es en el Acta de París del CUB donde las encontramos más desarrolladas. RICKETSON, Sam. "Estudio sobre las limitaciones y excepciones relativas al derecho de autor y a los derechos conexos en el entorno digital". *Op. Cit.,* p. 4.

[174] Un grupo especial o *"panel"* en idioma inglés, de la OMC, presentó en fecha 15 de junio de 2000, sus conclusiones y recomendaciones en el informe sobre las excepciones a los derechos exclusivos contenidas en el artículo 110 5) del *Copyright Act* de los EEUU, en razón de un litigio entre la Comunidad Europea y sus Estados miembros, las CEEM, y los EEUU, teniendo como terceros parte a Australia, Brasil, Canadá, Japón y Suiza. Este *panel* acogió la tesis de las denominadas *"excepciones menores"*, fundamentales en la argumentación invocada por los EEUU, que aunque no son objeto de ninguna disposición particular en el CUB, si lo están en las Actas de las Conferencias Diplomáticas de 1948 (Bruselas) y de 1967 (Estocolmo) del CUB, argumentando que el Acuerdo ADPIC al incorporar las disposiciones del CUB, "...permite establecer excepciones menores a los derechos exclusivos de los titulares del derecho de autor, y que el artículo 13 del Acuerdo sobre los ADPIC fija la norma para determinar dichas excepciones..."; y en consecuencia, "...las excepciones contempladas en el artículo 110 5) son compatibles con la norma definida en el artículo 13 y la doctrina de las 'excepciones menores' se aplica a los derechos exclusivos previstos en los artículos 11bis 1) y 11 1) del Convenio de Berna...". Al aceptar esta tesis, se estaba admitiendo que es el artículo 13 del ADPIC el que fija la norma para determinar dichas excepciones y la "...extensión de la excepción del artículo 9.2 del Convenio de Berna –limitada al derecho de reproducción–, al conjunto de los derechos..." ya que en este desacuerdo lo que estaba en discusión no era el derecho de reproducción sino el de representación, "...para el cual no era evidente que se pudiera aplicar el artículo 13..." Al aceptar el grupo especial, la tesis de las *"excepciones*

otras agrupadas respecto de los derechos de representación, ejecución y respecto de los derechos de traducción (art. 11), de radiodifusión y derechos conexos (art. 11*bis*), de recitación y transmisión pública y sus traducciones (art. 11*ter*), grabación de obras musicales y letra respectiva (art. 13) y cinematográficos y derechos conexos (art. 14).

Las cartas fundamentales de los países explican la razón de otorgar a los creadores un monopolio de explotación por un tiempo determinado, que no es otra que equilibrar los intereses entre los creadores y la sociedad.

El alcance de los derechos otorgados a los creadores a nivel nacional, puede ser resumido en *términos amplios o restringidos*. Así, cuando se consagran los derechos exclusivos de forma *amplia*, algunas limitaciones y excepciones pueden establecerse para justificar en determinados casos, el derecho de la sociedad para realizar utilizaciones no autorizadas de la obra protegida, lo que sucede en países de Europa continental donde los derechos económicos por lo general, son estipulados de forma flexible y abierta con limitaciones estrictas y limitativas.

---

menores", establece que lo que hace es extender el *"...*ámbito de las excepciones al artículo 11bis 1), mientras que el único límite impuesto a este texto por el Convenio de Berna es el establecido en el párrafo 2, que impone una remuneración equitativa del autor. Además, el Convenio de Berna no prevé ninguna excepción al artículo 11. El Grupo especial se ha inclinado por introducir excepciones a los artículos 11 y 11bis del Convenio de Berna...", (artículos estos contentivos de *algunos derechos correspondientes a obras dramáticas y musicales* y a *los derechos de radiodifusión y derechos conexos* incluidas las *licencias obligatorias,* respectivamente) *"...* y por aplicar el artículo 13 a los derechos contenidos en dichos artículos y a los demás derechos de propiedad intelectual indirectamente amparados por el Acuerdo ADPIC. Esta tesis es discutible...". GAUBIAC, Yves. "Las excepciones y limitaciones al derecho de autor en el sentido del artículo 13 del acuerdo sobre los ADPIC". La OMC se pronuncia sobre las excepciones al derecho de autor. DOCTRINA. Boletín de derecho de autor. Junio 2003. Nota 21, p. 8. Fecha: 28-03-07. http://portal.unesco.org/culture/es/ev.php-URL_ID=10018&URL_DO=DO_TOPIC&URL_SECTION=201.html

Ahora bien cuando estos derechos son reconocidos de manera *restringida*, las excepciones a estos derechos puede que no encuentren justificación, lo que vemos sucede en el sistema del *copyright* anglo-americano donde al contrario de los anteriores, los derechos económicos se definen de forma restrictiva estando limitados por mecanismos de defensa en juicio, que presuponen un *uso leal* o *fair use*, lo que concede a los órganos jurisdiccionales un margen interpretativo para decidir cuándo usos no autorizados llegan a infringir o no, el derecho exclusivo del autor. Ambos alcances serán decisivos al momento en que los órganos jurisdiccionales resuelvan situaciones concretas donde estén en juego tanto la protección del derecho de autor como el derecho de una sociedad de utilizar sin autorización expresa, las obras bajo tutela autoral. [175]

En todo caso, las limitaciones y excepciones al derecho de autor deben ser objeto de una interpretación restrictiva es decir, deben circunscribirse a supuestos definidos para que la obra pueda explotarse de manera normal con el fin de no causar un perjuicio injustificado a los intereses del titular del derecho además de precaver que un sistema permisivo de gran amplitud, anule o cercene los derechos humanos del autor como principal fuente de los bienes culturales.[176]

Esto es lo que se conoce como los *usos honrados,* figura introducida sin definición, por primera vez, en el CUB, al establecer las condiciones de utilización de citas (art. 10.1), cuando reserva a las legislaciones nacionales, la facultad de establecer las condiciones de utilización de éstas y los requisitos para el

---

[175] GUIBAULT, Lucie. "Naturaleza y alcance de las limitaciones y excepciones al derecho de autor y los derechos conexos en relación con las misiones de interés general de la transmisión del conocimiento: sus perspectivas de adaptación al entorno digital", e-Boletín de derecho de autor. Doctrina y opiniones. Octubre-diciembre 2003, p. 6.

[176] ANTEQUERA PARILLI, Ricardo. "El derecho de autor y el derecho a la cultura", p. 65-78. *Libro Memorias del I Congreso Iberoamericano de Propiedad Intelectual.* Tomo I, Madrid, 28-31 de octubre de 1991, p. 75.

uso de obras con fines de ilustración para la enseñanza (art. 10.2.), lo que compromete a los legisladores y autoridades administrativas y jurisdiccionales nacionales, a la hora de consagrar limitaciones al ejercicio del derecho autoral así como al momento de interpretarlas y aplicarlas; usos bastante amplios si los comparamos con la llamada *regla de los tres pasos*[177] reser-

---

[177] La jurista *Delia Lipszyc* citando el informe del grupo especial del 05 de mayo de 2000 sobre el análisis del artículo 13 del ADPIC (ver nota número 174, p. 107), nos dice: "La *regla de los tres pasos* comprende en un primer nivel, la consideración de *"casos especiales"*, particularmente definidos como tales por la legislación que autoriza la explotación y sean de aplicación y alcance estrictos; por su parte el término "especiales" denota que es necesario algo más que una definición clara a fin de cumplir esta condición. En otras palabras, la limitación o excepción debe ser estricta en sentido cualitativo y cuantitativo, debiendo ser lo contrario de un caso que no sea especial, esto es un caso normal. En un segundo nivel, esta regla comprende la reproducción excepcional autorizada por la legislación siempre y cuando "no atente contra la explotación normal de la obra". Aquí el término "normal" podría tener dos connotaciones, una de carácter *empírico* referida al modo en que realmente se explota la obra y la otra de carácter *normativo*, esto es, una explotación de carácter potencial, admisible o deseable. Si la explotación normal se refiere al uso pleno de los derechos exclusivos del autor, la norma de excepción no tendría sentido, por tanto lo "normal" aquí, significa claramente algo menor que el pleno uso de un derecho exclusivo. Su tercer nivel corresponde a una reproducción excepcional autorizada cuya explotación "no cause un perjuicio a los intereses legítimos del autor". En este sentido, son tres los elementos que deberán ser considerados: en primer término, los intereses del autor no se limitan necesariamente a una ventaja o a un detrimento económico real o potencial, ya que pueden deberse a razones no económicas; en segundo término, el término "legítimos" "...se refiere al carácter lícito desde una perspectiva jurídica positivista [...]"...pero que también tiene una connotación de legitimidad desde una perspectiva más normativa en el contexto de exigir la protección de intereses que son justificables a la luz de los objetivos que subyacen en la tutela de derechos exclusivos"; en tercer término, la naturaleza del perjuicio o daño que debe ser de carácter "injustificado", es decir, la cuestión clave será conocer el grado de perjuicio que pueda considerarse como "injustificado" dado que con arreglo a esta tercera condición, puede entenderse que un cierto "perjuicio" es "no injustificado". LIPSZYC, Delia. "Nuevos temas de derecho de autor y derechos conexos". © UNESCO 2004. pp. 89, 93, 98-99. ISBN UNESCO:

vada a las legislaciones nacionales, como una facultad para circunscribir las limitaciones y excepciones a los derechos exclusivos del autor, a determinados casos especiales, que no atenten contra la explotación normal de la obra ni causen un perjuicio injustificado a los legítimos intereses del autor, regla que en un principio, en el CUB se limitó únicamente, al derecho de reproducción.[178]

En definitiva, esta prueba[179] permite calificar la licitud del uso de una obra protegida por el derecho de autor sirviendo de amparo y sustento de valoración de los *usos honrados*.[180]

Los instrumentos jurídicos internacionales de derecho de autor y derechos conexos (El CUB, la CUDA de 1952, la Convención de Roma, el ADPIC, el TODA y el TOIEF), contienen

92-3-303925-0; ISBN CERLALC: 958-671-088-2; ISBN Zabalía: 950-572-667-8.

[178] ANTEQUERA PARILLI, Ricardo. "Los límites del derecho subjetivo y del derecho de autor". (Los "usos honrados", el "fair use" y el "*ius usus innocui*". El supuesto de abuso del derecho a la no divulgación de la obra). Instituto interamericano de derecho de autor IIDA. Noticias. Boletín informativo para abonados (versión electrónica). Junio de 2006, p. 7-8.

[179] Con esta prueba o *regla de los tres pasos,* la normativa internacional ha dotado de una referencia reglamentaria para conseguir el "justo equilibrio entre los intereses" que conlleva a fijar límites a los derechos exclusivos de los autores en beneficio de la sociedad, aunque con la llegada de la tecnología digital y sus nuevas tecnologías, se ha cuestionado este equilibrio, por lo que ha sido necesario la revisión de estos límites y excepciones para determinar su pertinencia en el nuevo ciberespacio. LEPAGE, Anne. "Panorama general de las excepciones y limitaciones al derecho de autor en el entorno digital". *Op. Cit.* p. 8.

[180] El principio de los *usos honrados*, "...bajo la óptica latina...", (legislaciones tanto comunitaria como la Decisión 351, tanto nacional como la de Ecuador, Guatemala, Honduras, Perú y República Dominicana, o principio de los *usos lícitos* para Panamá) "...impone los parámetros dentro de los cuales resulta admisible o 'razonable' la previsión de determinadas limitaciones al derecho exclusivo del autor y que, en el caso que nos ocupa, legitiman el uso libre y gratuito de su obra." Además estos límites se encuentran sometidos al régimen del "*numerus clausus*" y son de interpretación restrictiva. *Ibídem,* p. 8-9.

variadas limitaciones y excepciones a la protección otorgada, con arreglo a las legislaciones nacionales, siempre que no sean contrarias al espíritu ni a las disposiciones del mismo instrumento jurídico internacional que las consagra[181].

Es importante resaltar que la normativa internacional sobre la materia se debería regir en principio, por la *Convención de Viena sobre el derecho de los tratados*[182] a excepción de aquellos

---

[181] Resulta importante mencionar a la *Directiva Europea* de 2001 que aunque no constituye un convenio internacional sino una Directiva para los Estados miembros de la Unión Europea, por tanto limitada a un ámbito regional, resulta imperativa comentarla a fines ilustrativos comparados de este trabajo. Recordamos que "La Directiva es el resultado de un largo proceso legislativo iniciado el 15 de junio de 1995, fecha en la que la Comisión publicó el "Libro Verde sobre los derechos de autor y los derechos afines en la sociedad de la información". GONZÁLEZ, Agustín. "Aspectos básicos de la directiva sobre derechos de autor y derechos afines a los derechos de autor en la sociedad de la información", p. 20. Fecha: 12-03-07. http://www.cedro.org/Files/Boletin24FORO.pdf. Pues bien, la Directiva además de incorporar la normativa del TODA y el TOIEF, establece por una parte, una sola excepción de carácter obligatorio en relación al derecho de reproducción, para algunos actos de reproducción provisionales que formen parte de un proceso tecnológico con fines de facilitar el uso legal o la transmisión en red entre terceros a través de un intermediario de una obra u objeto protegido sin tener significación económica independiente; y por la otra, excepciones y limitaciones facultativas, en un amplio catálogo característico de un sistema cerrado, sin autorización del autor, sujetas a la *regla de los tres pasos*, a los derechos de reproducción o comunicación y puesta a disposición del público y al de distribución por analogía con los dos derechos anteriores, referidas al *dominio público*, de las cuales tres, la reprografía, el uso privado y las emisiones hechas por instituciones sociales, contemplan remuneraciones equitativas para los titulares. Fecha: 12-03-07.http://eur-lex.europa.eu/Lex UriServ/LexUriServ.do?uri=CELEX:32001L0029:ES:NOT

[182] "...*La Convención de Viena sobre el Derecho de los Tratados* fue aprobada en 1969, y entró en vigor once años después. Ella define como tratado al "...acuerdo internacional celebrado por escrito entre Estados y regido por el derecho internacional, ya conste en un instrumento único o en dos o más instrumentos conexos y cualquiera que sea su denominación particular". Queda claro, por tanto, que regula los acuerdos entre Estados. "...Esta Convención, de 1986, intenta cubrir el vacío legal dejado por la anterior Convención en cuanto a los acuerdos entre Estados

convenios suscritos con anterioridad a ésta, es decir a 1980, como el CUB de 1886 y la *Convención de Roma* de 1961; y aunque el ADPIC de 1994 es posterior a la Convención de Viena, éste y los dos arriba mencionados, no se rigen por esta Convención en sentido estricto, sino por las reglas de interpretación del derecho internacional público consuetudinario, en particular el de Roma y el ADPIC, por sus artículos 31 y 32 que *"...codifican las normas consuetudinarias del derecho internacional público respecto de las materias contenidas en los citados artículos..."* por lo que su interpretación consistirá en *"...determinar el sentido corriente que ha de atribuirse a los términos del tratado en su 'contexto' y teniendo en cuenta 'su objeto y fin'..."* (Artículo 31.1)[183-184].

---

y organizaciones internacionales, o entre estas organizaciones entre sí..." (...). Este instrumento jurídico internacional "...no tiene carácter retroactivo, es decir, no afecta a los tratados suscritos con anterioridad a ella. En aquellos casos no contemplados en la Convención, según su propio preámbulo, las normas de Derecho internacional consuetudinario continúan rigiendo tales cuestiones..." Fecha: 23-04-07. http://es.wikipedia.org/wiki/Convenci%C3%B3n_de_Viena_sobre_el_Derecho_de_los_Tratados_celebrados_entre_Estados_y_Organizaciones_Internacionales_o_entre_Organizaciones_Internacionales

[183] En el *"Entendimiento relativo a la solución de diferencias"* del Acuerdo ADPIC se establece que la interpretación de éste se realizará por un grupo especial "...conforme a las normas usuales de interpretación del Derecho Internacional Público..." lo que aparentemente, justifica el hecho de que los EEUU, uno de los miembros más importantes de este acuerdo, no se haya adherido a la Convención de Viena. RICKETSON, Sam. "Estudio sobre las limitaciones y excepciones relativas al derecho de autor y a los derechos conexos en el entorno digital". *Op. Cit.* p. 5-6, pie de página número 5.

[184] Artículo 31. "Regla general de interpretación 1) Un tratado deberá interpretarse de buena fe conforme al sentido corriente que haya de atribuirse a los términos del tratado en el contexto de éstos y teniendo en cuenta su objeto y fin. 2) Para los efectos de la interpretación de un tratado, el contexto comprenderá, además del texto, incluidos su preámbulo y anexos: a) todo acuerdo que se refiera al tratado y haya sido concertado entre todas las partes con motivo de la celebración del tratado; b) todo instrumento formulado por una o más partes con motivo de la celebración del tratado y aceptado por las demás como ins-

En el plano internacional, los límites y excepciones del derecho de autor y los derechos conexos nunca se han armonizado. Conforme al Acta de París del CUB y la revisión de la CUDA (párrafo 2 del artículo IV bis), ambas de 1971, las legislaciones nacionales de cada Estado contratante podrán establecer excepciones a los derechos mencionados en el CUB, con tal no sean contrarias al espíritu ni a las disposiciones de la misma, es decir todas son facultativas excepto una limitación consagrada como obligatoria en el CUB relativa al derecho de cita.[185]

Así, mientras la ley no establezca expresamente determinada limitación, el derecho exclusivo del autor comprende todas las modalidades de utilización de la obra, tanto las existentes en el momento de la sanción de la norma como las promulgadas en el futuro[186].

---

trumento referente al tratado; 3)Juntamente con el contexto, habrá de tenerse en cuenta: a) todo acuerdo ulterior entre las partes acerca de la interpretación del tratado o de la aplicación de sus disposiciones; b) toda práctica ulteriormente seguida en la aplicación del tratado por la cual conste el acuerdo de las partes acerca de la interpretación del tratado; c) toda norma pertinente de derecho internacional aplicable en las relaciones entre las partes. 4) Se dará a un término un sentido especial si consta que tal fue la intención de las partes". Artículo 32. "Medios de información complementarios. Se podrá acudir a medios de interpretación complementarios, en particular a los trabajos preparatorios del tratado y a las circunstancias de su celebración, para confirmar el sentido resultante de la aplicación del Artículo 31, o para determinar el sentido cuando la interpretación dada de conformidad con el Artículo 31: a) deje ambiguo u oscuro el sentido; o b) conduzca a un resultado manifiestamente absurdo o irrazonable." Fecha: 23-04-07. http:// www.derechos.org/nizkor/ley/viena.html

[185] Cuando eventualmente se ejerza la facultad de las excepciones, el Estado deberá conceder un nivel razonable de protección efectiva a cada uno de los derechos que sean objeto de tales excepciones. GUIBAULT, Lucie. "Naturaleza y alcance de las limitaciones y excepciones al derecho de autor y los derechos conexos en relación con las misiones de interés general de la transmisión del conocimiento: sus perspectivas de adaptación al entorno digital". *Op. Cit.*, p. 3.

[186] Así, el derecho exclusivo de explotación *comprende cualquier forma de utilización de la obra, salvo limitación legal expresa* (Art. 18 del Reglamento

Como vemos, las limitaciones se dejan al arbitrio de las legislaciones nacionales lo que constituye entonces, un asunto de política nacional acorde al *interés público* de cada país a excepción de la limitación consagrada en el artículo 10.1 del CUB con el fin de proteger la libertad de expresión[187]-[188], contentiva del derecho de cita y que *"...sirve de común denominador para otras limitaciones..."* ya que las citas pueden realizarse con *"finalidades científicas, críticas, informativas o educativas..."*, en variadas categorías de obras lo que además exige adicionalmente, que *"...la cita se haga en la medida justificada por el fin que se persiga..."*, que la obra haya sido publicada y que cumpla con la *regla de los tres pasos*.

Tanto los instrumentos jurídicos internacionales como los regionales y nacionales, han tratado de equilibrar las exigencias opuestas y complementarias del derecho exclusivo del

---

de la Ley sobre Derecho de Autor venezolano). Fecha: 29-12-2012. http://www.cerlalc.org/derechoenlinea/dar/leyes_reglamentos/Venezuela/Reglamento.htm

[187] Existe una interesante sentencia de la Sala Tercera del Tribunal de Justicia de la Unión Europea de fecha 01-12-2011, asunto C-145/10 REC, que nos habla del justo equilibrio que pretende establecer la Directiva europea 2001/29 (artículo 5, apartado 3, literal d) entre el derecho a la libertad de expresión de los usuarios de una obra o prestación protegida y el derecho de reproducción de los autores que puede verse en el sitio web http://curia.europa.eu/, sentencia comentada por Antequera Parilli: Fecha: 10-08-2015. http://www.cerlalc.org/derecho enlinea/dar/index.php?mode=archivo&id=2183

[188] Resulta interesante acotar que en los EEUU al igual que la legislación del *copyright*, la legislación marcaria contiene principios que mediatizan potenciales conflictos con la libertad de palabra y de expresión. Generalmente, los artistas utilizan en sus expresiones culturales, símbolos e imágenes protegidas por una marca; así, una interpretación artística individual o la utilización de un producto como icono comercial o societario, no llega a causar confusión ni a disminuir o afectar, la identificación de un producto de exclusividad de su propietario. Un ejemplo prominente de este tipo de utilización es la obra de *Andy Warhol*, artista que nunca solicitó permiso para pintar productos comerciales frecuentemente utilizados por él, incluida su firma en las obras alusivas a las latas de sopas marca *Campbell's*. STEINER, Christine. "Intellectual property and the right to culture". *Op. Cit.*, p. 51.

autor y de las sociedades democráticas. Así, los tratados internacionales han postulado como máxima, la delegación a las legislaciones nacionales, de introducir, en casos especiales y determinados, excepciones y limitaciones al derecho de autor sin fines de lucro, con fines de interés general y siempre y cuando sean utilizados lícitamente, sin atentar contra la explotación normal de las obras[189].

El equilibrio o *"...suerte de válvula de escape"*[190] que debe existir entre los derechos exclusivos de los autores y el interés general, debe obtenerse a través de las limitaciones y excepciones al derecho de autor vistas en el contexto de su utilización inmaterial y de la diversidad, naturaleza y dimensiones de las utilizaciones de obras, productos y servicios culturales a la luz de la realidad y diversidad de cada país[191].

---

[189] *Antequera Parilli* no considera práctico dejar a las legislaciones nacionales, la reglamentación sobre el límite de la cita *"...en cuanto al número de palabras o porcentaje de la obra citada, ya que la justificación de la referencia puede variar de acuerdo a las características de la obra que se elabora o la creación preexistente. Sin embargo, la calificación que deba hacerse respecto de lo justificado de la extensión de la cita debe ser restringida, a fin de evitar referencias inútiles, intrascendentes o, incluso, abusivas".* ANTEQUERA PARILLI, Ricardo. "Consideraciones sobre el derecho de autor (con especial referencia a la legislación venezolana)". *Op. Cit.* p. 180.

[190] VILLALBA, Carlos. A. "Limitaciones del derecho de autor que benefician al autor y al editor". II Jornada de Derecho de Autor en el Mundo Editorial. Buenos Aires, 28 y 29 de abril de 2004, p. 1. CADRA/OMPI/IFRRO/CEDRO.

[191] "El conjunto de derechos, desde los derechos fundamentales prepolíticos, o de la personalidad o sociales, pasando por los patrimoniales y hasta los principios rectores, que se detectan, bien porque forman parte de la naturaleza del derecho de autor o bien porque con éstos se interacciona, han conformado un ecosistema jurídico equilibrado, con sus límites y excepciones, que han posibilitado tal equilibrio de intereses públicos y privados, en el ordenamiento jurídico. Sin embargo, los usos de las tecnologías digitales han perturbado tal armonía, cuestionando el derecho y sus límites. De lo que resulta que la requerida protección de la creación se encuentra, más que nunca, actualmente, en una encrucijada constitucional, que requiere una toma de decisión tanto respecto a los

8. La internacionalización del derecho de autor

La globalización aunada al apogeo de las nuevas tecnologías informáticas han tenido como efecto un flujo masivo del conocimiento más allá de las fronteras de los Estados, por tanto, el derecho de autor debe acompañar a esta internacionalización del conocimiento, cuyo impacto trae importantes consecuencias en la regulación de la materia autoral, en primer lugar, la imperiosa participación del Derecho Internacional Privado cuyos espacios por medio de los cuales cumple su objetivo primordial vienen dados por la relación de carácter internacional enfocada desde la jurisdicción, esto es, la ubicación del foro competente para la tutela del derecho, el derecho aplicable y del reconocimiento de fallos dictados en procesos judiciales relacionados con el derecho de autor, garantizando el desplazamiento *de las relaciones jurídicas a través del espacio, geográfico o virtual*[192].

En lo relativo al primer punto, la jurisdicción, vemos que en los tratados internacionales en materia de derecho de autor, no encontramos criterios atributivos de jurisdicción especiales. En el ámbito interamericano, tanto para la jurisdicción como

---

artículos que definen al derecho a la propiedad intelectual, como respecto a los derechos con los que se interacciona y constituyen sus límites o excepciones. El equilibrio entre los intereses públicos y privados se ha roto: las formas de explotación de la obra, en el ejercicio de los derechos o facultades patrimoniales, requieren cambios dramáticos provocados por las nuevas tecnologías." GARCÍA SANZ, Rosa María. "La posible modificación del art. 20.1.b) CE: Una propuesta a la crisis del derecho de autor". *Op. Cit.* p. 4.

[192] MADRID MARTÍNEZ, Claudia. "El derecho internacional privado como mecanismo para garantizar la circulación del conocimiento entre los países latinoamericanos, especial referencia al caso venezolano", pp. 153-167. SOBRINO HEREDIA, José Manuel (Dir.), ALCAIDE FERNÁNDEZ, Joaquín, PUREZA, José Manuel (coords.). "Innovación y conocimiento". IV Jornadas Iberoamericanas de Estudios Internacionales. Lisboa 23, 24 y 25 de noviembre de 2009. Marcial Pons. Madrid, Barcelona, Buenos Aires 2010, p. 155. AEPDIRI. ISBN: 978-8-9768-810-9.

para el derecho aplicable, tenemos el Tratado de Montevideo sobre propiedad literaria y artística de 1889 y el Tratado de Montevideo sobre propiedad intelectual de 1940 y en su caso, el Acuerdo sobre propiedad literaria y artística suscrito en el Congreso Bolivariano sobre propiedad literaria y artística de Caracas del 17 de julio de 1911 (Bolivia, Colombia, Ecuador, Perú y Venezuela). En todo caso, aparte de la aplicación de esta normativa, habría que apelar a los criterios generales dibujados para las relaciones de contenido patrimonial que encierran los contratos de cesión de los derechos patrimoniales por actos entre vivos y responsabilidad civil derivada de infracciones al derecho de autor. En cuanto al último punto, el reconocimiento de sentencias, en el sistema interamericano y venezolano, habría que recurrir a las disposiciones de la Convención Interamericana sobre eficacia extraterritorial de laudos y sentencias extranjeras de 1979 y a la mencionada Ley de Derecho internacional privado venezolana[193]-[194].

---

[193] Venezuela cuenta con el *Tratado de Derecho Internacional Privado* que conocemos como *Código de Bustamante* de 1928, que fuera ratificado sin reservas por Cuba, Guatemala, Honduras, Nicaragua, Panamá y Perú y con reservas específicas por Brasil, Haití, República Dominicana y Venezuela. Fecha: 08-11-2015. https://www.oas.org/dil/esp/C%C3%B3digo%20de%20Derecho%20Internacional%20Privado%20C%C3%B3digo%20de%20Bustamante%20 Republica%20Dominica na.pdf] y la Ley de Derecho Internacional Privado venezolana. Fecha 08-11-2015. http://www.cne.gob.ve/registrocivil/uploads/repoDocs/f3da5e0a751 b6624f84ac8169c28a92764ccc2c3_1293024671.pdf. Para el caso de los contratos en cuanto al derecho aplicable, Venezuela también cuenta con la *Convención interamericana sobre derecho aplicable a los contratos internacionales*, aprobada en México en 1994. MADRID MARTÍNEZ, Claudia. "El derecho internacional privado como mecanismo para garantizar la circulación del conocimiento entre los países latino-americanos, especial referencia al caso venezolano". *Op. Cit.*, pp. 158-159, 162, 165-167.

[194] En el Derecho Comparado, son pocas las legislaciones que norman específicamente, la jurisdicción en esta materia, mencionamos aquí a la Ley federal suiza de Derecho internacional privado de 2003 y la Ley contentiva del Código de derecho internacional privado belga de 2004. *Ídem*, pp. 158-160.

La jurista venezolana *Claudia Madrid Martínez* en su interesante artículo "El derecho internacional privado como mecanismo para garantizar la circulación del conocimiento entre los países latinoamericanos, especial referencia al caso venezolano", destaca tres circunstancias que sobresalen hoy día, en la reglamentación del derecho de autor.

La primera circunstancia es el gran interés del legislador supranacional por el derecho de autor lo que se refleja como ya hemos visto a lo largo de este primer capítulo, en la gran cantidad de normas materiales especiales contenidas en instrumentos jurídicos internacionales *que regulan los derechos, garantías y medidas de protección de los autores de obras del ingenio*, que no sean nacionales (recordemos que el artículo 5.3 del CUB establece que *la protección en el país de origen se regirá por la legislación nacional*).

Madrid Martínez añade como segunda circunstancia, el hecho de que las legislaciones internas, aunque diversas, han propendido a la armonización, garantizando estándares mínimos de protección a las obras del intelecto.

Por último, cita el tercer elemento en cuanto al derecho aplicable que viene dado por la necesidad de recurrir a la norma de conflicto, punto donde resalta el hecho de que la mayoría de las legislaciones nacionales han adoptado normas unilaterales para tutelar las obras que acorde a su normativa, pueden ser consideradas como nacionales, y en cuanto a la regulación de las obras extranjeras, se las deja a los tratados internacionales[195].

El Derecho internacional privado durante mucho tiempo, no legisló el espacio jurídico de la propiedad intelectual en su conjunto, lo que probablemente originó la proliferación de normas materiales en materia autoral y donde se destaca la

---

[195] MADRID MARTÍNEZ, Claudia. "El derecho internacional privado como mecanismo para garantizar la circulación del conocimiento entre los países latinoamericanos, especial referencia al caso venezolano". *Op. Cit.*, p. 155-156.

ausencia de normas especiales sobre jurisdicción y de reconocimiento de sentencias en la materia. Concluye esta autora,
destacando *la necesidad de adaptar el Derecho internacional privado de los países iberoamericanos a la idea de circulación, protección
o tutela del conocimiento,* para lo que se debe adoptar un sistema
normativo jurisdiccional, determinación del Derecho aplicable
conjuntamente con el *reconocimiento de decisiones judiciales, que
garantice la libre circulación en el espacio de los derechos patrimoniales y morales de los autores de obras del ingenio.*

Aquí no solo se trata de tutelar derechos privados sino
que estamos hablando de algo mucho más importante, esto es,
la necesidad de potenciar la innovación y el conocimiento[196],
facilitando la libre circulación de los derechos sobre bienes
inmateriales entre países iberoamericanos y en general, a nivel
mundial, teniendo presente sobremanera, la normativa del
ADPIC, en particular, sus artículos 7, 8 y 66, que reafirman el
objetivo de la propiedad intelectual que no es otro que permitir la transferencia y difusión de la innovación y del conocimiento, dentro de un marco equilibrado de cooperación que
contribuya al desarrollo económico y social de los países[197].

---

[196] MADRID MARTÍNEZ, Claudia. "El derecho internacional privado
como mecanismo para garantizar la circulación del conocimiento entre
los países latinoamericanos, especial referencia al caso venezolano".
Op. Cit., p. 155-157 y 167.

[197] Dado el importante papel que cumplen la innovación y el conocimiento en las economías de los países iberoamericanos, resulta importante contar con un sistema normativo que garantice la transmisión
segura de la libre circulación de los derechos de propiedad intelectual
lo que conduce directamente al análisis del régimen jurídico de los
contratos internacionales por medio de los que se ceden o licencian los
derechos sobre bienes inmateriales. PALAO MORENO, Guillermo. "La
transferencia internacional del conocimiento y de la innovación en
Iberoamérica: una aproximación conflictual", pp. 137-152. SOBRINO
HEREDIA, José Manuel (Dir.), ALCAIDE FERNÁNDEZ, Joaquín,
PUREZA José Manuel (coords.). "Innovación y conocimiento", *Op.
Cit.*, p. 152.

CAPÍTULO II
LOS DERECHOS HUMANOS Y
EL DERECHO DE AUTOR

1.   *Los derechos humanos*

Podemos decir a manera de breve introducción, que los derechos humanos constituyen hoy día, una temática de gran interés para la comunidad internacional erigiéndose como una materia fundamental de análisis e interpretación teórica y práctica, formando además parte integral de los nuevos *curricula* de los estudios universitarios de derecho y de otras ciencias sociales[198].

La concepción de estos derechos en la teoría constitucional de los países, forma parte de un movimiento muy activo y su tratamiento en el ámbito internacional es estructurado, complejo e igualmente dinámico.

---

[198]   En este sentido, el jurista *Carlos Villalba* expresa de modo categórico: "En la historia de la humanidad es difícil encontrar un período en que el tema de los Derechos Humanos haya tenido una mayor significación y un mayor desenvolvimiento en la acción pública y nunca ha tenido una recepción popular como en el presente." VILLALBA, Carlos Alberto. "El derecho de autor y los derechos conexos en las declaraciones y tratados sobre derechos humanos". Curso Regional para Países de América Latina sobre las Nuevas Tendencias en la Protección Internacional del Derecho de Autor y de los Derechos Conexos. Organización Mundial de la Propiedad Intelectual OMPI. 15 a 23 de julio de 1996. Santo Domingo, República Dominicana. Documento OMPI/DA/SDO /96/2, p. 5.

El principal redactor de la Declaración Universal, *René Cassin*, Premio Nobel de la Paz en 1968, definió la ciencia de los derechos humanos como "...una rama especial de las ciencias sociales, cuyo objeto es el estudio de las relaciones humanas a la luz de la dignidad humana, así como la determinación de los derechos y facultades que son necesarias como conjunto para el pleno desarrollo de la personalidad de cada ser humano".[199]

A. *Características de los derechos humanos*

Los derechos humanos se han caracterizado por el hecho de ser reconocidos como directamente conexos a la naturaleza de la persona humana por reenviar al concepto de identidad universal del hombre en virtud del cual la persona humana tiene los mismos derechos y libertades.

Los Estados y la comunidad internacional han procedido de manera gradual a la atribución del valor de fundamental a algunos de estos derechos humanos, al concientizar el hecho de que ese valor no se le puede atribuir sino a los derechos que para ser susceptibles de ser considerados fundamentales, no pueden prescindir de ciertas características esenciales, que luego al ser recogidos y consagrados algunos de ellos, por el ordenamiento interno de los Estados, se denominarán derechos fundamentales, estableciendo garantías para su ejercicio.[200]

---

[199] Extracto de las declaraciones que ofreció en el Coloquio de Niza organizado por la UNESCO en 1971 sobre el tema "Metodología y enseñanza de la ciencia de los derechos humanos". VILLALBA, Carlos Alberto. "Los derechos intelectuales como parte de los derechos humanos", pp. 137-166. Jornadas *"J.M. Dominguez Escovar"* sobre Derechos Humanos. Colegio de Abogados del Estado Lara. Instituto de Estudios Jurídicos. Con el auspicio de la Universidad Católica Andrés Bello y la Universidad Centro Occidental Lisandro Alvarado. Barquisimeto, Venezuela, 3 al 6 de enero 1986, p. 141.

[200] El jurista *Peñaranda* destaca el hecho de que al compartir los derechos fundamentales las mismas características reconocidas a los derechos

Los derechos humanos son en sí mismos, derechos subjetivos entendidos en un enfoque amplio y a pesar de que algunos de estos derechos subjetivos puedan ser calificados como oponibles *erga omnes*, también pueden ser objeto de limitaciones[201] que pudiéramos resumir en tres tipos, aquéllas que le impongan los derechos de los demás, el orden público y el bien común[202].

Sus características más relevantes los ubican por encima de otros derechos, tales como la *supra y transnacionalidad* ya que por ser inherentes a la dignidad de persona humana, no dependen de la nacionalidad ni del territorio en que la persona se encuentre[203] y por tener un origen supraconstitucional, cons-

---

humanos, se concluye que los primeros no son creados por el poder político, ni la Constitución, sino que se imponen al Estado, y la Constitución, sin crearlos, sólo se limita a reconocerlos y propugnarlos. Queda para el legislador la tarea de delimitar los contenidos constitucionales en el ámbito de los derechos fundamentales. PEÑARANDA QUINTERO, Héctor Ramón. Análisis jurisprudencial de las sentencias del Tribunal Constitucional español Nros. 53/1985, 99/1994 y 136/1999. *Op. Cit.* p. 58-59. Fecha: 31-10-2015. http://www.redalyc.org/articulo.oa?id=18112178016.

[201] ANTEQUERA PARILLI, Ricardo. "Los límites del derecho subjetivo y del derecho de autor". (Los "usos honrados", el "fair use" y el *"ius usus innocui"*. *Op. Cit.* p. 2.

[202] SÁNCHEZ MARÍN, Ángel-Luis. "Concepto, fundamento y evolución de los derechos fundamentales", p. 3. Fecha: 29-09-2007. http://www.intercodex.com/ficharticulo.php?ID=13

[203] Ellos limitan la soberanía o potestad estatal. Esta última no puede ser invocada como justificación de su vulneración o para impedir su protección internacional, no pudiendo ser invocado el principio de la no intervención cuando se ponen en ejercicio las instituciones, mecanismos y garantías de la comunidad internacional para asegurar la protección del ejercicio efectivo de los derechos humanos y de las personas que conforman parte de la humanidad. NOGUEIRA ALCALÁ, Humberto. "Los derechos esenciales o humanos contenidos en los tratados internacionales y su ubicación en el ordenamiento jurídico nacional: doctrina y jurisprudencia". Ius et Praxis, Vol. 9, N° 1, 2003, pp. 403-466. Versión on-line. ISSN: 0718-0012. TALCA 2003, p. 15. Fecha: 29-09-2010. http://redalyc.uaemex.mx/src/inicio/ArtPdfRed.jsp?iCve=19790120.

tituyen derechos supraestatales, es decir, derechos superiores al Estado y a su ordenamiento jurídico[204].

Lo anterior se manifiesta en una serie de características que les son exclusivas, tales como, el ser *imprescriptibles*, por lo que no se adquieren ni se pierden con el paso del tiempo[205]; ser *inalienables*, por lo que no se pueden transferir a otro titular, en consecuencia, cualquier acto o negocio jurídico que tenga por objeto la cesión o venta de algunos de los bienes o valores, atributos inherentes al ser humano, es nulo de pleno derecho; ser *irrenunciables,* ya que al ser consubstanciales a la dignidad humana, ningún ser humano puede invocar su abandono, en una palabra, se hallan fuera del comercio[206].

A estas características se les suma el ser *universales*, esto es, poseídos por todos los seres humanos lo que nos habla de una igualdad jurídica básica; igualmente, se les atribuye el carácter de *progresivos, a partir del principio de "integralidad maximizadora del sistema"*[207], ya que por encontrarse estos derechos en constante evolución desde su consagración en 1948, se les otorga un *"plus"* sobre la normativa anterior, retroalimentándose recíprocamente; así, las potencialidades del ordenamiento jurídico en relación a la tutela de estos derechos son tan amplias que pueden alcanzar cualquier nuevo derecho que el desarrollo de la conciencia social tenga a bien proponer[208].

---

[204] VENEZUELA. CONSEJO NACIONAL DE LA CULTURA CONAC. "Proyecto de Ley orgánica de la cultura". Colección Pensamiento y Acción Cultural, 1ª edición, Caracas 2002, ISBN: 980-376-048-3, p. 84.

[205] El ser imprescriptibles no implica que su no ejercicio mediante la acción de amparo, conlleve la pérdida de los derechos violados, esto es, su extinción, sino más bien, la caducidad del recurso. *Ídem*, p. 93.

[206] *Ibídem,* p. 92.

[207] BIDART CAMPOS, Germán. "La interpretación de los derechos humanos". En "Lecturas constitucionales andinas", N° 3, Ed. Comisión Andina de Juristas, Lima Perú, 1994, p. 34.

[208] PALADIN L. "Diritto costituzionale". Ediciones CEDAM, Padova 1995, p. 568.

Por último y no por ello menos importante, se caracterizan por ser *inviolables* ya que todas las personas tienen derecho a que se le respeten sus derechos esenciales; su *interdependencia*[209], en razón de que todos estos derechos constituyen un sistema dentro del cual se retroalimentan y se limitan recíprocamente; su *irreversibilidad* (en cierta forma, base inicial de su progresividad), ya que no son reversibles en cuanto al derecho en sí, quedando incluidos de manera permanente en las Constituciones de los Estados dado que ni el tratado ni las Constituciones los crean, solo los reconocen y garantizan[210]; su *eficacia erga omnes* por ser aplicables y eficaces respecto de todos, esto es, no sólo oponibles en las relaciones particulares-Estado sino entre particulares también, obligando al Estado y sus órganos a no lesionar el ámbito individual o institucional protegido y al mismo tiempo obligándolos de forma positiva a contribuir con la efectividad de ellos[211].

B.   *Derechos Humanos y derechos fundamentales: cuestiones terminológicas*

Como punto fundamental de esta temática nos resulta imperativo analizar los derechos establecidos como *humanos* y

---

[209] La ONU por Resolución 32/130 de su Asamblea General, del 16 de diciembre de 1977, declaró que todos los derechos humanos y libertades fundamentales son indivisibles e interdependientes, los cuales merecen la misma atención y urgente consideración en la aplicación, promoción y protección de unos y otros, ya que la plena realización de los derechos civiles y políticos es imposible sin el goce de los derechos sociales, culturales y educativos. PEÑA SOLÍS, José. "Lecciones de Derecho Constitucional Venezolano". Tomo II. "Los derechos políticos, sociales, culturales y educativos, económicos, de los pueblos indígenas y ambientales." MU Manuales universitarios. Ediciones Paredes, Primera edición, 2014, p. 168.

[210] VENEZUELA. CONSEJO NACIONAL DE LA CULTURA CONAC. "Proyecto de Ley orgánica de la cultura". *Op. Cit.*, p. 81.

[211] NOGUEIRA ALCALÁ, Humberto. "Los derechos esenciales o humanos contenidos en los tratados internacionales y su ubicación en el ordenamiento jurídico nacional: doctrina y jurisprudencia". *Op. Cit.*, p. 15-16.

como *fundamentales*[212] en la normativa internacional e interna de los países así como su paulatina universalización tendiente a garantizar la protección de los mismos desde los países a la humanidad entera y viceversa.

El valor fundamental de estos derechos ha sido cuestionado para el caso de estar contenidos en actos como los llamados *Preámbulos, Declaraciones* y las *Cartas de derechos,* en idioma inglés *Bill of rights,* los que parecidos a los textos constitucionales, no lo son desde el punto de vista formal[213].

Es importante resaltar que el término *derecho humano* no se debe interpretar con un criterio restringido limitándolo al

---

[212] Al hablar de derechos fundamentales y de libertades públicas, *Carlos Rogel Vide* afirma que: "-No todos los derechos fundamentales son identificables en las declaraciones de derechos humanos, ni todos los 'derechos del hombre' han llegado a conseguir el nivel constitucional suficiente para formar parte del cuadro de los derechos públicos subjetivos. -El concepto de 'libertades públicas' no es, tampoco, completamente identificable con el de 'derechos del hombre'. Las libertades públicas tomadas en sentido estricto, es decir, como facultades y esferas de acción, de los individuos o de los grupos, protegidas frente a la intervención del Estado, se corresponden únicamente con un reducido sector de los derechos humanos. –Los derechos individuales recogidos en la Constitución regulan, predominantemente, las relaciones entre el individuo y el Estado. Las relaciones de los individuos entre si son reguladas por otros textos. –Las libertades públicas, las libertades-autonomía singularmente, conllevan obligaciones que están a cargo del Estado, obligaciones, en primer lugar, negativas, que implican un cierto deber de abstención, un deber cierto, diríase mejor aún y por regla general, conllevando también, en ocasiones, obligaciones secundarias positivas, inclusas las de fomento de la libre actividad de los particulares, que, en todo caso, ha de ser tolerada y respetada..." ROGEL VIDE, Carlos. "Libertad de creación y derecho de autor", pp. 25-42. *Constitución y propiedad intelectual.* Luis A. Anguita Villanueva (Coordinador). Colección de propiedad intelectual. FUNDACIÓN AISGE. Editorial REUS. ASEDA. 1ª edición. ISBN: 978-84-290-1768-7. Madrid 2014, p. 29-30.

[213] CHIARACANE, Salvatore. "Hacia un concepto y práctica universales de los derechos fundamentales", p. 15. Fecha: 29-09-2007. http://servi cio.cid.uc.edu.ve/derecho/revista/idc26/26-3.pdf

reconocimiento de los derechos civiles y políticos, sino que va más allá, se encuentra inmerso en el marco internacional a través de los tratados internacionales, donde aparecen igualmente, los derechos económicos, sociales y culturales[214].

El concepto de *derechos humanos* nace *"como categoría jurídica propia del Derecho Internacional"*[215]. El término como tal, se utiliza para denominar los derechos de la persona tutelados por este Derecho ya sea consuetudinario, convencional o *ius cogens* (norma imperativa de derecho)[216]. Cuando este concepto de los derechos humanos va más allá, se extiende a presupuestos éticos y se incorporan positivados a las constituciones o cartas fundamentales de los Estados[217],

---

[214] PUY MUÑOZ, Francisco. "Ensayo de definición de los derechos culturales". Anuario de derechos humanos. Instituto de Derechos Humanos, Universidad Complutense, 1988-1989, p. 212.

[215] FAÚNDEZ LEDESMA, Héctor. "El derecho internacional de los derechos humanos y su aplicación por el juez nacional". Lectura Nº 5. Módulo II, p. 1. Fecha: 25-10-07. http://www.jueces.org.ve/manual/lecturas/faundez.pdf.

[216] Según doctrina chilena calificada, los derechos esenciales o humanos son 1) los explicitados sin taxatividad en la Carta Fundamental; 2) los asegurados por el derecho internacional por medio de los principios *de ius cogens*, el derecho convencional internacional de derechos humanos y derecho humanitario y el derecho internacional consuetudinario; y 3) los derechos esenciales implícitos que se desarrollen a futuro. NOGUEIRA ALCALÁ, Humberto. "Los derechos esenciales o humanos contenidos en los tratados internacionales y su ubicación en el ordenamiento jurídico nacional: doctrina y jurisprudencia". *Op. Cit.,* p. 6.

[217] El jurista *Pérez Luño*, afirma que "gran parte de la doctrina entiende que los derechos fundamentales son aquellos derechos humanos positivizados en las constituciones estatales". Además cita a otros autores que defienden esta postura, entre otros, *J. Messner, F. Muller, Tyrolia-Wien*. PEREZ LUÑO, Antonio Enrique. "Derechos humanos, Estado de derecho y Constitución", Tecnos, 5ª edición, Madrid 1995, p. 31.

entonces vienen a ser denominados derechos constitucionales
o *derechos fundamentales*.[218-219]

Para *Pérez Luño*, después de analizar en profundidad el
concepto de derechos humanos a través de diferentes teorías,
concluye en que "...los derechos humanos aparecen como un
conjunto de facultades e instituciones que, en cada momento
histórico, concretan las exigencias de la dignidad, la libertad y
la igualdad humanas, las cuales deben ser reconocidas positivamente por los ordenamientos jurídicos a nivel nacional e
internacional."[220]

Como expresa, el doctrinario *Antonio Truyol y Serra*,
"Decir que hay derechos humanos o derechos del hombre en
el contexto histórico-espiritual que es el nuestro, equivale a
afirmar que existen derechos fundamentales que el hombre
posee por el hecho de ser hombre, por su propia naturaleza y
dignidad; derechos que le son inherentes, y que, lejos de nacer

---

[218] V.V.A.A. PECES-BARBA, Gregorio. "Curso de derechos fundamentales.
Teoría general". Ed. Universidad Carlos III de Madrid, España, 1995, p.
37.

[219] A la luz de este enfoque entonces, el concepto de *derechos fundamentales*
se ve limitado a los derechos subjetivos de las personas, esto es, a
aquéllos derechos naturales y prexistentes que no son creados por el
Estado sino que simplemente, éste reconoce formalmente en sus constituciones y que por ser preferentes, se imponen tanto a los poderes
públicos como a los ciudadanos de un país. Esta idea de los derechos
humanos encuentra su origen en la *Declaración Universal*, y en el *Convenio Europeo*, este último tomando como base el primero, referido a
derechos básicos del ser humano y que acorde a su Preámbulo, los Estados escogen *"algunos de los derechos enunciados..."* para garantizar su
cumplimiento. Como este compromiso se hace sobre un mínimo de
derechos de la *Declaración Universal*, ya que ésta consagra una amplia
gama de derechos de la persona, no podríamos afirmar que la expresión *derechos humanos* se encuentre limitada o sólo se refiera a los derechos naturales. PEREZ LUÑO, Antonio Enrique. "Derechos humanos,
Estado de derecho y Constitución". *Op. Cit.* p. 29.

[220] *Ídem*, p. 48.

de una concesión de la sociedad política, han de ser por ésta consagrados y garantizados".[221]

En la mayoría de los estudios sobre derechos humanos se presenta a manera de introducción, una referencia específica a los términos *derechos humanos y derechos fundamentales,* entre otros términos utilizados. Para gran parte de la doctrina, estos son conceptos jurídicos diferentes[222] aunque estén íntimamente relacionados, resultando una minoría los que aseveran que son conceptos análogos o equivalentes.[223]

Existen otros doctrinarios que simplemente alegan que los *derechos fundamentales* del hombre han sido denominados con variados términos tales como, derechos del hombre, *derechos humanos,* derechos de la persona humana, términos éstos que incurren en redundancia ya que sólo el hombre puede ser titular de derechos cualquiera que ellos fueren y que prefieren

---

[221] TRUYOL Y SERRA, Antonio. "Los derechos humanos", 4ª edición, Tecnos, Madrid, 2000, p. 11.

[222] Para el tratadista español *Prieto Sanchís,* en España, los derechos fundamentales se definen ante todo y en primer lugar como derechos constitucionales y para establecer sus diferencias, afirma que: "la búsqueda de un concepto jurídico de derechos humanos o fundamentales comporta una doble tarea de muy distinta naturaleza: de un lado, una labor crítica y en parte metajurídica destinada a constatar si, más allá de alguna eventual proclamación retórica, el sistema ofrece una articulación jurídica de los valores de dignidad, libertad e igualdad, es decir, si recoge una tabla de derechos equiparable u homologable con los catálogos de derechos que suelen recibir el nombre de humanos o fundamentales; y, de otro, una labor estrictamente dogmática, orientada a dilucidar el significado y alcance de esos derechos en el concreto ordenamiento jurídico". PRIETO SANCHÍS, L. "Estudios sobre derechos fundamentales". Debate, Madrid, 1990, p. 96.

[223] El tratadista Humberto Nogueira Alcalá, pareciera darle un tratamiento análogo a ambos términos, en un interesante artículo donde analiza la posición de los derechos humanos o fundamentales en el ordenamiento jurídico chileno. NOGUEIRA ALCALÁ, Humberto. "Los derechos esenciales o humanos contenidos en los tratados internacionales y su ubicación en el ordenamiento jurídico nacional: doctrina y jurisprudencia". *Op. Cit.,* p. 1.

utilizar el término de *derechos fundamentales* por conveniencia, ya que éste constituye una suerte de *marchamo oficial,* fórmula empleada usualmente por la Carta de las Naciones Unidas de 1945, la Constitución Española de 1978 y otras normas nacionales e internacionales.[224]

Del término *derechos fundamentales* diremos que éste aparece por primera vez en Francia hacia 1770, durante los preparativos y en el contexto político-jurídico que precedió a la *Declaración de los Derechos del Hombre y el Ciudadano* (1789). Posteriormente, fue recogido por los alemanes en la Constitución de *Weimar* y en la Ley Fundamental de *Bonn* de 1919 y 1949, respectivamente. En la actualidad, la doctrina ve en el término *derechos fundamentales* a los derechos que han sido incorporados a las Constituciones de los Estados. *"...como principios básicos de organización del régimen político de que se trate, constituyendo, por tanto, una categoría dogmática del moderno Derecho Constitucional".*[225]

Estas dos nociones jurídicas no tienen igual significado[226]. En cuanto a los *derechos humanos,* éstos tienen una inevitable

---

[224] SÁNCHEZ MARÍN, Ángel-Luis. "Concepto, fundamento y evolución de los derechos fundamentales". *Op. Cit.,* p. 1. Fecha: 29-09-2007. http://www.intercodex.com/ficharticulo.php?ID=13

[225] Este enfoque de los derechos fundamentales que los sitúa en una instancia única de *positividad o normatividad,* no es compartida por la totalidad de la doctrina. Otro sector se pronuncia a favor de su naturaleza dual o ambivalente, como el tratadista *Gregorio Peces-Barba,* que los considera como una consecuencia o resultado de dos factores o elementos filosófico-jurídicos, a saber, mezcla de las exigencias de una filosofía de los derechos humanos conjuntamente con su consagración normativa en preceptos jurídico-positivos. CASTÁN TOBEÑAS, José. "Los derechos del hombre". 4ª Edición 1992, REUS, S.A. ISBN 84-290-1331-8, p. 11 y nota de María Luisa Marín Castán.

[226] Al confundir dos categorías conceptualmente distintas como son los *derechos humanos* vistos como aquellas facultades inherentes a la persona reconocidas por el derecho positivo y los *derechos fundamentales o constitucionales* (lo que nos remite a las distintas maneras en que los Estados "...han reconocido la existencia e importancia radical de los derechos humanos..."), se incurre muchas veces, en el error de recono-

dimensión deontológica como deberes y normas morales que son, por tanto, deben ser consagrados como tales por el derecho positivo. Los *derechos fundamentales* por su parte[227], aparecen al momento de producirse esa consagración jurídica cuyo nombre nos recuerda su tarea *"fundamentadora"* del estamento

---

cer una legitimación procesal activa para recurrir ante la jurisdicción constitucional por parte de sujetos colectivos, en defensa de derechos reconocidos constitucionalmente y tutelados por la figura del amparo (p. 264). Es importante aquí subrayar que la titularidad de los derechos humanos consagrada en la *Declaración Universal* de 1948, queda circunscrita a los sujetos individuales, sin aparecer ninguna mención a los derechos humanos de pueblos ni de ningún otro ente colectivo (p. 263). PÉREZ LUÑO, Antonio Enrique. "Diez tesis sobre la titularidad de los derechos humanos". ANSUÁTEGUI, Roig (Ed). "Una discusión sobre derechos colectivos". Debates del Instituto Bartolomé de las Casas número 1. Universidad Carlos III de Madrid. Editorial DYKINSON S.L. Madrid, 2001. ISBN: 84-8155-857-5.

[227] "El carácter de fundamentales que tienen los derechos, no deriva de su inmanencia al ser humano, sino de la importancia capital que el sistema constitucional concede al papel que las personas pueden desempeñar en su funcionamiento si se les atribuyen y garantizan esos derechos individuales como si les fueran inherentes. En definitiva, de la significación y finalidades de los derechos fundamentales dentro del orden constitucional se desprende que la garantía de su vigencia no puede limitarse a la posibilidad del ejercicio de pretensiones por parte de los individuos, sino que ha de ser asumida también por el Estado. Por consiguiente, de la obligación del sometimiento de todos los poderes a la Constitución no solamente se deduce la obligación negativa del Estado de no lesionar la esfera individual o institucional protegida por los derechos fundamentales, sino también la obligación positiva de contribuir a la efectividad de tales derechos, y de los valores que representan, aun cuando no exista una pretensión subjetiva por parte del ciudadano. Ello obliga especialmente al legislador, quien recibe de los derechos fundamentales «los impulsos y líneas directivas», obligación que adquiere especial relevancia allí donde un derecho o valor fundamental quedaría vacío de no establecerse los supuestos para su defensa (STC 53/1985, FJ 4°; también, STC 25/1981, FJ 5°)". PEÑARANDA QUINTERO, Héctor Ramón. "Análisis jurisprudencial de las sentencias del Tribunal Constitucional español Nros. 53/1985, 99/1994 y 136/1999". *Op. Cit.*, p. 4.

jurídico de los Estados de Derecho[228], es decir, los derechos fundamentales serían aquellos derechos subjetivos garantizados con rango constitucional que se consideran esenciales en el sistema político que la Constitución funda y que están especialmente vinculados a la dignidad humana[229].

Los derechos humanos tienen un innegable carácter histórico habiendo asumido diferentes maneras de positivación en el tiempo y acorde a las circunstancias en que los sistemas jurídicos han venido reconociendo su existencia, lo que se ve plasmado en la jurisprudencia que origina estos *derechos humanos*, circunscribiendo esta expresión para los derechos humanos positivados en el ámbito internacional, es decir, en instrumentos jurídicos internacionales, mientras que el término *derechos fundamentales* quedaría reservado *"...para los derechos humanos positivados en el ámbito interno, esto es, para los derechos humanos garantizados por los ordenamientos jurídico positivos estatales"*.[230]

Parte de la doctrina afirma que conviene precisar la naturaleza y características de estos derechos contenidos en las

---

[228] *Pérez Luño*, citando a *Erhard Denninger* (1986), afirma que los *derechos fundamentales*, atendiendo a su consideración histórica,"... no son la expresión ni el resultado de una elaboración sistemática de carácter racional y abstracto, sino respuestas normativas históricas-concretas a aquellas experiencias más insoportables de limitación y riesgo para la libertad". PEREZ LUÑO, Antonio Enrique. "La tercera generación de derechos humanos". Primera Edición 2006. Garrigues Cátedra Universidad de Navarra. Thomson Aranzadi. The Global Law Collection. Legal Studies Series. Director: Rafael Domingo. ISBN 84-9767-640-8, p. 175-176.

[229] PEÑARANDA QUINTERO, Héctor Ramón. "Análisis jurisprudencial de las sentencias del Tribunal Constitucional español Nros. 53/1985, 99/1994 y 136/1999". *Op. Cit.*, p. 19.

[230] MARTÍNEZ DE VALLEJO FUSTER, B., "Los derechos humanos como derechos fundamentales. Del análisis del carácter fundamental de los derechos humanos a la distinción conceptual". Ballesteros, J. (Ed), "Los derechos humanos. Concepto, fundamento, sujetos". Tecnos, Madrid, 1992, p. 44-45.

constituciones nacionales y que algunos llaman *derechos fundamentales, derechos públicos subjetivos: "...en fin, derechos humanos"*, prefiriendo utilizar para *"...esta especie o modalidad de derechos subjetivos..."*, el término *derechos fundamentales* en razón de determinar con precisión la naturaleza, rango y valor de éstos en relación a otras categorías de titularidades activas. Para estos doctrinarios, *"...el calificativo de humanos es un pleonasmo innecesario..."* en razón de no existir derecho que no lo sea; pueda ser que ese término universalizado en los instrumentos jurídicos internacionales de la materia, encuentre su porqué en el importante significado político, ético, antropológico y filosófico de derechos inherentes al ser humano y a la condición de éste como una finalidad en sí misma, denominándolos así, *derechos humanos*, a aquéllos originados en la dinámica social.[231]

Otros tratadistas como *Francisco Rubio Llorente*, ven los *derechos humanos* como derechos intrínsecos inherentes a cada ser humano y los *fundamentales*, en diferentes estadios en su constitucionalización. En efecto, nos explica que los derechos individuales una vez incorporados al texto constitucional, reciben diferentes nombres (garantías constitucionales, derechos civiles o políticos, estos últimos en relación a su función de componentes básicos del estatus de las personas o derechos); y precisa que *"...en su relación con el poder, los derechos humanos se conocen generalmente como derechos fundamentales o constitucionales"*.[232]

Según *Rubio Llorente*, las diferentes denominaciones que adquieren los derechos humanos al constitucionalizarse, son meras consecuencias del proceso de positivización y concluye

---

[231] VENEZUELA. CONSEJO NACIONAL DE LA CULTURA CONAC. "Proyecto de Ley orgánica de la cultura". *Op. Cit.*, p. 78-80.

[232] RUBIO LLORENTE, Francisco. "Prácticas", p. 75-79. VIDAL-BENEYTO, José (ED.). "Derechos humanos y diversidad cultural". *Globalización de las culturas y derechos humanos*. Icaria Antrazyt 234. Primera edición, Barcelona, Enero, 2006. ISBN: 84-7426-738-2, p. 76.

en que ambos términos se explican como género y especie. Así, *"…Como derechos derivados de la dignidad humana, requeridos para su pleno despliegue, etc., tan humanos son los unos como los otros. Derechos fundamentales, como derechos susceptibles de ser garantizados por una instancia externa (el juez frente al legislador, los órganos internacionales frente al Estado) sólo aquellos que imponen una obligación negativa, sólo los derechos civiles y políticos".*[233]

Al hablar de los derechos de libertad, derechos políticos y sociales es decir de los *derechos públicos subjetivos*, no se les puede negar el calificativo de *derechos humanos* ya que todos esos derechos están vinculados al ser humano lo que no significa que se le atribuyan también el calificativo de *derechos fundamentales* en razón de que los derechos arriba enunciados sólo se convertirán en *derechos fundamentales* cuando sean elevados a la categoría fundamental del orden político, sólo cuando se les determine la máxima intensidad y relevancia que una sociedad pueda en el tiempo, exigir para ellos, en el sentido de que el ordenamiento jurídico se haga garante de éstos. Esto, en contraposición a los llamados *"derechos normales"* que serían

---

[233] El paso de los derechos del campo moral al jurídico o al de derecho *"…obliga a dotarlos de un fundamento particular, no el universal de la simple condición humana. Como derechos morales corresponden a todos los hombres, pero el poder que los consagra sólo puede establecerlos a favor de los hombres sujetos a su jurisdicción…"(…)"…esta determinación puramente jurídico-positiva de los derechos fundamentales no permite olvidar su conexión con los derechos humanos y que más allá de las razones históricas concretas que llevaron a las primeras Declaraciones, tanto éstas, como las que la han seguido hasta nuestros días, no son sino variantes de una concepción única en cuyo centro están los derechos humanos".* RUBIO LLORENTE, Francisco. *"Derechos fundamentales, derechos humanos y Estado de derecho",* p. 483-509. VIDAL-BENEYTO, José (ED.). *"Derechos humanos y diversidad cultural".* Globalización de las culturas y derechos humanos. *Op. Cit.,* p. 491 y 509.

aquellos sobre los que no recae ese valor sino en menores grados de intensidad y relevancia.[234]

En definitiva, los términos *derechos humanos*[235] y *derechos fundamentales* son conceptos diferentes que no tienen el mismo significado presentando diferencias notables; se resalta de los primeros su categoría jurídica propia del derecho internacional con un sentido cerrado y absoluto en razón de su relación integral con el hombre, constituyendo el género,[236] y de los

---

[234] Dentro de los derechos constitucionales se hace la distinción entre los *Derechos* plenos definidos como aquéllos derechos "...cuya tutela constitucional efectiva no requiere de ley reglamentaria que complemente la normativa constitucional, o de la acción del Estado para establecer las condiciones y medios articulados a su efectivo ejercicio..." (...) "lo que significa la posibilidad de tutela constitucional inmediata y efectiva por medio de la acción de amparo constitucional..." en contraposición de los Derechos constitucionales no plenos o incompletos que vendrían a ser aquéllos "...derechos que requieren de actos estatales complementarios para su tutela constitucional y legal efectiva". VENEZUELA. CONSEJO NACIONAL DE LA CULTURA CONAC. "Proyecto de Ley orgánica de la cultura". *Op. Cit.*, p. 109-110.

[235] La Carta de las Naciones Unidas, en vigor el 24 de octubre de 1945 más conocida como Estatuto de las Naciones Unidas no contiene ninguna definición de derechos humanos y libertades fundamentales. En su Preámbulo proclama "la fe en los derechos fundamentales del hombre, en la dignidad y el valor de la persona humana, en la igualdad de derechos de hombres y mujeres" y en sus artículos 55 y 56, le asigna a la Asamblea General de la ONU y al Consejo Económico y Social, la tarea de promover entre otros, (Ord. 3, art. 1), "el respeto universal a los derechos humanos y a las libertades fundamentales de todos, sin hacer distinción por motivos de raza, sexo, idioma o religión, y la efectividad de tales derechos y libertades". Por tanto, sin obligar a crear un sistema de protección efectivo internacional o nacional, se establecieron "...las bases para edificar a nivel mundial, la configuración de las situaciones jurídicas subjetivas activas que hay que considerar fundamentales..." para tratar de garantizarlas y tutelarlas, a todos los seres humanos. CHIARACANE, Salvatore. "Hacia un concepto y práctica universales de los derechos fundamentales". *Op. Cit.*, p. 8.

[236] Por su parte, *Peter Häberle* afirma que los derechos fundamentales constituyen "...el término genérico para los derechos humanos universales y los derechos de los ciudadanos nacionales". HÄBERLE, Peter. "El concepto de los derechos fundamentales". A.A.V.V. "Problemas

segundos, como especie, con un sentido abierto y relativo, el hecho de ser asumidos como tales, por recibir el grado máximo de tutela en medida superior que otros derechos humanos en el ámbito no sólo de los ordenamientos internos sino también de los internacionales, considerados también allí, como una obligación fundamental, toda vez que forman parte del derecho internacional consuetudinario siendo imperativo para todos los sujetos de la comunidad internacional, con la ulterior consecuencia de que los aludidos derechos ni siquiera pueden ser derogados mediante convenio entre Estados.[237]

C. Justificación de los derechos humanos

Las teorías justificadoras de los derechos humanos se pudieran resumir en un primer momento, en tres grandes grupos. Las primeras, de corte objetivista, tienen cuatro puntos de partida que son la dignidad objetiva del ser humano; unos supuestos valores previos a la existencia del hombre; unas necesidades humanas que exigen satisfacción para realmente, tener una vida plenamente humana y unas exigencias éticas comunes a todos los seres humanos.[238]

Las segundas, subjetivistas, son aquéllas que parten ya sea de la contemplación del sujeto o que solo tratan de fundamentar los derechos individuales con un rechazo al carácter jurídico de las exigencias sociales o aquéllas que fundamentan con tan poca fuerza, los derechos sociales, que parecieran de-

---

actuales de los derechos fundamentales". Edición José María Sauca. Universidad Carlos III /BOE, Madrid, España 1994, p. 94.

[237] CHIARACANE, Salvatore. "Hacia un concepto y práctica universales de los derechos fundamentales". *Op. Cit.,* p. 29.

[238] MEGÍAS QUIRÓS, José Justo (Coord.) "Manual de derechos humanos. Los derechos humanos en el siglo XXI". The Global Law Collection. Garriges Cátedra. Universidad de Navarra. Thomson Aranzadi. ISBN 84-9767-589-4. Primera edición 2006, p. 184-185.

rechos de segunda categoría y que si entraran en oposición con los derechos individuales perderían su valor.[239]

Las terceras, de carácter intersubjetivo, tratan de encontrar un fundamento a los derechos humanos mediante un consenso generalizado pero condicionados a las diferentes culturas y épocas, suponen según *Pérez Luño*, "*...una posibilidad de alcanzar una objetividad intersubjetiva pero que no puede pasar de allí.*"[240]

En el presente trabajo, el tema de la justificación de estos derechos, lo presentaremos a la luz de dos teorías, la primera, con un enfoque de corte filosófico y la segunda, con un enfoque histórico a través del tiempo.

a. *Enfoque filosófico*

Esta postura se basa en el concepto de un orden normativo natural distinto y superior al positivo, por oposición a aquéllos que los ubican como producto de la razón o de normas creadas por los legisladores. Al respecto, se han formulado dos teorías doctrinales que justifican su origen o naturaleza, la positiva legalista y la *iusnaturalista*.[241]

La primera se basa en el hecho de que las fuentes de los derechos fundamentales se encuentran en el ordenamiento jurídico-positivo[242] por lo que su fin último como derecho y no

[239] MEGÍAS QUIRÓS, José Justo (Coord.) "Manual de derechos humanos. Los derechos humanos en el siglo XXI". The Global Law Collection. Garriges Cátedra, Universidad de Navarra, Primera edición 2006, Thomson Aranzadi, p. 185 y 193. ISBN 84-9767-589-4.

[240] *Ídem*, p. 202.

[241] SÁNCHEZ MARÍN, Ángel-Luis. "Concepto, fundamento y evolución de los derechos fundamentales". *Op. Cit.*, p. 3.

[242] El problema de los derechos fundamentales es de derecho positivo sin dejar de considerar los aportes de otras disciplinas en la figuración conceptual, de promoción y de protección de esos derechos. GIANNINNI, Massimo Severo. "Diritto amministrativo VI y II". Ediciones Giuffre, Milán 1993, p. 11 y 222.

como valor, vendrá dado por la voluntad popular por medio de su participación en los órganos del Estado, espacio donde aparece incluida la figura del juez como creador de derechos fundamentales[243], por tanto, estos derechos son reconocidos y tutelados siempre y cuando aparezcan consagrados en una norma positiva.

Para la segunda, la *iusnaturalista*, los derechos fundamentales constituyen una dotación jurídica básica igual para todos los seres humanos ya que todos ellos participan por igual, de la naturaleza humana, lo que no ocurre con otros derechos que cada quien los ostentará o no, según circunstancias específicas; además, para los seguidores de esta teoría, el Estado tiene el deber de reconocer y proteger su existencia así como garantizar y regular su ejercicio, estableciendo sus limitaciones en función del interés general.[244]

De acuerdo a esta teoría, al existir una ley natural en el universo que es totalmente independiente de los Estados y de las leyes, el hombre, como ser racional, puede descubrir esa ley y vivir en conformidad con sus principios, disfrutando de los beneficios de esa ley en un estado natural.[245]

Por ende, no resulta extraño que se encuentren vestigios de esa concepción iusnaturalista en muchos textos constitucionales modernos, como si fuera eco de la conciencia de un derecho inherente a la persona humana íntimamente conexo con los más lejanos fenómenos de organización social y entendido como un conjunto de principios jurídicos preexistentes al ordenamiento de un Estado, relacionados, sobre todo, con la tutela

[243] PECES-BARBA MARTÍNEZ, Gregorio. "Derechos fundamentales". Guadiana de Publicaciones, Madrid, 1973, p. 174 y 193.

[244] FERNÁNDEZ GALIANO, Antonio. "Derecho natural. Introducción filosófica al derecho", Madrid, 1983, p. 139-140.

[245] Tesis mantenida por doctrinarios españoles como *Sánchez de la Torre, Pérez Luño,* y *Montoso Ballesteros.* SÁNCHEZ MARÍN, Ángel-Luis. "Concepto, fundamento y evolución de los derechos fundamentales". *Op. Cit.,* p. 3 y 4.

de los derechos esenciales del hombre que se asumen a tal fin, como fundamentales.[246]

Esta tesis ha sido muy criticada ya que es una teoría que ha servido para justificar cualquier cosa, la esclavitud, las monarquías absolutas, entre otras tantas, así como también, el derecho a revelarse contra las tiranías. Se puede decir que *"...la doctrina del Derecho natural es fuente de inspiración de los derechos humanos; pero no es, ni puede ser, nada más que eso"*.[247]

b. *Enfoque histórico*

Los derechos de corte individual fueron complementados con otros de carácter social, lo que permite tener una panorámica integral y completa de estos derechos en base a la personalidad individual y social del ser humano.

En la dinámica evolutiva de los derechos fundamentales que estudiaremos en detalle más adelante, en el punto 2.1.6., sobre la evolución de los derechos fundamentales, vemos que aparece en el siglo XVIII, un movimiento que busca reivindicar los derechos civiles y algunos derechos políticos, primero, a nivel local, en Inglaterra específicamente, y luego se da un paso más con el hecho de eliminar las referencias geográficas al hablar de derechos del hombre en instrumentos tales como *Declaraciones*, *Preámbulos* de cartas fundamentales y *Cartas de derechos* o *Bill of rights*, lo que universaliza los derechos fundamentales en base a la escuela racionalista que pregona la existencia de un ordenamiento jurídico superior al positivo y aplicable a toda la humanidad; recordemos que la *Declaración Francesa* y los *Bills* americanos se producen en el contexto de un clima cultural dominado por las teorías *iusnaturalistas*[248] y del *contrato social*.

---

[246] CHIARACANE, Salvatore. "Hacia un concepto y práctica universales de los derechos fundamentales". *Op. Cit.*, p. 50.

[247] FAÚNDEZ LEDESMA, Héctor. "El derecho internacional de los derechos humanos y su aplicación por el juez nacional". *Op. Cit.*, p. 151.

[248] SÁNCHEZ MARÍN, Ángel-Luis. "Concepto, fundamento y evolución de los derechos fundamentales". *Op. Cit.*, p. 5.

En referencia a esta última teoría podemos resumirla de la siguiente manera: el hombre siendo impulsado sucesivamente, a organizar su vida social, establece para garantizar su bienestar, un gobierno fundamentado en la estipulación de un contrato social en virtud del cual, el hombre confía al gobierno ciertos poderes relacionados con sus derechos alienables mientras que reserva para sí, otros relacionados con sus derechos individuales o derechos naturales, en el entendido de que al violarse el contrato por parte del gobierno, el pueblo tiene el derecho de reclamarle los poderes que se le habían otorgado.[249]

Más tarde, en el siglo XIX, vemos que estos derechos fundamentales quedan incorporados a la norma jurídica fundamental de cada Estado, dejando de lado su formulación en solemnes declaraciones.[250]

---

[249] Como teoría política, el contrato social, nos explica el origen y propósito del Estado y de los derechos humanos. El núcleo de esta teoría formulada entre otros, por *Jean-Jacques Rousseau* se resume en los términos siguientes: "...para vivir en sociedad, los seres humanos acuerdan un contrato social implícito, que les otorga ciertos derechos a cambio de abandonar la libertad de la que dispondrían en estado de naturaleza. Siendo así, los derechos y deberes de los individuos constituyen las cláusulas del contrato social, en tanto que el Estado es la entidad creada para hacer cumplir con el contrato. Del mismo modo, los hombres pueden cambiar los términos del contrato si así lo desean; los derechos y deberes no son inmutables o naturales. Por otro lado, un mayor número de derechos implica mayores deberes; y menos derechos, menos deberes...". Una teoría similar fue enunciada mucho antes, durante la *República de Platón* por Cicerón, y posteriormente, como primeros filósofos modernos en elaborar la teoría contractual, Tomas Hobbes y John Locke. Fecha: 24-04-2011. http://es.wikipedia.org/wiki /Contrato_social

[250] En referencia a los *Preámbulos*, la tendencia es de asimilarlos a normas programáticas que aunque vinculan de forma directa a los órganos constitucionales no lo hacen sino de forma indirecta a los ciudadanos, sirviendo como criterio de interpretación de la constitución y no siendo susceptibles por si mismos, de configurar derechos fundamentales. Las *Declaraciones* por su parte, son contentivas de unas enunciaciones articuladas y perceptivas de algunos principios fundamentales relacionados en particular con la situación del

Progresivamente se han ido incorporando otros derechos como los *sociales, económicos y culturales* y específicamente, después de la segunda guerra mundial, se abre espacio a otro tipo de derechos denominados *derechos solidarios*, como la protección del medio ambiente y de los datos informáticos, entre otros, que también son incluidos en las nuevas constituciones nacionales.[251]

D. *Orden internacional e interno*

La relación entre las situaciones jurídicas activas asumidas como fundamentales en los ordenamientos internos e internacionales no pueden ser enfocadas bajo la relación de una teoría dualista de derecho interno y derecho internacional vistos como dos derechos iguales, independientes y separados, ni tampoco en base a una teoría monista que rechaza la sepa-

---

ciudadano en una sociedad, apareciendo su texto separado del texto constitucional ya que en razón de la influencia ejercida por los *iusnaturalistas*, los derechos del hombre eran considerados naturales e innatos sin necesidad de atribuciones constitucionales específicas sino simplemente eran reconocidos y declarados. En cuanto a los *Bill of rights*, típica práctica de los ordenamientos del *common law*, hoy día, se conciben como el conjunto de las normas relacionadas con las garantías de los derechos fundamentales, las cuales pueden estar incorporadas al texto constitucional, o ser agregadas sucesivamente por medio de las revisiones constitucionales. Se impone la tendencia de superar la diferenciación entre texto constitucional y el contenido de declaraciones y preámbulos, inclusive los *Bill of rights* relacionados con derechos fundamentales y considerarlos parte del texto constitucional. Aunque la República Francesa es un país que forma parte del sistema jurídico del derecho continental o *civil law*, es interesante considerar el caso de su *Declaración de los derechos del hombre y el ciudadano* de 1789, la cual es considerada por la jurisprudencia del Consejo Constitucional francés como parte integrante del texto constitucional en virtud del reenvío expreso que a ella hace el Preámbulo de la Constitución de 1958. CHIARACANE, Salvatore. "Hacia un concepto y práctica universales de los derechos fundamentales". *Op. Cit.*, p. 15.

[251] SÁNCHEZ MARÍN, Ángel-Luis. "Concepto, fundamento y evolución de los derechos fundamentales". *Op. Cit.*, p. 5 y 6.

ración radical entre ambos derechos, considerando que ambos derechos se entrelazan y forman dos componentes de un ordenamiento jurídico único.[252]

El enfoque no puede sino ser unitario, íntimamente conexo con la visión universal la que únicamente, en el ámbito de la comunidad internacional, es posible tener respecto de los derechos considerados fundamentales para todos los seres humanos, los cuales al ser inherentes a la naturaleza humana, remiten en primer término, al concepto de identidad universal del hombre en virtud del cual la persona humana tiene los mismos derechos y libertades cualquiera sea su raza, etnia, sexo, opiniones y nacionalidad, opinión corroborada por conferencias internacionales y jurisprudencia local que considera que las Constituciones de los Estados, deben instituirse en garantes de esos derechos.[253]

Para ilustrar lo afirmado, traemos a colación la sentencia del 15 de junio de 1981 (Caso 21/81), donde el Tribunal Constitucional español precisó que los derechos fundamentales de la persona respondían "...*a un sistema de valores y principios internacionales sobre derechos humanos ratificados por España y que asumidos como decisión constitucional básica, han de informar a todo el ordenamiento jurídico.*"[254]

E.   *Teoría jurídico formal de los derechos fundamentales*

Para que esta teoría del jurista *Ferraioli* sea válida y eficazmente utilizable en todos los contextos posibles sin incompatibilidades, es necesario definir los *derechos fundamentales* como aquellos derechos con carácter universal que tutelan los intereses concretos de éstos, estando establecidos de forma

---

[252]   CHIARACANE, Salvatore. "Hacia un concepto y práctica universales de los derechos fundamentales". *Op. Cit.*, p. 16 y 17.

[253]   *Ídem*, p. 16.

[254]   SEGADO, FF. "La dogmática de los derechos humanos". Ediciones Jurídicas. Lima, Perú, 1994, p. 48.

igual e irrenunciable entre todos los sujetos que tengan los requisitos estatutarios requeridos, por lo que habría que buscarlos en el espacio de los derechos subjetivos no patrimoniales por contraposición a los subjetivos patrimoniales que no pueden ser ni universales ni indisponibles, sino singulares y disponibles.[255]

Para *Ferraioli*, los derechos fundamentales son todos los derechos subjetivos que corresponden universalmente a todos los seres humanos dotados del estatus de personas, de ciudadanos o personas con capacidad de obrar; entendiendo por derecho subjetivo cualquier expectativa adscrita a un sujeto por una norma jurídica".[256]

La categoría de derechos fundamentales aparece estructurada en: Derechos primarios de libertad, Derechos sociales y Derechos (secundarios) de autonomía, como los derechos civiles o los derechos políticos, existiendo un orden jerárquico, con base al cual los derechos de la última categoría (derechos de autonomía) están subordinados a aquellos de las primeras categorías (derechos de libertad y derechos sociales).[257]

Bajo este enfoque, no podríamos considerar la propiedad como derecho fundamental por ser alienable y no tener carácter universal, pero la libertad de expresión por ejemplo, que no admite negociación alguna, es susceptible de ser otorgada a una comunidad determinada cuando así lo establezca sin ex-

---

[255] CHIARACANE, Salvatore. "Hacia un concepto y práctica universales de los derechos fundamentales". *Op. Cit.*, p. 18.

[256] FERRAIOLI, Luigi. "Diritti fondamentali. Un dibattito teorico. A cura di E. Vitale", Roma-Bari, Laterza, 2001, p. 5.

[257] PINO, Giorgio. "Conflictos entre derechos fundamentales. Una crítica a Luigi Ferrajoli", p. 647-664. DOXA. Cuadernos de Filosofía del Derecho, número 32 (2009), p. 653-654. ISSN: 0214-8676.

cepciones, el ordenamiento positivo de referencia, pudiendo convertirla en un derecho fundamental.[258]

F. Evolución de los derechos fundamentales

La evolución histórica de los derechos humanos como categorías históricas nacen con la modernidad en el seno de la atmósfera iluminista que fue el germen de las revoluciones burguesas del siglo XVII, confiriéndole a los derechos humanos perfiles ideológicos definidos[259]. Esta evolución la estudiaremos en base a las teorías de los tres y los dos períodos.

a. Teoría de los tres períodos

La primera teoría del francés *Karen Vasak,* está fundamentada en el hecho de que estos derechos se han extendido progresivamente del hombre hacia grupos sociales y luego hacia los pueblos enteros, lo que permitió la individuación de tres generaciones de derechos lo que no pretende establecer una jerarquización entre ellos sino indicar que lo que ha ocurrido es una escalada histórica del incremento de categorías y la expansión cuantitativa, cualitativa y territorial de los respectivos derechos.[260]

Por otra parte, habría que determinar si esa progresiva extensión en el tiempo de los derechos humanos coincide con las etapas de desarrollo de los derechos fundamentales ya que si bien estos últimos representan el estándar mínimo de los derechos humanos que hay que garantizar al hombre también es cierto que no todos los derechos humanos son asumidos como fundamentales en el ámbito de los ordenamientos jurídi-

---

[258] CHIARACANE, Salvatore. "Hacia un concepto y práctica universales de los derechos fundamentales". *Op. Cit.* p. 18.

[259] PEREZ LUÑO, Antonio Enrique. "La tercera generación de derechos humanos". *Op. Cit.,* p. 27.

[260] VON SINGER, Harro. "From the limited to the universal concept of human rights". Comparative Law Review, Vol. XXVI, N° 2, Tokio 1992, p. 2.

cos que se hacen garantes de ellos, aunque el hecho de asumir todos los derechos humanos como fundamentales, debería resultar una bienvenida tendencia además de poder constituir un resultado concretamente exigible.[261]

Vemos entonces, un primer período donde aparecen derechos configurados por libertades individuales contrapuestas al poder estatal denominados libertades o derechos civiles y políticos, que se pueden agrupar en un variado grupo de derechos de protección al individuo, en particular en relación con su integridad física; derechos al libre desenvolvimiento de la personalidad; protección del individuo, con particular referencia a la vida política en la comunidad, a la libertad de movimiento; derechos básicos relacionados con el ejercicio de actividades económicas; protección legal y procesal; igualdad frente a la ley; instituciones dirigidas a la protección del matrimonio y la familia, y de las autonomías locales.[262]

Estos derechos se basaban en la no injerencia y en la auto limitación de los poderes públicos dentro de la esfera privada tutelándose con la sola inacción de éstos, lo que responde al estamento jurídico-político del Estado liberal.[263]

Siguiendo al tratadista italiano *Máximo Severo Gianninni*, para que estos derechos se conviertan en derechos fundamentales resulta necesario incorporarlos a una constitución rígida tal como la Constitución de los Estados Unidos de América, los EEUU, asistida por una jurisdicción de control constitucional de leyes luego de una descripción minuciosa de éstos como contenido de la enunciación constitucional correspondiente, así como de las limitaciones a posibles interferencias del poder público para que no sean menoscabados, lo que se ha reali-

---

[261] CHIARACANE, Salvatore. "Hacia un concepto y práctica universales de los derechos fundamentales". *Op. Cit.*, p. 23.

[262] *Ídem*, p. 23-24.

[263] CASTÁN TOBEÑAS, José. "Los derechos del hombre". *Op. Cit.* p. 44.

zado progresivamente y de forma desigual en las cartas fundamentales de algunos países.[264]

Un segundo período donde se han configurado los derechos llamados económicos, sociales y culturales introducidos por el *constitucionalismo de entreguerras*[265] donde destacan las constituciones soviéticas y otras de pensamiento liberal que comenzaron a afirmar el *Estado social de derecho* tales como la Constitución mexicana de 1917[266] y la de la República de *Weimar* de 1919.

Así, paulatinamente, estos derechos comienzan a convertirse en compromisos de Estado destinados a ser incluidos en esta segunda generación de derechos caracterizándose por estar configurados no para proteger a los individuos de las interferencias del Estado, sino más bien, para requerir una activa intervención del Poder Público en beneficio de los ciudadanos, lo que abre paso al Estado de Derecho Constitucional de las democracias pluralistas o Estado Social de Derecho que añaden al principio individualista, el principio de la solidaridad configurándose a este respecto, el derecho social, habiéndose asumido muchos de estos derechos, como fundamentales en algunos países aunque en otros, a pesar de no estar consa-

---

[264] CHIARACANE, Salvatore. "Hacia un concepto y práctica universales de los derechos fundamentales". *Op. Cit.*, p. 24.

[265] SEGADO, FF. "La dogmática de los derechos humanos". *Op. Cit.* p. 130.

[266] Se dice que es en esta Constitución de Querétaro de 1917, que aparece por primera vez en un texto constitucional del siglo XX, el término *cultura*. Hoy día resulta..." imposible imaginar una constitución contemporánea que no le ofrezca un tratamiento especial y un elevado protagonismo a la dimensión cultural". HERNÁNDEZ, Tulio. Artículo periodístico. "La cultura en la nueva Constitución". Cuerpo "A". Página de Opinión del Diario El NACIONAL. Caracas, Venezuela, 18 de septiembre de 1999.

grados como tales, reciben un tratamiento igual al de los así declarados.[267]

Aquí, los derechos humanos se traducían en derechos prestacionales, esto es, derechos que obligan al Estado o a otros grupos sociales o particulares, a una obligación correlativa de contenido positivo, requiriendo de una política activa de los poderes públicos encaminada a garantizar su ejercicio.[268]

La división entre derechos civiles y políticos y los económicos, sociales y culturales, ha originado dos teorías opuestas. Para unos, todos son derechos humanos basándose en su origen común además de la utilización de preámbulos idénticos y para otros, sólo los primeros constituyen derechos humanos. Para estos últimos, los derechos civiles y políticos imponen a los Estados, fundamentalmente, una obligación inmediata y plena de tipo negativo, de respeto, son derechos de defensa, en cambio los derechos económicos, sociales y culturales tienen por contrapartida una acción positiva, obligándolos sólo a actuar, siempre y cuando hayan recursos que permitan esta actuación, para lograr de forma progresiva, el disfrute y ejercicio de estos derechos.[269]

Retomando el hilo en el punto de la evolución de los derechos fundamentales, añadiremos un tercer período donde como indicamos anteriormente, se han configurado los derechos denominados solidarios y que constituyen un ciclo aun

---

[267] CHIARACANE, Salvatore. "Hacia un concepto y práctica universales de los derechos fundamentales". *Op. Cit.* p. 25.

[268] FERNÁNDEZ, María Encarnación y VIDAL Ernesto. "Los derechos humanos de segunda y tercera generación", p. 103-135. MEGÍAS QUIRÓS, José Justo (Coord.) "Manual de derechos humanos. Los derechos humanos en el siglo XXI". The Global Law Collection. Garriges Cátedra. Universidad de Navarra. Thomson Aranzadi. Primera edición 2006, p. 116. ISBN 84-9767-589-4.

[269] RUBIO LLORENTE, Francisco. "Derechos fundamentales, derechos humanos y estado de derecho". VIDAL-BENEYTO, José (ED.). "Derechos humanos y diversidad cultural". *Op. Cit.*, p. 508-509.

no cerrado, con la característica particular de ser de naturaleza colectiva y estar vinculados con condiciones que permitan sobrevivir al género humano tales como, el derecho a vivir en paz, el derecho al desarrollo, a un ambiente sano, a los recursos naturales, al patrimonio cultural, al acceso a la Internet[270], en fin, a una herencia común para todo el género humano.[271]

Estos derechos, consecuencia de las exigencias impuestas por la sociedad industrial, deben ser reconocidos positivamente tanto por los ordenamientos jurídicos a nivel nacional como internacional.[272]

Se pueden entrever ciertas distinciones entre las diferentes generaciones de derechos. En la primera, los derechos humanos se consideran derechos de defensa de las libertades del individuo que imponen la auto limitación y no injerencia del poder público en la esfera privada siendo tutelados por una actitud pasiva y de vigilancia por una policía administrativa; en la segunda, los económicos, sociales y culturales, vienen dados por derechos de participación que exigen por parte del poder público para garantizar su ejercicio, una política

---

[270] La Asamblea General de la ONU declaró el acceso a la Internet como un derecho humano. "La única y cambiante naturaleza de Internet no sólo permite a los individuos ejercer su derecho de opinión y expresión, sino que también forma parte de sus derechos humanos y promueve el progreso de la sociedad en su conjunto", indicó el Relator Especial de la ONU, Frank La Rue, en un comunicado de prensa. "El Internet como un medio para ejercer el derecho a la libertad de expresión sólo puede servir a estos propósitos si los estados asumen su compromiso por desarrollar políticas efectivas para lograr el acceso universal", finaliza la ONU en su comunicado. Fecha: 23-06-2011. http://mexico.cnn.com/tecnologia/2011/06/08/la-onu-declara-el-acceso-a-internet-como-un-derecho-humano

[271] CHIARACANE, Salvatore. "Hacia un concepto y práctica universales de los derechos fundamentales". *Op. Cit.*, p. 27.

[272] FERNÁNDEZ, María Encarnación y VIDAL, Ernesto. "Los derechos humanos de segunda y tercera generación". *Op. Cit.*, p. 126-127.

activa que se realizará por medio de técnicas jurídicas como las prestaciones y los servicios públicos.[273]

b.   Teoría de los dos períodos

La segunda teoría del suizo *Harro von Singer*, crítico de la concepción que de los derechos humanos hace el mundo occidental, sin contestar la validez de la teoría de las tres generaciones de derechos, propone añadir esta teoría suplementaria de los dos períodos, en base a varias consideraciones entre las que destaca el hecho de que la calificación de humanos puede corresponder a derechos cuando se entiende que esos derechos son reconocidos a favor de todo hombre sin distinción alguna ya que de no ser así, no serían derechos humanos; que se fueron aplicando a medida en que se fueron incorporando a los textos constitucionales en razón de existir un concepto limitado de hombre y por cuanto, la primera vez que se conceptualiza al hombre sin distinción de ningún tipo, se realiza en virtud de la *Declaración Universal* de la ONU en 1948, con una concepción de derechos humanos universales, la que representa el punto de demarcación de los dos períodos, el primero, *período de la no universalidad de los derechos humanos* hasta 1948 y el segundo, *período de la universalidad de los derechos humanos.*[274]

En esta tesis se pueden demarcar dos períodos paralelos de los derechos fundamentales ya que con esa Declaración, la comunidad internacional enuncia los derechos que por una parte, se indican a cada miembro de la comunidad para que su ordenamiento interno los asuma como derechos fundamentales y por la otra, se sientan las bases para edificar progresivamente el conjunto de instituciones y normas de carácter internacional las que a falta de iniciativas locales satisfactorias para erigir esos derechos en principios fundamentales o respetarlos

---

[273] PÉREZ LUÑO, Antonio Enrique. "La tercera generación de derechos humanos". *Op. Cit.,* p. 28.

[274] CHIARACANE, Salvatore. "Hacia un concepto y práctica universales de los derechos fundamentales". *Op. Cit.,* p. 28.

y garantizarlos como tales en cada Estado, determinen no solamente la enunciación sino también la asunción de estos derechos como fundamentales de la propia comunidad internacional, la que se hará cargo de hacerlos respetar y garantizar con los medios e instrumentos que le sean propios.[275]

Como fuentes de lo que hoy conocemos como *Derecho Internacional de los Derechos Humanos*, además de los principios generales de Derecho reconocidos por las *naciones civilizadas* (consideradas como aquéllas que respetan los derechos humanos) y de la costumbre jurídica internacional, la principal fuente viene dada sin duda alguna, por los tratados ratificados por los Estados.[276]

Para el jurista *Héctor Faúndez Ledesma,* estos instrumentos jurídicos internacionales, se pueden organizar en cuatro grandes grupos.

En primer lugar, *la Carta de la ONU o Carta de San Francisco,* de fecha 26-06-1945, en vigor desde el 24-10-1945, primer instrumento jurídico que reconoció al individuo como titular de derechos consagrados en el Derecho Internacional, en particular, sus artículos 55 y 56, que establecen como obligaciones de los Estados el *promover* (sin llegar a garantizar o a proteger) el respeto universal de los derechos humanos y libertades fundamentales.

---

[275] CHIARACANE, Salvatore. "Hacia un concepto y práctica universales de los derechos fundamentales". *Op. Cit.,* p. 27-28.

[276] El Derecho Internacional de los Derechos Humanos nació con los cambios experimentados por el Derecho Internacional, donde los más notables fueron los introducidos por la Carta de la Organización de Naciones Unidas, confiriendo al individuo la condición de sujeto de Derecho Internacional y generando el concepto de *"derechos humanos como categoría jurídica propia del Derecho Internacional".* Anteriormente, los únicos sujetos del Derecho Internacional eran los Estados y su función era regular las relaciones entre Estados y no los individuos. FAÚNDEZ LEDESMA, Héctor. "El derecho internacional de los derechos humanos y su aplicación por el juez nacional". *Op. Cit.* p. 149 y 152.

En segundo término, *la Carta Internacional de Derechos Humanos* compuesta por cuatro instrumentos jurídicos adoptados por la ONU, a saber, *la Declaración Universal de Derechos Humanos* de 1948, los Pactos Internacionales de Derechos Civiles y Políticos y de Derechos Económicos, Sociales y Culturales de 1966, y los dos Protocolos Facultativos del *Pacto Internacional de Derechos Civiles y Políticos* de 1966 (Resolución 2200 A (XXI), en vigor desde el 23-03-1976) y 1989 (Resolución 44/128 de fecha 15-12-1989).

En tercer lugar, tenemos otros instrumentos universales de derechos humanos relativos a la protección de derechos humanos específicos contra el genocidio y la esclavitud y trabajos forzados; el derecho de asilo, la protección contra la tortura, protección a determinadas categorías de personas, entre otros.

Por último y en cuarto lugar, tenemos las fuentes regionales como la *Convención Europea de Derechos Humanos*, la *Carta Africana de los Derechos Humanos y de los Pueblos*, el *Sistema Interamericano y la Convención Americana sobre los Derechos Humanos*.[277]

G.   *Dimensiones espaciales de los derechos fundamentales*

a.   *Dimensión global*

En este sentido, dentro de la comunidad internacional, resaltamos la contribución específica de la ONU, organismo que ha creado una extensa normativa con declaraciones y convenios de derechos fundamentales para que los Estados se obliguen a respetarlos, de las que presentaremos las más importantes, constituyendo un amplio catálogo de derechos de la persona humana, de carácter social, político, cultural, civil y

---

[277]   FAÚNDEZ LEDESMA, Héctor. "El derecho internacional de los derechos humanos y su aplicación por el juez nacional". *Op. Cit.*, p. 153-166.

económico en el ámbito de los cuales se pueden individualizar los *derechos fundamentales* como aquellos derechos a los cuales la comunidad internacional atribuye el máximo valor y relevancia para que el ordenamiento jurídico internacional se haga garante de ellos, además de realizar actividades de control para verificar el respeto por parte de los Estados miembros de la comunidad internacional, a través de tres instrumentos jurídicos internacionales de la ONU que pasamos a presentar en orden cronológico, los cuales integran la estructura sobre la cual la legislación internacional de derechos humanos se erige, conformando lo que se ha denominado la *Ley Internacional de Derechos.*[278]

a'. *Declaración Universal de Derechos Humanos*[279]

Esta Declaración[280] adoptada el 10 de diciembre de 1948 por la Asamblea General de la ONU, antes de asumir carácter obligatorio en el Acta final de la *Conferencia Internacional sobre Derechos Humanos* celebrada en Teherán en 1968, por tratarse

---

[278] DRAHOS, Peter. "The universality of intellectual property rights: origins and development". *Intellectual property and human rights. Op. Cit.*, p. 24.

[279] Además de la *Declaración Universal de Derechos Humanos*, mencionaremos en particular, seis instrumentos jurídicos internacionales de fundamental importancia sobre la materia, a saber, el Pacto Internacional de Derechos Civiles y Políticos, el Pacto Internacional de Derechos Económicos, Sociales y Culturales, la Convención Internacional sobre la Eliminación de Todas las Formas de Discriminación Racial, la Convención contra la Tortura y otros Tratos o Penas Crueles, Inhumanos o Degradantes, la Convención sobre Todas las Formas de Discriminación contra la Mujer y la Convención sobre los Derechos del Niño. En esta codificación del tratadista venezolano *Nikken,* se recopilan unos 56 instrumentos internacionales de protección a los derechos humanos. NIKKEN, Pedro. "Código de derechos humanos", Colección Textos Legislativos N° 12. Editorial Jurídica Venezolana, Caracas, 2006 Segunda edición, ISBN: 980-365-104-8.

[280] Fecha: 03-12-2010. http://www.un.org/es/documents/udhr/index.shtml

hasta ese momento, de una declaración y no de un convenio, carecía de obligatoriedad, aunque resultaba evidente su altísimo valor moral. Además, es importante destacar que en su Preámbulo, los Estados Miembros se comprometen a asegurar, en cooperación con la ONU, el respeto universal y efectivo a los derechos y libertades fundamentales del hombre.[281]

Se dice de este documento internacional que *constitucionaliza* el régimen de derechos humanos.[282]

Entre los *derechos civiles* incluye el derecho a la vida, a la libertad, la seguridad personal (art. 3), la prohibición de esclavitud (art. 4), de la tortura y de tratamientos crueles, inhumanos o degradantes (art. 5), el derecho a no ser objeto de arresto, detención o exilio arbitrario (art. 9), el derecho al debido proceso en materia civil y penal (art. 10), la presunción de inocencia y la prohibición de leyes y castigos *ex post facto* (art. 11), el derecho a la privacidad (art. 12), el derecho de propiedad (art. 17), la libertad de expresión, religión (art. 18), asociación (art. 20) y movimiento (art. 13), así como el derecho de pedir y gozar asilo en otros países (art. 14) y el derecho a la nacionalidad (art. 15).

Entre los *derechos políticos*, destaca tanto el derecho a participar en el gobierno de su país, directamente o por medio de representantes libremente escogidos a través del sufragio universal como medio de expresión de la voluntad popular en que se fundamenta la autoridad del poder público (art. 21). Los *derechos económicos, sociales y culturales* aparecen consagrados en los artículos 22 al 29 inclusive.

---

[281]   Fecha: 03-11-2012. http://dhpedia.wikispaces.com/Proclamaci%C3% B3n+de+Teher%C3%A1n

[282]   DRAHOS, Peter. "The universality of intellectual property rights: origins and development". *Intellectual property and human rights. Op. Cit.*, p. 24.

b'.   *Pacto Internacional sobre Derechos Civiles y Políticos[283] y Pacto sobre los Derechos Económicos, Sociales y Culturales[284]*

Ambos Pactos de 1966, respondieron a la búsqueda de un equilibrio entre conceptos, convicciones religiosas, sistemas y tradiciones jurídicas y condiciones económicas y sociales.[285]

A este respecto hay que tomar en cuenta que las mayores dificultades son las que se derivan de las diferencias socio-económicas entre los Estados miembros por cuanto la asunción de la obligación internacional de garantizar derechos y libertades individuales que se convertirían así en fundamentales, sobre todo en materia cultural, económica y social pero también en el orden civil y político, es menos onerosa para países con un nivel económico y social más avanzado, que para países menos desarrollados.

Como organismo del *Pacto Internacional sobre Derechos Civiles y Políticos*, se creó el *Comité de Derechos Humanos* con competencia para procesar reclamaciones de los Estados signatarios, lo que se extiende a particulares por el *Protocolo Facultativo del Pacto Internacional de Derechos Civiles y Políticos*, adop-

---

[283]   Fecha: 03-11-2010. http://www2.0hchr.org/spanish/law/ccpr.htm

[284]   Fecha: 03-11-2010. http://www.acnur.org/biblioteca/pdf/0014.pdf

[285]   "La idea de aprobar dos pactos, en lugar de uno, en el cual estuviesen integrados todos los derechos humanos, independientemente de su categorización, tuvo su origen en la naturaleza de la obligación a cargo del Estado, así como en la determinación del momento de su cumplimiento, en virtud de que en los denominados derechos civiles y políticos (DPC), la obligación es de mera abstención –no injerencia- por parte del Estado, y de ejecución inmediata; en cambio, en los derechos económicos, sociales y culturales (DESC), la obligación del Estado es de hacer, o sea, prestacional y de ejecución "progresiva", en función de los recursos que disponga cada Estado, pero siempre garantizando unos estándares mínimos". PEÑA SOLÍS, José. "Lecciones de Derecho Constitucional Venezolano". "Los derechos políticos, sociales, culturales y educativos, económicos, de los pueblos indígenas y ambientales". Tomo II, *Op. Cit.*, p. 163.

tado por la Asamblea General de las Naciones Unidas por Resolución 2200 A (XXI) del 16 de diciembre de 1966 (en vigor desde el 23 de marzo de 1976). En su artículo 18 establece el derecho a la libertad de pensamiento, de conciencia y de religión y en su artículo 19.2., establece el derecho a la libertad de expresión lo que comprende la libertad de buscar, recibir y difundir informaciones e ideas de cualquier índole, sin consideraciones de fronteras, vía oral, por escrito o en formato impreso o forma artística o por cualquier otro procedimiento de su elección.[286]

El *Pacto Internacional sobre Derechos Civiles y Políticos* contiene disposiciones de carácter sustantivo redactadas en términos más que todo preceptivos, por cuanto los derechos y libertades que enuncia son tales como para que la garantía se realice ya no a través de una actividad ejercida concretamente por los Estados, sino más bien a través de un *non facere* por parte de éstos.

El segundo instrumento, el *Pacto sobre los Derechos Económicos, Sociales y Culturales,* en vigor desde el 03 de enero de 1976, a diferencia del anterior, contiene disposiciones redactadas en términos programáticos, bajo la consideración de que el reconocimiento y la garantía de los derechos allí expresados presupone la realización gradual y progresiva, por parte de los Estados menos desarrollados, de una actividad preliminar dirigida a remover a través de la utilización del máximo de

---

[286] Se acuerda hacer un seguimiento permanente de la evolución de derechos reconocidos por medio de informes y su control por el Consejo Económico y Social o de organismos especializados de las NNUU (art. 16 y siguientes). En la actualidad, el Comité de Derechos Económicos, Sociales y Culturales creado por el Consejo Económico y Social de las NNUU (ECOSOC) realiza actividades de control y verificación de los informes de los Estados. VILLALBA, Carlos Alberto. "El derecho de autor y los derechos conexos en las declaraciones y tratados sobre derechos humanos". *Op. Cit.*, p. 8.

los recursos disponibles, los obstáculos de orden económico y social que impidan el goce y disfrute de esos derechos.[287]

b. *Dimensión regional*

En este aparte, presentaremos las *Declaraciones* y *Convenciones* del hemisferio americano y del continente europeo.

a'. *Declaración Americana de los Derechos y Deberes del Hombre*

La *Declaración Americana*, aprobada por la Organización de Estados Americanos, la OEA, en 1948, no tuvo en sus comienzos el reconocimiento de un derecho capaz de crear las correlativas obligaciones por lo que fue considerada con el mero valor de una recomendación.

No obstante, con la posterior creación de la Comisión Interamericana de Derechos Humanos en 1959 y la aprobación del respectivo Estatuto por Resolución N° 477 adoptada por la Asamblea General de la OEA en su segundo período ordinario de sesiones celebrado en La Paz, Bolivia, en octubre de 1979, fue reconocida con carácter obligatorio por todos los miembros de la OEA, considerándola *"...un instrumento del cual derivan obligaciones jurídicas exigibles para todos los Estados americanos miembros de la OEA..."* [288-289]

---

[287] CHIARACANE, Salvatore. "Hacia un concepto y práctica universales de los derechos fundamentales". *Op. Cit.*, p. 32-33.

[288] En ella se consagran el derecho de libertad de investigación, opinión y expresión y difusión del pensamiento (art. 4), el derecho a la inviolabilidad del domicilio (art. 9), el derecho a la inviolabilidad y circulación de la correspondencia (art. 10), el derecho a participar de los beneficios de la cultura y la protección de los intereses morales y materiales que le correspondan por razón de los inventos, obras literarias y científicas o artísticas de que sea autor (art. 13). Fecha: 01-11-2010. http://www. oas.org/juridico/spanish/tratados/b-32.html

[289] Este pronunciamiento fue el resultado de la solicitud de una opinión consultiva de la República de Colombia, sobre si el artículo 64 de la Convención Americana facultaba a la Corte Interamericana de

b'. *Convención Americana sobre los Derechos Humanos*

Esta Convención encaminada a asumir como fundamentales y por lo tanto, a garantizar en el ámbito de la OEA[290], los principales derechos civiles y políticos, se suscribió en 1969, también conocida como *Pacto de San José.*

La *Convención Americana*, dedica la mayor parte de su contenido a los llamados *"derechos civiles y políticos",* y en cuanto a los *derechos económicos, sociales y culturales,* sólo les dedica un artículo, en su Capítulo III, el número 26 *"Desarrollo Progresivo",* según el cual los Estados partes se comprometen a adoptar providencias, en el ámbito interno y por medio de la cooperación internacional, para lograr progresivamente la plena efectividad de estos derechos, entre otros, contenidos

---

Derechos Humanos a interpretar la Declaración Americana. Opinión Consultiva OC-10/89 del 14 de junio de 1989. Fecha: 14-02-2011. http://www.corteidh.or.cr/docs/opiniones/seriea_10_esp1.pdf

[290] Es importante destacar aquí la consagración política y de derecho internacional más reciente en el ámbito de la OEA, en materia de respeto a los derechos humanos y libertades fundamentales en relación con la gobernabilidad y que viene dada por la *Carta Democrática Interamericana* promovida por el Perú y que fuera aprobada por la Asamblea General de la OEA el 11 de septiembre de 2001. La eficacia de la Carta Democrática aún no ha sido probada y todavía no cuenta, se quejan algunos, con mecanismos punitivos específicos para corregir conductas de gobiernos decididos a reinterpretar mandatos democráticos para eternizarse en el poder. En realidad dichos mecanismos no son indispensables si ante casos concretos de incumplimiento los Estados miembros tienen la voluntad política de actuar, ya que la OEA cuenta con suficientes mecanismos de seguimiento (monitoreo) para sustanciar cualquier expediente en la materia, y su Secretario General con una considerable capacidad de tomar iniciativas. No hay duda sin embargo, que la existencia de mecanismos específicos facilitaría el ejercicio de esa voluntad política al reducir su costo para los Estados miembros, y permitiría una acción colectiva más flexible y más gradual, ajustada a la evolución de situaciones concretas. Fecha: 27-06-2011. http://www.oas.org/OAS page/esp/Documentos/ Carta_Democratica. htm

"...en la Carta de la Organización de los Estados Americanos, reformada por el Protocolo de Buenos Aires, en la medida de los recursos disponibles, por vía legislativa u otros medios apropiados".

Este instrumento jurídico regional consagra en norma internacional, los principios ya declarados en la Carta de la OEA, en la *Declaración Americana* y en la *Declaración Universal* y los amplía con los derechos económicos, sociales y culturales (art. 26). Crea la estructura interamericana de derechos humanos con la inclusión del derecho a la protección de la honra y de la dignidad (art. 11), el derecho a la libertad de conciencia y religión (art. 12), el derecho a la libertad de pensamiento y de expresión (art. 13) y el derecho de rectificación y respuesta (art. 14).[291]

Cabe agregar que junto a unas cláusulas de acuerdo a las cuales los Estados partes asumen obligaciones de respeto y garantía que incluyen el deber de adoptar las medidas legislativas o de otro carácter que sean necesarias para hacer valer los mencionados derechos en el ámbito interno de cada Estado (artículos 1.1 y 2), hay también otras que configuran una serie de limitaciones, aunque excepcionales, de los mencionados derechos en razón de la seguridad de todos y de las exigencias del bien común, contemplando la posibilidad de suspender las garantías en caso de peligro público o amenaza a la independencia o seguridad del Estado, en cuyo caso la Convención dispone que hay unos determinados derechos, tales como el derecho a la vida y las garantías judiciales para la protección de éstos, que no pueden ser afectados por medidas de excepción bajo ninguna circunstancia.[292]

---

[291] VILLALBA, Carlos Alberto. "El derecho de autor y los derechos conexos en las declaraciones y tratados sobre derechos humanos". *Op. Cit.*, p. 9.

[292] BUERGENTHAL, T. GROSSMAN, C. y NIKKEN, P. "Manual internacional de derechos humano". Editorial Jurídica Venezolana, IIDH /EJV. Caracas, 1990, p. 98.

Posteriormente, el Protocolo Adicional de San Salvador adoptado en fecha 17-11-1988[293], proclama estos derechos de manera autónoma por lo que este nuevo sistema de protección queda totalmente separado del régimen de protección que opera en la Convención, siendo únicamente previsto a estos fines, un sistema de informes a la Asamblea General.[294]

Sus funciones las realiza a través de dos instituciones, la *Comisión Interamericana de Derechos Humanos* y la *Corte interamericana de Derechos Humanos*, ambas consagradas en los capítulos VII y VIII de la *Convención Americana*, respectivamente.

La primera tiene facultades para practicar observaciones en el territorio de cualquier Estado de la OEA con la anuencia o a invitación del gobierno respectivo, además de competencia general e incondicional para recibir y tramitar peticiones individuales en las que se alegue la violación de los derechos humanos y legitimación para someter casos contenciosos a la decisión de la Corte, requerir y solicitar de ésta, opiniones consultivas y medidas provisionales en los casos de extrema gravedad y urgencia.[295]

---

[293] En el caso específico de Venezuela, con la ratificación y depósito del Protocolo adicional a la Convención Americana de Derechos Humanos en materia de Derechos Económicos y Sociales (Protocolo de San Salvador), este país ha integrado en su legislación interna toda la normativa de los derechos humanos recogida en los tratados internacionales vigentes. Aunque la gran mayoría de estos compromisos hayan sido asumidos por los gobiernos anteriores regidos por la Constitución de 1961, la vocación garantista de Venezuela no solamente fue confirmada sino profundizada aunque sólo sea en el papel, en la Constitución Bolivariana de 1999.

[294] BUERGENTHAL, T. GROSSMAN, C. y NIKKEN, P. "Manual internacional de derechos humanos". Editorial Jurídica Venezolana. IIDH /EJV. Caracas, 1990. *Op. Cit.*, p. 44.

[295] CHIARACANE, Salvatore. "Hacia un concepto y práctica universales de los derechos fundamentales". *Op. Cit.*, p. 45.

La segunda constituye un órgano jurisdiccional, estando integrado por siete jueces con competencia de carácter consultivo en relación a todas las solicitudes de cualquier Estado miembro de la OEA para la interpretación de la Convención y otros tratados concernientes a la protección de los derechos humanos en los Estados americanos además competencia de carácter contencioso para conocer de casos los cuales, relacionados con la interpretación y la aplicación de la Convención, son incoados únicamente por la Comisión y los Estados parte en la Convención, previo agotamiento del procedimiento por ante la Comisión y siempre y cuando el Estado demandado haya declarado reconocer, con o sin condiciones, con o sin reserva, la jurisdicción obligatoria de la Corte[296]. Se subraya el hecho de que son pocos los Estados de América Latina que a la fecha, la han reconocido.[297]-[298]

---

[296] Lista de los países americanos que han reconocido la jurisdicción de la Corte Interamericana de Derechos Humanos de conformidad con el artículo 62.1 de la Convención Americana sobre Derechos Humanos *"Pacto de San José de Costa Rica"* de la Organización de Estados Americanos. Fecha: 06-10-2010. http://www.acnur.org/biblioteca/pdf/4534.pdf .

[297] CHIARACANE, Salvatore. "Hacia un concepto y práctica universales de los derechos fundamentales". *Op. Cit.*, p. 45.

[298] Esta situación se ha ido revirtiendo. El eminente jurista venezolano Héctor Faúndez Ledesma, afirma que paralelamente, a que la Sala Constitucional del Tribunal Supremo de Justicia de Venezuela, declare que no vaya a acatar una sentencia de la Corte Interamericana de Derechos Humanos: "...los más altos tribunales de otros países de la región, incluidos Argentina, Colombia, Costa Rica, Bolivia, República Dominicana, Guatemala, México, Panamá y Perú, han advertido que la Corte Interamericana de Derechos Humanos es el último intérprete de la Convención Americana sobre Derechos Humanos, y que sus sentencias son vinculantes para todos los órganos del Estado, incluido el Poder Judicial. Nada menos que el Tribunal Constitucional de Bolivia ha sostenido que, teniendo en cuenta el objeto de la competencia de la Corte Interamericana de Derechos Humanos y la aplicación de la doctrina del efecto útil de las sentencias que versan sobre derechos humanos, las decisiones que emanen de los órganos de la Convención Americana sobre Derechos Humanos forman parte del

c'. *Convenio para la Protección de los Derechos Humanos y de las Libertades Fundamentales*[299]

El *Convenio Europeo*, firmado en Roma en 1950, en su primera parte asume como fundamentales los derechos contemplados en su articulado del 3 al 12, entre ellos, el derecho a la vida. Éste ha sido seguido de once (11) Protocolos que han ampliado las garantías a favor de otros derechos no contemplados en el texto originario.

En su segunda parte, establece el sistema de garantías y controles por medio de un recurso efectivo ante un tribunal nacional y en segundo término, con actuaciones típicamente internacionales a cargo, algunas de ellas, del Comité de Ministros de Relaciones Exteriores de los Estados miembros del Secretariado del Consejo de Europa, continuándose con un procedimiento del tipo contencioso.[300]

El artículo 19 instituye la Comisión Europea de Derechos Humanos y el Tribunal Europeo de Derechos Humanos con competencias para asegurar el respeto de los compromisos

---

bloque de constitucionalidad. Por su parte, la Corte Suprema de Justicia de la Nación Argentina ha señalado que las decisiones de la Corte Interamericana resultan de cumplimiento obligatorio para el Estado, y ha establecido que debe subordinar el contenido de sus propias decisiones a las del referido tribunal internacional. Según la Corte Suprema de Justicia de la Nación Argentina, la jurisprudencia de la Corte Interamericana constituye una insoslayable pauta de interpretación para los poderes públicos argentinos, a los efectos de resguardar las obligaciones asumidas por el Estado en el sistema interamericano de protección de los derechos humanos". FAÚNDEZ LEDESMA, Héctor. "Sanción a Venezuela". Diario El Nacional. Artículo de opinión. Opinión. Caracas, 26-04-2013, p. 4.

[299] Fecha: 03-11-2010. http://www.echr.coe.int/NR/rdonlyres/1101E77A-C8E1-493F-809D-800CBD20E595/0/ESP_CONV.pdf

[300] CHIARACANE, Salvatore. "Hacia un concepto y práctica universales de los derechos fundamentales". *Op. Cit.*, p. 38.

resultantes del Convenio[301]. Luego, el artículo 25 establece que la Comisión podrá conocer de cualquier demanda dirigida al Secretario General del Consejo de Europa por cualquier persona natural, organización no gubernamental ONG o particulares que se consideren víctimas de violación de sus derechos.

Es importante resaltar que el Tratado de la Unión Europea, Tratado de Maastricht de 1992, dispone que la Unión respetará los derechos fundamentales de la manera como aparecen garantizados en el Convenio Europeo de Derechos Humanos de 1950.[302]

La mesura demostrada en el ámbito del Consejo de Europa a través de la realización gradual y progresiva de la tutela de los derechos humanos enunciados en la *Declaración Universal*, deja fuera del sistema de protección instaurado por medio de la Convención, la tutela de los derechos económicos, sociales y culturales a los cuales hace también referencia la *Declaración Universal*, lo cual no significa que esos derechos hayan sido olvidados en este ámbito europeo, sino que se ha determinado canalizar la correspondiente tutela en un espacio diferente representado por la *Carta Social Europea*, firmada en Turín, Italia, en 1961, en vigor desde 1965, dirigida a la protección de diecinueve categorías de derechos y principios, entre otros tantos, el derecho al trabajo.[303]

---

[301] Destaca el Protocolo N° 11 firmado en Estrasburgo el 11 de mayo de 1994, en vigor desde el 01 de noviembre de 1998, el cual modificara el sistema de control de la tutela de los derechos fundamentales inicialmente establecido por la Convención, por cuanto se fusionaron la Comisión y la Corte de los derechos Humanos en un solo órgano denominado la Corte Única. Además se estableció dos grados de juicio. CHIARACANE, Salvatore. "Hacia un concepto y práctica universales de los derechos fundamentales". *Op. Cit.*, p. 39.

[302] VILLALBA, Carlos Alberto. "El derecho de autor y los derechos conexos en las declaraciones y tratados sobre derechos humanos". *Op. Cit.*, p. 10.

[303] *Ibídem*, p. 39.

El sistema de control autónomamente previsto en relación a esos derechos, se puede decir que es mucho más atenuado respecto del sistema de tutela previsto en el Convenio, por cuanto se realiza básicamente a través de las actuaciones conjuntas de distintos órganos tales como un Comité de Expertos en cooperación con un Comité Social Gubernamental y con la asistencia de la Asamblea Consultiva del Consejo de Europa, los que examinan los informes que son enviados periódicamente por los Estados parte y solicitan luego, al Comité de Ministros, el envío de recomendaciones a los Estados parte para que apliquen las normas de la Carta.[304]

C.   *Dimensión nacional*

Este apartado presenta unas generalidades sobre los derechos humanos a la luz del Derecho Constitucional Comparado, lo que estudiaremos detalladamente, en los dos subsiguientes capítulos de este trabajo, al presentar la protección constitucional del derecho de autor donde nos enfocaremos en las Cartas Fundamentales de los países iberoamericanos con especial referencia a la Constitución española de 1978.

En la propia *Declaración Universal*, se consagra la internalización por parte de los Estados miembros de los derechos humanos que proclama cuando establece que tanto los individuos como las instituciones, deben promover el respeto a las libertades y derechos humanos asegurando mediante "...*medidas progresivas de carácter nacional e internacional, su reconocimiento y aplicación universales y efectivos, tanto entre los pueblos de los Estados Miembros como entre los de los territorios colocados bajo su jurisdicción*".[305]

---

304   CHIARACANE, Salvatore. "Hacia un concepto y práctica universales de los derechos fundamentales". *Op. Cit.*, p. 40.

305   Fecha: 31-05-2011. http://www.cinu.org.mx/onu/documentos/dudh.htm

Por su parte, la *Convención Americana*, en sus artículos 1.1., y 2[306], incluye la obligación para los Estados miembros, de adoptar las medidas necesarias, legislativas o de otro tipo, que se necesiten para hacer valer los derechos que consagra, en el ámbito interno de cada uno de ellos. Además del literal c) de su artículo 29, se desprende la existencia de lo que se han denominado *derechos implícitos*, lo que nos informa que no es necesario que un derecho sea consagrado expresamente por los pactos internacionales o por la Constitución, para constituir un derecho humano, quedando implícitamente garantizados en virtud de este artículo.[307]

---

[306] "Artículo 1°. Obligación de Respetar los Derechos. 1. Los Estados Partes en esta Convención se comprometen a respetar los derechos y libertades reconocidos en ella y a garantizar su libre y pleno ejercicio a toda persona que esté sujeta a su jurisdicción, sin discriminación alguna por motivos de raza, color, sexo, idioma, religión, opiniones políticas o de cualquier otra índole, origen nacional o social, posición económica, nacimiento o cualquier otra condición social. Artículo 2. Deber de Adoptar Disposiciones de Derecho Interno. Si el ejercicio de los derechos y libertades mencionados en el artículo 1 no estuviere ya garantizado por disposiciones legislativas o de otro carácter, los Estados Partes se comprometen a adoptar, con arreglo a sus procedimientos constitucionales y a las disposiciones de esta Convención, las medidas legislativas o de otro carácter que fueren necesarias para hacer efectivos tales derechos y libertades." Fecha: 04-11-2010. http://www.oas.org/juridico/spanish/tratados/b-32.html

[307] "Artículo 29. Normas de Interpretación. Ninguna disposición de la presente Convención puede ser interpretada en el sentido de: a) permitir a alguno de los Estados Partes, grupo o persona, suprimir el goce y ejercicio de los derechos y libertades reconocidos en la Convención o limitarlos en mayor medida que la prevista en ella; b) limitar el goce y ejercicio de cualquier derecho o libertad que pueda estar reconocido de acuerdo con las leyes de cualquiera de los Estados Partes o de acuerdo con otra convención en que sea parte uno de dichos Estados; c) excluir otros derechos y garantías que son inherentes al ser humano o que se derivan de la forma democrática representativa de gobierno, y d) excluir o limitar el efecto que puedan producir la Declaración Americana de Derechos y Deberes del Hombre y otros actos internacionales de la misma naturaleza." Fecha: 10-12-2010. http://www.oas.org/juridico/spanish/tratados/b-32.html

Algunas constituciones como la de los EEUU[308], brasileña y portuguesa, establecen que la normativa formal constitucional no es exhaustiva de todos los posibles derechos de libertad individual, los cuales, por tanto, no constituyen un número cerrado, así como en otras, la venezolana por ejemplo, se repite la disposición según la cual la enunciación de derechos contenida en la norma constitucional no puede entenderse como negación de otros que siendo inherentes a la persona humana, no figuren expresamente en ella.[309]

Muchas veces puede suceder que aunque los derechos humanos no se encuentren consagrados en los textos constitucionales de los Estados, la jurisprudencia de Cortes Constitucionales o Cortes Supremas de América Latina y de Europa, han apelado al valor vinculante de éstos, para garantizarlos[310].

Resaltamos el caso de Suiza, donde derechos fundamentales como la libertad individual, la libertad de opinión, el derecho a ser escuchado y la prohibición de la arbitrariedad no aparecen en la Constitución Federal Suiza pero han sido reconocidos por el Tribunal Federal suizo como derechos *constitucionales no escritos*.[311]

---

[308] NOVENA ENMIENDA: La enumeración en la Constitución de ciertos derechos, no deberá ser interpretado cómo negación de otros derechos que el pueblo retiene. Fecha: 04-12-2010. http://www.aclufl.org /spanish/derechosCiviles/index.cfm

[309] Entre otras constituciones de países latinoamericanos que consideran la existencia de derechos implícitos encontramos las de Bolivia (art. 35), Colombia (art. 94), Costa Rica, (Art. 74), Guatemala (art. 4) y Paraguay (art. 80). NOGUEIRA ALCALÁ, Humberto. "Los derechos esenciales o humanos contenidos en los tratados internacionales y su ubicación en el ordenamiento jurídico nacional: doctrina y jurisprudencia". *Op. Cit.*, p. 7.

[310] *Ídem*, p. 7.

[311] BON, Pierre. "La protección constitucional de los derechos fundamentales aspectos de derecho comparado europeo". En "Revista del Centro de Estudios Constitucionales", N° 11, Madrid, España, 1992, p. 53.

También en Italia, donde el Tribunal Constitucional italiano incluyó como derechos inviolables algunos no consagrados en su Constitución, el derecho a la dignidad, al honor, a la intimidad, a la reputación (sentencias 38/1973 y 159/1973), derivados de otras normas constitucionales como el artículo 2 de la Constitución italiana y de la *Convención Europea de Derechos Humanos* (art. 8 y 10).[312]

Es importante recordar nuevamente que a nivel nacional, en el derecho interno, se debe analizar como primer punto, el contenido dogmático representativo de estos derechos de los que son titulares todos los ciudadanos y luego complementarlo con la evaluación del sistema de garantías establecidas en la norma constitucional para hacer efectivo el ejercicio de estos derechos por sus titulares.

Acorde a lo que hemos ido explicando a lo largo de este documento a la luz de los argumentos esgrimidos, la doctrina pertinente y la reseña histórica y evolutiva de los derechos humanos, se considerarán *fundamentales* los derechos que como tales, ha asumido la comunidad internacional y la normativa nacional habiéndole atribuido el máximo valor a la garantía de éstos sin distinción alguna, para todos los ciudadanos del país nacional y los sujetos de la comunidad internacional.

2. *El derecho de autor en el marco de los derechos humanos*

Debemos comenzar diciendo que para considerar al derecho de autor como un derecho humano, resulta necesario que éste forme parte de un estadio normativo *"sustentado por el conjunto social"* de forma coherente, dentro de un sistema legal vigente, condiciones que cumplen a cabalidad tanto el derecho de autor como el *copyright*, además del hecho de que esa nor-

---

[312] NOGUEIRA ALCALÁ, Humberto. "Los derechos esenciales o humanos contenidos en los tratados internacionales y su ubicación en el ordenamiento jurídico nacional: doctrina y jurisprudencia". *Op. Cit.,* p. 9.

mativa sea percibida con vocación de *universalidad*, amén de ser *representativa o participar de una libertad fundamental*.[313]

En cuanto a la primera condición arriba mencionada, de que la normativa de derecho de autor para considerarla como derecho humano también tendría que ser percibida con vocación de universalidad, doctrina calificada considera que es posible estar o no de acuerdo con que los derechos a la propiedad privada son derechos humanos al menos en una concepción universal.[314]

Para el jurista *Colmenter Guzmán*, la segunda condición de ser representativa de una libertad fundamental viene dada por el hecho de que la creación intelectual en su totalidad es una manifestación de la libertad de expresión y de la privacidad del ser humano.[315]

---

[313] VIVANT, Michel. «¿Es el derecho de autor uno de los derechos humanos?". En *Le droit d'auteur, un droit de l'homme*, p. 60-123. *Revue Internationale du droit d'auteur (RIDA)*. N° 174, octubre de 1997, p. 72.

[314] Francia va al otro extremo y consagra en su *Code de la propriété intellectuelle*, (art. 111.1) que los derechos de los autores son derechos de propiedad. El concepto de propiedad resulta imperfecto cuando se aplica a objetos *informacionales o ideacionales*. En este contexto la propiedad debería tener un significado y propósito distinto porque los derechos legales de propiedad intelectual no son solamente no excluibles y no excluyentes sino temporales (excepto las marcas comerciales en uso). Los *medios no excluibles* entrañan que es imposible evitar que un individuo que no pague por éstos, disfrute los beneficios de la misma y *bienes no excluyentes* serían los que pueden ser consumidos por una persona sin exclusividad, esto es, sin evitar el consumo simultáneo por parte de otros; estas son las dos características tradicionales de los bienes públicos. GERVAIS, Daniel J. "Propiedad intelectual y derechos humanos: aprendiendo a vivir juntos", p. 68-93. Revista Iberoamericana de Derecho de Autor, Año III, N° 5, Enero-Junio 2009. UNESCO- CERLALC-Universidad de los Andes, p. 69-70, pie de página N° 6. ISSN: 1909-6003.

[315] COLMENTER GUZMÁN, Ricardo. "Implicaciones de derechos humanos en las disposiciones de observancia contenidas en el ADPIC/" Human rights implications in the TRIPs enforcement provisions. *Op. Cit.* p. 22.

De este último, el derecho a la privacidad, se desprende el derecho que ostenta el autor sobre una obra inédita ya que es evidente que la divulgación de una obra en contra de sus deseos, violaría los derechos íntimos de su privacidad de lo que podemos concluir que ese derecho a la privacidad es inherente a la esencia de la propiedad intelectual al igual que los otros derechos humanos; por tanto, este elemento y la propia naturaleza de los derechos de propiedad intelectual, resultan ser los principios básicos de la confidencialidad del pensamiento, de allí que ningún elemento externo podría afectar la relación creador-obra intelectual.[316]

En cuanto a la libertad de expresión, resulta necesario enfocarla en dos dimensiones, la primera, como el derecho a exponer ideas sin ningún cambio que afecte la versión original sin la autorización del creador y la segunda, el derecho de recibir las ideas en ese contexto primigenio. Al garantizar *"...alguna integridad del habla"* debe ser protegida así como la recepción de la idea en su contexto original. Queda claro entonces, que el derecho de expresión está imbuido igualmente, en la esencia de la propiedad intelectual y su consecuencia lógica sería que, como ya dijimos, una violación a esta última, significaría infringir estos dos derechos humanos, el derecho a la integridad y el derecho a la privacidad.[317]

En otro contexto, resulta importante preguntarse si el derecho de autor es considerado un derecho humano por tratarse de un derecho de propiedad (literaria y artística), o más bien, como un derecho nacido de un acto de creación.[318]

---

[316] COLMENTER GUZMÁN, Ricardo. "Implicaciones de derechos humanos en las disposiciones de observancia contenidas en el ADPIC /Human rights implications in the TRIPs enforcement provisions". *Op. Cit.*, p. 22-23.

[317] *Ídem.*, p. 23.

[318] VIVANT, Michel. «¿Es el derecho de autor uno de los derechos humanos?". En "Le droit d'auteur, un droit de l'homme". *Op. Cit.*, p. 74.

Considerarlo un derecho de propiedad resolvería fácilmente la discusión por la sencilla razón de que el derecho de propiedad es considerado por muchos, como un derecho humano, aunque no toda la doctrina este de acuerdo respecto a esto. En Francia por ejemplo, existen opiniones divididas entre los clásicos quienes enfatizan el derecho moral y no aceptan confinar todo el derecho de autor a un derecho de propiedad y por otra parte, los modernos, quienes si consideran al derecho de autor como un derecho de propiedad poniendo de relieve su dimensión económica.[319]

El tratadista *Michel Vivant* afirma que el derecho de autor y la propiedad intelectual en su conjunto, tienen mucho sin duda del derecho de propiedad pero esto difícilmente puede servir de base para su calificación como derecho humano. Tomando en cuenta la universalidad característica de los derechos humanos, habría entonces que extender la paradoja al *copyright* lo que podría hacer fácilmente de éste un derecho humano como derecho de propiedad.[320]

---

[319] El Director de los Derechos Humanos del Consejo de Europa, *Sr. Leuprecht ("discretamente pero sin equívocos")* en el Coloquio *"Droits d'auteur et droits de l'homme"* INPI ed. 1990, Actas, p. 67., invoca tanto el Art. 17.1 de la *Declaración Universal ("toda persona tiene derecho a la propiedad, individual y colectivamente")* como la *Declaración francesa* de 1789 que es aún más radical según la cual "el objetivo de toda asociación política es la conservación de los derechos naturales e imprescriptibles del hombre: esos derechos son la libertad, la propiedad, la seguridad y la resistencia a la opresión" (Art. II) y "como la propiedad es un derecho inviolable y sagrado, nadie puede ser privado de ella, salvo cuando la necesidad pública, constatada legalmente, lo exige evidentemente, y con la condición de una indemnización previa justa" (Art. XVII). VIVANT, Michel. «¿Es el derecho de autor uno de los derechos humanos?". En Le droit d'auteur, un droit de l'homme. *Op. Cit.*, p. 76, pie de página N° 24 y 82-84.

[320] "...La fórmula según la cual el derecho de autor es un derecho humano tiene dificultad para basarse en la afirmación de que el derecho de autor es o sería un derecho de propiedad. Se puede discutir que la propiedad sea un derecho humano, se puede discutir que el derecho de autor sea un derecho de propiedad, la propiedad no está

En lo relativo a considerar el derecho de autor como derecho humano en cuanto que derecho nacido de un acto de creación, continua *Michel Vivant,* no es discutible que haya un derecho a expresar el fruto de su creación por parte del creador, bajo cualquiera de las libertades incluida la de expresión; tampoco que haya un derecho al reconocimiento de la calidad y de la dignidad de creador, autor e inventor, pero de que la propiedad intelectual procedente de la creación, sea, en esa relación con la creación, uno de los derechos humanos, resulta menos seguro.

A diferencia de la propiedad industrial donde el inventor no recibe derechos sobre su invento por esa única calidad, el derecho de autor se presta mejor a un tal análisis si se admite la idea de un vínculo íntimo entre autor y obra.[321]

---

conceptualizada en términos unívocos. ¿Qué queda entonces de un silogismo cuyas premisas están tan mal establecidas y que permite todo tipo de variaciones? Queda quizás que hay que buscar otra cosa." Resulta relevante añadir aquí la opinión de *Portalis el Joven* quien no siendo dogmático ya se sorprendía de que se pudiera poner tanta vehemencia en rechazar la idea oponiendo especificidades que hoy día se calificarían de técnicas, aseverando que: "La necesidad de introducir condiciones para el disfrute no implica la de desnaturalizar el título que da derecho a ese disfrute. Se puede ser propietario temporal, propietario gravado por un usufructo, por un derecho de uso, una servidumbre, una hipoteca, pero no se deja de ser propietario. Nada impide pues que un autor que posee un derecho exclusivo sobre sus obras durante toda su vida, o que su heredero o su representante que disfrutará durante treinta años tras la muerte del que representa, no posean ese derecho a título de propiedad" (Sesión de la Cámara de los Pares, 25 de mayo de 1839, Moniteur 26 de mayo, p. 774. VIVANT, Michel. «¿Es el derecho de autor uno de los derechos humanos?». En *Le droit d'auteur, un droit de l'homme. Op. Cit.,* p. 84 y 116, pie de página N° 47.

[321] *Michel Vivant* concluye su interesante trabajo afirmando que "...sin dejar esto sentado de forma absoluta, decimos que el derecho de autor debe ser uno de los derechos humanos y no el derecho de autor es uno de los derechos humanos"... (...).... Añade que los derechos humanos no son inmutables, que están las generaciones de derechos humanos y *Jacques Robert* considerando únicamente el período contemporáneo,

Algunos autores nos recuerdan los tradicionales enfoques dominantes sobre una cohabitación de la propiedad intelectual con los derechos humanos, uno de tipo conflictivo, que subraya los impactos negativos de la propiedad intelectual en derechos como la libertad de expresión, el derecho a la salud y la seguridad, y otro, un patrón de compatibilidad, que subraya el hecho de que ambos grupos de derechos luchan por el mismo equilibrio fundamental.[322]

La creación intelectual... *le pertenece a su creador como consecuencia de su trabajo y esfuerzo intelectual...",* como expresión de su personalidad, como práctica de sus derechos a la libertad de expresión y privacidad y como resultado del ejercicio de su capacidad para razonar, argumentos que consideramos la base y fundamento de la propiedad intelectual como derecho humano, entendida ésta como *"...nexo natural que une la materialización de una idea con su creador..."* con sus consecuentes beneficios morales y económicos.[323]

Resulta importante resaltar que con la aparición en el panorama internacional del ADPIC, uno de los pilares constitutivos de la OMC, y de otros acuerdos y tratados comerciales a nivel regional y bilateral, resulta patente el giro que ha tomado la propiedad intelectual en su conjunto, lo que supondría dejar de lado la reivindicación del estatus de propiedad y/o de de-

---

describió que la jurisprudencia del Consejo Constitucional hacía evolucionar las decisiones y arbitrajes *"a la luz de la evolución de la sociedad y de su marcha hacia el progreso".* ROBERT, Jacques. *"Le Conseil constitutionnel en question",* Le Monde, 8 décembre 1981...*Ser y deber ser....* VIVANT, Michael, «¿Es el derecho de autor uno de los derechos humanos?». En *Le droit d'auteur, un droit de l'homme. Op. Cit.,* p. 106 y 122, pie de página N° 87.

[322] GERVAIS, Daniel J. "Propiedad intelectual y derechos humanos: aprendiendo a vivir juntos". "Revista iberoamericana de derecho de autor". *Op. Cit.,* p. 71-72.

[323] COLMENTER GUZMÁN, Ricardo. "Implicaciones de derechos humanos en las disposiciones de observancia contenidas en el ADPIC /Human rights implications in the TRIPs enforcement provisions". *Op. Cit.,* p. 26.

recho humano y su incorporación a la materia mercantil[324] como *vector normativo* que determinará el alcance apropiado de los derechos de propiedad intelectual, lo que vemos reflejado en la normativa de propiedad intelectual, cuando se excluyen los derechos morales del autor en acuerdos comerciales y se aplica *la regla de los tres pasos*, prueba enfocada a la luz del comercio y basada en los efectos económicos, como denominador común para las excepciones permisibles para varios derechos de propiedad intelectual[325] en el ADPIC, ambas figuras estudiadas en el primer capítulo de este trabajo.

Daniel J. Gervais afirma que a pesar de que el derecho de autor haya "abandonado" sus raíces en el derecho natural anclando ahora en terrenos comerciales, encuentra su equilibrio interno en cuanto a principios de derechos humanos, reinsertándose normativamente en éstos.

Resulta evidente que el derecho de autor se consagra en la *Declaración Universal* y en el *Pacto Internacional de Derechos Económicos, Sociales y Culturales* además de otros instrumentos regionales ya mencionados, representando esa normativa un fundamento de convivencia con los derechos humanos en razón de que los principios que éstos representan reflejan sin

---

[324] Según afirma el tratadista *Daniel J. Gervais*, como consecuencia de la incursión de la propiedad intelectual en el derecho mercantil, se han venido produciendo algunas fricciones con algunos derechos humanos tales como con el derecho a la salud, conflictos internos con la privacidad y la libertad de expresión aunque se alegue por otra parte, que el derecho de autor es considerado el propulsor de la creación, de la difusión de ideas y expresión libre, por tanto, la libertad de creación sería entonces, un requisito *sine qua non* para la vigencia de la libertad de expresión. GERVAIS, Daniel J. "Propiedad intelectual y derechos humanos: aprendiendo a vivir juntos". "Revista iberoamericana de derecho de autor". *Op. Cit.*, p. 72.

[325] Esta regla es determinante para todas las excepciones al derecho de autor tanto en el ADPIC (art. 13), como en el TODA (art. 10) y el TOIEF (art. 16); también para las excepciones a la protección del diseño industrial y derechos de patente (artículos 26.2 y 30 respectivamente, de los ADPIC). *Ídem*, p. 71 y 74.

lugar a dudas, el equilibrio del derecho exclusivo del autor con sus limitaciones y excepciones justificadas en razones de interés público, lo que nos habla de un equilibrio intrínseco y de un objetivo dual de la normativa de derechos humanos.[326]

Es en estos dos instrumentos internacionales arriba mencionados, teniendo como telón de fondo el derecho a la cultura conjuntamente con el derecho de autor, que encontramos la misión del derecho de autor que no es otra que promocionar la actividad cultural logrando con ella un verdadero equilibrio, por lo que un marco de derechos humanos provee un eje normativo específico en la elaboración e interpretación de la normativa de derecho de autor. Este último con el derecho a la cultura, se retroalimenta necesitándose el uno al otro para que se creen nuevas obras pero por distintas razones, el derecho de autor para justificar su existencia y el derecho a la cultura para alimentarse y progresar por cuanto es obvio que para crear nuevas obras, se necesitan las obras existentes.[327]

Queda claro que el derecho de autor a la luz de los derechos fundamentales, tutela dos ámbitos de la libertad humana en relación con el sujeto/autor. Respecto a este último, le protege su condición de autor a partir del momento de la creación de la obra con una titularidad primigenia o derivada, como un atributo humano del creador, y como segundo ámbito, protege la libertad de creación por lo que se trata de un derecho que

---

[326] Esto lo evidenciamos en conflictos puntuales con la libertad de expresión por ejemplo, lo que no quiere decir que por ello, el derecho de autor y los derechos humanos no compartan ampliamente, objetivos similares. GERVAIS, Daniel J. "Propiedad intelectual y derechos humanos: aprendiendo a vivir juntos". "Revista iberoamericana de derecho de autor". *Op. Cit.*, p. 92.

[327] El autor concluye en que este mismo enfoque puede ser aplicado a otros derechos de propiedad intelectual como las patentes, los cuales están como el derecho de autor, en la "…búsqueda de un ancla normativa, como resultado de su desplazamiento al dominio comercial y de haber abandonado su estatus de propiedad, no muy útil por cierto, salvo como herramienta teórica. *Ídem,* p. 92-93.

inicialmente protege al sujeto en la esfera de su libertad creativa (aspecto subjetivo) y no sólo de un derecho exclusivo de los autores que crean una obra protegible por la propiedad intelectual (aspecto objetivo).[328]

A. *Justificación teórica y de derecho positivo*

Según el tratadista *André Kéréver*, para determinar el estatus del derecho de autor como derecho humano y derecho fundamental, se impone proceder a su estudio por medio de un análisis teórico y otro de derecho positivo.

a. *Justificación teórica*

Mediante el primer enfoque, a través de un análisis teórico-filosófico se trata de conocer si existe una justificación para asimilar el derecho de autor a los derechos humanos para lo que debemos conocer qué se entiende por derecho humano y cuál es la naturaleza del derecho de autor, lo que nos permitirá determinar si este derecho por su naturaleza y objeto debe ser reconocido como derecho humano.[329]

Para *Kéréver*, el derecho de autor para ser reconocido como tal, debe cumplir dos condiciones: la de ser *fundamental* en el sentido de que su privación negaría la existencia y la dignidad del ser humano, y precisamente por ser fundamental, ser reconocido como valor *universal*.

Respecto a esta segunda condición, *Kéréver* afirma que *la universalidad de los derechos humanos,* en ningún caso, puede depender de ningún relativismo cultural entendido como sistema de pensamiento donde los valores del hombre y la sociedad varían en función de referencias culturales de diversas

---

[328] CASTRO BONILLA, Alejandra. "El derecho de autor como un derecho humano". Costa Rica. *Op. Cit.*, p. 6.

[329] KÉRÉVER, André. "El derecho de autor como derecho humano". La opinión de un especialista. "Cincuentenario de la Declaración Universal de derechos humanos". Boletín de derecho de autor. Volumen XXXII, N° 3. Ediciones UNESCO. Julio-Septiembre 1998, p. 18.

comunidades, al menos en cuanto a su disfrute aunque su ejercicio si podría depender en cierta medida de la historia y cultura locales.

Así como los derechos humanos son derechos universalmente reconocidos, se señala que la expresión derecho de autor no procede de una concepción única universalmente aceptada y que se refiere a la coexistencia de dos regímenes jurídicos, el del *droit d'auteur* y el del *copyright* o derecho de autor de empresa, noción económica cuyo fin es proteger las inversiones realizadas por éstas, las que tienen derechos que aunque protegen legítimos intereses, no pueden ser considerados como derechos humanos y es sólo el régimen del derecho de autor que nace en la persona del creador, el que puede por su propia naturaleza, asimilarse a los derechos humanos.[330]

Parte de la doctrina afirma que las discrepancias entre ambos sistemas son más teóricas que prácticas ya que aunque se mantienen sus diferencias, paralelamente, se ha ido produciendo una suerte de convergencia en algunos aspectos de forma y fondo. De forma, ya que los países del *copyright* han proliferado sus leyes escritas y los países del sistema continental o derecho romano germánico, potencian cada vez más, su jurisprudencia dentro de su ordenamiento jurídico. De fondo, dada la tendencia acentuada de la connotación mercantilista a las obras, dependiendo más de las leyes que rigen el mercado que de la valoración estética y artística hacia el autor.[331]

---

[330] KÉRÉVER, André. "El derecho de autor como derecho humano". *La opinión de un especialista*. "Cincuentenario de la Declaración Universal de derechos humanos". *Op. Cit.*, p. 19.

[331] Los sistemas jurídicos del mundo anglosajón y europeo enfocan los derechos de autor de forma distinta, mientras que los primeros conciben esos derechos con una concepción utilitarista, los europeos los conciben como derechos de la persona, sin existir una idea uniforme sobre los alcances y contenidos de estos derechos. LOREDO ÁLVAREZ, Alejandro. "Derecho de autor y *copyright* dos caminos que

Ahora bien, para el ya mencionado tratadista *André Kéréver*, este sistema jurídico continental del derecho de autor al cohabitar con el *copyright* anglosajón, nos pudiera llevar a la conclusión de no estar universalmente reconocido, pero esta respuesta negativa basada en la falta de universalidad sería errónea por ser producto de un análisis superficial ya que el hecho de existir una zona geográfica amplia donde predomina el *copyright* no nos permite negar el carácter universal de los valores en que se funda el derecho de autor de la persona del creador.

Acorde a la primera condición, el ser fundamental, es necesario conocer si el derecho de autor como derecho de la persona del creador, es suficientemente *fundamental* para merecer su inclusión en la categoría de los derechos humanos fundamentales, para lo que necesitamos precisar nuevamente, qué es un derecho fundamental lo que correspondería a un derecho cuyo reconocimiento es imprescindible para que una persona humana pueda no sólo vivir en el sentido biológico del término, sino además alcanzar su plenitud en la sociedad a que pertenece, como serían el derecho a la vida personal y familiar.[332]

Al derecho a la vida se suma el derecho a la libertad que comprende varios elementos, como la libertad de expresión, la libertad religiosa, entre otras, y es allí donde nos encontramos con que existen estrechos vínculos entre el derecho a la libertad de expresión entendida como la libertad de creación cultural y el derecho de autor en su concepción humanista y personalista, contentivo éste de las prerrogativas jurídicas patrimoniales y morales que se reconocen a la persona del autor en relación con la obra creada, vinculación que corrobora el

---

se encuentran", p. 13 y 16. Fecha: 12-10-2010. http://www.cecolda.org.co /images/publicaciones/ed11_5.pdf

[332] KÉRÉVER, André. "El derecho de autor como derecho humano". "La opinión de un especialista". *Op. Cit.*, p. 19.

carácter absoluto de los derechos del autor por su vinculación con la personalidad del creador.[333]

Immanuel Kant fue el filósofo que afirmó más claramente la identificación del derecho de autor con los derechos humanos, lo que supone derechos exclusivos, patrimoniales y morales, respecto de la persona del autor expresada en su creación. Es por ello que sus seguidores incluyen al derecho de autor dentro de los derechos y libertades fundamentales del ser humano considerándolo como *"...una prolongación de la libertad de crear"*.[334]

A esto se objeta que si la obra refleja la personalidad del autor y el discurso objeto del derecho de autor sólo existe en una persona, se deduce que la creación implica un elevado nivel cultural ya que se protegerían las llamadas *producciones del genio o du genie,* aunque no todas las creaciones protegidas por el derecho de autor puedan ser consideradas *geniales.*[335]

Sobre este último punto es necesario recordar que la obra como huella de la personalidad del autor es independiente del mérito y se manifiesta de diferentes formas según el tipo de obra, pudiendo concluir en que el derecho de autor constituye una rama de la libertad de expresión que forma parte de los derechos humanos debido a su carácter fundamental y universal.[336]

b. *Justificación de derecho positivo*

Según el segundo enfoque de *André Kéréver*, esta asimilación del derecho de autor a los derechos humanos no

---

[333] KÉRÉVER, André. "El derecho de autor como derecho humano". "La opinión de un especialista". *Op. Cit.,* p. 19-20.

[334] COHEN, D. «La liberté de créer». 2ª Ed. Paris, Dalloz, 1995, p. 239.

[335] VIVANT Michel. "Es el derecho de autor uno de los derechos humanos?". «Le droit d'auteur, un droit de l'homme». *Op. Cit,* p. 20.

[336] KÉRÉVER, André. "El derecho de autor como derecho humano". "La opinión de un especialista". *Op. Cit.,* p. 21.

sólo se justifica desde el punto de vista filosófico[337] como ya vimos, si no que aparece consagrada expresamente, en el derecho positivo internacional.

En efecto, en el Preámbulo de la *Declaración Universal* de 1948, se consagra un compromiso global de la humanidad para garantizar el desarrollo y protección de la efectividad y resguardo de los derechos humanos. A tal efecto, se establece expresamente que:

"...todos los pueblos y naciones deben esforzarse, a fin de que tanto los individuos como las instituciones, inspirándose constantemente en ella, promuevan, mediante la enseñanza y la educación, el respeto a estos derechos y libertades, y aseguren, por medidas progresivas de carácter nacional e internacional, su reconocimiento y aplicación universales y efectivos, tanto entre los pueblos de los Estados Miembros como entre los de los territorios colocados bajo su jurisdicción".[338]

Es importante destacar que los derechos humanos han sido considerados como inherentes y esenciales al hombre y

---

[337] Los países del derecho romano germánico o continental conciben los derechos del autor como un derecho natural inherente a la persona, lo que lo convierte en un derecho humano, lo que se fundamenta en una concepción naturalista y humanista, por considerarlos derechos naturales que acompañan al hombre por el mero hecho de serlo. A esto se opone otra parte de la doctrina en razón de que entre otros argumentos, los derechos no son naturales, los construye una sociedad históricamente, además si acaso tuvieran un fundamento natural no sería moralmente correcto colocar los derechos de autor como derechos humanos al mismo nivel que los derechos como la vida, la libertad, la salud, que se relacionan directamente con la dignidad humana, ya que estos son derechos de otro nivel; a esto se añade entender al derecho de autor como derechos utilitaristas en lo atinente al progreso social y cultural de la colectividad, según la tradición de los EEUU "Un derecho de autor es derecho en tanto y cuanto está en relación en y con la sociedad, pero a diferencia del derecho a la vida, no es inherente al núcleo más vital de la persona, sino que es relevante cuando tiene consecuencias sociales." LOREDO ÁLVAREZ, Alejandro. "Derecho de autor y *copyright* dos caminos que se encuentran". *Op. Cit.*, p. 2-3.

[338] Fecha: 13-11-2010. http://www.un.org/es/documents/udhr/index.shtml

por consiguiente, como anteriores al propio Estado. La progenitura de los derechos humanos implica que éste debe respetarlos no sólo en cuanto a sus finalidades sino en tanto a los medios de los propios derechos, lo que refiere indudablemente, a la noción de garantía de los derechos ya prevista en el texto de un cuerpo jurídico a fin de asegurar al menos, un derecho mínimo y un máximo resguardo.[339]

La concepción de los derechos humanos ha evolucionado en el transcurso del tiempo, en particular, desapareció la visión exclusivamente individualista y su justificación como algo extraño a la voluntad de las personas, asignándoseles mayor responsabilidad en la sustentación del orden jurídico.[340]

Todos los derechos humanos descansan en principios de igualdad y libertad. Ahora bien, la igualdad tiene una dimensión sociopolítica y filosófica, ambas no pueden ser fundadas lógicamente y por ende, no pueden ser demostradas ante personas formadas en culturas ajenas a estas nociones, lo que origina el problema que surge cuando afirmamos que todas las culturas son iguales cuando sabemos que muchas de ellas niegan los principios de igualdad y de equivalencia de las culturas.[341-342]

---

[339] VILLALBA, Carlos Alberto. "El derecho de autor y los derechos conexos en las declaraciones y tratados sobre derechos humanos". *Op. Cit.*, p. 2.

[340] *Idem*, p. 3.

[341] Afirma *Castoriadis* que: "...La exigencia de igualdad implica también igualdad de nuestras responsabilidades en la formación de nuestra vida colectiva. La exigencia de igualdad sufriría una perversión radical si se refiriera únicamente a "derechos" pasivos. Su sentido es también sobre todo el sentido de una actividad, de una participación, de una responsabilidad iguales". CASTORIADIS, Cornelios "Naturaleza y valor de igualdad". *Los dominios del hombre: las encrucijadas del laberinto*, Editorial Gedisa, Barcelona 1994.

[342] VILLALBA, Carlos Alberto. "El derecho de autor y los derechos conexos en las declaraciones y tratados sobre derechos humanos". *Op. Cit.*, p. 4.

Los derechos humanos como cuerpo doctrinario y como *práctica jurídico-política,* constituyen un *todo único e indivisible* en razón de tener un solo *centro de referencia e imputación,* ya sea el ser humano como individuo o la humanidad entera en su visión genérica, por tanto, parcelarlos presupone atentar a una unidad básica que fundamenta su razón de ser, a pesar de que en su normativa sustantiva como en su ejercicio, encontramos históricamente, una división entre los derechos civiles y ciudadanos y los económicos, sociales y culturales.[343]

Además, en la práctica, resulta inevitable que se produzca cierta distancia entre el derecho nominal y el derecho real, aunque es aceptada generalmente, como una distancia de poca significación; es decir, entre las normas y el grado de acatamiento de las mismas no debe ni puede haber una distancia excesiva. Esto es particularmente cierto en materia de derechos humanos.[344]

Como resultado de ello, en el ámbito regional americano e internacional, se ha consagrado una normativa de protección a los derechos humanos, así como procedimientos especiales

---

[343] Una mirada por las diferentes normativas de derechos humanos, desde el *Bill of Rights* de 1689, continuando con la *Declaración de Derechos de Virginia* de 1776 y la *Declaración de Derechos de Massachusetts* en 1780, las Declaraciones francesas de los Derechos del Hombre y del Ciudadano de 1789 y 1793, los artículos relativos al tema en la Constitución de Cádiz de 1812 y los de la *Constitución de Weimar* de 1919, nos muestran que en un principio, el centro sólido de los derechos humanos se ubicaba en el ámbito político y ciudadano y que con posterioridad es que se comenzó a considerar su potencial aplicación a las áreas de la economía, la sociedad y la cultura. VIDAL-BENEYTO, José. "Globalización de culturas y derechos humanos". *Introducción,* p. 13-21. VIDAL-BENEYTO, José (Ed.). "Derechos humanos y diversidad cultural". *Globalización de las culturas y derechos humanos.* Icaria Antrazyt 234. Primera edición. Barcelona, Enero, 2006. ISBN: 84-7426-738-2, p. 20.

[344] VILLALBA, Carlos Alberto. "El derecho de autor y los derechos conexos en las declaraciones y tratados sobre derechos humanos". *Op. Cit.,* p. 6.

de aplicación supranacional, es decir, por encima de las competencias y jurisdicciones locales. De hecho, desde mediados del siglo XX, se ha evidenciado en la comunidad internacional, una tendencia hacia el control de las facultades del Estado con objeto de lograr la efectiva vigencia de los derechos humanos en el ámbito interno de cada entidad estatal.[345]

Como hemos visto, la tendencia positivista con relación específica al derecho de autor como derecho humano se afianzó a partir del año de 1948, en un primer momento en el hemisferio americano y a nivel internacional, incrementándose desde entonces dicha tendencia hasta el punto de lograr un reconocimiento sin discriminaciones e, inclusive, una protección de relativa eficacia por parte de algunos Estados.[346]

---

[345] Es importante señalar que la maquinaria global de Naciones Unidas no tiene carácter jurisdiccional y se limita a sanciones políticas que sólo pueden tener efectos punitivos de manera indirecta y en determinadas circunstancias, principalmente cuando generan efectos desestabilizadores más allá de las fronteras del Estado violador, activando así la competencia del Consejo de Seguridad. Esta maquinaria, sin embargo, en particular la Comisión de Derechos Humanos, ha sufrido de una politización extrema que ha afectado gravemente su credibilidad. Primero por la superada confrontación este-oeste y luego por la latente confrontación Norte-Sur así como por carecer de un mecanismo jurisdiccional. La reforma de Naciones Unidas propuesta por el ex Secretario General de la ONU, Kofi Annan (Informe del Secretario General: "Un concepto más amplio de la libertad: desarrollo, seguridad y derechos humanos para todos." Decisiones propuestas a los Jefes de Estado y de Gobierno en septiembre de 2005) incluye medidas para recuperar esa credibilidad tales como la creación de un nuevo Consejo de Derechos Humanos sustitutivo de la actual Comisión y cuyos miembros serían electos por una mayoría calificada de dos tercios. Ello probablemente no le daría cabida en su seno a países que como los Estados Unidos y Cuba, han politizado los trabajos de la actual Comisión. Fecha: 26-06-2011. http://www.un.org/spanish/larger freedom /statement.html

[346] VILLALBA, Carlos Alberto. "El derecho de autor y los derechos conexos en las declaraciones y tratados sobre derechos humanos". *Op. Cit.*, p. 11.

Resulta claro que existen algunos elementos comunes al derecho de autor y a los derechos humanos, estos son, el hecho de que *"...sólo el hombre es el sujeto de derecho..."* y de que *"..., todos los hombres son iguales y acreedores de este derecho..."* independientemente de su lugar de origen, residencia, nacionalidad así como de *"...su condición racial, étnica o religiosa...",* además de que los seres humanos y las instituciones creadas para su protección, tienen *"...una capacidad procesal propia para demandarlo y la violación sistemática de estos derechos puede tipificar un crimen de estado y por tanto concerniente al ámbito interno y al internacional".*[347]

Más allá de los mencionados puntos de convergencia entre estos derechos, encontramos una relación indisoluble entre ambos, ya que si llegaran a aplicarse estrictamente, los principios que fundamentaron y tutelaron el derecho de autor en la legislación consecuencia de la Revolución Francesa, *"...toda obra, independientemente del lugar de su realización o publicación, o de la nacionalidad o domicilio del creador, debería tutelarse en cada país donde se reclamara la protección, tratándose...", "... de uno de los atributos fundamentales del hombre, consagrado así en las Declaraciones y Convenios Internacionales sobre derechos humanos".*[348]

B.   *El derecho de autor en Declaraciones internacionales y regionales de derechos humanos*

En este subcapítulo, presentadas en orden cronológico, volvemos sobre algunas de las *Declaraciones* de derechos humanos en el ámbito internacional[349] y regional, pero ahora

[347] VILLALBA, Carlos Alberto. "El derecho de autor y los derechos conexos en las declaraciones y tratados sobre derechos humanos". *Op. Cit.,* p. 12.

[348] ANTEQUERA PARILLI, Ricardo. "El nuevo régimen del derecho de autor en Venezuela". *Op. Cit.,* p. 551.

[349] Además de los más importantes instrumentos internacionales, varias Declaraciones y Convenciones de la UNESCO, incluyen protección para

en relación específica, con sus contenidos referidos al derecho de autor.

a.   *La Declaración de los Derechos del Hombre y el Ciudadano*

Aunque esta declaración de 1789, la *Declaración Francesa*, no incluyó expresamente el derecho autoral, es importante reseñarla dada su gran relevancia histórica. En Francia, un decreto de 1791 sancionó el derecho de ejecución y de representación y no es sino en 1793, igualmente mediante decreto, que se confiere al autor el derecho exclusivo de reproducción, consagrando "la propiedad literaria y artística" con base en el trabajo intelectual del autor "*...como derecho más legítimo y más sagrado que el de la propiedad de las cosas*".[350]

Lo que la *Declaración Francesa* sí consagró fue la libertad de expresión en su artículo XI donde si bien reconoce a todo ciudadano el derecho de divulgar libremente la obra creada, lo hace principalmente, como una libertad política cuyo ejercicio

---

la propiedad intelectual en su conjunto (derecho de autor y propiedad industrial), entre estos últimos, resaltamos la *Declaración de Principios de la Cooperación Cultural Internacional* proclamada el 04-11-1966, en la Conferencia General de la UNESCO que en su Artículo IV establece que: "Las finalidades de la cooperación cultural internacional, en sus diversas formas –bilateral o multilateral, regional o universal- son "... 4. Hacer que todos los hombres tengan acceso al saber, disfruten de las artes y de las letras de todos los pueblos, se beneficien de los progresos logrados por la ciencia en todas las regiones del mundo y de los frutos que de ellos derivan, y puedan contribuir, por su parte, al enriquecimiento de la vida cultural;..." Fecha: 11-11-2010. http://portal.unesco.org/es/ev. php-URL_ID=13147&URL_DO=DO_TOPIC&URL_SECTION=201.html.

[350]   Los autoralistas *Mouchet y Radaelli* acotan que:"...Tal asimilación a la propiedad aparecía justamente para robustecer este criterio, en la inteligencia de que aquella era "la relación jurídica más completa que pueda vincular un titular al objeto de su derecho" y que ella aseguraba al autor "el goce y disposición más plena sobre los productores de su trabajo intelectual". RADAELLI, Sigfrido Augusto, MOUCHET, Carlos. "Los derechos del escritor y del artista". Editorial Sudamericana. Bs. As. 1957, p. 17.

solo se puede limitar en caso de abuso; más que nada se trata de afirmar los derechos del ciudadano frente al Estado y no de instituir derechos subjetivos que se puedan hacer valer ante terceros. Ahora bien, en la declaración se califica a estos derechos subjetivos de derechos de propiedad[351].

En el artículo II, se enumeran como *derechos naturales e imprescriptibles* del hombre, la libertad, la seguridad, la resistencia a la opresión y la propiedad[352], lo que puede hacer caer en la tentación de identificar al derecho de autor que se puede oponer a terceros, de derecho de propiedad, natural e imprescriptible sobre la obra, que no constituye una propiedad banal que se pueda expropiar ya que es personal, anunciando así, el legislador revolucionario, la teoría romano-continental que coloca el derecho de autor en el cruce del derecho de la personalidad y el derecho de la propiedad.[353]

b.   *La Declaración Americana de los Derechos y Deberes del Hombre*[354]

Esta Declaración, la *Declaración Americana*, sin crear en sus inicios, como ya vimos, obligaciones contractuales jurídicas

---

[351]   KÉRÉVER, André. "El derecho de autor como derecho humano". *La opinión de un especialista. Op. Cit.*, p. 21.

[352]   Sin hacer distinciones entre los tipos de propiedades, este artículo 2 de la *Declaración francesa* establece: "El objeto de toda asociación política es la conservación de los derechos naturales e imprescriptibles del hombre. Estos derechos son: la libertad, la propiedad, la seguridad y la resistencia de la opresión". VILLALBA, Carlos Alberto. "El derecho de autor y los derechos conexos en las declaraciones y tratados sobre derechos humanos". *Op. Cit.*, p. 6.

[353]   *Ibídem,* p. 22.

[354]   La *Declaración Americana de los Derechos y Deberes del Hombre* fue aprobada por la Novena Conferencia Internacional de los Estados Americanos, en Bogotá, Colombia, el 02-05-1948 por Resolución XXX, Unión Panamericana, Acta Final de la Conferencia, 38-45, Washington, D.C., 1948. Fecha: 15-04-07. http://209 85.165.104/search?q=cache TmkNLj b9cd4J: www.cidh.oas.org/Basicos/Basicos1. htm+%E2%80%9 CDe claraci%C3%B3n+Americana+de+los+Derechos+y+Deberes+del+ Hombre %E2%80%9D&hl =es&ct=clnk&cd=1&gl=ve&lr=lang_es

para los Estados miembros de la OEA ya que solo fue considerada como una recomendación, reconoció en su artículo XIII como un derecho a los beneficios de la cultura que:

"Toda persona tiene el derecho de participar en la vida cultural de la comunidad, gozar de las artes y disfrutar de los beneficios que resulten de los progresos intelectuales y especialmente de los descubrimientos científicos.

Tiene asimismo derecho a la protección de los intereses morales y materiales que le correspondan por razón de los inventos, obras literarias, científicas o artísticas de que sea autor".

Es importante señalar que en el Estatuto (Resolución N° 477 de octubre de 1979[355]) de la ya mencionada Comisión Interamericana de los Derechos Humanos, específicamente en los artículos 1, 2b y 20, se define la competencia de la misma respecto a los derechos humanos enunciados en esta declaración y hoy día, como vimos anteriormente, esta *Declaración Americana* constituye una fuente de obligaciones internacionales[356] para todos los Estados Miembros de la OEA.

c.   *La Declaración Universal de Derechos Humanos*

Ese mismo año de 1948, unos meses más tarde, se consagra la *Declaración Universal*[357] que también presentáramos anteriormente, la cual reconoce en su artículo 27 numerales 1° y 2° que:

"1. Toda persona tiene derecho a tomar parte libremente en la vida cultural de la comunidad, a gozar de las artes y a participar en el progreso científico y en los beneficios que de él resulten.

---

[355]   Fecha: 15-04-07. http://209.85.165.104/search?q=cache: 6F4HVQKDN DwJ: www1.umn.edu/humanrts/iachr/B/10-esp-5.html+Estatuto+de +la+Declaraci%C3%B3n+Americana+de+los+Derechos+y+Deberes+ del +Hombre%E2%80%9D&hl=es&ct=clnk&cd=3&gl=ve&lr=lang_es

[356]   Fecha: 15-04-07. http://www.cidh.oas.org/Basicos/Basicos9.htm

[357]   La Declaración Universal de Derechos Humanos fue adoptada por la Asamblea General de las Naciones Unidas, en fecha 10-12-1948. mediante Resolución 217A (III).

2. Toda persona tiene derecho a la protección de los intereses morales y materiales que le corresponda por razón de las producciones científicas, literarias o artísticas de que sea autora."

Para el jurista colombiano *Rengifo García*, este artículo en su primer numeral consagra el derecho a la cultura mientras que en el segundo *"...establece la propiedad de la creación para sus autores"*,[358] lo que puede resultar ambiguo ya que parecería que esto último constituiría un fragmento de un derecho más amplio a participar en la vida cultural de su literal a), lo que nos indica que el derecho a la protección de la obra que se reconoce al autor, constituye un límite y un equilibrio al derecho del público a participar en la vida cultural, lo que ha llevado a algunos tratadistas a dudar que el artículo 27 de esta *Declaración Universal* consagre realmente, el derecho de autor como derecho humano aunque la mayoría de los exegetas opinan lo contrario[359-360], tal como el tratadista *René Cassin* quien en su momento afirmó que el artículo 27 de la Declaración Universal *"...incluye entre los derechos humanos fundamentales los derechos de los creadores de las obras del intelecto."* [361]

El reconocimiento de los intereses de los autores en su segundo numeral es complementado por el artículo 17 de la misma declaración, que consagra el derecho general a la pro-

---

[358] RENGIFO GARCÍA, Ernesto. "Propiedad intelectual. El moderno derecho de autor". *Op. Cit.*, p. 62.

[359] El Tribunal de Apelación de París consagró que la asimilación del derecho de autor a los derechos humanos comportaba derechos cuando estableció que "la renuncia al derecho moral es contraria al poder público internacional consagrado en el artículo 27 de la Declaración Universal". FRANCIA. Sentencia del Tribunal de Apelación de París del 1° de febrero de 1989. *RIDA*, N° 142, Octubre 1989, p. 301.

[360] El artículo 27 fue muy discutido en su momento y la mayoría que hizo caso omiso de la oposición, con un espíritu de conciliación, aceptó las concesiones de redacción. STROWE, Alain. "Droit d'auteur et Copyright". Librairie Générale de Droit et de Jurisprudence (LGDJ). Bruylant. Bruselas / Paris, 1993, p. 157.

[361] CASSIN, René. "Etudes sur la propriété industrielle, littéraire et artistique". Melanges palisant. Paris, Sirey, p. 225.

piedad de la manera siguiente: *"1. Toda persona tiene derecho a la propiedad, individual y colectivamente. 2. Nadie será privado arbitrariamente de su propiedad"*. La implicación de este artículo es que son los Estados los que regularán los derechos propietarios de los individuos, lo que harán conforme a derecho.[362]

Los derechos de esta declaración son desarrollados posteriormente, en el Pacto internacional sobre derechos civiles y políticos y en el Pacto internacional de derechos económicos, sociales y culturales, ambos de 1966.[363]

---

[362] El derecho general de propiedad con su impecable pedigrí liberal tomado de la *Declaración de los derechos del hombre y del ciudadano*, consecuencia directa de la revolución francesa, del 26 de agosto de 1789 y de la Carta de Derechos de los EEUU (USA *Bill of rights*) no fue incluido en los dos pactos de la ONU. El artículo 15.1 del *Pacto Internacional de Derechos Económicos, Sociales y Culturales* se circunscribe al reconocimiento del derecho que beneficia al creador de proteger sus intereses morales y materiales que resulten de cualquier producción científica, literaria y artística de su autoría asumiendo que los autores tienen el derecho a la protección de sus intereses. Este derecho reconocido por este artículo constituye uno de los elementos de un derecho general, los otros dos elementos vienen dados por los derechos de acceso a la vida cultural y a beneficiarse del progreso científico. Ambos pactos de la ONU, ponen un especial énfasis sobre los intereses que la humanidad entera, tiene en la difusión del conocimiento lo que revela la lectura por una parte, del *Pacto Internacional de Derechos Económicos, Sociales y Culturales* que en su artículo 11 promociona la diseminación del conocimiento en el contexto de la libertad; su artículo 15.2 que estatuye que el derecho del artículo 15.1., exige a los Estados tomar pasos para difundir la ciencia y la cultura; y en su artículo 15.3 donde exige respeto para la libertad de investigación científica y la libertad creadora y por otra parte, del artículo 19.2 del *Pacto Internacional sobre derechos civiles y políticos*, que vincula la libertad de expresión con el flujo de información. DRAHOS, Peter. "The universality of intellectual property rights: origins and development". *Intellectual property and human rights. Op. Cit.*, p. 24, pie de página N° 39.

[363] Estos instrumentos internacionales vieron luz en pleno desarrollo de la guerra fría liderizada por la extinta Unión Soviética. Nuevos Estados soberanos en África y Asia, afinaron los proyectos de estos dos pactos internacionales con la meta de enfatizar los derechos de autodetermi-

C. El derecho de autor en convenios internacionales

En este aparte, presentaremos los arriba mencionados Convenios internacionales vinculados con la cultura y el derecho de autor.

a. Pacto Internacional de Derechos Económicos, Sociales y Culturales

En materia de derechos humanos, no solamente se incluyó el reconocimiento del tema cultural y el derecho de autor en algunas declaraciones, sino ya en un Convenio internacional posterior de especial importancia para la humanidad entera, como fue, en 1966, el *Pacto Internacional de Derechos Económicos, Sociales y Culturales* aprobado por la Asamblea General de la ONU.

Este Pacto[364] tiene carácter obligatorio para los Estados Contratantes; su artículo 15, inciso 1, reza:

> *"1. Los Estados partes en el presente Pacto reconocen el derecho de toda persona a: a) Participar en la vida cultural b) Gozar de los beneficios del progreso científico y de sus aplicaciones; c) Beneficiarse de la protección de los intereses morales y materiales que le correspondan por razón de las producciones científicas, literarias o artísticas de que sea autora"*.[365]

---

nación de los pueblos, soberanía nacional sobre los recursos naturales y libertad contra la discriminación racial. *Ídem.*, p. 24.

[364] El *Pacto Internacional de Derechos Económicos, Sociales y Culturales* fue aprobado el 16-12-1966, 993 U.N.T.S.3 que entró en vigor el 03-01-1976, mediante Resolución 2200 A (XXI) de la Asamblea General de las Naciones Unidas. Fecha: 10-04-07. http://209.85.165.104/search?q=cache:qYtTNAOCTnEJ:www.unhchr.ch/spanish/html/menu3/b/a_cescr_sp.htm+%E2%80%9CPacto+Internacional+de+Derechos+Econ%C3%B3micos,+Sociales+y+Culturales%E2%80%9D&hl=es&ct=clnk&cd=1&gl=ve&lr=lang_es

[365] El jurista cubano *Rafael Roselló Manzano* opina sobre el Comentario General número 17 del Comité de derechos económicos, sociales y culturales, durante su sesión número 35, en noviembre de 2005, sobre el contenido del artículo 15, párrafo 1.c) del Pacto Internacional de los

Este artículo 15[366] "...consagra la concepción más amplia de los derechos culturales que existe en una convención de

derechos Económicos, Sociales y Culturales que establece: "El derecho de toda persona a beneficiarse de la protección de los intereses morales y materiales que le correspondan por razón de las producciones científicas, literarias o artísticas de que sea autora es un derecho humano, que deriva de la dignidad y el valor inherentes a cada persona". De seguidas este Comité afirma que: "Este hecho distingue el artículo 15, párrafo 1.c), y otros derechos humanos, de la mayoría de los derechos reconocidos en los sistemas de propiedad intelectual. Los derechos humanos son derechos fundamentales, inalienables y universales que pertenecen a los individuos..."(...)"...En contraste con los derechos humanos, los derechos de propiedad intelectual son generalmente de naturaleza temporal, pueden ser revocados, objeto de licencia o asignados a otra persona...". Al respecto, *Roselló* nos dice que a pesar de esta diferencia que en ciertos casos no es aplicable a los derechos morales y la ratificación de que "...es importante no igualar los derechos de propiedad intelectual con el derecho humano regulado en el artículo 15.1.c)..." , no pasa de ser un punto meramente formal ya que, más adelante, al explicar el contenido normativo del artículo en lo atinente a lo que debe ser entendido como derecho moral, menciona el contenido del artículo 6 bis del Convenio de Berna, con un comentario tranquilizador para los países del sistema del copyright, donde clarifica que "...la protección de los intereses morales puede ser hallada, en extensiones variables, en la mayoría de los Estados, sin importar el sistema legal vigente." En consecuencia, concretamente, a nivel de la Declaración Universal y del Pacto Internacional de los derechos Económicos, Sociales y Culturales, si existe un derecho humano del autor a beneficiarse de la protección de los intereses morales y materiales que le correspondan por la creación de una obra. Ahora bien, por el tipo de instrumento jurídico en que se encuentra incluido, su potencial infracción no está garantizada a los titulares para poder reclamar ni tampoco para obligar a los Estados a garantizarlos; queda entonces sólo como una regulación deontológica que reproduce lo dispuesto por el artículo 6 bis del Convenio de Berna. Texto de Comentario General número 17 del Comité de derechos económicos, sociales y culturales, en su sesión número 35, en noviembre de 2005. Fecha: 10-04-2014. http://portal.unesco.org/culture/es/files/30545/ 11432108781 Comment_sp.pdf/Comment_sp.pdf. Comentario de ROSELLÓ MANZANO, Rafael. "Derechos de la personalidad y derechos morales de los autores". *Op. Cit.*, p. 37-38.

[366] La obligación legal de respetar el derecho de autor proviene de este Pacto que retoma lo establecido en el artículo 27 de la *Declaración Universal* añadiendo "...una condición previa a la libertad del derecho

derechos humanos de carácter internacional...", sólo comparable en relación a la cantidad de manifestaciones, a la Carta Africana sobre Derechos Humanos y de los Pueblos (Carta de Banjul) que fuera aprobada el 27 de julio de 1981 en Nairobi, Kenia, durante la XVIII Asamblea de Jefes de Estado y Gobierno de la Organización de la Unidad Africana.[367]

Los Estados miembros no sólo están obligados a respetar este derecho consagrado en el literal c) del artículo 15.1., sino que también, acorde a los parágrafos 3 y 4 del mismo artículo, *"...se comprometen a respetar la indispensable libertad para la investigación científica y para la actividad creadora"* y a reconocer *"...los beneficios que derivan del fomento y desarrollo de la cooperación y de las relaciones internacionales en cuestiones científicas y culturales."*

Es importante vincular este artículo 15 con el artículo 19 del *Pacto Internacional sobre derechos civiles y políticos* adoptado por la Asamblea General de las Naciones Unidas mediante Resolución 2200 A (XXI), el 16 de diciembre de 1966, que establece en su numeral 2 que: *"Toda persona tiene derecho a la libertad de expresión; este derecho comprende la libertad de buscar, recibir y difundir informaciones e ideas de toda índole, sin consideración de fronteras, ya sea oralmente, por escrito o en forma impresa o artística, o por cualquier otro procedimiento de su elección".*

---

de autor: el derecho a la libertad de la actividad cultural". BECOURT, Daniel. "El derecho de autor y los derechos humanos". Asociación Internacional de Abogados de Derecho de Autor (AIADA) [traducción del francés al español por Georgina Almeida], p. 13-15. *Boletín de Derecho de Autor.* Volumen XXXII, N° 3, Julio-Septiembre 1993, "Cincuentenario de la declaración universal de derechos humanos". Ediciones UNESCO, p 13.

[367] ANGUITA VILLANUEVA, Luis. "Derechos fundamentales y propiedad intelectual: el acceso a la cultura", p. 49-88. IGLESIAS REBOLLO, César (Coordinador). "Propiedad intelectual, derechos fundamentales y propiedad industrial". Colección de Propiedad Intelectual. Estudios. Editorial Reus, S.A. ISBN: 84-2901429-2, Madrid 2005, p. 63.

Esta vinculación se hace por el hecho de que los Estados parte de ambos pactos internacionales, están en la obligación de someter periódicamente, informes ante los Comités Internacionales pertinentes[368], subrayando los adelantos legislativos, administrativos y de cualquier otro tipo que aseguren el ejercicio y disfrute de los derechos de propiedad intelectual (entendida a la luz del concepto doctrinario que abarca el derecho de autor y la propiedad industrial) y de la libertad de expresión. Otra Comisión, la de reportes especiales del derecho humano de libertad de opinión y expresión, tiene la responsabilidad de investigar y reportar sobre la implementación de la libertad de expresión en determinados países y es en el marco de trabajo de la misma, que se discuten y llevan a la atención internacional, asuntos relativos a la protección de los derechos intelectuales, entre otros, sobre el derecho de autor.[369]

Los derechos consagrados en la *Declaración Universal* que son desarrollados y garantizados bajo estos dos Pactos de la ONU, se complementan[370] y se fortalecen con el derecho de la

---

[368] En el caso específico del *Pacto Internacional de Derechos Económicos, Sociales y Culturales,* éste arbitra un sistema de control que se traduce en la preparación de informes que los Estados miembros deben presentar periódicamente sobre las medidas adoptadas para darle efectividad a los derechos reconocidos en ese instrumento y que serán examinados por el Consejo Económico y Social y si fuere el caso por la Comisión de Derechos Humanos. "Artículo 45. El Comité presentará a la Asamblea General de las Naciones Unidas, por conducto del Consejo Económico y Social, un informe anual sobre sus actividades". Fecha: 10-11-2012. http://www2.0hchr.org/spanish/law/ccpr.htm

[369] BURDEKIN, Brian. "The universality of intellectual property rights: origins and development". Intellectual property and human rights. Opening address. *Op. Cit.,* p. 6.

[370] Ambos pactos conjuntamente con la *Declaración Universal de los Derechos Humanos,* integran la estructura sobre la cual la legislación internacional de derechos humanos se erige, formando ambos lo que se denomina *Ley Internacional de Derechos.* DRAHOS, Peter. "The universality of intellectual property rights: origins and development". Intellectual property and human rights. *Op. Cit.,* p. 24.

no discriminación consagrado en el artículo 2 de ambos, que exige a los países miembros:

"*...respetar y a garantizar a todos los individuos que se encuentren en su territorio y estén sujetos a su jurisdicción los derechos reconocidos en el presente Pacto, sin distinción alguna de raza, color, sexo, idioma, religión, opinión política o de otra índole, origen nacional o social, posición económica, nacimiento o cualquier otra condición social.*" *(Artículo 2.1 del Pacto Internacional sobre derechos civiles y políticos).*[371]

Esta garantía aplica para nacionales y extranjeros por igual, abarcando la protección a los derechos de propiedad intelectual. Más específicamente, las diferencias o discriminaciones en el tratamiento entre extranjeros y nacionales o entre diferentes categorías de extranjeros, sólo puede ser limitada por ley y debe ser consistente con otros derechos estipulados en ambos pactos internacionales, entendiendo por discriminación lo estipulado por la Convención Internacional sobre la eliminación de todas las formas de discriminación racial[372], comprendiendo este último término, cualquier tipo de distinción, exclusión, restricción o preferencia basada en orígenes étnicos o raciales en la aplicación de los derechos humanos y libertades fundamentales, incluidos los derechos culturales.[373]

Resulta de gran importancia resaltar que la Subcomisión de Promoción y Protección de los Derechos Humanos de la Oficina del Alto Comisionado de los Derechos Humanos de

[371] Fecha: 10-11-2012. http://www2.0hchr.org/spanish/law/ccpr.htm .

[372] Adoptada por la Asamblea General de la ONU, mediante Resolución 2106 A (XX), de 21 de diciembre de 1965. Su artículo 1 reza: "1. En la presente Convención la expresión "discriminación racial" denotará toda distinción, exclusión, restricción o preferencia basada en motivos de raza, color, linaje u origen nacional o étnico que tenga por objeto o por resultado anular o menoscabar el reconocimiento, goce o ejercicio, en condiciones de igualdad, de los derechos humanos y libertades fundamentales en las esferas política, económica, social, cultural o en cualquier otra esfera de la vida pública." Fecha: 09-05-07. http://www.ohchr.org/spanish/law/cerd.htm

[373] BURDEKIN, Brian. "The universality of intellectual property rights: origins and development". *Intellectual property and human rights. Opening address. Op. Cit.*, p. 6.

las Naciones Unidas, en el numeral 1 de su Resolución 2000/7, con base a lo dispuesto en el párrafo 2 del artículo 27 de la *Declaración Universal* y en el apartado c) del párrafo 1 del artículo 15 de este *Pacto internacional de derechos económicos, sociales y culturales* reafirmó de manera categórica, que:

> *"... el derecho a la protección de los intereses morales y materiales que corresponden a una persona por razón de las producciones científicas, literarias o artísticas de que es autora es un derecho humano,..."..."...con sujeción a las limitaciones en el interés del público."*[374]

b.   *La Convención Americana sobre Derechos Humanos* [375-376]

La *Convención Americana*, como ya vimos, es conocida también como *Pacto de San José* (en vigor desde el 18-07-1978).

En lo relativo a los derechos económicos, sociales y culturales, sólo les dedica un artículo en su Capítulo III, el número 26 *"Desarrollo Progresivo"*[377], el cual como ya mencionáramos,

---

[374]   Resolución 2000/7. Fecha: 09-10-2010. http://shr.aaas.org/article15/ Reference_ Materials/E-CN_4-SUB_2-RES-2000-7-2_Sp.pdf

[375]   La Convención Americana sobre Derechos Humanos o Pacto de San José, fue suscrita en la Conferencia especializada interamericana sobre derechos humanos, en San José, Costa Rica, del 7 al 22 de noviembre de 1969. Fecha: 15-04-2007. http://209.85.165.104/search?q=cache: G5da14gjlEEJ:www.oas.org/juridico/spanish/tratados/b-32.html+%E 2%80%9CConvenci%C3%B3n+Americana+sobre+Derechos+Humanos %E2%80%9D&hl=es&ct=clnk&cd=1&gl=ve&lr=lang_es

[376]   En fecha 17 de noviembre de 1988, se suscribió un *Protocolo Adicional a la Convención Americana sobre Derechos Humanos*, adoptado en El Salvador, durante el décimo octavo periodo ordinario de sesiones de la Asamblea General de la OEA. Fecha: 17-04-2007. http://www.oas.org /juridico/spanish/tratados/a-52.html

[377]   "CAPÍTULO III. DERECHOS ECONÓMICOS, SOCIALES Y CULTU-RALES. Artículo 26. Desarrollo Progresivo. Los Estados partes se comprometen a adoptar providencias, tanto a nivel interno como mediante la cooperación internacional, especialmente económica y técnica, para lograr progresivamente la plena efectividad de los derechos que se derivan de las normas económicas, sociales y sobre

establece el compromiso de los Estados miembros de adoptar medidas para lograr el cumplimiento de la Carta de la OEA que consagra varios derechos en particular, los relativos a la educación, la ciencia y la cultura[378].

Por otra parte, como afirma el autor *Peter Drahos*[379], tomando en cuenta el carácter híbrido del derecho de autor, en particular su carácter de derecho propietario, es importante destacar que esta Convención en su artículo 21.1 reconoce el derecho de propiedad como aquél al que toda persona tiene derecho a pesar de que *"...La ley puede subordinar tal uso y goce al interés social"*; añadiendo que:

> *"...2. Ninguna persona puede ser privada de sus bienes, excepto mediante el pago de indemnización justa, por razones de utilidad pública o de interés social y en los casos y según las formas establecidas por la ley."*

Es relevante destacar que precisamente, basándose en los numerales 1 y 2 de este artículo 21 de la *Convención Americana*, la Corte Interamericana de Derechos Humanos, consideró que

---

educación, ciencia y cultura, contenidas en la Carta de la Organización de los Estados Americanos, reformada por el Protocolo de Buenos Aires, en la medida de los recursos disponibles, por vía legislativa u otros medios apropiados". Fecha: 19-04-2007. http://72.14.209.104/search?q= cache:iymI3J4XJeAJ: www. cidh.oas.org/Basicos/Basicos2.htm+%E2% 80%9CConvenci%C3%B3n+Americana+sobre+Derechos+Humanos% E2%80%9D&hl=es&ct=clnk&cd=3&gl=ve&lr=lang_es

[378] A pesar de todos los avances alcanzados en el hemisferio americano, resulta lamentable que el *Pacto de San José* no haya sido ratificado por la totalidad de los países miembros signatarios. A la fecha, no ha sido ratificado por Estados Unidos, Canadá, ni por los países del Caribe como Antigua, Barbuda, Bahamas, Belice, Guyana, San Cristóbal y Nevis, San Vicente Granadinas y Santa Lucía. VILLALBA, Carlos Alberto. "El derecho de autor y los derechos conexos en las declaraciones y tratados sobre derechos humanos". *Op. Cit.*, p. 10. Texto del Pacto y Ratificaciones. Fecha: 15-02-2011. http://www. oas.org/juridico/spanish/firmas/b-32.html

[379] DRAHOS, Peter. "The universality of intellectual property rights: origins and development". Intellectual property and human rights. *Op. Cit.*, p. 24.

"Tanto el ejercicio del aspecto material como del aspecto inmaterial de los derechos de autor son susceptibles de valor y se incorporan al patrimonio de una persona. En consecuencia, el uso y goce de la obra de creación intelectual también se encuentran protegidos por el artículo 21 de la Convención Americana..." en sentencia del 22 de noviembre de 2005, sometida contra el gobierno de Chile, por la Comisión Interamericana de Derechos Humanos en fecha 13-04-2004, caso que se basó en la confiscación por parte del Estado chileno, de la obra de un autor a los fines de evitar su divulgación (Caso *Palamara Iribarne vs. Chile*)[380].

---

[380] En esta demanda se solicitó declarar al Estado chileno, "...responsable por la violación de los derechos consagrados en los artículos 13 (libertad de pensamiento y de expresión) y 21 derecho a la propiedad privada de la Convención Americana, en perjuicio del señor Humberto Antonio Palamara Iribarne..."... (...)..."La Corte basó algunas de sus consideraciones en base al artículo 21 de la Convención Americana, que consagra el derecho de propiedad."...(...)..."...Alegaron que la jurisprudencia del Tribunal ha desarrollado un concepto amplio de propiedad, el cual abarca, entre otros, el uso y goce de los "bienes", definidos como cosas materiales apropiables, así como todo derecho que pueda formar parte del patrimonio de una persona. Dicho concepto comprende todos los muebles e inmuebles, los elementos corporales e incorporales y cualquier otro objeto inmaterial susceptible de valor (*Cfr. Caso de la Comunidad Indígena Yakye Axa*, supra nota 5, párr. 137; *Caso de la Comunidad Moiwana*. Sentencia de 15 de junio de 2005. Serie C N° 124, párr. 129; y *Caso de la Comunidad Mayagna (Sumo) Awas Tingni*. Sentencia de 31 de agosto de 2001. Serie C N° 79, párr. 144). Por ello dentro del concepto amplio de "bienes" cuyo uso y goce están protegidos por la Convención, también se encuentran incluidas las obras producto de la creación intelectual de una persona, quien, por el hecho de haber realizado esa creación adquiere sobre ésta derechos de autor conexos con el uso y goce de la misma La protección del uso y goce de la obra confiere al autor derechos que abarcan aspectos materiales e inmateriales. El aspecto material de estos derechos de autor abarca, entre otros, la publicación, explotación, cesión o enajenación de la obra y, por su parte, el aspecto inmaterial de los mismos se relaciona con la salvaguarda de la autoría de la obra y la protección de su integridad. El aspecto inmaterial es el vínculo entre el creador y la obra creada, el cual se prolonga a través del tiempo. Tanto el ejercicio del aspecto material como del aspecto inmaterial de los derechos de autor son susceptibles de valor y se incorporan al

195

Con esta sentencia de la Corte Interamericana de Derechos Humanos, queda claro que el derecho autor como derecho humano, goza de un reconocimiento y protección no solamente desde el plano legal sino también constitucional y que se erige en el marco de los tratados multilaterales de derechos humanos, como una prerrogativa universal.[381]

---

patrimonio de una persona. En consecuencia, el uso y goce de la obra de creación intelectual también se encuentran protegidos por el artículo 21 de la Convención Americana. Además de la Convención, diversos instrumentos internacionales y acuerdos reconocen los derechos de autor" (citan artículos de varios tratados internacionales en la materia de la UNESCO, ONU, OMPI y OMC) "y en Chile se encuentra regulado en la Ley N° 17.336 de Propiedad Intelectual, así como en la Ley N° 19.912, en la cual se indica que se adecua la legislación chilena a los acuerdos suscritos por dicho Estado con la Organización Mundial del Comercio. La primera de las referidas leyes establece en su artículo 1, interalia, que el derecho de autor comprende los derechos patrimonial y moral, que protegen el aprovechamiento, la paternidad y la integridad de la obra. Además, en el Capítulo II indica que el titular original de dicho derecho es el autor de la obra y se presume como tal a la persona que figura en el ejemplar que se registra. Por estas consideraciones relativas a la violación del derecho de propiedad, la Corte concluyó que el Estado violó en perjuicio del señor Humberto Antonio Palamara Iribarne el derecho a la propiedad privada establecido en el artículo 21.1 y 21.2 de la Convención Americana, y ha incumplido la obligación general de respetar y garantizar los derechos establecida en el artículo 1.1 de dicho tratado". Fecha: 27-11-2010. http://www.corteidh.or.cr/docs/casos/articulos /seriec_135_esp.pdf., pp. 1, 2, 63-67 y 104.

[381] UNESCO. CENTRO REGIONAL PARA EL FOMENTO DEL LIBRO EN AMÉRICA LATINA Y EL CARIBE. CERLALC'. Parte del Concepto Técnico identificado con el número S-2012-DIR-237 presentado por el CERLALC a la Corte Constitucional de Colombia el 2 de agosto de 2012, en el proceso que se surtía ante ese tribunal identificado con el número D-9168, p. 4.

c.   *El Convenio para la protección de los Derechos Humanos y de las Libertades Fundamentales*[382]

En lo relativo al continente europeo, es importante retomar el *Convenio Europeo* del 04 de noviembre de 1950, en vigor desde 1953, suscrito con el fin, entre otros, de dar forma internacional a la *Declaración Universal*, sin incluir los derechos relacionados con los autores.[383]

Este Convenio no fue concebido para remplazar a los sistemas nacionales de protección de los derechos humanos, sino para crear una protección internacional como garantía adicional a los establecidos en cada Estado[384].

En cuanto al derecho de propiedad, el Convenio no lo estableció en un primer momento en razón de controversias al momento de su redacción pero posteriormente, en el artículo 1º de su Protocolo 1º aprobado en París el 20 de marzo de 1952, se incluyó la protección a la propiedad en general, de la siguiente manera:

---

[382] Entró en vigor en 1953. Fecha: 11-12-2010. http://www.echr.coe.int/ NR/rdonlyres/1101E77A-C8E1-493F-809D-800CBD20E595/0/ESP_CO NV.pdf

[383] VILLALBA, Carlos Alberto. "El derecho de autor y los derechos conexos en las declaraciones y tratados sobre derechos humanos". *Op. Cit.*, p. 9.

[384] El punto mas relevante de este instrumento europeo es la del recurso individual establecido en su artículo 25 mediante el cual se puede instaurar un procedimiento contra el gobierno que presuntamente sea responsable de infracciones de derechos que sean reconocidos en el Convenio, siempre que se haya aceptado la competencia de la Comisión para recibir y tramitar estas acciones. Se señala la superioridad del sistema europeo de protección de los derechos humanos frente al establecido en el Pacto de Derechos Civiles y Políticos de las Naciones Unidas, ya que las funciones del Comité de Naciones Unidas se refieren fundamentalmente a la conciliación y a la recomendación sin llegar a una decisión vinculante, en cambio, la Comisión y el Tribunal europeos tienen poderes más amplios en razón de que pueden tomar decisiones judiciales. CASTÁN TOBEÑAS, José. "Los derechos del hombre". *Op. Cit.*, p. 156.

"Toda persona física o moral tiene derecho al respeto de sus bie-nes..."; con el aditivo de que esta propiedad se consagra "... sin perjuicio del derecho que poseen los Estados de poner en vigor las Le-yes que juzguen necesarias para la reglamentación del uso de los bie-nes de acuerdo con el interés general...".[385]

Al consagrar la protección a la propiedad de manera ge-neral, no alude ni directa, ni indirectamente al derecho de au-tor, tratándose específicamente de un texto de *habeas corpus* ampliado, limitándose en su Preámbulo a tomar medidas para asegurar la garantía colectiva de algunos de los derechos enunciados en la *Declaración Universal* y en una Resolución y un Protocolo Adicional, hace un llamado a integrar en nuevos tratados o a través de las convenciones y los pactos internacio-nales existentes en la materia, las disposiciones del artículo 27 de la *Declaración Universal*.[386]

A nivel europeo, se hace mención en este apartado, a la *Carta de los derechos fundamentales* de *la Unión Europea*[387] procla-mada en Niza, en fecha 07-11-2000, la que en su artículo 17 también consagra el derecho a la propiedad pero va más allá y en el numeral 2) de este artículo 17, establece protección para la propiedad intelectual.[388]

---

[385] DRAHOS, Peter. "The universality of intellectual property rights: origins and development". Intellectual property and human rights. *Op. Cit.*, p. 24-25.

[386] Este Convenio se dedica a la protección del ciudadano contra las injerencias excesivas de los poderes públicos. En su artículo 10 donde consagra el derecho a la "libertad de recibir o de comunicar informaciones o ideas",..."se considera indispensable especificar que el reconocimiento de este derecho no impide que los Estados estén facultados para reglamentar las actividades de radiodifusión por motivos de orden público". KÉRÉVER, André. "El derecho de autor como derecho humano". *La opinión de un especialista. Op. Cit.*, p. 22.

[387] Fecha: 15-01-2011. http://www.europarl.europa.eu/charter/pdf/text_es.pdf

[388] Esta protección a la propiedad intelectual en su sentido amplio, derecho de autor y propiedad industrial, se establece de forma *enigmática* en el artículo 17(2). Por una parte, esta disposición pareciera

En el documento intitulado *Explicaciones de la Carta de Derechos Fundamentales de la Unión Europea 2000*[389], contentivo de aclaratorias que carecen de valor jurídico y que solo tienen por objeto explicar las disposiciones de la Carta arriba mencionada, establece que en este artículo 17 se hace referencia explícita a la propiedad intelectual como uno de los aspectos del derecho de propiedad, dada su creciente importancia, aclarando el término de propiedad intelectual de la manera siguiente:

> "… *La propiedad intelectual abarca además de la propiedad literaria, el derecho de patentes y marcas y los derechos conexos. Las garantías establecidas en el apartado 1 se aplican por analogía a la propiedad intelectual*".[390]

---

dirigir una orden al legislador europeo para extender esta protección en el interior de la Unión y probablemente, también promover su protección internacional; de una forma más genérica, se vislumbra una tendencia expansionista, objetivos que parece ser "se verán facilitados después de la entrada en vigor del Tratado de Lisboa", (por el que se modifican el Tratado de la Unión europea y el Tratado constitutivo de la Unión Europea, en vigencia desde el 01-12-2009), "con el fortalecimiento de la competencia de la Unión para garantizar una protección uniforme y establecer regímenes de autorización, coordinación y control a escala de la Unión, según establece el nuevo art. 118 del Tratado de Funcionamiento de la Unión Europea (TFUE)." CORTÉS MARTÍN, J. M. "La protección de los derechos de propiedad industrial e intelectual en el Tratado de Lisboa y en la Carta de los Derechos fundamentales de la UE", p. 219-231. SOBRINO HEREDIA, José Manuel (Dir.), ALCAIDE FERNÁNDEZ, Joaquín, PUREZA José Manuel (coords.). "Innovación y conocimiento". *IV Jornadas Iberoamericanas de Estudios Internacionales*. Lisboa 23, 24 y 25 de noviembre de 2009. Marcial Pons, Madrid, Barcelona, Buenos Aires 2010. AEPDIRI. ISBN: 978-8-9768-810-9, p. 219-220.

[389] Fecha: 10-11-2010. http://www.europarl.europa.eu/charter/pdf/04473_es.pdf

[390] Hacemos la observación de que aquí no se incluyó a la propiedad artística y en cuanto a la propiedad científica, aunque tampoco la menciona, ésta se considera incluida dentro de la propiedad literaria. "Artículo 17. 1. Toda persona tiene derecho a disfrutar de la propiedad de sus bienes adquiridos legalmente, a usarlos, a disponer de ellos y a legarlos. Nadie puede ser privado de su propiedad más que por causa

El jurista español *José Manuel Cortés Martín*, en las conclusiones de su interesante artículo "La protección de los derechos de propiedad industrial e intelectual en el Tratado de Lisboa y en la Carta de los Derechos fundamentales de la UE", expresa que el objetivo de la Carta al introducir tanto la tutela de los derechos de propiedad intelectual en su totalidad como una nueva base jurídica en el artículo 118 del Tratado de funcionamiento de la Unión Europea, el TFUE, fue el de garantizar una protección estándar de estos derechos lo que puso de manifiesto la clara voluntad de los Estados miembros y de las instituciones de la UE para promocionar las claves del desarrollo de lo que se ha venido llamando la *economía del conocimiento*. Al mismo tiempo, destaca el hecho de que esta integración presupone un desarrollo bastante espinoso ya que la legitimidad de esta propiedad nunca fue tan contestada como lo es hoy día.

En materia de protección de los derechos de propiedad intelectual, conviene no perder de vista la jurisprudencia del Tribunal Europeo de Derechos Humanos, el TEDH, junto con la Comisión Europea de Derechos Humanos, la CEDH[391], ya

---

de utilidad pública, en los casos y condiciones previstos en la ley y a cambio, en un tiempo razonable, de una justa indemnización por su pérdida. El uso de los bienes podrá regularse por ley en la medida que resulte necesario para el interés general". Fecha: 15-01-2011. http://www.europarl.europa.eu/charter/pdf/text_es.pdf

[391] *Anguita Villanueva*, concluye su interesante artículo sobre la libertad de expresión e información y derecho de autor, a modo de epílogo, después de la lectura de la sentencia del Tribunal europeo de derechos humanos de 10 de enero de 2013 *Ashby Donald y otros vs. Francia*, afirmando que "tanto la libertad de expresión como el derecho de propiedad intelectual son dos derechos reconocidos por el CEDH que, cuando interactúan dentro del mercado, son las legislaciones internas de los países los que han de delimitar el campo de actuación de la libertad de expresión que no puede ser utilizada por los particulares como amparo de las apropiaciones indebidas de las facultades económicas de los propietarios de tales derecho. Veremos el impacto que tiene esta sentencia en nuestros tribunales cuando se plantea la lucha entre ambos derechos". ANGUITA VILLANUEVA, Luis A.

que ambas se limitaron durante varias décadas, a hacer interpretaciones restrictivas del Protocolo número 1, sin ni siquiera conocer el estado de los asuntos en la jurisprudencia de los tribunales nacionales, lo que permitió que los sistemas europeos de tutela a los derechos de propiedad intelectual hayan evolucionado rápidamente sin verse limitados por temas de derechos humanos[392].

Esta situación cambió radicalmente hace algunos años al momento que el TEDH dictara tres decisiones que incluían la

---

"Libertad de expresión e información y derecho de autor", p. 7-24. *Constitución y propiedad intelectual.* Luis A. Anguita Villanueva (Coordinador). Colección de propiedad intelectual. FUNDACIÓN AISGE. Editorial REUS. ASEDA. 1ª edición. ISBN: 978-84-290-1768-7. Madrid 2014, p. 24. Texto completo de la sentencia: http://hudoc. echr.coe.int/eng?i=001-115845#{"itemid" :["001-115845"]}

[392] Históricamente, el Tratado constitutivo de la CE contenía tan sólo una referencia a los derechos de propiedad industrial e intelectual. En efecto, el art. 30 de la CE (actualmente art. 3 TFUE) "..., Tratado de Funcionamiento de la Unión Europea", "... se refiere a estos derechos para indicar que sus titulares podrán hacer prevalecer la defensa de sus intereses sobre el principio de libre circulación de mercancías. Esta sumaria referencia no fue óbice, sin embargo, para que la problemática de la propiedad intelectual motivara desde fecha temprana una intensa actividad del TJCE y suscitara igualmente la acción del legislador europeo".(...) "En su jurisprudencia relativa a los derechos de propiedad industrial e intelectual, el TJCE constató hace ya años que la protección otorgada por las leyes nacionales a estos derechos, en la medida que no haya sido objeto de armonización comunitaria, era susceptible de crear obstáculos a la libre circulación de mercancía". *Vid.*, entre otras, STJCE de 29 de febrero de 1968, *Parke, Davis & Co. /Probel,* 24/67, *Rec.* p. 95, apartado 4.... "Cabe deducir que toda esta doctrina jurisprudencial (*sic*) que la delicada conciliación entre el principio de libre circulación de mercancías y la protección de la propiedad industrial e intelectual ha venido resolviéndose durante todos estos años en favor de esta última, puesto que el Tratado ha querido que los derechos que constituyen el objeto específico de esta propiedad puedan ser ejercidos, aun cuando ello obstaculice el comercio entre Estados miembros". ANGUITA VILLANUEVA, Luis A. "Libertad de expresión e información y derecho de autor". *Op. Cit.,* p. 225, 226 y 288, pie de página N° 28.

protección de patentes, marcas, derecho de autor[393] y denominaciones de origen en el derecho de propiedad del Protocolo número 1. La última de ellas fue dictada el 11 de enero de 2007 en *Grande Chambre* en un asunto relativo a marcas y denominaciones de origen, *Anheuser-Busch Inc.- / Portugal.*, fallo de gran relevancia dado que declara *que el artículo 1 del Protocolo adicional es aplicable a la propiedad intelectual como tal, de la que el TEDH, dice, se ha ocupado pocas veces(§ 64 a 73)*[394], además de sugerir que los derechos humanos, en especial, el derecho de propiedad, puede tener gran impacto en la protección de los derechos de propiedad intelectual sobre el futuro de la política europea de innovación y donde se destaca la contundencia con la que el TEDH entiende la protección de los derechos de propiedad intelectual (derecho de autor y propiedad industrial), por medio del derecho de propiedad.[395]

---

[393] CORTÉS MARTÍN, J. M. "La protección de los derechos de propiedad industrial e intelectual en el Tratado de Lisboa y en la Carta de los Derechos fundamentales de la UE". *Op. Cit.*, p. 224, pie de página N° 25 y 26.

[394] El primer precedente claro de protección de la propiedad intelectual por el Protocolo adicional se encuentra en la jurisprudencia de la antigua *Comisión de Derechos Humanos,* anterior a la entrada en vigor del Protocolo 11. La decisión de 11 de enero de 1994, en el caso *"A.D. v. the Netherlands"* considera protegida por el artículo 1 del Protocolo adicional la propiedad intelectual de unas cartas de amor escritas por un profesor holandés (AD) a una alumna menor de edad, que provocaron la expulsión del Colegio del profesor a instancias de la madre de la menor. RODRÍGUEZ-ZAPATA PÉREZ, Jorge. "Derecho de propiedad y derecho de autor", p. 77-98. *Constitución y propiedad intelectual. Op. Cit.*, p. 86.

[395] En materia de derecho de autor, recordemos, en el asunto *Dima-Rumanía*, demanda número 58472/00, el fallo sobre la admisibilidad de fecha 26-05-2005, apartado 87 donde el TEDH sentencia que los derechos de autor están protegidos por el CEDH; en el asunto *Melnychuk/Ucrania*, demanda número 28743/03, una decisión sobre la admisibilidad de fecha 05-07-2005, *CEDH2005-IX*, apartado 8, donde se afirma de forma general, que los derechos de propiedad intelectual están protegidos por el CEDH; y en el ya mencionado asunto *Anheuser-Busch Inc/Portugal*, arriba comentado, demanda número 73049/01,

d. *La Convención sobre la protección y promoción de la diversidad de las expresiones culturales*

La *Convención sobre la protección y promoción de la diversidad de las expresiones culturales*, la *Convención de diversidad cultural*, adoptada por la 31ª Reunión de la Conferencia General de la UNESCO en París, el 02 de noviembre de 2005 y vigente desde el 18 de marzo de 2007, aunque no constituye *per se* un instrumento jurídico internacional sobre derechos humanos ni sobre derecho de autor, eleva la diversidad cultural a la categoría de patrimonio común de la humanidad,[396] estando íntimamente vinculada a los derechos humanos y dentro de éstos, al derecho de autor; por tanto, no podemos cerrar este subcapítulo sin hacer una breve referencia a la misma.

Esta Convención constituye junto con la de 1972, relativa a la Protección del Patrimonio Mundial, Cultural y Natural, y la de 2003 para la Salvaguardia del Patrimonio Cultural Inmaterial, ambas también de la UNESCO[397], uno de

---

fondo, sentencia del 11-10-2005, *Eur. H. R. Rep.*, vol. 44, número 42, pp. 86 y ss. (855-856). CORTÉS MARTÍN, J. M. "La protección de los derechos de propiedad industrial e intelectual en el Tratado de Lisboa y en la Carta de los Derechos fundamentales de la UE". *Op. Cit.*, p. 224, pie de página N° 26, 27 y 28.

[396] El Director General de la UNESCO, *Koichiro Matsuura* expresó en la presentación de este instrumento internacional que "...Esta Declaración, que a la cerrazón (*sic*) fundamentalista opone la perspectiva de un mundo más abierto, creativo y democrático, se cuenta desde ahora entre los textos fundadores de una nueva ética que la UNESCO promueva en los albores del siglos XXI. Mi deseo es que algún día adquiera tanta fuerza como la Declaración Universal de Derechos Humanos". Fecha: 18-05-07. http://portal.unesco.org/cultu re/es/ev.php-URL_ID=11281&URL_DO=DO_TOPIC&URL_ SECTION =201.html

[397] El mandato establecido por los fundadores de la UNESCO en 1945 consistió en "crear los baluartes de la paz en la mente de los hombres a través de la cooperación intelectual a nivel mundial en los ámbitos de la educación, la ciencia, la cultura y la comunicación". En su acta constitutiva aparece de manera explícita "el promover la libre circulación de las ideas, a través de la palabra y la imagen en el marco

los tres pilares de la conservación y promoción de la diversidad creativa.[398]

En su Preámbulo, entre otros puntos, encomia "...la importancia de la diversidad cultural para la plena realización de los derechos humanos y libertades fundamentales proclamados en la Declaración Universal de Derechos Humanos y otros instrumentos universalmente reconocidos...", además de reconocer "...la importancia de los derechos de propiedad intelectual para sostener a quienes participan en la creatividad cultural...".[399]

Reconoce en su artículo 5 a los derechos culturales como parte integrante de los derechos humanos, calificándolos de derechos *universales, indisociables e interdependientes,* artículo donde declara que para el desarrollo de una diversidad creativa es necesaria "...*la plena realización de los derechos culturales, tal como los define el Artículo 27 de la Declaración de los Derechos Humanos y los Artículos 13 y 15 del Pacto Internacional de los Derechos Económicos, Sociales y Culturales...*"

Los Estados miembros de la UNESCO se comprometieron a tomar medidas apropiadas para difundirla y fomentar su aplicación efectiva para lo que cooperarían en el cumplimiento de varios objetivos, entre otros, el de "...*16. Garantizar la protección de los derechos de autor y de los derechos conexos, con miras a fomentar el desarrollo de la creatividad contemporánea y una re-*

---

de la defensa de los derechos humanos". DEL CORRAL, Milagros. "Información, educación, cultura y derecho de autor: en busca del equilibrio". Seminario Internacional sobre Derecho de Autor y Acceso a la Cultura. Madrid, 28 de octubre 2005. Subdirectora General Adjunta para la Cultura. Ponencia Principal. UNESCO Fecha: 17-03-07. http://www. cedro.org/Files/MilagrosdelCorral.pdf

[398] Fecha: 18-05-07. http://portal.unesco.org/culture/es/ev.php-URL_ID=11281&URL_DO=DO_TOPIC&URL_SECTION=201.html

[399] Fecha: 31-05-2011. http://www.unesco .org/new/es/culture/themes /cultural-diversity/2005-convention/the-convention/convention-text/ #I

muneración justa del trabajo creativo, defendiendo al mismo tiempo el derecho público de acceso a la cultura...", en los términos estipulados en el artículo 27 de la *Declaración Universal.*

Se concluye que el derecho de autor aunque hoy día ocupe un lugar preponderante en el comercio internacional de los bienes intangibles de propiedad intelectual, es antes que nada, en esencia y fundamento, un derecho humano, derecho consagrado en forma equilibrada con el derecho a la cultura en el artículo 27 de la Declaración Universal sin olvidar su *"...invalorable aporte al desarrollo de la cultura y su indiscutible vínculo con el respeto y la promoción de la diversidad cultural"* además y en particular, de constituir..."*...un eficaz estímulo del esfuerzo creativo, de la producción de obras y prestaciones culturales, amén de crear la seguridad jurídica necesario para una cooperación cultural fructuosa."*[400]-[401]

D. Antecedentes y consideraciones

Todo el proceso que precedió a las Declaraciones y Convenciones internacionales ya vistas, que culminaron con la

---

[400] DEL CORRAL, Milagros. "Información, educación, cultura y derecho de autor: en busca del equilibrio". *Op. Cit.,* p. 3.

[401] "Cada obra protegida, por ser original, es un puro ejemplo de diversidad. No hay que olvidar tampoco que la creación intelectual no se produce *in vacuum,* sino que, consciente o inconscientemente, el autor encuentra inspiración en su propia cultura, fertilizada por el cruce con otras, para crear hoy el patrimonio cultural del mañana. De ahí que la institución jurídica del Derecho de Autor es quizás, históricamente, el primer instrumento internacional destinado a promover la diversidad cultural...". Es importante recordar que la UNESCO lanza en 2002, la Alianza Global para la Diversidad Cultural, concebida "...como una plataforma mundial de partenariados públicos y privados cuyos más de 400 protagonistas comparten la voluntad de desarrollar industrias culturales locales y de fomentar la aplicación de la normativa internacional relativa al Derecho de Autor en los países en desarrollo y en transición.". DEL CORRAL, Milagros. "Derecho de autor y diversidad cultural". Foro de reflexión. *Boletín Informativo de CEDRO,* Nº 49, p. 17-16. Julio-agosto 2005, p. 16-17.

consagración del derecho de autor como derecho humano, evidencian aspectos que para la autora *Audrey Chapman*[402], pueden resumirse de la siguiente manera:

1. En un primer momento se pretendió abarcar toda la propiedad intelectual, esto es, la propiedad industrial y el derecho de autor, logrando finalmente, incluir solamente este último como un derecho humano en la *Declaración Universal de Derechos Humanos* y en el *Pacto Internacional de Derechos Económicos, Sociales y Culturales* lo que no fue tarea fácil, se obtuvo *"...después de considerables debates y polémicas."*

2. Los redactores del *Pacto Internacional de Derechos Económicos, Sociales y Culturales* consideraban los tres literales contenidos en el artículo 15 como una normativa intrínsecamente relacionada entre sí. Tres instrumentos jurídicos internacionales los compactaron en un solo artículo, a saber, la *Declaración Americana de los Derechos y Deberes del Hombre*, la *Declaración Universal de Derechos Humanos* y este Pacto. Los derechos de los creadores allí consagrados, no sólo constituyen un aporte a ellos mismos, sino que se presentaron como condiciones elementales previas de la libertad cultural y del avance científico.

3. *"Las consideraciones sobre derechos humanos imponen condiciones sobre la manera en que se protege al derecho de autor en los regímenes de propiedad intelectual."* Esto es que para poder tener coherencia con lo consagrado en el artículo 15 del *Pacto Internacional de Derechos Económicos, Sociales y Culturales*, los dere-

---

[402] El texto de la obra aquí citada, constituye una versión revisada del documento de la autora sobre "El derecho de toda persona a beneficiarse de la protección de los intereses morales y materiales que le correspondan por razón de las producciones científicas, literarias o artísticas de que sea autor (apartado c) del párrafo 1 del Artículo 15 del Pacto). E/C. 12/2000/12." CHAPMAN, Audrey R. "La propiedad intelectual como derecho humano: obligaciones dimanantes del apartado c) del párrafo y del artículo 15 del pacto internacional de derechos económicos, sociales y culturales", p. 11-14.

chos de los creadores deben promover y facilitar, no limitar, tanto una participación cultural como el acceso a la ciencia.

4. Los redactores no estipularon el alcance y límites del derecho de autor, es decir, no detallaron en su contenido e impacto, concentrándose sólo en la conveniencia de incluir una disposición más amplia que como dijimos, aspiraba incluir a la propiedad intelectual en su conjunto.

Para *Chapman*, la comunidad de derechos humanos ha descuidado los artículos 27 de la *Declaración Universal de Derechos Humanos* y 15 del *Pacto Internacional de Derechos Económicos, Sociales y Culturales*; además de que existe poca documentación que hable y profundice sobre los alcances de este último artículo y las obligaciones solidarias de los Estados miembros. El órgano de supervisión de los tratados de la ONU que no es otro que el *Comité de Derechos Económicos, Sociales y Culturales*, muy pocas veces trata cuestiones de derecho de autor y las escasas ocasiones en que se ocupa del tema, lo enfoca más en aspectos comerciales que en cuestiones éticas y de derechos humanos inherentes al tema.

Por otra parte, prosigue *Chapman* en la misma obra citada, el enfoque económico que se le da a las creaciones artísticas y científicas en los sistemas de propiedad intelectual, difiere grandemente de la propiedad intelectual en su conjunto, entendida como derecho humano universal. Frente a lo individual de la propiedad intelectual, la óptica de derechos humanos toma también en cuenta a los creadores, autor o inventor, en el marco de grupos o comunidades, además, los productos del intelecto tienen un valor en sí mismos, un valor intrínseco *"...como expresión de dignidad y la creatividad humanas..."* estando *"...condicionados a su contribución al bien común y al bienestar de la sociedad"*, ya que el espíritu del artículo 15 del mencionado Pacto, dista mucho del sólo objetivo de otorgar a los autores, derechos propietarios de un monopolio pleno y sin limitaciones.

En opinión de *Chapman*, para otorgar protección por el derecho de autor a una obra es necesario por esta tutela jurídica, el cumplimiento de algún requisito, generalmente, el de la originalidad. Ahora bien, para que el derecho de autor sea reconocido como derecho humano universal, el sistema de propiedad intelectual y su aplicación deben ser cónsonos con el ejercicio de los otros derechos humanos enumerados en el mencionado pacto.[403]

El enfoque del derecho de autor debe ser compatible con las disposiciones del artículo 15 del Pacto, más específicamente con los derechos de participación en la vida cultural para beneficio de la sociedad individual y colectivamente, lo que va más allá de consideraciones económicas que son las que generalmente, constituyen la égida del derecho de la propiedad intelectual.[404]

Finaliza *Chapman* citando el párrafo 1 del artículo 1º del Pacto contentivo del principio de derechos humanos de la libre determinación, subrayando el derecho de participación de una sociedad en las decisiones *"...sobre su buen gobierno y su desarrollo económico, social y cultural..."* que consiste precisamente en el derecho a decidir sobre prioridades relativas al desarrollo de los regímenes de propiedad intelectual para lo que son in-

---

[403] CHAPMAN, Audrey R. "La propiedad intelectual como derecho humano: obligaciones dimanantes del apartado c) del párrafo I del artículo 15 del Pacto internacional de derechos económicos, sociales y culturales". *Op. Cit.*, p. 14.

[404] El desarrollo del derecho de la propiedad intelectual en su conjunto, y en particular el del derecho de autor, requiere del balance del derecho privado del creador, inventor o autor, con el derecho de la comunidad de disfrutar de los beneficios de tal conocimiento. Las leyes nacionales y tratados internacionales usualmente consagran la protección del derecho privado del creador como sería el caso de la legislación francesa de derecho de autor y del Convenio de Berna respectivamente, sin embargo, en años recientes, se ha cuestionado la prioridad acordada a este derecho privado en función del desarrollo económico. BURDEKIN, Brian. "The universality of intellectual property rights: origins and development". *Op. Cit.*, p. 8.

dispensables, instituciones políticas democráticas y con gran flexibilidad frente a los cambios tecnológicos.[405]

E. El derecho de propiedad y los derechos humanos fundamentales

Por formar parte, el derecho de autor, del concepto doctrinario de propiedad intelectual, se entiende para muchos, como un derecho propietario del tipo *intangible o inmaterial*, por tanto, resulta necesario enfocar la situación del derecho de propiedad en el marco del derecho internacional y de los derechos humanos, lo que conlleva ciertas reflexiones.

Para el *Dr. Peter Drahos*, existe un reconocimiento por parte de los Estados a través de prácticas y tratados, de los derechos propietarios de sus ciudadanos ya que sin tal reconocimiento resultaría imposible la realización de muchas actividades como la diplomacia, las inversiones y el comercio internacional. Ahora bien, las dificultades se presentan en relación con la naturaleza y el alcance de este derecho.

El derecho de propiedad puede, utilizando una variedad de términos legales, desagregarse en varios tipos entre otros, la tangible y la intangible, esta última categoría donde se ubica al derecho de autor como parte de la propiedad intelectual en su conjunto. Al respecto se pregunta: *¿el reconocimiento del derecho de propiedad en la legislación internacional aplica por igual a todos los diferentes tipos de propiedad identificables?; ¿Qué tipo de propiedades o todas si es el caso, califican como derechos humanos fundamentales?*[406]

---

[405] CHAPMAN, Audrey R. "La propiedad intelectual como derecho humano: obligaciones dimanantes del apartado c) del párrafo I del artículo 15 del Pacto internacional de derechos económicos, sociales y culturales". *Op. Cit.*, p. 15-16.

[406] Como primer punto, el autor se pregunta si el derecho de propiedad tiene connotaciones positivas o negativas, es decir si puede ser considerado como un derecho positivo (derecho de adquirir propiedad) o negativo (derecho a no tener posesiones que interfieran

El autor *H.G. Shermers* concluye en una interesante discusión sobre el tema afirmando que la gran mayoría de los derechos propietarios no pueden ser incluidos en la categoría de derechos humanos fundamentales y que ambos derechos se encuentran parcelados en varias categorías. Por una parte, los derechos humanos fundamentales son derechos humanos de tal importancia que su protección internacional incluye el derecho y tal vez la obligación, de una observancia internacional lo que no es el caso de la mayoría de los derechos propietarios con la excepción de aquellos derechos de propiedad fundamentados en necesidades personales sin los cuales el ejercicio de otros derechos como el derecho a la vida, no tendría sentido,[407] además de que la no inclusión de un derecho general de propiedad en el *Pacto Internacional sobre derechos civiles y políticos* le resta fuerza al reclamo de que forme parte del derecho consuetudinario internacional.[408]

Por otra parte, del intento de ubicar los derechos propietarios en la categoría de derechos humanos fundamentales, deriva un problema conceptual. Tanto el derecho internacional público como privado reconocen el derecho soberano de los Estados de regular los derechos de propiedad para ajustarlos a sus circunstancias económicas y sociales y éste, precisamente, no es el camino a seguir para normas de derechos humanos fundamentales como aquellas que prohíben el genocidio, la

---

con....). DRAHOS, Peter. "The universality of intellectual property rights: origins and development". *Intellectual property and human rights. Op. Cit.*, p. 25.

[407] SCHERMERS. H. G. "The international protection of the right of property". F. MATSCHER AND H. PETZOLD (eds.), Protecting Human Rights: The European Dimension (Carl Heymanns Verlag KG, Köln, 1998) pp. 565-580. *Ídem*, p. 25.

[408] LILLICH. R.B. "Global protection of human rights", p. 115-170. THEODOR MERON (ED.). "Human rights in international law: legal and policy issues". Clarendon Press, Oxford, 1984, 1992 reprint., p. 157.

tortura y la esclavitud, normativa que para muchos, forma parte integrante del derecho consuetudinario internacional. En estos casos resulta evidente que los Estados no pueden ajustar esta normativa a su conveniencia.[409]

A través de estas reflexiones pareciera evidente la imposibilidad de considerar al derecho de propiedad como un derecho humano fundamental[410] sin olvidar que en el mundo actual, el régimen de derechos humanos[411] está en continua expansión.

Como hemos repetido a lo largo de este trabajo, hoy día se habla de tres generaciones de derechos humanos, los clásicos de la primera generación, los de bienestar de la segunda

---

[409] Durante la redacción del artículo 17 de la *Declaración Universal de los derechos humanos*, que establece el derecho de propiedad, se acordó que la titularidad de la propiedad (*"ownership of property"*, sic), quedaría al arbitrio de las leyes nacionales, lo que no sería necesario incluir en la declaración. DRAHOS, Peter. "The universality of intellectual property rights: origins and development". *Op. Cit.*, p. 25, pie de página N° 46.

[410] Aunque jurisprudencia del Tribunal de Justicia europeo ha consagrado al derecho de propiedad como un derecho fundamental de todas las naciones. En efecto, afirmó que "...Se trata de un derecho fundamental común a todas las constituciones nacionales. Ha quedado consagrado en numerosas ocasiones en la jurisprudencia del Tribunal de Justicia y, por vez primera, en la sentencia Hauer (de 13 de diciembre de 1979, Rec. 1979, p. 3727)..." (...)"...se hace una referencia explícita en el segundo apartado a la protección de la propiedad intelectual, que es uno de los aspectos del derecho de propiedad, debido a su creciente importancia y al derecho comunitario derivado. La propiedad intelectual abarca además de la propiedad literaria, el derecho de patentes y marcas y los derechos conexos...". Nuevamente aquí resaltamos el hecho de excluir dentro del concepto de propiedad intelectual (derecho de autor) a la propiedad artística. Fecha: 10-11-2010. http://www.euro parl.europa.eu/charter/pdf/04473_es.pdf

[411] Para *Drahos*, la identificación y reconocimiento de tales derechos en la legislación internacional ofrece puntos potenciales de conflicto con los derechos intelectuales, puntos de tensión que complican más que relacionar, además de ser derechos difíciles de formular en instrumentos de derechos humanos los cuales tienden a ser enunciados a nivel de principios y de manera abierta. *Ibídem,* p. 27.

generación y los derechos de la gente o derechos solidarios de la tercera generación, siendo sobre todo, estos últimos, objeto de permanentes discusiones en cuanto a los niveles de coherencia conceptual, identificación y ubicación en el derecho internacional.[412]

Podemos ver al derecho de autor como derecho humano ubicado en esta clasificación generacional, como derecho de primera generación, derechos civiles y políticos, *como un derecho derivado de la protección de la imagen y el honor del autor*; como parte de los derechos de segunda generación, derechos sociales, económicos y culturales, *como un derecho que garantiza el desarrollo de la cultura y la educación*; y como derecho de cuarta generación, derechos de la sociedad del conocimiento, *como un derecho de la nueva sociedad del conocimiento* que otorga al usuario garantías al goce y disfrute de las obras equilibrada con los incentivos compensatorios al autor por esa interrelación social con su obra.[413]

El autor *Peter Drahos* en su interesante presentación, varias veces citada, *"Intellectual Property and Human Rights"*, des-

---

[412] Muchos de los instrumentos internacionales que tratan sobre los derechos humanos de tercera generación se encuentran en una zona oscura de normatividad denominada por los juristas internacionalistas como ley blanda o *soft law* ya que la mayoría de las veces, constituyen recomendaciones para los Estados miembros o bien, representan simplemente opiniones de las organizaciones no gubernamentales ONGs. Por ejemplo, el *Convenio sobre la Diversidad Biológica* de 1992, reconoce el concepto de propiedad intelectual indígena pero en un lenguaje que requiere clarificar su contenido a través de protocolos y otros instrumentos. Como contraste a esto vemos que la mayoría de la normativa internacional de propiedad intelectual deriva de tratados internacionales. DRAHOS, Peter. "The universality of intellectual property rights: origins and development". *Op. Cit.,* p. 27.

[413] En razón de no tener relación histórica o temática con la propiedad intelectual, esta autora excluye de estas consideraciones a los derechos de tercera generación conocidos como derechos colectivos de los pueblos. CASTRO BONILLA, Alejandra. "El derecho de autor como un derecho humano". Costa Rica. *Op. Cit.* p. 6 y 11, pie de página N° 13.

pués de pasearse por aspectos del tema tales como preguntarse si la situación de los derechos de propiedad intelectual hoy día, es de ser derechos reconocidos universalmente o de constituir derechos universales y de enfocar bajo una óptica instrumental la propiedad intelectual y los derechos humanos, concluye en que ha habido una actitud negligente de los grandes pensadores políticos modernos, respecto a la propiedad intelectual en su conjunto citando a *Locke, Hegel, Kant*, entre otros, y que esto es debido en parte, al hecho de que el desarrollo de políticas y legislaciones de propiedad intelectual ha sido dominado por un grupo epistémico compuesto en su gran mayoría por abogados de mentalidad técnica y que es en sus manos, que esta materia ha evolucionado como un complejo sistema de normas con categorías bastante diferenciadas, siendo influenciada de manera importante por estrechos y a veces inarticulados, valores profesionales de este grupo particular.

Concluye *Drahos* en que los planificadores de políticas en el mundo, frente al reto del milenio bio-digital, tienen la ardua tarea en lo inmediato, de definir derechos propietarios de información eficientes cuya naturaleza específica y alcance no sólo impacte al régimen de propiedad intelectual sino a otros regímenes como el comercial y el de la competencia[414].

---

[414] DRAHOS, Peter. "The universality of intellectual property rights: origins and development". *Op. Cit.*, p. 31-34.

CAPÍTULO III
CONSAGRACIÓN CONSTITUCIONAL
DEL DERECHO DE AUTOR (I).
LA CONSTITUCIÓN ESPAÑOLA DE 1978

En el presente capítulo, estudiaremos de forma explayada, la Constitución española vigente de 1978, tomando las fuentes del derecho español, legislación, doctrina y jurisprudencia y en el capítulo cuarto, cada uno de los países iberoamericanos, a fin de lograr identificar una vertiente normativa definida a nivel constitucional para la protección jurídica del derecho de autor en la región.

Subrayamos el hecho de existir en el derecho comparado internacional, una creciente tendencia a considerar el derecho de autor como derecho fundamental de la persona[415], recogiendo así los países en sus respectivas constituciones, lo consagrado y refrendado en el plano supranacional como ya vimos, en la *Declaración Universal* (art. 27.2), la *Declaración Americana* (art. 13.2), además del *Pacto Internacional de Derechos Económicos, Sociales y Culturales* de la ONU (art. 15.1.c).

---

[415] "...Esta tendencia, que se inicia a partir de la Segunda Guerra Mundial, se aprecia nítidamente tanto en el plano nacional como en el supranacional." OTERO LASTRES, J.M. "La protección constitucional del derecho de autor: análisis del artículo 20.1.b) de la Constitución española de 1978". Diario La Ley, 1986, tomo 2. Editorial La Ley, p. 370. Documento solicitado por la autora en Internet, p. 1/8.

1. *Generalidades*

Como primer punto, antes de comenzar con el estudio de la Carta Magna española, es importante destacar que a nivel mundial, la mayoría de los países, de manera concreta, reconocen la totalidad o parte del derecho de autor en sus Constituciones (generalmente reconocidos conjuntamente con los derechos del inventor), los que habría que dividir en dos grupos, aquellos que de manera expresa consagran el derecho de autor (Constituciones de los Estados Unidos de América[416], Portugal[417]-[418], Suecia,[419] los países iberoamericanos que estu-

---

[416] "Sección 8. El Congreso tendrá facultad" (...)"Para fomentar el progreso de la ciencia y de las artes útiles, garantizando por tiempo limitado a los autores e inventores el derecho exclusivo a sus respectivos escritos y descubrimientos;". Fecha: 16-03-2012. http://www.lexjuris.com/lexus con.htm

[417] La Constitución Portuguesa de 1976, en su artículo 42 de la Parte II sobre derechos fundamentales, Sección II de derechos a la libertad, establece: "De la libertad de creación cultural. 1. Será libre la creación intelectual, artística y científica. 2. Esta libertad comprende el derecho a la invención, producción y divulgación de obras científicas, literarias o artísticas, incluyendo la protección legal de los derechos de autor". Este texto del artículo 42 que consagra el derecho de creación cultural, es muy similar al artículo 20.1.b) de la Constitución Española de 1978. Fecha: 13-03-2012. http://www.wipo.int/wipolex/es/text.jsp?file_id= 179476

[418] Esta Constitución promulgada con posterioridad a la llamada *"revolución de los claveles"*, que fuera el modelo de Carta Magna más cercano en tiempo y lugar, de la Constitución Española de 1978, constituyó un precedente idóneo para reconocer como derecho fundamental al derecho de autor, sin embargo, afirma el doctrinario español *Ollero Tassara*, "...el *iter constitucional* irá por vías menos explícitas." OLLERO TASSARA, Andrés. "Derechos del autor y propiedad intelectual. apuntes de un debate", p. 113-180. *Revista de Derecho Político*, número 27-28, 1988. Universidad Nacional de Estudios a Distancia UNED. Madrid 1988. ISSN: 0210-7562, p. 138-139.

[419] La Constitución Sueca, en su capítulo segundo sobre libertades y derechos fundamentales, consagra al derecho de autor como derecho humano en su artículo 19, donde establece: "Artículo 19. Los autores, artistas y fotógrafos tendrán derecho a sus obras conforme a las disposiciones establecidas por la ley". CASTRO BONILLA, Alejandra.

diaremos en el capítulo siguiente, entre otros) y los que lo hacen ya no de manera explícita, sino disgregados en diferentes artículos de sus leyes fundamentales (Constitución italiana[420] y la Ley Fundamental de Bonn[421]), generalmente, la tutela del derecho moral del autor ubicado dentro de los derechos de la personalidad y la del derecho patrimonial inserto dentro del derecho de propiedad ordinaria y sus fines sociales[422].

En cuanto a España, comenzaremos diciendo que la regulación general de derechos en su Constitución, la CE, se concentra en los artículos del 10 al 55, bajo el Título Primero, *"De los derechos y deberes fundamentales"* contentivo de cinco capítulos, con claras influencias de otros países europeos como Italia y Alemania. De este último, en gran medida, su doctrina y jurisprudencia constitucional, sin obviar la importancia de la jurisprudencia del *Tribunal Europeo de Derechos Humanos*, el TEDH, dada la obligatoria vinculación a los tratados internacionales de derechos fundamentales ratificados por España, que aparece consagrada en su artículo 10.2[423] que reza:

"La protección constitucional del derecho de autor en España". *Op. Cit.*, p. 2; y el sitio web: http://html.rincondelvago.com/constitucion-de-suecia-de-1976.html. Fecha: 13-03-2012.

[420] Fecha: 16-03-2012. http://www.italianoinfamiglia.it/documenti/costituzione-in-spagnolo.pdf

[421] En su artículo 5.3., declara la libertad de creación en general y en lo atinente a la tutela de las facultades patrimoniales de los autores, esta vino dada posteriormente, por la jurisprudencia, insertando al derecho de autor dentro de un concepto amplio de propiedad, garantizándola en su artículo 144. La Ley Fundamental de la República Federal de Alemania del 23 de mayo de 1949 ha tenido 52 revisiones desde su promulgación siendo la última, la realizada en fecha 28 de agosto de 2006. Fecha: 16-03-2012. http://www.buenos-aires.diplo.de/content blob/2227504/Daten/375140/Grundgesetz_Download.pdf

[422] PLAZA PENADÉS, Javier. "El derecho de autor y su protección en el artículo 20, 1,b) de la Constitución". *Op. Cit.*, p. 197, 199 y 202.

[423] COTINO HUESO, Lorenzo. "Aproximación a los derechos fundamentales en la Constitución española de 1978", p. 1-2. Fecha: 02-03-2012.

"Las normas relativas a los derechos fundamentales y a las libertades que la Constitución reconoce se interpretarán..." acorde a la Declaración Universal "...y los tratados y acuerdos internacionales sobre las mismas materias ratificadas por España"[424].

Es importante acotar que el hecho de aparecer consagrado el derecho de autor dentro de los derechos fundamentales en la CE, constituiría el punto de partida para considerarlo como un derecho humano internacionalmente reconocido a la luz del artículo 27.2 de la *Declaración Universal* ya que dado que esta última ratifica el rango de derecho humano al derecho de autor, por imperativo constitucional debería interpretarse que se mantiene este rango en la legislación española[425-426].

En cuanto a la interpretación de la CE, sin perjuicio del ya mencionado artículo 10.2, encontramos que su regulación normativa de derechos se considera minuciosa aunque *asistemática y cerrada*, esto último, en razón de no permitir el reco-

---

http://www.portalfio.org/inicio/repositorio//CUADERNOS/CUADERNO-4/Lorenzo%20Cotino%20Hueso.pdf

[424] Para *Antonio Truyol y Serra*, los derechos fundamentales consagrados en la CE adquieren un rango superior en razón de los acuerdos internacionales suscritos por España, así, afirma que *"...la tutela constitucional de estos derechos y estas libertades se inscribe a su vez en el marco de un higher law informado por valores humanos comunes, más allá de la esfera estatal..."* TRUYOL Y SERRA, Antonio. "Los derechos humanos". *Op. Cit.*, p. 179.

[425] CASTRO BONILLA, Alejandra. "La protección constitucional del derecho de autor en España". *Op. Cit.*, p. 2.

[426] Esta es una de las afirmaciones hechas por la autora costarricense *Alejandra Castro Bonilla* en las tres primeras páginas de su artículo mencionado en la nota anterior, que el jurista español *Carlos Rogel Vide*, critica en razón de que para él, existe *"una confusión muy común, en base a la cual se confunden los derechos fundamentales con los derechos humanos, confusión que se produce, tanto respecto de la libertad de creación como respecto del mismo derecho de autor, incluso entre los estudiosos y es necesario superar, mostrando como, las dos categorías dichas, tienen orígenes, contenido, garantías y protecciones diferentes"*. ROGEL VIDE, Carlos. "Libertad de creación y derecho de autor". *Op. Cit.*, p. 28, pie de página número 1.

nocimiento de otros derechos que no se encuentren expresamente consagrados en la CE. Por otra parte, no se determinan límites a los derechos, incluidos los derechos colectivos, ni regulaciones definidas en cuando a los derechos y libertades de los extranjeros, menores, discapacitados o personas jurídicas[427].

Un punto previo, importante de aclarar, es el relativo a la utilización en España del término doctrinario *propiedad intelectual* en vez de *derecho de autor*. Al inicio de la polémica surgida sobre este tema, los partidarios de la utilización del término *derecho de autor* argumentaban a su favor el ejemplo de la gran mayoría de legislaciones extranjeras sobre la materia además de ser el utilizado por las Naciones Unidas, en su agencia especializada, la OMPI, organismo intergubernamental a nivel internacional que como vimos en el primer capítulo, lidera los temas de derecho de autor y propiedad industrial, unificándolo en el término *propiedad intelectual*.

La utilización de la denominación tradicional española *propiedad intelectual* para el *derecho de autor* comienza con la Ley de Propiedad Intelectual de 1879 y su Reglamento de 1880, luego continúa con el Código Civil español (arts. 428-429 *De la Propiedad Intelectual*) y la reforma de su Título preliminar en 1974 (art. 10,4: *"Los derechos de propiedad intelectual e industrial se protegerán..."*), y finalmente, en la CE (art. 149, 1, 9ª). Para muchos, el término *propiedad intelectual* se ajusta mucho más a una realidad como la presente, donde *"...convergen relaciones e intereses que desbordan constantemente, el limitado marco del derecho de autor"*; además de *"...que en su ámbito se recoja toda la diversidad de matices y situaciones que pueden incidir en las obras del ingenio justifica la utilización de un rótulo genérico, pero ello no desnaturaliza la posición ni el papel del autor"*.[428]

---

[427] COTINO HUESO, Lorenzo. "Aproximación a los derechos fundamentales en la Constitución española de 1978". *Op. Cit.,* p. 2.

[428] DE LA PUENTE GARCÍA, Esteban. "La elaboración de la ley. Apuntes para su historia / proyectaron la ley", (p.11-21). República de las

Otros doctrinarios españoles consideran inexacta la denominación de propiedad intelectual para el derecho de autor, dada la diferencia notoria entre la propiedad civil y la intelectual resaltando el error del legislador de haber adoptado figuras jurídicas ya existentes para regular la propiedad intelectual en vez de haber adoptado un marco jurídico autónomo que pudo haber resuelto gran parte de los vacíos existentes en relación con este derecho.[429]

2. Planteamiento introductorio

Es importante recordar que la Ley de Propiedad Intelectual española de 1987 contiene elementos que responden a elementos propios de las teorías monista y dualista, por heredar el monismo alemán y el peso de la tradición dualista francesa, lo que vemos reflejado tanto en su artículo 2 donde establece que *"...la propiedad intelectual está integrada por derechos de carácter personal y patrimonial"*, como en su Capítulo II del Título II del Libro I, donde al normar el derecho de autor, se-

---

letras. *Revista de la Asociación Colegial de Escritores*, N° 20, Enero, 1988, p. 13 y 21.

[429] *Alejandra Castro Bonilla*, estudiosa del tema autoral, afirma que "...un acercamiento a esa circunstancia la formuló el Tribunal Superior español", Sala en lo Civil, en sentencia RJ 1992\1834 del 2 de marzo de 1992. Sala de lo Civil, en cuanto al contenido patrimonial o económico y extrapatrimonial o moral, cuando valoró lo siguiente: 'La propiedad intelectual se configura como un derecho de propiedad, con determinadas peculiaridades que justifican su especialidad y que derivan fundamentalmente de la naturaleza de su objeto que es un bien inmaterial, aunque respecto a ello hay que destacar que comprende no sólo el derecho sobre el bien inmaterial -«corpus misticum»-sino también sobre la cosa corporal, soporte material, en el que recae el derecho -«corpus mecanichum»- y sobre uno y otro recaen acciones correspondientes a la propiedad, debidamente adaptadas, como la reivindicatoria, y acciones específicas que prevé la Legislación específica de Propiedad Intelectual.' CASTRO BONILLA, Alejandra. "El derecho de autor como un derecho humano. Costa Rica". *Op. Cit.*, p. 4.

para el *derecho moral*[430], los *derechos de explotación* y los *otros derechos*, respectivamente, por tanto, no permite esta ley asegurar que sea representativa de una u otra postura, pudiendo ser interpretada desde ambas perspectivas.[431]

A pesar de existir en la doctrina española, divergencia sobre la naturaleza monista o dualista del derecho de autor, se puede decir sin ambages, que la doctrina que prevalece es la monista por considerar que una característica esencial del derecho de autor es la unidad, como sucede con cualquier derecho subjetivo, corroborado por la jurisprudencia[432], entre otras

---

[430] Para *Rogel Vide*, en su obra *Estudios de Derecho Civil, Persona y Familia*, Reus, Madrid, 2008, p. 30, "los más importantes derechos morales del autor no son otra cosa, en el fondo, que especificaciones, concreciones, de clásicos derechos de la personalidad cuyo campo de acción se proyecta sobre las creaciones intelectuales, ampliándose, de algún modo, por ello –el inédito–, por ejemplo, sería concreción de la intimidad, como la paternidad lo sería de la fama y el arrepentimiento del honor". En este sentido, *Juan José Bonilla Sánchez*, disiente de esta última afirmación ya que para él, "las convicciones morales de los autores que posibilitan el retracto, son un conjunto de principios de conducta fundados en decisiones intelectuales razonables, asumidos como guía ética para el comportamiento personal, que, a mi juicio, están protegidos por el art. 16 CE, no por el 18. Esta potestad se asemeja a la de revocación del consentimiento que puede realizar el titular de los derechos a la intimidad o imagen resarciendo a quien las explotaba y sin alegar un motivo expreso (art. 2.3 LO 1/1982)". BONILLA SÁNCHEZ, Juan José. "El derecho de autor y los derechos fundamentales a la intimidad, el honor y la fama", p. 43-76. *Constitución y propiedad intelectual. Op. Cit.*, p. 50, pie de página número 9.

[431] DE ROMAN PÉREZ, Raquel. "Naturaleza jurídica del derecho de autor", p. 13-48. IGLESIAS REBOLLO, César (Coordinador). "Propiedad intelectual, derechos fundamentales y propiedad industrial". 2005. ISBN: 84-290-1429-2. Primera edición REUS S.A., 2005, p. 26-27.

[432] El contenido del artículo 2 del TRLPI ("La propiedad intelectual está integrada por derechos de carácter personal y patrimonial, que atribuyen al autor la plena disposición y el derecho exclusivo a la explotación de la obra, sin más limitaciones que las establecidas en la Ley"), ha sido interpretado como tal, como un único derecho con facultades plurales y proyecciones encuadradas en dos grupos, uno de contenido patrimonial y otro de contenido personal, contentivos de

decisiones que presentamos más adelante, a saber, en sentencia del TS de 21-06-1965 (anterior a la LPI de 1987), donde se admitió la doble faz de este derecho considerando las facultades morales y patrimoniales como parte de un único derecho y la del 03-06-1991 (fecha en que ya se encontraba aprobada la LPI vigente), que mantiene la misma interpretación, afirmando que *"...el derecho de autor, que es inescindible y ha de ser contemplado en unicidad, tiene un contenido plural de facultades propias y proyecciones..."* que se encuadrarían en un grupo de contenido patrimonial y otro de carácter personal, que son facultades morales consecuencia de la paternidad de las obras creadas.[433]

Dentro de esta doctrina mayoritaria, mencionamos la opinión del tratadista español *Fernando Bondía Román* quien ubica al derecho de autor como derecho inescindible, en la categoría de los derechos de la personalidad[434].

Es importante destacar además, que *Bondía Román* niega acertadamente, las consideraciones de derecho propietario como indica el término *propiedad intelectual*, como de propiedad especial en el Código Civil español, el CCE (artículos 428-429), opinión que compartimos. Esto junto con, entre otros, sus características de *temporalidad* (art. 26 TRLPI) y *aspecto personalísimo* relativo al derecho moral[435] (art. 14 TRLPI), lo que

---

naturaleza jurídica diferente, por el TS, en sentencias, además de la fechada el 03-06-1991, de fechas 02-03-1992 y 19-07-1993 (dos de ellas, la primera y la última, las comentamos más adelante en *Jurisprudencia Relevante*).

[433] DE ROMAN PÉREZ, Raquel. "Naturaleza jurídica del derecho de autor". *Op. Cit.*, p. 29-30.

[434] RODRÍGUEZ TAPIA, J. Miguel y BONDÍA ROMÁN, Fernando. "Comentarios a la Ley de propiedad intelectual". "Comentario al artículo 1" (Texto refundido, R.D. Leg. 1/1996, de 12 de abril). Editorial Civitas, S.A. Madrid, 1997. Primera edición. ISBN: 84-470-0896-7, p. 20-22.

[435] "Se dice que los derechos morales de autor son personalísimos porque corresponden única y exclusivamente a su titular, sin que quepa transmitirlo a otra persona o delegar su ejercicio en un tercero. En tal

impide su plena disposición (arts. 42-43 TRLPI), así lo respalda. Para él, se la puede considerar tanto *"...extensión del derecho de propiedad modalizado por razón de su peculiar objeto"* como una concesión al autor de una tutela superior dentro del derecho patrimonial, lo que no impediría que el poder jurídico de la creación intelectual constituya algo diferente y autónomo del derecho de propiedad, permitiendo al autor incoar acciones declarativas de dominio o denegatorias fundamentadas en el derecho de paternidad (art. 14.3°) o en las acciones especiales de cesación(art. 133 y ss. CCE), las que resultarían aplicables más que por su carácter patrimonial, por el carácter supletorio del derecho común (art. 4.3. CCE) o por la expresa remisión del artículo 429 del CCE *in fine*, a la normativa del derecho dominical[436].

---

sentido resulta vetada su renunciabilidad anticipada". MADRIÑÁN VAZQUEZ, Marta. "Derecho a la herencia y derecho de autor". *Op. Cit.*, p. 109.

[436] En el Derecho Civil existe la figura del usufructo especial que presenta algunas características distintas al usufructo civil tradicional en el que después de su goce y disfrute, se restituye la cosa objeto del usufructo. En el caso de esta figura especial, como es el usufructo de derechos y en particular, el *usufructo sobre la propiedad intelectual entendida como un derecho real absoluto*, cita la obra de LACRUZ BERDEJO, José Luis y otros, *Elementos de Derecho Civil III. Derechos Reales, volumen II. Derechos Reales Limitados. Situaciones de Cotitularidad,* Segunda edición. Bosch editores, Barcelona, 1991, en su página 82, donde dice textualmente: 'El usufructo del derecho de propiedad intelectual alcanza sólo a las facultades patrimoniales (*cfr*. Art.2 LPI de 11 nov. 1987), es decir, los derechos de explotación (art. 17-23 LPI), porque el llamado derecho moral, de carácter personal, es inalienable (art. 14 LPI). En tanto que los «derechos de explotación» son transmisibles *mortis causa* (art. 42) e *inter vivos* (art. 43), es perfectamente posible su usufructo (por ej. A favor de la viuda como usufructo legal; o constituido como donación o venta a terceros por parte de su titular). Igual que la cesión plena, la limitada (que constituye el usufructo) quedará restringida al derecho o derechos cedidos, a las modalidades de explotación expresamente previstas (por ej., a la reproducción material y representación teatral pero no a las restantes) y al tiempo y ámbito territorial que se determine (art. 43.1; véase también los restantes apartados). La transmisión (parcial aquí) se interpreta siempre en sentido estricto. La

Concluye *Bondía Román* en que no resulta correcta la calificación del derecho que ostenta el autor sobre su obra como una propiedad, ni acudiendo a la flexibilidad del concepto de dominio ni a las teorías de pluralidad de propiedades o de los estatutos de la propiedad. Como corolario de lo expuesto, afirma por tanto, que la propiedad intelectual no resulta subsumible dentro del artículo 33 sino dentro del artículo 20.1.b) de la CE[437].

3. *Consagración constitucional del derecho de autor dentro del artículo 20.1.b) de la CE*

Para buena parte de la doctrina española, la tutela constitucional del derecho de autor se ubica en el artículo 20.1.b) de la CE, que establece el derecho a la producción y creación artística, dentro del Título I. De los derechos y deberes fundamentales, en los términos siguientes[438]:

Artículo 20.- 1. Se reconocen y protegen los derechos: a) A expresar y difundir libremente los pensamientos, ideas y opiniones mediante la palabra, el escrito o cualquier otro medio de reproducción. b) A la producción, creación literaria, artística, científica y técnica. c) A la libertad de cátedra. d) A comunicar o recibir libremente información

---

constitución por acto inter vivos de este usufructo ha de hacerse por escrito (así se requiera para toda la cesión en el art. 45 LPI; basta que sea privado. / (*sic*) El goce del derecho de propiedad intelectual por el usufructuario se hará casi siempre por medio de la actividad de tercero (del editor de la obra literaria, del que la representa en teatro, o del productor y exhibidores de la obra cinematográfica, etc.), y los frutos que perciba serán frutos civiles (rendimientos del contrato de edición, representación, exhibición cinematográfica); mas también pueden ser industriales si aquél explota directamente el derecho que disfruta" CASTRO BONILLA, Alejandra. "El derecho de autor como un derecho humano. Costa Rica". *Op. Cit.*, p. 9.

[437] RODRÍGUEZ TAPIA, J. Miguel y BONDÍA ROMÁN, Fernando. "Comentarios a la Ley de propiedad intelectual". "Comentario al artículo 1" *Op. Cit.*, p. 18.

[438] Fecha: 13-02-2012. http://noticias.juridicas.com/base_datos/Admin/constitucion.t1.html#.

veraz por cualquier medio de difusión. La ley regulará el derecho a la cláusula de conciencia y al secreto profesional en el ejercicio de estas libertades. 2. El ejercicio de estos derechos no puede restringirse mediante ningún tipo de censura previa. 3. La ley regulará la organización y el control parlamentario de los medios de comunicación social dependientes del Estado o de cualquier ente público y garantizará el acceso a dichos medios de los grupos sociales y políticos significativos, respetando el pluralismo de la sociedad y de las diversas lenguas de España. 4. Estas libertades tienen su límite en el respeto a los derechos reconocidos en este Título, en los preceptos de las Leyes que lo desarrollan y, especialmente, en el derecho al honor, a la intimidad, a la propia imagen y a la protección de la juventud y de la infancia. 5. Sólo podrá acordarse el secuestro de publicaciones, grabaciones y otros medios de información en virtud de resolución judicial.

Ahora bien, para *Prieto de Pedro*, todo el numeral 1 del artículo 20 anteriormente transcrito, establece *"...una de las especificaciones o aplicaciones materiales básicas del principio constitucional de la libertad..."*, esto es, libertades culturales del individuo como auténticos derechos de defensa aunque no aparece una calificación específica para los derechos allí consagrados como libertades, más aún, este artículo utiliza indistintamente los términos "derechos" y "libertades", por tanto, este doctrinario se pregunta si se refiere a un derecho de libertad o de prestación, y si esto último fuese el caso, veríamos que dentro de un derecho tradicionalmente negativo como es la libertad de expresión, aparece incluido el derecho a recibir información, considerado éste como un derecho (positivo) prestacional[439-440].

---

[439] GONZÁLEZ MORENO, Beatriz. "Estado de cultura, derechos culturales y libertad religiosa". Civitas ediciones. Monografías. 2003. ISBN: 84-470-1931-4, p. 152-153.

[440] La ausencia del término "libertad" hace dudar sobre la naturaleza dogmática del derecho consagrado en el artículo 20.1.b), preguntándonos si es un derecho de libertad o de prestación, además la presencia de dos sustantivos *"producción y creación"* en su enunciado; igualmente nos trae dudas sobre el objeto concreto del derecho. PRIETO DE PEDRO, J. "Cultura, culturas y Constitución". Congreso

En este mismo sentido se pronuncia el jurista *J.M. Otero Lastres* al referirse a la *redacción* y al *encuadramiento sistemático* del artículo 20 anteriormente transcrito, afirmando que resulta evidente estar frente a un *derecho de libertad,* esto es, la libertad específica de crear obras artísticas consagrada en el literal b) de su numeral 1, el cual, aunque su redacción no sea *"...muy afortunada...",* resulta evidente la tutela de dos bienes jurídicos diferentes, el derecho de crear obras artísticas y el derecho del creador sobre el producto creado, lo que viene a constituir según consagra el TC en sentencia de 16-03-1981., al referirse a la libertad de expresión consagrada en el literal a) del mismo numeral 1 del artículo 20, *"...un derecho fundamental del que gozan por igual todos los ciudadanos y que les protege de cualquier injerencia de los poderes públicos que no esté apoyada en la Ley, e incluso frente a la propia Ley en cuanto ésta intente fijar otros límites que los que la propia Constitución (arts. 20.4 y 53.1) admite"* (...)"*...Estos derechos son derechos de libertad frente al poder y comunes a todos los ciudadanos".*[441]

A esto habría que añadir que el inciso inicial del número 1, letra b) del art. 20, se inspira en el artículo 5.3., de la Ley Fundamental de Bonn (*"la ciencia y el arte..."* (...) *"... son libres"*) del que la doctrina y la jurisprudencia alemana a través de su Tribunal Constitucional, han ratificado el doble contenido de esta norma, por una parte, reglamenta las relaciones entre el Estado y los sectores involucrados y por la otra, viene a constituir un *derecho de libertad individual* de lo que se concluye que el Estado además de su deber de abstenerse de cualquier injerencia en las instituciones sectoriales (derecho nega-

---

de los Diputados. Centro de Estudios Constitucionales, Madrid, 1995, p. 226-227.

[441] Añade la mencionada sentencia que la cláusula del Estado Social del artículo 11 y la del mandato genérico del artículo 9.2., esta última en conexión con la primera, ambas de la CE, obligan sin duda alguna, a realizar *"...actuaciones positivas en este género".* OTERO LASTRES, J.M. "La protección constitucional del derecho de autor: análisis del artículo 20.1.b) de la Constitución española de 1978". *Op. Cit.,* p. 4.

tivo), debe de promover (derecho positivo) y proteger la actividad sectorial en la materia para evitar un debilitamiento de este derecho de libertad[442].

4. *Consagración constitucional del derecho de autor dentro del artículo 33 de la CE*

Para otra parte de la doctrina española, pareciera que constitucionalmente, el derecho de autor debiera relacionarse con la consagración de la propiedad privada del artículo 33 de la CE, siendo su conexión más definida en relación con el derecho patrimonial del autor. Dicho artículo establece[443]:

> *Artículo 33. 1.- Se reconoce el derecho a la propiedad privada y a la herencia. 2.- La función social de estos derechos delimitará su contenido, de acuerdo con las leyes. 3.- Nadie podrá ser privado de sus bienes y derechos sino por causa justificada de utilidad pública o interés social, mediante la correspondiente indemnización y de conformidad con lo dispuesto por las leyes.*

Vemos aquí que la CE en su artículo 33 consagraría el derecho de autor como un derecho de propiedad especial confiriéndole la protección establecida en el artículo 53.1 de la CE, excluyendo su constitucionalización en el artículo 20.1.b), precepto más bien perteneciente a los derechos fundamentales y libertades públicas, protegidos de forma reforzada y superior a cualquier derecho subjetivo de rango ordinario (*v.gr.*: artículo 53.2 CE). La única referencia entonces, a la propiedad intelectual como tal, se encontraría en el artículo 149.1.9ª de la CE, que atribuye la competencia sobre la materia al Estado.

Los doctrinarios que apoyan esta posición de considerar al derecho de autor como un derecho de propiedad especial al

---

[442] OTERO LASTRES, J.M. "La protección constitucional del derecho de autor: análisis del artículo 20.1.b) de la Constitución española de 1978". *Op. Cit.*, p. 3.

[443] Fecha: 13-02-2012. http://noticias.juridicas.com/base_datos/Admin /constitucion.t1.html#

que se le aplica en todo lo no previsto por la LPI, las reglas generales establecidas en el artículo 429 del Código Civil Español, se basan en que a pesar de considerar al derecho de autor como un derecho único contentivo de dos tipos de facultades inseparables y condicionadas entre sí, las patrimoniales y las morales, y al no formar estas últimas, parte integrante de los derechos de la personalidad en razón de alegar de que el objeto sobre el que recae la obra está separado de la persona del autor sin poder afirmar que todas las personas son autores a la luz de la normativa de propiedad intelectual, resultaría más idóneo entonces hablar de facultades personalísimas no de derechos de la personalidad, que sólo el autor estaría legitimado para su ejercicio. De esta manera, ya que las facultades morales no se consideran derechos de la personalidad, mucho menos podría considerarse al derecho de autor en su totalidad.[444]

Es importante aquí destacar que las coincidentes regulaciones de textos constitucionales anteriores con la vigente del artículo 33, nos corrobora que la propiedad viene delimitada por su función social.[445-446]

---

[444] La doctrina, donde encontramos a *R. Bercovitz Rodríguez-Cano, J. Rams Albesa, C. Rogel Vide, C. Vattier Fuenzalida, C. Lasarte Álvarez*, comprende al derecho de autor como una propiedad especial. DE ROMÁN PÉREZ, Raquel. "Naturaleza jurídica del derecho de autor". *Op. Cit.*, p. 46-48.

[445] "La Constitución -Sentencia del T.C de 29-11-1988, núm. 227/1988- sanciona una garantía de la propiedad y de los bienes y derechos patrimoniales de los particulares (art. 33), pero esta garantía no es absoluta, ya que el art. 128.1 establece que "toda la riqueza del país en sus distintas formas está subordinada al interés general". La propiedad intelectual, una de sus especies, está igualmente subordinada a su función social y al interés general de acrecentar el acervo cultural de la comunidad. Se introduce para alcanzar y fomentar este último objetivo, pero los derechos patrimoniales que de ella derivan son temporales y tienen un plazo de duración fijado de antemano, que impide su transmisión indefinida a través del otro derecho que reconoce el propio art. 33 CE, esto es el derecho a la herencia, porque su fin es integrarse

Como vimos en el Capítulo III, la propiedad como derecho fundamental aparece en el artículo 17 de la *Declaración Universal* y particularmente, la intelectual en su artículo 27 que afirma en su numeral 1°, el derecho a la cultura y en el 2°, el derecho al autor, al igual que el artículo 15 del *Pacto Internacional de Derechos Económicos, Sociales y Culturales* del 16 de diciembre de 1966, tratamiento que es interpretado por algunos doctrinarios como una subordinación del derecho de autor al derecho de la cultura[447] y que de forma explícita recoge el

---

en el dominio público." CASTRO BONILLA, Alejandra. "La protección constitucional del derecho de autor en España". *Op. Cit.*, p. 3.

[446] Dado que el artículo 33.2 CE, otorga a la función social, el papel delimitador del contenido del derecho a la propiedad y a la herencia, cuál sería entonces, la función social de la propiedad intelectual. Como sabemos la definición del derecho a la propiedad privada debe también incluir una referencia a su función social como parte integrante de este derecho y "... no como límite externo a su definición o a su ejercicio. Al trasladar estas reflexiones de carácter general al ámbito de los derechos de autor, la conclusión es que los derechos reconocidos a los creadores no son absolutos, sino que tiene una función social que cumplir. Función social que se encuentra en la propiedad intelectual materializada a través del concepto de cultura, funcionando como criterio que lo delimita, pero no anula su contenido... (...)...Esta noción de función social impone una serie de límites al conjunto de facultades (morales y patrimoniales) que se atribuyen al creador funcionando como criterio delimitador. (*v.gr.*: el derecho de cita)." SERRANO FERNÁNDEZ, María. "Acceso a la cultura y propiedad intelectual. El derecho de acceso la cultura: (*sic*) su significado constitucional. La función social de la propiedad intelectual: la tutela del derecho de acceso a la cultura del art. 40 TRLPI". *Op. Cit.*, p. 129, 131, 133 y 134.

[447] Para *Clavel Vergés*, del tratamiento que le dan a la propiedad intelectual, la *Declaración Universal* y uno de los dos Pactos de 1966 de Naciones Unidas, se desprende una subordinación de ésta al derecho de acceso a la cultura que de forma explícita recoge el artículo 40 del Texto Refundido de la Ley de Propiedad Intelectual española. De acuerdo a esto, el primer límite a la propiedad intelectual sería la cultura (art. 44 CE: "*...1. Los poderes públicos promoverán y tutelarán el acceso a la cultura, a la que todos tienen derecho...*"), la cual viene a regularse entonces, como un deber del poder público de proteger el derecho de acceso de la ciudadanía a la cultura y de promoverla,

artículo 40[448] del texto refundido de la Ley de Propiedad Intelectual española, la TRLPI, sobre la tutela del derecho de acceso a la cultura.[449]

Para *Clavel Vergés*, de la subordinación de la propiedad intelectual (derecho de autor) a la cultura y al progreso social, amén de su consideración en el marco de los derechos humanos, se derivan consecuencias prácticas relevantes, una viene dada por el hecho de que caso de colidir la propiedad intelectual (derecho de autor) con el derecho a la cultura y otros derechos y libertades relacionadas (*v.g.*: derecho a la información y a la educación)[450], habrá que otorgarle mayor peso al tema

---

acción que va a bifurcarse en la promoción de la ciencia, investigación científica y técnica en provecho del interés general. CLAVEL VERGÉS, Gaspar. "La propiedad intelectual e internet: su subordinación a la cultura y a la información". Bilbao, 15 de noviembre de 1999, p. 2. Fecha: 16-03-2012. http://www.ucm.es/info/multidoc/multidoc/revista/num8/gaspar.html

[448] "Artículo 40. Tutela del derecho de acceso a la cultura. Si a la muerte o declaración de fallecimiento del autor, sus derechohabientes ejerciesen su derecho a la no divulgación de la obra, en condiciones que vulneren lo dispuesto en el artículo 44 de la Constitución, el Juez podrá ordenar las medidas adecuadas a petición del Estado, las Comunidades Autónomas, las Corporaciones locales, las instituciones públicas de carácter cultural o de cualquier otra persona que tenga un interés legítimo.". REPÚBLICA DE LAS LETRAS. *Revista de la Asociación Colegial de Escritores*, N° 20. Enero, 1988. Ley de Propiedad Intelectual, Texto Íntegro, p. XI.

[449] CASTRO BONILLA, Alejandra. "La protección constitucional del derecho de autor en España". *Op. Cit.*, p. 2-3.

[450] Para el TC, en los conflictos en que entran los derechos fundamentales, "gozan de preferencia las libertades del art. 20 CE sobre los derechos de la personalidad, porque, además de su dimensión pública, tienen otra dimensión institucional, cual es la de contribuir a la formación de la opinión pública libre y al asentamiento y ejercicio de la democracia. Así, aunque el artículo 20.4 CE diga todo lo contrario," para *Bonilla Sánchez*, "el correcto uso de las libertades justificaría la reproducción de informes noticias y artículos en los medios de comunicación, la duplicación o puesta a disposición del público de los discursos políticos, o la transcripción de obras con el objetivo de parodiarlas."

cultural con el aditivo de que el legislador tendrá que tomar en cuenta, de *lege ferenda*[451], esta situación[452].

5. *Jurisprudencia relevante*

La protección constitucional del derecho de autor consagrada para parte de la doctrina en su artículo 20.1.b), ha sido objeto de diferentes interpretaciones judiciales, inclusive negada, por jurisprudencia del TS en 1985, en particular con la resolución del llamado *Caso Serrano*, litigio iniciado en los años sesenta y que fuera decidido con un primer pronunciamiento de esta máxima instancia judicial en 1965, ciertamente, antes de la promulgación de la CE de 1978 y bajo el imperio de la legislación de propiedad intelectual de 1879, lo que nos ilu-

---

BONILLA SÁNCHEZ, Juan José. "El derecho de autor y los derechos fundamentales a la intimidad, el honor y la fama". *Op. Cit.*, p. 56.

[451] "Expresión latina que significa "para una futura reforma de la ley", o "con motivo de proponer una ley". Es decir, recomendación que debe ser tenida en cuenta como conveniente en una próxima enmienda legislativa." (Fuente: RODRÍGUEZ, Agustín W., GALETTA DE RODRÍGUEZ, Beatriz," Diccionario Latín Jurídico, Locuciones latinas de aplicación jurídica actual. Ed. García Alonso, 1° Ed., 1° reimp., Buenos Aires, 2008, p. 70. Fecha: 09-07-2012.
http://www.significadolegal.com /2009/07/de-lege-ferenda.html

[452] "La sentencia de la Audiencia Provincial de la Coruña (Sec. 5ª), de fecha 23 de marzo de 1.999, ponente *Julio César Cibeira Yebra-Pimentel*, recoge la apreciación del Juzgado de Instancia de que se trata de un derecho de la personalidad y habla de "la no tan intensa protección que se dispensa a la propiedad intelectual en el ámbito de la docencia, tal como nos recuerda el art. 32 -citas y reseñas- de la Ley de Propiedad Intelectual, al ser la educación un derecho fundamental reconocido como tal en el art. 27 de la Declaración de los Derechos del Ciudadano". La sentencia apunta en la dirección señalada, aunque se discrepe de la consideración de derecho de la personalidad en la medida que no se extingue con el fallecimiento del autor y se transmite a sus herederos". CLAVEL VERGÉS, Gaspar. "La propiedad intelectual e internet: su subordinación a la cultura y a la información". *Op. Cit.*, p. 3, pie de página número 2.

mina sobre las diferentes posiciones jurisprudenciales asumidas en relación con este sonado caso.[453]

El litigio en cuestión, es incoado ante el Juzgado de Primera Instancia número 5 de Madrid, por el reconocido escultor *Pablo Serrano* quien alegara que su derecho moral de paternidad de la obra, de carácter personalísimo, le autorizaba para impedir la deformación o mutilación de la misma, inclusive, retirarla de circulación por lo que solicitaba una indemnización por los daños y perjuicios ocasionados a su obra, petición a la que se opuso el demandado, quien la encargara y pagara por ella 75.000,00 pesetas. Este derecho habría sido vulnerado según el demandante, por modificaciones que la parte demandada realizara sin su autorización, en una de sus esculturas.

En efecto, la obra titulada *"Viaje a la luna en el Fondo del Mar"* de más de diez metros de altura, fue encargada para ser expuesta en el hotel conocido como *"Tres Carabelas"* propiedad de la empresa *Industrias Turísticas, S.A.* de la localidad de Torremolinos, siendo posteriormente, "destruida" o "desmontada" (las piezas fueron guardadas en un almacén ante la negativa del escultor de ser instalada en otro lugar), según alegatos del escultor o de la parte demandada, respectivamente, esta última alegando que lo realizado *"no se ajustaba al boceto elegido"*. Este cambio en la ubicación de la escultura fue considerado por el autor como un perjuicio, desvirtuando el valor artístico de la misma, ya que ésta había sido ejecutada atendiendo a las peculiaridades del lugar donde se ubicaría para su exposición.[454]

El demandado opuso a estos alegatos, su derecho de propiedad sólo limitable por ley o por voluntad de las partes, siendo decidido el litigio en instancia y en casación, desestimando la demanda en base a la legalidad aplicable según la

---

[453] PLAZA PENADÉS, Javier. "El derecho de autor y su protección en el artículo 20, 1,b) de la Constitución". *Op. Cit.*, p. 205-207.

[454] *Ídem.*, p. 206-207.

cual el artista puede reproducir su obra y exponerla pero no disponer del ejemplar concreto comprado por el adquirente, al que no se puede obligar a ser desposeído de su adquisición, sin que pudiera tomarse en cuenta lo dispuesto por el Convenio de la Unión de Berna de 1886[455], por las Conferencias de Roma de 1928 (reforma del CUB donde se introducía por vez primera el artículo 6 *bis*[456] que reconocía de manera expresa el derecho moral del autor) y de Bruselas (reforma del CUB de 1948).

Estos convenios aunque habiendo sido ratificados por España, no tuvieron el necesario desarrollo legislativo, donde continuaba vigente la Ley de Propiedad Intelectual de fecha 10-01-1879, que no tutelaba del derecho moral de los autores otorgándoles a éstos una sola protección de tipo patrimonial, no permitiendo entonces, una solución diferente en relación con el artículo 1.902 del Código Civil que establece la obligación de reparar el daño causado a aquél que por acción u omisión, por culpa o negligencia, cause un daño a otro, que fue el alegado por el demandado en ejercicio de su pretensión ejer-

---

[455] Rodríguez-Zapata Pérez refiere que el CUB "fue uno de los pocos Convenios internacionales que recibió aplicación jurisprudencial directa en España antes de la reforma del Título Preliminar del Código civil de 1974, al igual que los tratados relativos a la propiedad industrial". (Conf., J. Rodríguez-Zapata, *Constitución tratados internacionales y sistema de fuentes del Derecho.* Bolonia 1976, Ed. Real Colegio de España, p. 274 y ss.). RODRÍGUEZ-ZAPATA PÉREZ, Jorge. "Derecho de propiedad y derecho de autor". *Op. Cit.,* p. 87.

[456] "Artículo 6 bis. 1) Independientemente de los derechos patrimoniales del autor, e incluso después de la cesión de estos derechos, el autor conservará el derecho de reivindicar la paternidad de la obra y de oponerse a cualquier deformación, mutilación u otra modificación de la misma o a cualquier atentado a la misma que cause perjuicio a su honor o a su reputación." Fecha: 15-07-2012. http://www.wipo.int/export/sites/www /treaties/es/ip/berne/pdf/trtdocs_w0001.pdf

cida durante los procedimientos judiciales a los que tuvo acceso en su defensa.[457]

Posteriormente, llega en alzada, ante el TS que dicta la sentencia de fecha 21 de junio de 1965, que expondremos de seguidas.

A. *Sentencia RJ 1965\3670 de la Sala 1ª del Tribunal Supremo español de fecha 21 de junio de 1965*

Esta sentencia convierte en cosa juzgada, lo decidido por el Juzgado número 5 de Madrid del 09 de septiembre de 1963 y de la Sala 3ª de la Audiencia Territorial de Madrid del 06 de mayo de 1964[458].

Según comentarios del doctrinario español *Andrés Ollero Tassara*, en el litigio que origina esta sentencia, se destaca en el planteamiento de la querella, el predominio del léxico patrimonialista y el contraste entre dos derechos propietarios en conflicto. En defensa del demandante se alega que éste detenta sobre su escultura *"derechos de propiedad artística"* aun después de haber recibido los honorarios convenidos por parte del demandado, ya que la obra *"le pertenecía con independencia del dominio adquirido"* por éste sobre ella, y que por tanto, el desmontaje de la misma se traducía en una *"agresión al derecho dominical"* del creador de la obra.

Prosigue Ollero Tassara explicando en que la fundamentación de la sentencia alude *"… a un grupo de facultades que se concentran en lo que se llama usualmente derecho moral del autor"* añadiendo que en lo atinente a su esencia, se trata de un *"derecho personalísimo"* del autor que el demandante le atribuye las características de *"inalienable e intransmisible"*.

---

[457] Páginas 3-4. Fecha: 15-07-2012. www.uclm.es/profesorado/jjmarin/tema_1.doc

[458] OLLERO TASSARA, Andrés. "Derechos del autor y propiedad intelectual. Apuntes de un debate". *Op. Cit.*, p. 136, pie de página número 74.

La base de la decisión denegatoria de la sentencia radica en que en razón de no haberse reglamentado legalmente lo previsto en el Convenio de Berna de 1886, sólo se les reconoce el carácter de *"conceptos meramente programáticos, que no pueden servir de fundamento a un Tribunal"*, por tanto, *"al no estar desarrollado en nuestra legislación el derecho moral del autor, no puede declararse a favor de éste derechos que los preceptos legales no sancionan"*. Al no existir fundamentación legal que ampare el derecho moral del autor, el TS llega de manera inexorable, a la desestimación de la causa.[459]

El punto de partida de esta decisión jurisprudencial es la distinción "entre la creación de la obra en sí y el ejemplar en que la misma se materializa y cobra corporeidad". Al creador le correspondería "la propiedad intelectual de su obra" de desconocido alcance ya que el "comprador de la misma al adquirirla ostenta sobre ella un indiscutible derecho dominical", al que se van a otorgar sin consideración alguna, los basamentos clásicos de toda propiedad por lo que, como tal, "sólo puede estar limitado por la voluntad de las partes o por la ley". Esta consideración o planteamiento, la reafirma al concluir en su considerando segundo, afirmando que "la doctrina científica no se ha planteado la discusión de si, como derivado de la paternidad intelectual, el autor tiene derecho a impedir que el comprador suprima la obra artística si éste está en posesión real y plena de la obra adquirida, pues una de las facultades del dominio es la de poder abandonar o inutilizar la cosa".[460]

---

[459] *Cfr.* Considerandos segundo y cuarto de la sentencia. OLLERO TASSARA, Andrés. "Derechos del autor y propiedad intelectual. Apuntes de un debate". *Op. Cit.*, p. 136-137, pie de página número 78.

[460] Para *Ollero Tassara*, esta ausencia de debate, más que una laguna, nos comprueba el hecho indiscutible de la capacidad del adquirente de la obra, de disponer sin limitaciones, de la escultura en cuestión. *Ídem*, p. 137.

Concluye *Ollero Tassara*[461] en que esta decisión es producto de una ley desactualizada, con ochenta y seis años de vigencia, a la que se atiene el juez de la causa al decidir en este controversial caso, que no es otra que la Ley de 1879[462] por la que se regía el derecho de autor, legislación caracterizada por otorgar una protección autoral de tipo esencialmente patrimonial y por la ausencia de normas que reconocieran de alguna manera, el derecho moral del autor.[463]

B. *Sentencia 1985/6320 del Tribunal Supremo español, Sala de lo Civil, de fecha 09 de diciembre de 1985*[464]

El nuevo recurso interpuesto en el *Caso Serrano* da lugar a esta decisión 1985/6320, en el marco de la CE en vigencia

---

[461] OLLERO TASSARA, Andrés. "Derechos del autor y propiedad intelectual. Apuntes de un debate". *Op. Cit.*, p. 138.

[462] El artículo 9 de la Ley de Propiedad Intelectual española de 1879 uno de los fundamentos de derecho de la sentencia del TS de 1879, rezaba: "Art. 9°. La enajenación de una obra de arte, salvo pacto en contrario, no lleva consigo la enajenación del derecho de reproducción, ni del de exposición pública de la misma obra, los cuales permanecen reservados al autor ó á (*sic*) su derecho habiente." Fecha: 29-07-2012. http://derecho-internet.org/node/365

[463] Parte de la doctrina es crítica en relación a esta sentencia del TS, como es el caso de Rodrigo *Bercovitz, Roldán Barbero, Jufresa Patau, F.P.* y *Martell Pérez-Alcalde.* En opinión de *Bercovitz,* los Convenios Internacionales son de aplicación directa cuando el Convenio garantiza los derechos en él reconocidos a determinados sujetos, lo que supondría un cambio relevante respecto al valor meramente programático, que el TS reconoció a la Conferencia de Bruselas del Convenio de Berna. PLAZA PENADÉS, Javier. "El derecho de autor y su protección en el artículo 20, 1,b) de la Constitución". *Op. Cit.*, p. 210-211, pie de página número 381.

[464] Págs. 3-11. Fecha: 26-03-2012. http://www.google.co.ve/url?sa=t&rct=j&q=&esrc=s&source=web&cd=2&sqi=2&ved=0CCwQFjAB&url=http%3A%2F%2Fwww.uclm.es%2Fprofesorado%2Fjjmarin%2Ftema_1.doc&ei=suhwT7uu07LE0AHGxNHXBg&usg=AFQjCNH4hGu_CZzHGU7U56mYwJQ50tR_CQ&sig2=LhlBZWl-tbjvoWihsOA-gg

desde 1978[465] en la que el TS se debe pronunciar sobre el alcance del artículo 20.1.b) en relación con el derecho de autor, respondiendo al segundo motivo del recurso de casación donde se aducía el que la mencionada norma constitucional había sido infringida y alternativamente, la norma del artículo 18.1, en lo relativo al honor y la reputación artística, lo que en definitiva, significaba pronunciarse sobre la elevación al rango de derecho fundamental, del derecho de autor.[466]

A pesar de que la nueva CE consagraba el derecho al honor, el derecho a la intimidad personal y familiar[467] y propia imagen en su artículo 18.1 y en particular, el artículo 20.1.b) que constitucionaliza el derecho de autor según la parte recurrente, seguía en vigencia la ley de propiedad intelectual del 10-01-1879, que como repetimos, no incluía

---

[465] Recordemos que la CE fue aprobada por las Cortes el 31-10-1978, ratificada en referéndum popular el 06-12-1978 y sancionada por el Rey Juan Carlos I el 27-12-1978, siendo publicada en el Boletín Oficial del Estado BOE en fecha 29-12-1978. Fecha: 06-08-2012. http://es.wikisource.org/wiki/Constituci%C3%B3n_espa%C3%B1ola_de_1978

[466] DE ROMÁN PÉREZ, Raquel. "Naturaleza jurídica del derecho de autor". *Op. Cit.*, p. 30-31, pie de página número 63.

[467] Para el TC, el derecho a la intimidad personal del art. 18.1 de la CE, es "un derecho fundamental, estrictamente vinculado a la propia existencia y personalidad del individuo y que deriva, sin duda, de la dignidad de la persona humana reconocida en el art. 10.1 CE. Entraña la garantía de un ámbito propio y reservado frente a la acción y el conocimiento de los demás, que es necesario, según las pautas de nuestra cultura, para mantener una mínima calidad de vida humana". STC 171/2013, de 7 de octubre y las demás allí citadas. Para este autor, sí existen algunas facultades morales del derecho de autor que pudieran estar auspiciadas por el derecho a la intimidad, que no son otras que "las morales irrenunciables e inalienables del art. 14 LPI que posibilitan al autor mantener su obra inédita hasta después de su fallecimiento, o decidir que sea divulgada y en qué forma." BONILLA SÁNCHEZ, Juan José. "El derecho de autor y los derechos fundamentales a la intimidad, el honor y la fama". *Op. Cit.*, p. 58-59, pie de página número 25.

bajo su protección el derecho moral del autor sino solo sus derechos patrimoniales.

Dada la estrecha vinculación del derecho de respeto a la integridad de la obra como parte del derecho moral del autor con el derecho al honor del autor[468], el recurrente alegó acertadamente, lesión del derecho de autor como lesión del derecho al honor (art. 18.1 de la CE y los relativos a la Ley Orgánica 1/1982 de fecha 05-05-1982) [469].

En el Considerando quinto de la sentencia, se destaca que la Ley Orgánica (RCL 1982\1197*sic*) del 05-05-1982, fue aprobada como complemento del Real Decreto de fecha 20-02-1979, número 342, el cual contenía un único artículo que establecía la incorporación al ámbito de tutela de la Ley de fecha 28-12-1968, "... *los derechos al honor, a la intimidad personal y familiar y a la propia imagen...*", entre otros que allí enuncia.

Así, la mencionada Ley Orgánica de 1982, en su artículo primero, redujo el ámbito de su aplicación sólo al "*derecho fundamental al honor, a la intimidad personal y familiar y a la propia imagen, garantizado en el artículo dieciocho de la Constitución*", y más importante aún, en lo referido a la vía judicial pertinente para la protección civil de los mencionados derechos, su artículo 9 estableció que "*la tutela judicial de los derechos a que se refiere la presente ley, podrá recabarse por las vías procesales ordinarias...*" o por el procedimiento establecido en el artículo 53.2 de

---

[468] Existe una sentencia del TS anterior a la CE de 1978 de fecha 07-02-1972, que "...entendía que los derechos morales del autor sobre la obra ya creada se incluían en un genérico derecho al honor". Aun después de la entrada en vigencia de la CE, todavía hay quien defiende esta postura considerando que las facultades morales del derecho de autor "...no son más que facultades derivadas del derecho a la integridad moral". Por ello, su protección sería probablemente subsumible en la protección constitucional del artículo 18.1. de la CE pero no en la del 20.1.b). Este es un planteamiento aislado que sigue en discusión. DE ROMÁN PÉREZ, Raquel. "Naturaleza jurídica del derecho de autor". *Op. Cit.*, p. 31, pie de página número 63.

[469] PLAZA PENADÉS, Javier. "El derecho de autor y su protección en el artículo 20, 1,b) de la Constitución". *Op. Cit.*, p. 212.

la CE (ante los tribunales ordinarios y en su caso, recurso de amparo).[470]

Además, en su disposición transitoria primera, dispuso que mientras no fuese promulgada la "*...normativa prevista...*" en el artículo 18.4., de la CE, "*la protección civil del honor y la intimidad personal y familiar...*" sería regulada por la misma ley; y en su disposición transitoria segunda, estableció que en tanto no fuese desarrollada la normativa del artículo 53.2 de la CE relativa al "*...establecimiento de un procedimiento basado en los principios de preferencia y sumariedad, la tutela judicial de los derechos al honor, la intimidad personal y familiar y la propia imagen, se podrá recabar con las peculiaridades que establece esta ley...*" (sic) "*...por cualquiera de las vías establecidas en las Secciones II y III de la Ley de 28-12-1978, referidas "*...a estrictos derechos de la personalidad, a los que no puede equipararse el derecho de autos (sic) cuestionado, que el legislador, con toda justeza y acierto jurídico, no equiparó.*"[471]

La sentencia, en su Considerando tercero, aduciendo que el derecho que se alegaba como perjudicado era en efecto, el contemplado en este artículo 20.1.b), observa que allí " *...lo que se consagra como fundamental, es un derecho genérico e impersonal, a producir o crear obras artísticas, pues no toda persona crea o produce arte, viniendo a proclamar la protección de una facultad; cuando se produce o crea, entonces lo que se protege es el resultado, que hace surgir un derecho especial, el derecho de autor, que no es un derecho de la personalidad porque asimismo carece de la nota indispensable de la esencialidad, pues no es consustancial o esencial a la persona, en cuanto que no toda persona es autor; y conlleva la necesidad de la exteriorización...*" ya que se crea arte para exteriori-

---

[470] Considerando quinto de la sentencia. Fecha: 26-03-2012, p. 5. http://www.google.co.ve/url?sa=t&rct=j&q=&esrc=s&source=web&cd=2&sqi=2&ved=0CCwQFjAB&url=http%3A%2F%2Fwww.uclm.es%2Fprofesorado%2Fjjmarin%2Ftema_1.doc&ei=suhwT7uu07LE0AHGxNHXBg&usg=AFQjCNH4hGu_CZzHGU7U56mYwJQ50tR_CQ&sig2=LhlBZWl-tbjvoWihsOA-gg

[471] Considerando quinto de la sentencia. *Ídem,* p. 5.

zarlo, lo que conlleva el nacimiento de otro derecho que va beneficiar a aquellos a quienes se les muestra el arte, teniendo por objeto este último un "bien material" mientras que el primero, el creador, es favorecido con un derecho cuyo objeto es un "bien inmaterial".

Surge entonces el problema de coordinar estos dos derechos "... *que supone la de los respectivos intereses que entran en juego que surgen, no con la persona, sino como consecuencia de una actividad de ésta cuya solución es difícil, que se intentó resolver en Derecho comparado sin resultados plenamente satisfactorios y a veces chocantes con las soluciones prácticas de la aplicación jurídica,...*"[472].

En definitiva, esta sentencia concluye en que el artículo 20.1.b) no tutela el derecho de autor sino que lo que realmente protege constitucionalmente, es un derecho genérico e impersonal de crear y producir arte ya que no todas las personas crean o producen arte, esto es, no todas son autores.[473]

Como vemos, al desestimar el TS este nuevo recurso en el Considerando Ocho de la sentencia *in comento*, por considerar la excepción de falta de jurisdicción por inadecuación del procedimiento[474], al no justificar debidamente que el procedi-

---

[472] Considerando Tercero de la sentencia. Fecha: 26-03-2012, p. 4. http://www.google.co.ve/url?sa=t&rct=j&q=&esrc=s&source=web&cd=2&sqi=2&ved=0CCwQFjAB&url=http%3A%2F%2Fwww.uclm.es%2Fprofesorado%2Fjjmarin%2Ftema_1.doc&ei=suhwT7uu07LE0AHGxNHXBg&usg=AFQjCNH4hGu_CZzHGU7U56mYwJQ50tR_CQ&sig2=LhlBZWl-tbjvoWihsOA-gg

[473] CASTRO BONILLA, Alejandra. "La protección constitucional del derecho de autor en España". *Op. Cit.*, p. 6.

[474] El recurrente utilizó la vía procesal consagrada en la *Ley de Protección Jurisdiccional de los Derechos Fundamentales de las Personas* LPJDFP, y el TS siguiendo lo estipulado en decisiones anteriores, en el Considerando Cuarto de la sentencia de 1985, concluye en que el procedimiento establecido en dicha Ley, no es extensible a todos los derechos fundamentales, sino a los expresamente establecidos en el apartado 2 del artículo 1 y los incluidos en su Disposición Final, en los que según interpreta este tribunal, no está incluido el "derecho a la creación y producción", derecho que el demandante alegó haber sido

miento seguido era el adecuado, se impidió el examen referente al fondo del asunto, aunque no dejó de referirse a lo establecido en el artículo invocado por el recurrente, el 20.1.b), atinente al *"derecho a la creación y producción"*, lo que ha de ser entendido como *obiter dictum*, esto es, parte no vinculante de la sentencia por no estar relacionada a la controversia que motiva la opinión.[475]

Podemos concluir respecto al fondo del asunto, que lo que el TS determinó fueron dos derechos distintos donde pareciera no existir zonas de encuentro, en razón de los diferentes ámbitos en donde proyecta por una parte, un derecho genérico e impersonal, el derecho a la creación y producción literaria, artística y científica que existe durante la creación de la obra y por la otra, una vez realizada la obra, un derecho distinto que no guarda relación alguna con el primero, el derecho de autor.[476]

Es importante resaltar el voto particular formulado por el Magistrado Fernández Rodríguez (Fundamentos de Derecho), quien mantuvo que el artículo 20.1.b) sí constitucionalizaba el *"...derecho fundamental a la producción y creación artística que le viene atribuible de conformidad con su contenido constitucionalmente*

---

infringido. Ya las primeras decisiones del "nuevo intento de revisión "de la Sentencia RJ 1965\3670 del Tribunal Supremo de 1965 (Sentencia del 22-05-1984 del Juzgado Tercero de Madrid y la sentencia del 116-01-1985 de la Audiencia Territorial de Madrid en su Sala 3ª, esta última confirmando la primera decisión), desestimaron la acción por estimar esta excepción, sin entrar a revisar el fondo del asunto. PLAZA PENADÉS, Javier. "El derecho de autor y su protección en el artículo 20, 1,b) de la Constitución". *Op. Cit.* p. 214-215, pie de página números 386-387.

[475] Fecha: 07-08-2012. http://www.popjuris.com/diccionario/definicion-de-obiter-dictum/

[476] Esta completa separación entre ambos derechos se ha ido diluyendo en posteriores decisiones del mismo TS, aunque manteniendo un matiz de ambigüedad, como se verá en la decisión de fecha 03-06-1991 que presentamos más adelante. *Ibídem.*, p. 233.

declarado..." en el mismo, *"...dentro del cual rectamente hay que entender quedan comprendidos los derechos moral y patrimonial del autor que le corresponde...*".[477]

C. Sentencia 35/1987 del Tribunal Constitucional español de fecha 18 de marzo de 1987[478]

Esta decisión del TC viene a decidir el recurso de amparo interpuesto en fecha 09-01-1986, por una heredera forzosa, doña Juana Concepción Francés de la Campa, viuda de Don Pablo Serrano quien falleciera en fecha 26-11-1985, contra la sentencia del Juzgado número 3 de Madrid de fecha 22-05-1984, ya que las sentencias posteriores a este fallo, la de apelación y casación, sólo vienen a confirmarlo y en este sentido se consideran como un *agotamiento de los recursos utilizables* aunque como argumenta la sentencia en sus antecedentes, *deberá entenderse ampliado el objeto del recurso a las tres Sentencias en el supuesto de que la Sala estimare otra cosa. El amparo, en todo caso, es el del art. 44 de la LOTC (RCL 1979\2383 y ApNDL 13575).*"[479]

La sentencia *in comento*, en su parte II Fundamentos Jurídicos, contiene dos motivos de amparo de derechos fundamentales distintos. El primero, es la vulneración del derecho a la tutela judicial por indebida denegación de la vía de protección civil de la Ley 62/1978 de fecha 26-12-1978, en razón de que el derecho a la creación y producción artística y de manera alterna, el del honor y reputación artística, se deben considerar

---

[477] Páginas 6-10. Fecha: 26-03-2012. http://www.google.co.ve/url?sa= t&rct =j&q=&esrc=&source=web&cd=2&sqi=2&ved=0CCwQFjAB& url =http%3A%2F%2Fwww.uclm.es%2Fprofesorado%2Fjjmarin% 2Ftema _1.doc&ei=suhwT7uu07LE0AHGxNHXBg&usg=AFQjCNH4hGu_CZz HGU7U56mYwJQ50tR_CQ&sig2=LhlBZWl-tbjvoWihsOA-gg

[478] *Ídem*, p. 11-17.

[479] Páginas 11-12. Fecha: 26-03-2012. http://www.google.co.ve/url?sa =t&rct=j&q=&esrc=s&source=web&cd=2&sqi=2&ved=0CCwQFjAB&ur l=http%3A%2F%2Fwww.uclm.es%2Fprofesorado%2Fjjmarin%2Ftema_ 1.doc&ei=suhwT7uu07LE0AHGxNHXBg&usg=AFQjCNH4hGu_CZzH GU7U56mYwJQ50tR_CQ&sig2=LhlBZWl-tbjvoWihsOA-gg

civilmente protegibles por las vías establecidas por esta Ley conforme a los argumentos esgrimidos por el recurrente y a doctrina del TC, concluyendo que este tribunal en cuestión, debe de conocer el fondo del asunto.

El segundo motivo de amparo vino dado por la vulneración del derecho de creación y producción artística y alternativamente, el derecho al honor del artista Pablo Serrano por el desmontaje en 1962, de la obra escultórica del lugar del hotel (que realizara la empresa propietaria del mismo), donde fuera emplazada, desmontaje considerado con carácter "duradero" y que luego de la entrada en vigor de la nueva Carta Magna española y conforme a la jurisprudencia constitucional, vulnera los mencionados derechos fundamentales, derechos reconocidos en los artículos 20.1.b) y 18.1 (derecho al honor, a la intimidad personal y familiar o a la propia imagen) de la CE.[480]

Respecto al primer punto de forma, el TC, después de alabar la minuciosa argumentación apoyada en textos constitucionales y legales, amén de un examen riguroso de prolijas sentencias de ese mismo tribunal, argumenta que la demanda del primer motivo de amparo está dirigida a analizar que la garantía jurisdiccional civil de la Ley 62/1978, constituye el cauce procedimental pertinente para tutelar judicialmente los derechos fundamentales que se alegan vulnerados y va más allá diciendo, que todo el esfuerzo polemista del recurrente en sus alegatos, no finaliza concluyendo con la sola pretensión de solicitar la anulación de las sentencias recurridas para dictar otras que decidan sus alegatos de fondo, sino que solicita al Tribunal proceder al examen de la pretensión de fondo acorde a doctrina que establece que al no obtener protección

---

[480] Antecedentes de la sentencia. p. 12. Fecha: 26-03-2012. http://www. google.co.ve/url?sa=t&rct=j&q=&esrc=s&source=web&cd=2&sqi=2& ved=0CCwQFjAB&url=http%3A%2F%2Fwww.uclm.es%2Fprofesorad o%2Fjjmarin%2Ftema_1.doc&ei=suhwT7uu07LE0AHGxNHXBg&usg =AFQjCNH4hGu_CZzHGU7U56mYwJQ50tR_CQ&sig2=LhlBZWl-tbjvoWihsOA-gg

de derechos fundamentales en procedimiento de la Ley 62/1978, debe entonces entenderse agotada la vía judicial procedente y pasar directamente, a decidir el fondo del amparo constitucional (doctrina consagrada en sentencias del TC: 12/1982 de fecha 31-03-1982; 74/1982 de fecha 07-12-1982; y 31/1984 de fecha 07-03-1984[481]).

Efectivamente, estas tres sentencias mencionadas en la demanda del recurrente a las que el TC añade la 148/1986 de 25-11-1986, establecían que *"...la utilización de la vía especial y sumaria de la Ley 62/1978 deja expedito el camino del recurso de amparo, cuando la protección pretendida no se ha conseguido*[482], *siendo indiferente que la frustración de ésta venga fundada en estimaciones procesales o pronunciamientos de fondo, pues la vía judicial previa ha cumplido su finalidad en ambos casos, incluido el supuesto de que la jurisdicción la haya declarado inadecuada"*.[483]

En lo relativo al segundo motivo de amparo, el de fondo, el TC tampoco se pronunció claramente sobre el fondo del asunto, centrando principalmente, sus pronunciamientos en un punto paralelo y prejudicial como fue el alcance de la retroactividad en la CE, ya que como dijimos anteriormente, la demanda se centraba en una situación de carácter perpetuo originada en

---

[481] II. Fundamentos Jurídicos de la sentencia. Págs. 13-14. Fecha: 26-03-2012. http://www.google.co.ve/url?sa=t&rct=j&q=&esrc= s&source= web&cd=2&sqi=2&ved=0CCwQFjAB&url=http%3A%2F%2Fwww.ucl m.es%2Fprofesorado%2Fjjmarin%2Ftema_1.doc&ei=suhwT7uu07LE0 AHGxNHXBg&usg=AFQjCNH4hGu_CZzHGU7U56mYwJQ50tR_CQ &sig2=LhlBZWl-tbjvoWihsOA-gg

[482] El doctrinario español *Esteban de la Puente* comenta que en el texto de esta sentencia, se admite que la motivación procesal utilizada en las sentencias anteriores, desaparecía en razón de que el derecho moral de autor es un derecho fundamental consagrado el artículo 20 de la CE, por lo que el recurrente estaba en su derecho al utilizar la vía procesal escogida en los procesos judiciales previos. DE LA PUENTE, Esteban. "Su perfil en el orden constitucional español", p. 47 y ss. Primer Congreso Iberoamericano de Propiedad Intelectual. Ed. Ministerio de Cultura, Madrid, 28-31 de octubre de 1991. p. 59.

[483] II. Fundamentos Jurídicos de la sentencia. *Ibídem,* p. 14

1962 que por tanto, con la entrada en vigencia de la CE, vulneraba los derechos reconocidos en los artículos 20.1.b) y 18.1 de la misma.

Aquí, el TC, sin desconocer la existencia de la Disposición Transitoria Segunda 1 de la LOTC arriba mencionada, que admite el recurso de amparo contra actos o resoluciones anteriores que no hayan agotado sus efectos, es del parecer que esta doctrina debe ser aplicada teniendo en cuenta las particularidades de cada caso en particular, sin llegar nunca a admitir retroactividad en grado máximo.

En consecuencia, decide entonces, desestimando el recurso por extemporáneo ya sea que se *"...tome como fecha inicial de su ejercicio la del amparo judicial -8 de marzo de 1984- ya la de este amparo constitucional -10 de enero de 1986-..."* por considerar que *"...el recurso de amparo no es una garantía procesal que pueda ser eficazmente utilizada por el recurrente en cualquier fecha o momento, según su libre voluntad, sino que viene sometida al ineludible requisito temporal de ser promovida dentro del plazo al cual la somete la Ley, de forma tal que su observancia es condición necesaria para la apertura del proceso a la cuestión de fondo"*.[484]

Es importante recordar en esta cronología jurisprudencial, principalmente dedicada al *Caso Serrano*, la demanda introducida por el pintor Antonio Sistiaga ante el Juzgado de 1ª Instancia Nº 9 de Madrid en fecha 16-02-1987 (un mes antes de la decisión que acabamos de mencionar, la sentencia del TC 35/1987) y que fuera decidida en fecha 30 de mayo del mismo año.

En este caso se solicitó la protección jurisdiccional abierta por la ley 62/78 por considerar consagrado el derecho de autor

---

[484] Página 15. Fecha: 26-03-2012. http://www.google.co.ve/url?sa=t&rct =j&q=&esrc=s&source=web&cd=2&sqi=2&ved=0CCwQFjAB&url=htt p%3A%2F%2Fwww.uclm.es%2Fprofesorado%2Fjjmarin%2Ftema_1.do c&ei=suhwT7uu07LE0AHGxNHXBg&usg=AFQjCNH4hGu_CZzHGU 7U56mYwJQ50tR_CQ&sig2=LhlBZWl-tbjvoWihsOA-gg

en el artículo 20.1.b), a lo que opondrá el demandado, la empresa mercantil *Ayuda del Automovilista S.A.*[485], la inadecuación del procedimiento acorde a sentencia del TS de fecha 09-12-1985, por lo que queda replanteado el viejo debate de que no se trataba de *"proteger un derecho fundamental de la persona, sino el derecho moral de autor, nacido con la creación de la obra"*[486].

En los fundamentos de derecho quinto y sexto de la sentencia, el Juez determina que *"el Legislador no se ha definido acerca de si el derecho fundamental a la producción y creación literaria, artística, científica y técnica es distinto del derecho de autor"* o si éste le es *"...connatural"*[487].

Más adelante, se apunta a la posibilidad de que a lo largo del debate que se producía paralelamente, en el Congreso español acerca del carácter orgánico del proyecto de Ley de Propiedad Intelectual, *"...el legislador declarase que determinadas facultades del derecho de autor integran su derecho fundamental a la producción y creación literaria"*, y ante esta posibilidad, negar la protección solicitada, conllevaría el "riesgo" de disminuir la efectiva tutela de sus derechos[488].

---

[485] En 1970, el pintor *Antonio Sistiaga* recibió el encargo de realizar un óleo destinado a ser fijado sobre un gran muro curvo en el restaurante *Ruperto de Nola*. El restaurante fue vendido en 1985 a *Ayuda del Automovilista* (ADA) y se destinó al alojamiento de oficinas. Sistiaga alegó que el mural fue descuartizado y que llevaba por título Las cuatro estaciones, con unas dimensiones de 17,5 metros de largo por 1,80 de alto añadiendo que fue un regalo que él hizo a Juan Huarte, antiguo propietario del edificio. Fecha: 22-09-2012. http://elpais.com/dia rio/1987/02/24/cultura/541119612_850215.html

[486] Sentencia de fecha 30-05-1987. Antecedente de hecho sexto y Fundamento de derecho primero. OLLERO TASSARA, Andrés. "Derechos del autor y propiedad intelectual. Apuntes de un debate". *Op. Cit.* p. 176-177, pie de página número 217.

[487] Sentencia de fecha 30-05-1987. Fundamentos de derecho sexto, tercero *in fine* y quinto. *Ídem,* p. 177, pie de página número 219.

[488] Sentencia de fecha 30-05-1987. Fundamentos de derecho quinto y sexto. *Ibídem.,* p. 177, pie de página número 220.

Tras desconocer el pronunciamiento emitido por el TC, dos meses atrás, en fallo 35/1987 que acabamos de presentar, esta sentencia declara vulnerado el derecho moral del demandante, buscando la interpretación más favorable al artículo 24.1 de la CE según el cual *"Todas las personas tienen derecho a obtener la tutela efectiva de los jueces y tribunales..."* (...)...*"sin que en ningún caso pueda producirse indefensión."*[489], y acorde al artículo 11.3 de la Ley Orgánica del Poder Judicial que lo desarrolla, prefiere *"...entrar a resolver sobre las pretensiones que se formulan, que desestimarlas por motivos formales"*. Finalmente, un juez deseoso de hacer efectiva la protección constitucional otorgada a los derechos fundamentales, llega al fondo del litigio planteado.[490]

D. *Sentencia del Tribunal Supremo de 05 de junio de 1987. Sala 3ª de lo Contencioso-Administrativo. Art. 20 CE*

Esta sentencia del TS consideró infringido el artículo 20.1.b) *"...al atribuirse un ente administrativo la autoría de una obra creada por dos personas perfectamente identificadas..."*[491] en un recurso seguido al amparo de la sección 2ª de la Ley 62/1978, donde se alegó la infracción del dicho artículo constitucional y donde el TS realiza *"...una valoración divergente con base a la asunción en su integridad del contenido de la sentencia de la Audiencia Territorial de Bilbao de 19 de enero de 1987"*.[492]

---

[489] Página 4. Fecha: 13-02-2012. http://noticias.juridicas.com/base_datos/Admin/constitucion.t1.html#

[490] Además prohibió la restauración de la obra durante la vida del demandante y por igual plazo, la exhibición del mural, aunque desestimó la solicitud de indemnización. Sentencia de fecha 30-05-1987. Fundamentos de derecho tercero y sexto. OLLERO TASSARA, Andrés. "Derechos del autor y propiedad intelectual. Apuntes de un debate". *Op. Cit.*, p. 178, pie de página número 221.

[491] RODRÍGUEZ TAPIA, J. Miguel y BONDIA ROMÁN, Fernando. "Comentarios a la Ley de propiedad intelectual". Artículo 1. Comentario de Fernando Bondia Román sobre el artículo 1 del TRLPI. *Op. Cit.*, p. 20.

[492] MINTEGUIA ARREGUI, Igor. "Sentimientos religiosos, moral pública y libertad artística en la Constitución española de 1978". *Op. Cit.*, p. 70.

La decisión de este tribunal defiende el carácter fundamental de los derechos morales de autor, introduciendo su reconocimiento en el artículo 20.1.b) de la CE, afirmando en su considerando 3º que: "*La elevación al rango constitucional artículo 20.1.b)...*" (*sic*) "*...del derecho a la producción y creación literaria, artística, científica y técnica introduce relevantes factores de derecho público en la comprensión del nexo jurídico entre el autor y la obra producida como fruto de su actividad creadora; factores cuya presencia en el orden constitucional obligan a superar el tradicional enfoque de dicho nexo desde una visión estrictamente iusprivatista*[493] *que se plasma en la regulación del instituto jurídico de la propiedad intelectual, entendida ésta como el conjunto de facultades patrimoniales*

---

[493] Sobre el carácter iusprivatista del derecho de autor, *Gisela María Pérez Fuentes*, opina que "Es cierto que a partir de esta interpretación se genera una imprecisión jurídica, al menos desde el análisis legislativo constitucional, pero lo que no se discute es que la propiedad intelectual en España está concebida como un derecho iusprivatista, tutelado como propiedad especial, desde la referencia del Código Civil en los artículos 428 y 429 hasta la consideración del Código Penal en cuanto se tipifican delitos que se cometen contra este tipo de propiedad. No obstante, sigo sosteniendo que no por ser considerado en esas materias es un derecho meramente patrimonial en el derecho español, sino que la especialidad de tal derecho exige el reconocimiento de las facultades morales que dejan intrínseco el rango de derecho humano. Es importante considerar que el fin del componente patrimonial del derecho de autor no es tan sólo salvaguardar las prerrogativas económicas que ostenta el autor sobre la obra, sino proteger el destino de un bien cultural dentro de un mercado social, avalando también la naturaleza propia de este derecho como fundamental, originado íntegramente y de forma unitaria de una concepción personalista extrapatrimonial." PÉREZ FUENTES, Gisela María. "Evolución doctrinal, legislativa y jurisprudencial de los derechos de la personalidad y el daño moral en España", p. 111-146. *Revista de Derecho Privado*. Nueva época, Año III. Número 8, mayo-agosto 2004. Instituto de Investigaciones Jurídicas. Universidad Nacional Autónoma de México. Primera Edición 2004. ISSN: 0188-5049, p. 10.

atribuidas al autor de una obra literaria, científica o artística para explotarla económicamente y disponer de ella a su voluntad. (...)". [494]

Esta decisión es apelada y conocida por el TS que asume lo defendido por esta primera sentencia, afirmando en su Considerando 4°, que *"...este supuesto concreto de creación y producción científica, se halla protegida por el artículo 20 de nuestra Constitución y la negativa a la solicitud de los recurrentes de preservar la autoría e integridad de las obras producidas a la hora de su publicación, impide el ejercicio de las facultades e intereses integrados en el derecho de producción científica."*[495]

De esta forma, esta sentencia del TS declara que el artículo 20.1.b) de la CE al constitucionalizar el derecho de autor, tutela adicionalmente, dos vertientes adicionales a la facultad patrimonial implícita de este derecho, estos son: el reconocimiento y protección tanto al derecho a la libertad de creación literaria, artística, científica y técnica como el reconocimiento del derecho a la producción literaria, artística, científica y técnica exteriorizado en una obra.

Sostiene además, que la ubicación de este artículo en el Título Primero de la CE, significa *"...considerar a la propiedad intelectual como un derecho fundamental inherente a la dignidad de la persona y al libre desarrollo de la personalidad en donde la obra viene a objetivar la relación de paternidad del autor con respecto a su producción intelectual para hacer exigible las facultades morales sobre el resultado de la creación intelectual."*[496]

---

[494] Considerando 3° de la sentencia y MINTEGUIA ARREGUI, Igor. "Sentimientos religiosos, moral pública y libertad artística en la Constitución española de 1978". *Op. Cit.,* p. 71, pie de página número 109.

[495] Considerando 4° de la sentencia. *Ídem,* p. 72.

[496] CASTRO BONILLA, Alejandra. "La protección constitucional del derecho de autor en España". *Op. Cit.,* p. 7.

Al valorar al derecho de autor como un derecho funda-mental, contradice lo dictaminado por el mismo tribunal en sentencia del 09-12-1985 (con voto particular del magistrado Fernández Rodríguez), donde concluía, como dijimos ante-riormente, al comentar esta sentencia, que el artículo 20.1.b) no protegía el derecho de autor y que lo que allí se consagraba como constitucional era un derecho genérico e impersonal a producir y crear obras artísticas, dado que no toda persona es autor.[497]

E.   *Sentencia del Tribunal Supremo, Sala de lo Civil, de fe-cha 03 de junio de 1991*[498]

De esta sentencia sólo nos interesa el punto de vista de la delimitación que hace el TS, del artículo 20.1.b) de la CE, por ello nos concretaremos a lo decidido en este respecto (daño moral en el derecho de autor), subrayando el hecho de que la legislación aplicable fue la vigente para el año de 1985 (*"fecha del supuesto fáctico de la sentencia..."* en cuestión)[499], esto es, aun-que vigente la CE de 1978, sabemos que lo que existía era una Ley de Propiedad Intelectual anterior, que como ya mencio-

---

[497]   CASTRO BONILLA, Alejandra. "La protección constitucional del derecho de autor en España". *Op. Cit.*, p. 6.

[498]   Esta decisión de la Sala Primera del TS fue posteriormente, objeto del recurso de amparo número 60411989 ante el TC que decidiera el recurso por sentencia de fecha 16 de diciembre de 1991.

[499]   La sentencia en cuestión, por demás interesante, analiza varios aspectos tanto en su fundamento tercero que es donde toca el punto que nos ocupa (daño moral en el derecho de autor) como en su subtítulo *III Creación e integridad de la obra artística*, donde analiza puntos relativos al derecho de integridad de la obra artística y a la indemnización del daño resultante de la violación de este derecho, además de algunos puntos relativos a la doctrina general del derecho de autor. FERNÁNDEZ-NOVOA, Carlos. "Actas de derecho industrial y derecho de autor". Tomo XV (1993). *Comentarios de jurisprudencia española* (1994). Marcial Pons Ediciones Jurídicas y Sociales. ISBN: 9788472482265, p. 1-11. Versión generada por el usuario Gileni Gómez. 14 de Agosto 1950, p. 1, 2, 5 y 10, pie de página número 13.

namos, no protegía el derecho moral del autor tal como si lo hace la vigente ley de 1987, cuando lo consagra en su artículo 14[500].

La sentencia en cuestión, resuelve el recurso introducido por el pintor D. Guillermo R.M., quien habiendo cedido, a solicitud del Patronato Municipal de Cultura, Juventud y Deportes del Ayuntamiento de Móstoles, cuarenta y siete obras pictóricas para ser expuestas en el Centro Joan Miró de esa población, al momento de serle devueltos, los recibe con evidentes daños en las telas y lienzos, por tanto, alega lesión del derecho de respeto a la integridad de la obra solicitando la correspondiente indemnización por daños morales.[501]

---

[500] Ley 22/1987 de 11 de noviembre, de Propiedad Intelectual. "CAPÍTULO III. Contenido. Sección 1ª. Derecho Moral. Artículo 14. Corresponden al autor los siguientes derechos irrenunciables o inalienables: 1. Decidir si su obra ha de ser divulgada y en qué forma. 2. Determinar si tal divulgación ha de hacerse con su nombre, bajo seudónimo o signo, o anónimamente. 3. Exigir el reconocimiento de su condición de autor de la obra. 4. Exigir el respeto a la integridad de la obra e impedir cualquier deformación, modificación, alteración o atentado contra ella que suponga perjuicio a sus legítimos intereses o menoscabo a su reputación. 5. Modificar la obra respetando los derechos adquiridos por terceros y las exigencias de protección de bienes de interés cultural. 6. Retirar la obra del comercio, por cambio de sus convicciones intelectuales o morales, previa indemnización de daños y perjuicios a los titulares de derechos de explotación. Si, posteriormente, el autor decide reemprender (*sic*) la explotación de su obra deberá ofrecer preferentemente los correspondientes derechos al anterior titular de los mismos y en condiciones razonablemente similares a las originarias. 7. Acceder al ejemplar único o raro de la obra, cuando se halle en poder de otro, a fin de ejercitar el derecho de divulgación o cualquier otro que le corresponda. Este derecho no permitirá exigir el desplazamiento de la obra y el acceso a la misma se llevará a efecto en el lugar y forma que ocasionen menos incomodidades al poseedor, al que se indemnizará, en su caso, por los daños y perjuicios que se le irroguen". Ley de propiedad intelectual. (Página I-XXX). REPÚBLICA DE LAS LETRAS. *Op. Cit.*, p.VII.

[501] PLAZA PENADÉS, Javier. "El derecho de autor y su protección en el artículo 20, 1,b) de la Constitución". *Op. Cit.*, p. 233.

El artista, ante esta situación, interpone demanda en juicio declarativo de menor cuantía contra el Patronato de Cultura, Juventud y Deporte del Ayuntamiento de Móstoles, sobre reclamación de cantidad por los daños ocasionados en las obras y por los relativos a la propiedad artística, así como también, por los perjuicios ocasionados por la inmovilidad temporal de sus obras. La demanda fue estimada por el Juzgado de Primera Instancia y luego, al ser apelada la decisión de la Primera Instancia, es la Audiencia Territorial quien estima en parte el recurso otorgando solamente indemnización por daños patrimoniales.

Así las cosas, el pintor D. Guillermo R.M., interpone recurso de casación ante el TS el cual lo declara con lugar mediante esta Sentencia de 3 de junio de 1991, con ponencia del Excmo. Sr. D. Alfonso Villagómez Rodil[502].

Este alto tribunal en la parte *II Fundamentos de Derecho*, luego de admitir la existencia de los daños alegados por el demandante, en su derecho de autor, afirma que las lesiones de las que se deriven indemnizaciones por daños patrimoniales y morales son inescindibles por lo que deben ser contempladas en unicidad indicando el derecho aplicable de la manera siguiente[503]:

"La Convención de Roma de 2 de junio de 1928 recoge de una manera muy clara los dos aspectos referidos, al contener la declaración decisiva en que, con independencia de los derechos patrimoniales de todo autor y aun después de la cesión de estos derechos, éste conserva la facultad de reivindicar la paternidad de sus producciones artísticas, así como a oponerse a cada deformación, mutilación u otra modificación de las obras que creó y que fuesen perjudiciales a su honor o a su reputación. Esta declaración se conjuga con el precepto 20 de

---

502 FERNÁNDEZ-NOVOA, Carlos. "Actas de derecho industrial y derecho de autor". Tomo XV (1993). "Creación e integridad de la obra artística". *Op. Cit.*, p.1-2.

503 PLAZA PENADÉS, Javier. "El derecho de autor y su protección en el artículo 20, 1,b) de la Constitución". *Op. Cit.*, p. 233-234.

la Constitución e incluso, en cuanto a su protección, con el 18.1, sin perjuicio del amparo judicial que, en forma reparadora, debe otorgar a (sic) los Tribunales de Justicia".[504]

Luego de indicar que esta declaración (en clara referencia al artículo 6 *bis* del Convenio de Berna[505] citado anteriormente) es retomada en la Ley de la Propiedad Intelectual del 11-11-1987, ley vigente con posterioridad a la fecha de la demanda en cuestión y que consagra en su artículo 14 el derecho moral del autor, recuerda que la Disposición Transitoria (no *Adicional* como imaginamos, por un error de transcripción, dice la sentencia), Cuarta de la misma, establece la ampliación del artículo 14 a aquellos autores de obras creadas antes de su entrada en vigencia (consagración de la retroactividad[506]).

El alto tribunal concluye diciendo que en razón de lo expuesto"...la Sala sienta la conclusión de la realidad concu-

---

[504] FERNÁNDEZ-NOVOA, Carlos. "Actas de derecho industrial y derecho de autor", Tomo XV (1993). "Creación e integridad de la obra artística". *Op. Cit.*, p. 4.

[505] *Bercovitz Álvarez* opina al comentar esta sentencia, que ya en 1985, fecha considerada para la legislación aplicable de la demanda que culmina con esta sentencia "...debería considerarse como directamente aplicable en España el Convenio de Berna, tal y como parece señalar la sentencia", subrayando que sin embargo, esto podría ser considerado como "'...un giro de 180 grados respecto de anteriores decisiones del Tribunal Supremo." BERCOVITZ ÁLVAREZ, Germán. *Cuadernos cívitas de jurisprudencia civil*, N° 27 (septiembre-diciembre de 1991). *Op. Cit.* p. 1085-1101. Ídem, p. 7 y 10, pie de página número 13.

[506] Como afirma el profesor *De Castro y Bravo* (*Derecho Civil de España* – reimpresión, Madrid, 1984, p. 648 y ss.), existen tres grados de retroactividad, de grado mínimo, de grado medio y de grado máximo. El grado máximo se entiende "cuando la nueva ley se aplica a la misma relación jurídica básica y a sus efectos, sin tener en cuenta, para nada, o sólo de modo secundario, que aquélla fuera creada o éstos ejecutados bajo el imperio de la ley anterior". Por su parte, *Díez–Picazo y Gullón Ballesteros* (Sistema de Derecho Civil, vol. I, 5ª ed., Madrid, 1984, p. 17), entienden que en el caso de retroactividad en grado máximo, "...la Ley nueva se aplica a la situación jurídica básica en cuanto a todos sus efectos: consumados y no consumados". *Ibídem*, p. 5 y 10, pie de página número 15.

rrente de haber sufrido el promotor del presente recurso de casación no sólo daños materiales en los cuadros que prestó al Patronato para su muestra pública, sino también daños de índole moral, en razón al sufrimiento y lesión a su sensibilidad artística, al ver mermada la integridad de sus pinturas...", como resultado de los desperfectos que las impactaron causando igualmente, un daño o lesión espiritual que no puede negarse y mucho menos desestimarla en esta instancia y que por tanto, aunque difíciles de reparar, sí serían susceptibles de aminorarlas por medio de compensaciones indemnizatorias con criterios de moderación y equidad; este motivo por tanto, ha de ser estimado "...provocando la casación de la sentencia contra la que se dirigió." [507]

Es importante destacar que la sentencia reconoce el doble contenido del derecho de autor[508] aunque por otra parte, no señala concretamente, cuál de los cuatro derechos del artículo 20.1, es el que hay que conectar con el reconocimiento del derecho de autor, aunque no es difícil deducir

---

[507]   Esta sentencia además de aludir a la "...difícil probanza..." de los daños morales en particular en lo relativo "...a su cuantificación económica...", también dictamina que"...la estimación de los daños morales no puede supeditarse a que se den pruebas positivas de haber concurrido lucro cesante." FERNANDEZ-NOVOA, Carlos. "Actas de derecho industrial y derecho de autor". Tomo XV (1993). "Creación e integridad de la obra artística". *Op. Cit.*, p. 5 y 10, pie de página número 16.

[508]   Este doble contenido o doble naturaleza no debe prestarse a confusión ya que aunque no se considere el derecho de autor como un derecho fundamental, queda claro que éste está íntimamente relacionado con la existencia y reconocimiento de las libertades y derechos del hombre; como derecho propietario queda bajo la regulación y limitaciones que impone la Ley y, "...como forma de expresión y manifestación de la libertad, la creación o, mejor dicho, el proceso creativo, debe gozar del más absoluto respeto quedando obligado el legislador y los tribunales a garantizar el ejercicio de este derecho". RECHT, Pierre. *Le droit d'auteur, une nouvelle forme de propriété: histoire et théorie.* Librairie Générale de Droit et de Jurisprudence. Gembloux. Editions J. Duculot, Paris, 1969, p. 167.

que la norma compatible dentro del numeral 1° de este artículo es la del literal b) por ser el derecho moral el que se fundamenta en la creación literaria, artística o científica, además, es el mismo Tribunal quien señala que en lo relativo a la protección, se ha de conectar el derecho moral del autor con la regulación del artículo 18.1 de la CE, esto es, con el derecho al honor, a la intimidad personal y familiar o a la propia imagen.[509]

Existe otra sentencia del TS de fecha 29-03-1996 de su Sala Primera, que junto con esta sentencia de 03-06-1991 que acabamos de comentar, hace también alusión directa, *"...aunque obiter dicta (!!pero dicta)"*, a la conexión del artículo 20.1.b) con la propiedad intelectual,[510] reconociendo la protección al derecho a la producción y creación artística de tal libertad y derecho en la CE y estableciendo sus límites en el propio artículo 20 en su numeral 4°.

F.   *Sentencia del Tribunal Supremo, Sala 1ª, del 19-07-1993*

Esta sentencia se pronuncia por la teoría dualista del derecho de autor cuando afirma que este derecho tiene:

> *"...un carácter incorporal y manifestación de la personalidad del respectivo autor, pues se trata de un goce distinto del que se tiene sobre las cosas meramente corporales; debiendo distinguirse, por lo tanto, un derecho moral del autor y un derecho patrimonial del mismo".*[511]

---

[509]   PLAZA PENADÉS, Javier. "El derecho de autor y su protección en el artículo 20, 1,b) de la Constitución". *Op. Cit.*, p. 234-235.

[510]   RODRÍGUEZ TAPIA, J. Miguel y BONDIA ROMÁN, Fernando. "Comentarios a la Ley de propiedad intelectual". Artículo 1. Comentario de Fernando Bondia Román sobre el artículo 1 del TRLPI. *Op. Cit.*, p. 20.

[511]   Antequera *Parilli* señala que este tribunal pareciera inclinarse por la teoría que considera al derecho de autor, al menos en su contenido extrapatrimonial, como un derecho de la personalidad; igualmente, nos señala que del acto de creación también se desprenden derechos de tipo económico, en apariencia, bajo un enfoque diferente, patrimonialista. ANTEQUERA PARILLI, Ricardo. "Estudios de derecho de autor y derechos afines". *Op. Cit.*, p. 14.

G.   *Sentencia del Tribunal Supremo, Sala 1ª, del 28 de enero de 1995*

Este fallo vuelve a pronunciarse por la teoría dualista del derecho de autor, en los términos siguientes:

"...la naturaleza jurídica de los derechos de autor, resulta debatida, pero no se puede desconocer su aspecto de integrar un efectivo derecho de la personalidad o facultad personalísima, como sostiene algún sector doctrinal, ya que en todo caso, proviene y deriva del hacer humano, donde se integran contenidos económicos, con el añadido de derechos morales, de tal manera que su dimensión opera personal y patrimonialmente en línea de concepción paleomonista".[512]

H.   *Sentencia del Tribunal Supremo 234/1996, Sala de lo Civil, de 29 de marzo. Artículo 20.1.b de la CE.*

Esta sentencia de 29 de marzo de 1996, dilucida sobre la infracción de derechos fundamentales, en concreto, de derechos de imagen debido a la utilización no autorizada de una de varias fotografías realizadas a una modelo por un fotógrafo. La modelo en cuestión otorgó su consentimiento para ser fotografiada sin otorgarle expresamente, la autorización para que las fotografías fueran publicadas.

El fotógrafo vendió los derechos de reproducción de una de las fotografías para la portada de un libro en su segunda edición, por lo que la modelo presento demanda civil de protección del derecho a la propia imagen contra el fotógrafo, la editora y el diseñador, siendo condenados los dos primeros a indemnizarla pecuniariamente. Los condenados apelaron y la Audiencia confirmó la sentencia impugnada, por lo que recurrieron en casación.

---

[512]   ANTEQUERA PARILLI, Ricardo. "Estudios de derecho de autor y derechos afines". *Op. Cit.,* p. 13-14.

Reconoce la sentencia[513] que la CE protege el derecho a la producción y creación artística consagrado en el artículo 20.1.*b)*, reconociendo la propiedad al autor de una obra artística por el solo hecho de la creación (artículo 1 de la LPI de 1987), correspondiéndole entre otros derechos, el derecho de explotación, pero que estas libertades consagradas en ese artículo 20.1., tienen sus limitaciones establecidas en el artículo 20.4 de la CE, cuando establece que *"estas libertades tienen su límite en el respeto a los derechos reconocidos en este Título, en los preceptos de las leyes que lo desarrollan y, especialmente, en el derecho al honor, a la intimidad, a la propia imagen y..."* lo que se enlaza con el artículo 18.1 de la misma CE que *"...se garantiza el derecho al honor, a la intimidad personal y familiar y a la propia imagen"*, norma constitucional que desarrolla su contenido en la Ley Orgánica 1/1982, de 5 de mayo, por tener rango de fundamentales, como expresa la Exposición de Motivos de esta

---

[513] Sumario de la Sentencia del Tribunal Supremo de España, Sala 1ª, Civil, de fecha 29-03-1996: "Es cierto que la Constitución reconoce y protege al derecho a la producción y creación artística...y que, para su desarrollo y adaptación a las tendencias predominantes en los países miembros de la Comunidad Europea, se promulgó la Ley de Propiedad Intelectual de 11 de noviembre de 1987, correspondiendo tal propiedad al autor de la obra artística por el solo hecho de su creación (artículo 1)..."(...)"...pero no lo es menos que tal libertad y derecho tienen su límite en el propio artículo 20.4 de la Constitución, cuando dice: "estas libertades tienen su límite en el respeto a los derechos reconocidos en este Título, en los preceptos de las leyes que lo desarrollan y, especialmente, en el derecho al honor, a la intimidad, a la propia imagen y...se garantiza el derecho al honor, a la intimidad personal y familiar y a la propia imagen",...porque, como se expresa en la Exposición de Motivos, tienen tal rango de fundamentales, y hasta tal punto aparecen realizados en el texto constitucional que...los pone como límite al ejercicio de otros derechos que también tienen el carácter de fundamentales, siendo estos otros derechos los que han de ceder en caso de colisión con aquéllos...". UNESCO. Página web del Centro regional para el fomento del libro en América Latina y el Caribe © CERLALC 2007. Selección y disposición de las materias y comentarios Ricardo Antequera Parilli. Fecha: 29-10-2012. Sentencia de la Sala 1ª del TS de fecha 29-03-1996. http://www.cerlalc.org/derecho enlinea/dar/index.php? mode=archivo&id=57

Ley Orgánica, siendo entonces, los otros derechos fundamentales los que han de ceder en caso de colisión con estos del artículo 18.1., como dictaminó la misma Sala Civil del TS en sentencias del 09 de mayo de 1988 y del 11 de abril de 1987.

De manera incidental, el TS se pronuncia sobre la fotografía exigiendo como criterio determinante para su posible protección, el carácter "artístico" que en la sentencia, se asimila al mérito, a la altura intelectual expresada de la siguiente manera: *"Carácter artístico que los usos sociales y la ley sólo estiman concurrente cuando el fotógrafo incorpora a la obra el producto de su inteligencia".* Para el TS, en los retratos fotográficos *"no confluye una labor de creación e ideación artística en el hacer del fotógrafo",* al que describe como un *"hacer meramente reproductor que fija por medios químicos la imagen captada en el fondo de una cámara oscura"*[514]

I. *Sentencia del Tribunal Constitucional (1997/204) del 25 de noviembre de 1997. Sala Primera (libertad de expresión)*

Esta decisión del TC nos resulta interesante por referirse a la naturaleza de las libertades y derechos contenidos en el artículo 20 de la CE[515] que si bien debieron ser consagrados de

---

[514] El TS "se apoya al fijar el carácter artístico como criterio de protección de las fotografías, en unos usos sociales desconocidos y en la ley. Con respecto a esta última, hay que subrayar que la ley existente al tiempo de la sentencia es la Ley 25/1995 de trasposición de la Directiva 93/98 en las que los criterios de mérito y finalidad están ya expresamente prohibidos para declarar protegida por el derecho de autor una fotografía". HERNÁNDEZ COLLAZOS, Isabel. "Patrimonio fotográfico. originalidad y dominio público. una aproximación desde el derecho de autor en España", p. 74-104. RIIPAC N° 2/2013. *Revista sobre Patrimonio Cultural: Regulación. Propiedad Intelectual e Industrial.* Editada por eumed.net. ISSN: 2255-1565, p. 102.

[515] "Debemos apreciar que el monopolio de explotación y de protección de facultades morales que integra en forma esencial todo el derecho de autor se opone hoy, en una relación de solución muy compleja, a las libertades de expresión del artículo 20.1 a) y de información del

manera más clara y de forma independiente, se encuentran bajo una norma idéntica que preceptúa situaciones disímiles, aunque en principio pareciera que se trata de diversas vertientes del derecho a la libertad de expresión.[516]

En tal sentido, la sentencia indicó la condición de derechos fundamentales para estas libertades y derechos, de la manera siguiente:

"Según reiterada doctrina de este Tribunal, en el conflicto entre las libertades reconocidas en el art. 20 CE y otros derechos y bienes jurídicamente protegidos, no cabe considerar que sean absolutos los derechos y libertades contenidos en la Constitución[517], pero tampoco

---

artículo 20.1.c) de la CE y al derecho de intimidad. Se produce de esta forma, en muchos casos *una colisión entre derechos fundamentales* que exige una ponderación, caso por caso, de los bienes enfrentados y en la que el derecho de autor sobre una obra original ya creada no siempre está de enhorabuena a la luz de la jurisprudencia más reciente, tanto interna como del TEDH y del Tribunal de Justicia de la Unión Europea, como demuestran algunos ejemplos significativos." Ver sentencia del TEDH del 18-12-2012, Caso *Ahmet Yildrim v, Turquia;* sentencia del TC 173/2011 de 07 de noviembre. RODRÍGUEZ-ZAPATA PÉREZ, Jorge. "Derecho de propiedad y derecho de autor". *Op. Cit.*, p. 89.

[516] CASTRO BONILLA, Alejandra. "La protección constitucional del derecho de autor en España". *Op. Cit.* p. 5.

[517] Igualmente, en sentencias 159/1986, 105/1990, 37/1987 y 57/1994, el TC ha declarado que ningún derecho fundamental es absoluto, por lo que las colisiones entre derechos fundamentales no pueden ser resueltas mediante un *orden lexicográfico* (ej., orden de los diccionarios, no el orden numérico) de los mismos (teoría propuesta por *Luigi Ferrajoli*, bien conocida en el ámbito español), sino mediante la ley de ponderación (teoría de los derechos fundamentales de *Robert Alexy*), uno de los tres subprincipios (idoneidad, necesidad y proporcionalidad en sentido estricto) del principio de la proporcionalidad que consistiría en determinar el mayor peso en casos concretos, de normas que tienen igual peso en abstracto, por medio de responder si una medida es susceptible de conseguir el objetivo propuesto, si es necesaria y proporcionada, en sentido estricto, esto es, que sea ponderada en razón de "...derivarse de ella más beneficios para el interés general que perjuicios sobre otros bienes o valores en conflicto". "La jurisprudencia constitucional exige que cada sentencia de la jurisdicción ordinaria que deba resolver una colisión entre derechos

puede atribuirse ese carácter absoluto a las limitaciones a que han de someterse esos derechos y libertades (por todas, STC 179/1986), si bien ha de considerarse que las libertades del art. 20 de la Constitución no sólo son derechos fundamentales de cada ciudadano, sino también condición de existencia de la opinión pública libre, indisolublemente unida al pluralismo político, que es su valor fundamental y requisito de funcionamiento del Estado democrático, que, por lo mismo, trascienden el significado común y propio de los demás derechos fundamentales (...) No obstante lo dicho, el valor preponderante de las libertades del art. 20 de la Constitución sólo puede ser apreciado y protegido cuando aquéllas se ejerciten en conexión con asuntos que son de interés general, por las materias a que se refieren y por las personas que en ellos intervienen, y contribuyan, en consecuencia, a la formación de la opinión pública, alcanzando entonces un máximo nivel de eficacia justificada frente a los derechos garantizados por el art. 18.1 CE[518], en los que no concurre esa dimensión de garantía de la opinión pública libre y del principio de legitimidad democrática."[519]

Vemos entonces, que la libertad de creación artística, literaria y científica consagrada en el artículo 20.1.b) de la CE se refiere expresamente, *"...aunque no en una redacción idónea"*, al

---

fundamentales lleve a cabo una ponderación" (STC 54/2004). Por último, el TC "exige que, para ser conformes con el derecho fundamental a la tutela judicial efectiva del art. 24.1 CE, las intervenciones del poder judicial en los derechos fundamentales –en especial aquellas de índole procesal- deben fundamentarse de manera expresa mediante una ponderación"(STC 169-2001). BERNAL PULIDO, Carlos. "Estudio introductorio". ALEXY, Robert. "Teoría de los derechos fundamentales". Traducción y estudio introductorio de Carlos Bernal Pulido. 2ª Edición en español. Centro de Estudios Políticos y Constitucionales. Colección: El Derecho y la Justicia. Madrid 2008, ISBN: 978-84-259-1393-8, p. XXXVII y XXXVII, pie de páginas números 32, 34 y 35.

[518] Artículo 18.1. "Se garantiza el derecho al honor, a la intimidad personal y familiar y a la propia imagen". Fecha: 13-02-2012. http://noticias.juridicas.com/base_datos/Admin/constitucion.t1.html#

[519] Sentencia del 25 de noviembre de 1997, Tribunal Constitucional, Sala Primera. Derecho a la libertad de expresión, RTC 1997/204. PÉREZ FUENTES, Gisela María. "Evolución doctrinal, legislativa y jurisprudencial de los derechos de la personalidad y el daño moral en España". *Op. Cit.*, p 11-12, pie de página número 23.

derecho de autor por lo que estamos ante un derecho fundamental frente al cual, el Estado está en la obligación de regularlo por medio de leyes orgánicas[520].

La protección constitucional de la creación literaria,
artística y científica, esto es, la propiedad intelectual (derecho
de autor), debe entenderse como la consagración constitucional de la libertad de expresión creativa o el *"derecho a la libre
creación intelectual"*, coincidente con la letra del artículo 1° [521] de
la Ley de 22/1987, de 11 de noviembre, de Propiedad Intelectual. Así, la libertad de creación es referente a la propiedad
intelectual (derecho de autor) en tanto que la regulación de la
libertad de expresión la encontramos en diferentes apartados
del propio artículo 20 de la CE.[522]

Para concluir esta secuencia jurisprudencial, incluimos la
opinión del doctrinario *Igor Minteguia Arregui* para quien el TC
no se ha pronunciado de forma contundente sobre el tema de
la consagración constitucional del derecho de autor como derecho fundamental, antes al contrario, lo ha hecho de manera
aún más tangencial que el TS, pudiéndose deducir de los pocos datos ofrecidos por esta jurisprudencia constitucional, una
tendencia más bien contraria al reconocimiento constitucional
del derecho de autor en el artículo 20.1.b).[523]

---

[520] CASTRO BONILLA, Alejandra. "La protección constitucional del derecho de autor en España". *Op. Cit.*, p. 5.

[521] "Artículo 1. Hecho generador. La propiedad intelectual de una obra literaria, artística o científica corresponde al autor por el solo hecho de su creación." Fecha: 12-09-2012. http://noticias.juridicas.com/base_datos/Admin/rdleg1-1996.11t1.html

[522] DE ESTEBAN, Jorge, GONZÁLEZ-TREVIJANO, Pedro. "Curso de derecho constitucional español II". Servicio de Publicaciones de la Facultad de Derecho, Universidad Complutense de Madrid, Madrid, 1993, p. 141.

[523] Existen otras dos decisiones del TC que corroboran esta afirmación y que resultan interesantes en este tema. Una, contenida en el Auto 261/1993, que resuelve una petición de amparo por motivo de una supuesta vulneración de la libertad de creación y producción científica

J. *Sentencia del Tribunal Constitucional 51/2008 de 14 de Abril. Libertad de creación literaria y protección post mortem del derecho al honor*[524]

A pesar de haber concluido el ciclo de la jurisprudencia relevante en cuanto a las diferentes interpretaciones judiciales sobre la protección constitucional del derecho de autor consagrada en el artículo 20.1.b) de la CE y otras de relevancia, nos resulta importante añadir esta sentencia del TC la que al examinar un supuesto de colisión entre dos derechos fundamentales, el derecho al honor de una persona fallecida y el derecho a la libertad de creación literaria, define el contenido de este último, encarando así, el delicado tema de la protección *post mortem* de los derechos fundamentales de la personalidad[525].

Tiene su origen en una demanda de protección del derecho al honor de un político español ya fallecido, interpuesto por su viuda doña *Annie A.M*, contra *Manuel Vicent*, autor del libro *"Jardín de Villa Valeria"* (abril 1996) y la *Editorial Santillana, S.A.*, que lo publicó con varias ediciones y reimpresiones,

---

junto con el derecho a la tutela judicial efectiva. Aquí, en su fundamento jurídico 2º, omite pronunciarse en relación al reconocimiento constitucional del derecho de autor, y lo que afirma es que el reconocimiento de un derecho fundamental no conlleva siempre la represión penal de las violaciones que pueda sufrir. La otra decisión contenida en el Auto 197/1982 de 02-06-1982, donde en relación esta vez con la propiedad industrial, afirma que "...no se identifica en modo alguno con la libertad de creación científica o artística que protege el artículo 20.1.b) de la Constitución." MINTEGUIA ARREGUI, Igor. "Sentimientos religiosos, moral pública y libertad artística en la Constitución española de 1978". *Op. Cit.*, p. 72-74.

[524] ESPAÑA. BOLETÍN OFICIAL DEL ESTADO. Sala Segunda. Sentencia 51/2008, de 14 de abril de 2008. STC 051/2008. Fecha: 24-01-2014. http://www.tribunalconstitucional.es/fr/jurisprudencia/Pages/Sentencia.aspx?cod=15730

[525] DE VERDA Y BEAMONTE. "Libertad de creación literaria y protección *post mortem* del derecho al honor. comentario a la sentencia del Tribunal Constitucional 51/2008, de 14 de abril". Diario La Ley, N° 7090, Sección Tribuna, 12 Ene. 2009, Año XXX, Editorial La Ley. Grupo Wolters Kluwer. *LA LEY 41583/2008*, p. 1.

obra donde se hace referencia explícita a este político en el siguiente pasaje:

"Bajo los pinos había jóvenes que luego se harían famosos en la política. El líder del grupo parecía ser Pedro Ramón Moliner, hijo de María Moliner, un tipo que siempre intervenía de forma brillante. Era catedrático de industriales en Barcelona, aparte de militante declarado del PSOE. Tenía cuatro fobias obsesivas: los homosexuales, los poetas, los curas y los catalanes. También usaba un taparrabos rojo chorizo, muy ajustado a las partes. Solía calentarse jugueteando libidinosamente bajo los pinos con las mujeres de los amigos para después poder funcionar con la suya como un gallo".

Esta demanda fue desestimada en primera instancia aunque estimada en segunda instancia por sentencia de la Audiencia Provincial de Madrid de fecha 22-09-2000, por considerar que hubo *"...una intromisión ilegítima en el derecho al honor del marido de la actora, condenando a los demandados a que en las ediciones posteriores de la obra se suprimieran las referencias injuriosas a la persona del difunto."*

Interpuesto recurso de casación por los demandados y apelados, la sentencia de la Sala de lo Civil del TS (12-07-2004), ahora recurrida en amparo, casó y anuló la sentencia de apelación, confirmando así, la sentencia dictada en primera instancia, alegando que *"...las expresiones litigiosas no constituyen una intromisión ilegítima en el derecho al honor, al no contener una descalificación, demérito o vejación de la persona aludida con entidad suficiente para ser considerada como tal."* La viuda interpuso entonces, un recurso de amparo que no llegó a prosperar en razón de que el TC consideró que en el caso en cuestión, *"...debía prevalecer el derecho fundamental a la creación literaria sobre el derecho al honor de la persona mencionada en el pasaje litigioso".*[526]

---

[526] DE VERDA Y BEAMONTE, José Ramón. "Libertad de creación literaria y protección *post mortem* del derecho al honor. Comentario a la sentencia del Tribunal Constitucional 51/2008, de 14 de abril". *Op. Cit.,* p. 2.

El TC destaca que no estamos ante un simple conflicto entre las libertades de información y de expresión y el derecho al honor, sino que igualmente, está implicada la libertad de creación literaria cuyo contenido define.[527]

Para el jurista español, *José Ramón De Verda y Beamonte*, la *mayor flexibilidad* que vemos en esta sentencia del TC, en la protección del derecho al honor, viene dada por el hecho de que la persona a la que se menciona en el pasaje litigioso, tenía once años de fallecida, lo que nos obliga a preguntarnos por qué interponer un recurso de amparo para tutelar un derecho fundamental de la personalidad de un ser humano que por estar muerto, carece de ésta.

Continúa *José Ramón De Verda y Beamonte* en relación con la tutela *post mortem* de los derechos fundamentales de la personalidad, recordando la sentencia del TC número 231 de

---

[527] "Así, el objetivo principal de este derecho es proteger la libertad del propio proceso creativo literario, manteniéndolo inmune frente a cualquier forma de censura previa (art. 20.2 CE) y protegiéndolo respecto de toda interferencia ilegítima proveniente de los poderes públicos o de los particulares" (...) "Además hay que tener en cuenta que la creación literaria, al igual que la artística, tiene una proyección externa derivada de la voluntad de su autor, quien crea para comunicarse, como vino a reconocer implícitamente la STC 153/1985, de 7 de noviembre, FJ 5. De ahí que su ámbito de protección no se limite exclusivamente a la obra literaria aisladamente considerada, sino también a su difusión" (...) "En el presente supuesto el carácter literario de la obra en la que se inserta el pasaje litigioso está fuera de toda duda. Aunque en la misma se hace referencia a personajes, lugares y hechos reales, el género novelístico de la obra y el hecho de no tratarse de unas memorias impiden desconocer su carácter ficticio y, con ello, trasladar a este ámbito las exigencias de veracidad propias de la transmisión de hechos y, por lo tanto, de la libertad de información." (...)"..."Todo ello encuentra en el derecho a la creación literaria una cobertura constitucional. Y no sólo en el caso del autor del fragmento controvertido, sino también en el de la editorial que ha hecho posible su publicación, sin la cual la obra literaria pierde gran parte de su sentido".

fecha 02-12-1988, del famoso caso *Paquirri*[528], que excluyó la posibilidad de poder interponer un recurso de amparo para tutelar el derecho a la propia imagen de un difunto.

La sentencia *in comento* 51/2008, distingue la protección de los derechos fundamentales de la personalidad en el ámbito constitucional y en el civil, afirmando que en el caso de acciones civiles en favor de terceros otros que el titular de los derechos de carácter personalísimo, esto ocurre fuera del área de tutela de los derechos fundamentales que es encomendada al TC mediante el recurso de amparo[529].

---

[528] El torero *Paquirri* durante una faena, fue cogido por un toro. Una persona filmo sus últimos momentos cuando fue llevado a la enfermería agonizante, lo que posteriormente fue comercializado por una empresa. La viuda del torero demandó entonces, a esta empresa comercializadora, tramitación judicial que culminó en la sentencia del TC de fecha 02-12-1988. Las decisiones judiciales españolas no entraron en el problema conceptual de fondo (¿existe un título de propiedad privada inmaterial?), sino que aplicó la "oscura" Ley Orgánica 1/1982 de 05 de mayo, sobre el derecho al honor y a la intimidad. Este fallo, finalmente, dependió de un detalle circunstancial, como fue el que la enfermería de la plaza de toros era un lugar público, por lo que se declaró en este caso que no había habido conculcación de los derechos de la personalidad. Si se enfoca correctamente este supuesto, la determinación de si existe o no un derecho de la personalidad (propiedad privada inmaterial) no puede hacerse depender de si la acción ocurre dentro o fuera del hogar del interesado. Siguiendo la tesis del TC y teniendo en cuenta la nacionalización de la medicina en España, hay que concluir que el 80% de los españoles "mueren en lugar público y que por lo tanto, pueden ser filmados sus últimos momentos. Un análisis jurídico conceptual de los hechos revela claramente la oposición de los interesados tanto al rodaje como a la comercialización de dichas imágenes: la violación de un derecho de propiedad privada no puede ser más evidente". ARRABAL, Pablo. "Manual práctico de propiedad intelectual e industrial". Ediciones Gestión 2000 S.A. Barcelona 1991. Primera edición: junio 1991. ISBN: 84-86.703-62-X, p. 108-109.

[529] DE VERDA Y BEAMONTE, José Ramón. "Libertad de creación literaria y protección *post mortem* del derecho al honor. comentario a la sentencia del Tribunal Constitucional 51/2008, de 14 de abril". *Op. Cit.*, p. 3-4.

En efecto, la protección civil de los derechos al honor, a la intimidad y a la propia imagen, pueden sobrevivir a la muerte del titular, a la luz del artículo 4 de la Ley Orgánica 1/1982, de 5 de mayo[530] que consagra su protección *post mortem*, recayendo el ejercicio de la acción en la persona que designare el difunto en su testamento, y en su defecto, al cónyuge, descendientes, ascendientes y hermanos, que viviesen al momento de su fallecimiento; también al Ministerio Fiscal caso de que faltaren los anteriores, durante 80 años desde la fecha de su muerte.

Se concluye que son estos familiares señalados por la norma (art. 4), los que tienen la legitimación activa para ejercer la acción y quienes serían los acreedores de la indemnización (art. 9.4), *"...y no, a los herederos del difunto, como, en cambio establece el mismo precepto, en los casos de sucesión procesal de la acción, ya ejercitada en vida de la persona fallecida en el curso del proceso"*.

Al comentar esta sentencia 51/2008 del TC, *Bonilla Sánchez* afirma que no puede considerarse lesivo del honor de la persona pretendidamente ofendida, *"tomando en cuenta el tiempo transcurrido desde su fallecimiento"* además de que *"el honor es un derecho personalísimo y que no se transmite a los herederos. Interpretado en su conjunto y en el contexto de una obra literaria, el fragmento litigioso no puede considerarse vejatorio en sí mismo"*[531].

6.   *Alcance del artículo 20.1.b) de la Constitución española*

Para *Javier Plaza Penadés*, dos características resaltan en este artículo, una es su ambigüedad y otra su novedad, esto último por ser la primera vez que en una Constitución española, el derecho *"...A la producción y creación literaria, artística y*

---

530   Fecha: 25-01-2014. https://www.boe.es/buscar/act.php?id=BOE-A-1982-11196

531   BONILLA SÁNCHEZ, Juan José. "El derecho de autor y los derechos fundamentales a la intimidad, el honor y la fama". *Op. Cit.*, p. 52, pie de página número 14.

científica...", (además de la *técnica*), se establece autónoma-mente, de forma separada a la libertad de expresión. Su ambi-güedad, por no aparecer consagrado de manera clara y con-cisa, lo que dificulta determinar su contenido y alcance. Todo ello no hace sino proliferar las posiciones doctrinales, las que podríamos resumir de manera general, en dos grupos, una que se aglomera en pro de la tutela del derecho de autor y otra, en la defensa de la consagración constitucional de la libertad de arte y de creación.[532]

La primera posición doctrinaria se basa fundamental-mente, en el contenido de las discusiones parlamentarias que llevaron a la adopción de la norma en cuestión, solución adoptada en las cartas fundamentales de EEUU y Portugal. España aparecería entonces, entre los países que consagran constitucionalmente el derecho de autor ya que a la luz de los antecedentes parlamentarios[533] y de la interpretación sistemá-tica del numeral 1, literal b) en el contexto del artículo 20, se evidencia claramente que el derecho de autor tal como aparece allí consagrado, se nos presenta como un auténtico derecho de libertad.[534]

---

[532] PLAZA PENADÉS, Javier. "El derecho de autor y su protección en el artículo 20, 1,b) de la Constitución". *Op. Cit.,* p. 183-184

[533] En el caso español, esto resulta evidente por todos los antecedentes legislativos para la adopción del artículo 20.1.b). Lo que se quería no era la constitucionalización de la propiedad intelectual en su sentido amplio (derecho de autor y derecho invencional), sino sólo de los derechos de propiedad intelectual *inherentes a su autor,* resultando de esta manera, cónsonos con la letra de la *Declaración Universal. Ídem,* p. 184 y 205.

[534] Recordemos lo afirmado y citado en páginas anteriores por el tratadista *Jesús Prieto de Pedro,* cuando ha considerado dificultades interpretativas en el artículo 20.1.b), en razón de que pareciera que el objeto del precepto allí consagrado, el derecho de autor, no es la consagración de la libertad cultural sino sólo la tutela de este derecho autoral, en razón, de existir dudas, por una parte, dada la ausencia de la palabra *libertad* y por la otra, debido a la utilización de dos términos, a saber, *creación y producción,* pero que se puede concluir razonable-

La segunda posición ya jurisprudencialmente consagrada por sentencia (1985/6320) del TS en fecha 09-12-1985, en el conocido *Caso Serrano*, que presentáramos al estudiar la jurisprudencia española relevante, se fundamenta en *"...el contexto del precepto..."*, entendiendo al derecho a la creación y producción como parte integrante o emanante de la libertad de expresión, teoría que pareciera formularse a la luz de normativa similar de las constituciones alemana e italiana.[535]

En razón de la posición que se escoja, dependerán los privilegios que consagra la CE en su artículo 53, al derecho considerado fundamental protegido en el artículo 20.1.b), esto es, el hecho de que el ejercicio de este derecho será regulado por ley, la que tendría que tener el carácter de ley orgánica (art. 81.1) y de que *"...deberá respetar su contenido esencial..."* (art. 53.1); de no ser así, la ley tendría la posibilidad de ser declarada inconstitucional por el TC (art. 53.2 CE y lo establecido al respecto en la Ley Orgánica del Tribunal Constitucional LOTC), además de que caso de declararse el estado de excep-

---

mente, que lo que pretendió el legislador era la protección de una duplicidad de bienes jurídicos, esto es, el proceso de innovación cultural (la creación) y la consecuencia resultante de este proceso, la obra, la producción creada denominada propiedad intelectual. Para este autor se puede llegar a la conclusión de que este artículo lo que ha hecho es agrupar en un mismo enunciado, dos bienes materialmente afines, pero diferentes en su tratamiento técnico-jurídico: el derecho a la creación cultural y la protección del derecho de autor. PRIETO DE PEDRO, J. "Cultura, culturas y Constitución". *Op. Cit.*, p. 226-227.

[535] El artículo 20.1.b) de la CE consagra la protección de la creación intelectual de manera similar a la Constitución portuguesa, esto es, por medio de un derecho genérico que se concreta en una tutela que alcanza tanto a la producción y divulgación de las obras como al derecho de autor incluido el derecho de las invenciones, lo que puede interpretarse como derivación del derecho a la libre creación. PLAZA PENADÉS, Javier. "El derecho de autor y su protección en el artículo 20, 1,b) de la Constitución". *Op. Cit.*, p. 185 y 199.

ción o de sitio, este derecho del artículo 20.1.b), no podrá ser suspendido (art. 55.1).[536]

En cuanto a la tutela jurisdiccional y de conformidad con el artículo 53.2 de la CE, para el caso de infracciones al derecho de creación y producción intelectual, resultará procedente el recurso de amparo ante el TC, además de poder recurrir ante los tribunales ordinarios para obtener la tutela de las libertades y derechos consagrados en *"...la Sección primera del Capítulo 2°..."* (Artículos 14 al 38).[537]

Para el jurista español, *J.M. Otero Lastres*, al analizar el contenido del artículo 20.1.b), se aclara el alcance del mismo, afirmando que al estar este artículo 20 bajo el título *"De los derechos fundamentales y de las libertades públicas"* de la CE, y al regular las llamadas *"libertades del pensamiento o libertades de contenido intelectual"*, implica una comunicación entre el individuo y su prójimo, lo que las diferencia de las libertades fundamentales del hombre en su sentido *stricto sensu* que no implican relaciones entre semejantes.

Esta comunicación o relación entre ellos, se estructura por medio de un *triple acto*, a saber, los actos de configuración, de exteriorización y de recepción del producto por parte del resto de la sociedad, consagrando así en el artículo 20 lo que llama *"el derecho a la creación, emisión y recepción de productos intelectuales"* y, específicamente, en el artículo 20.1.b), la referencia a la "comunicación" (entendida en este triple acto) de las "obras del ingenio humano" que constituyen en gran parte, la cultura de la humanidad cuya finalidad última viene dada por la mejora de las cualidades espirituales y materiales del hombre tanto como individuo como integrante de una sociedad dada, ya sea participando como creador o como re-

---

[536] PLAZA PENADÉS, p. 185-186.

[537] *Ídem*, p. 185.

ceptor del proceso cultural, lo que se considera *"...y cada vez en mayor medida, como un interés digno de la mayor protección"* [538].

Esto nos explica la razón de elevar a un nivel constitucional, la libertad de creación de obras del espíritu en un gran número de las constituciones del mundo occidental, al punto que *"se haya aupado al mismo rango el derecho del creador al aprovechamiento económico del resultado de su creación"*. Concluye *Otero Lastres* el tema del alcance del artículo *in comento*, afirmando que todo ello es hasta tal punto cierto, que parecieran haberse conectado los derechos de cada individuo como parte del grupo social para integrarse como consumidores dentro de la dinámica cultural así como el derecho del creador o autor, a saciar sus necesidades fundamentales con su propia producción intelectual[539].

Por su parte, el jurista *Bondía Román*, afirma que la consagración como derecho fundamental del derecho de autor en el artículo 20.1. b) es categórica. Para ello apela a los antecedentes parlamentarios de discusión de esta norma; su interconexión con los literales a) y d) del mismo artículo 20.1; su im-

---

[538] *Otero Lastres* menciona que, en el mismo sentido, la Sala 21 del TC, en sentencia del 16-03-1981 afirmó que el artículo 20.1 de la CE, "...en sus distintos apartados, garantiza el mantenimiento de una comunicación pública libre, sin la cual quedarían vaciados de contenido real otros derechos que la Constitución consagra..." y que esta opinión es mantenida por *Fernández Viagas*, quien fuera Magistrado del TC, en un voto particular que formula en la misma sentencia, cuando afirma: "El art. 20 de la Constitución, que regula el derecho a la expresión del pensamiento y su difusión, así como el derecho a la información, tiene su fundamento común en el 16, que garantiza la libertad ideológica, religiosa y de culto, y ambos responden al imperativo que proclama el art. 10 del libre desarrollo de la personalidad, base del orden político y de la paz social". Citando a Gálvez, en "Comentarios a la Constitución" por Garrido Falla y otros, Ed., Civitas, Madrid 1980, p. 259. OTERO LASTRES, J.M. "La protección constitucional del derecho de autor: análisis del artículo 20.1.b) de la Constitución española de 1978". *Op. Cit.*, p. 2-3, pie de página números 2 y 4.

[539] *Ídem*, p. 2-4, pie de página número 4.

perativa interpretación acorde a la *Declaración Universal* y los tratados internacionales del artículo 10.2., de la CE, además de"...*una lectura global y sistemática de la CE*" esto último, que nos conduce al reconocimiento de la libertad de empresa dentro de una economía de mercado que aunque pueda ser limitada por exigencias económicas puntuales o de planificación, la expresa voluntad del constituyente en el Preámbulo de la CE, nos lleva a considerar la promoción del progreso de la cultura y el acceso a ella por parte de todos los ciudadanos (art. 44 en conexión con los artículos 9.2, 27,46, 128.1, 149.2 de la CE).

Continúa este doctrinario y añade que si entendemos a la propiedad intelectual como un monopolio de explotación (entendiendo "...*propiedad como derechos de monopolio, en su sentido más amplio y no más estricto...*") que constituye uno de los supuestos de excepción a la libertad de empresa (art. 38 CE) sobre un bien específico (la obra intelectual protegida), esta limitación a la libertad de empresa debe de estar tutelada por un derecho constitucional de valor superior como sería el del artículo 20.1.b) y no por el propietario del artículo 33 de la CE, a lo que se añade, que el desarrollo cultural está sujeto al grado de tutela que se conceda a la propiedad intelectual, lo que nos lleva a afirmar que su consagración como derecho fundamental resulta perfectamente enlazado con el resto del andamiaje constitucional.[540]

---

[540] Enfatiza además, *Bondía Román*, que el reconocimiento de la propiedad intelectual como derecho fundamental encuentra asidero en el artículo 20.1.b), en razón de erigirse como una de las instituciones jurídicas básicas para el desarrollo de la sociedad en todos sus órdenes, tal como afirman las Directivas sobre propiedad intelectual en sus preámbulos para la Comunidad Europea y dado que en razón de constituir un derecho de rango superior o de mayor garantía, equilibra o actúa como contrapeso o límite a otros derechos y libertades reconocidas en la CE. RODRÍGUEZ TAPIA, J. Miguel y BONDÍA ROMÁN, Fernando. "Comentarios a la Ley de propiedad intelectual". Artículo 1. *Op. Cit.*, p. 19.

7. Interpretación de la normativa sobre el derecho de autor en la Constitución Española

Con posterioridad a la sentencia anteriormente comentada 1985/6320 del TS de fecha 09-12-1985, que concluyera en que el artículo 20.1.b) no tutelaba el derecho de autor sino que lo que realmente protegía constitucionalmente, era un derecho genérico e impersonal de crear y producir arte ya que no todas las personas crean o producen arte, esto es, no todas son autores, sentencia que incluyó el voto particular del Magistrado *Fernández Rodríguez* quien mantuvo que el artículo 20.1.b) sí constitucionalizaba el *"...derecho fundamental a la producción y creación artística que le viene atribuible de conformidad con su contenido constitucionalmente declarado..."*, surgieron tres distintas posturas en relación con el alcance y contenido del artículo 20.1.b).

Una primera interpretación abanderada por buena parte de doctrinarios españoles, la misma defendida por el TS en la mencionada sentencia, la que sin señalar expresamente, en cuál artículo de la CE se ubicaría la protección de la propiedad intelectual, considera que éste (el derecho de autor) constituye un derecho diferente al derecho a la creación y producción intelectual consagrado en el artículo 20.1.b), derecho que sí sería considerando como fundamental, expresado en la posibilidad de convertirse en autor en forma de una manifestación específica de la genérica libertad de expresión, pero en ningún caso, en el derecho propietario sobre un bien externo a la persona del autor o creador de la obra[541].

---

[541] *Bondía Román* menciona a los doctrinarios *Vicent Chullia, Beltrán de Heredia y Castaño, Storch de Gracia y R. Bercovitz*, entre los que opinan que el artículo 20.1.b) sólo constitucionaliza la libertad de creación científica y artística como afirma la sentencia del TS español del 09-12-1985, esto es, como "un derecho genérico e impersonal a producir o crear obras artísticas" sin elevarlo a la categoría de derecho fundamental. BONDÍA ROMÁN, Fernando "Propiedad privada y articulo 20.1.b) de la CE", p. 651-659. Dirección General del Servicio Jurídico del Estado. XV Jornadas de Estudio "El sistema económico en

Más bien, la propiedad intelectual se encontraría tutelada por el artículo 33 como propiedad privada[542] en su aspecto patrimonial y las facetas más personales ligadas a la protección de la personalidad, se conectarían entonces con el artículo 10.1 que tutela el libre desarrollo de la personalidad como fundamento del orden político y la paz social. En cuanto a la defensa de los derechos morales se relacionarían igualmente, con el artículo 15 de la CE que tutela la integridad moral de las personas *"Todos tienen derecho a la vida y a la integridad física y moral..."*[543]

Para *Raquel de Román Pérez*, la teoría que mejor comulga con la legislación española y que encuentra mayor solidez en la doctrina y jurisprudencia, es aquélla que considera a la propiedad intelectual reconocida en el artículo 33 de la CE, *"...como derecho fundamental de segundo orden (artículo 53.1) con un tipo de protección distinta de la que recibe la libertad de creación en el art. 20.1.b), que recae sobre lo creado"*.[544]

---

la Constitución española". Volumen I. Secretaria General Técnica. Centro de Publicaciones. Ministerio de Justicia, p. 651.

[542] CASTRO BONILLA, Alejandra. "La protección constitucional del derecho de autor en España". *Op. Cit.*, p. 3.

[543] Para algunos doctrinarios, resulta evidente en la práctica jurídica española que la propiedad intelectual no se considere un derecho fundamental en razón, tanto de no haberse admitido hasta la fecha, ningún recurso de amparo ante el Tribunal Constitucional que esté fundamentado en la protección de la propiedad intelectual (este recurso solo es posible para la tutela de los derechos fundamentales acorde al artículo 53.2. de la CE), como del hecho de que la Ley de Propiedad Intelectual y sus reformas, han sido abordadas como leyes ordinarias y no como leyes orgánicas respetando el artículo 81.1 de la CE que establece: "Son leyes orgánicas las relativas al desarrollo de los derechos fundamentales y de las libertades públicas...". ALAI ASOCIACIÓN LITERARIA Y ARTÍSTICA. "Derecho de autor y libertad de expresión". *Op. Cit.* Cuestionario ALAI España, p. 2-3.

[544] DE ROMÁN PÉREZ, Raquel. "Naturaleza jurídica del derecho de autor". *Op. Cit.*, p. 38, pie de página número 84.

Considera esta postura entonces, al derecho de autor como un derecho único integrado por dos tipos de facultades inseparables, morales y patrimoniales, que se condicionan recíprocamente, donde el llamado derecho moral no es un derecho de la personalidad dado que el objeto sobre el que recae, la obra, está separado de la persona del autor además de no considerarse consustancial a la persona ya que no todas las personas son autores, por lo que resulta más apropiado, hablar de *facultades personalísimas*[545] ya que es sólo el autor quien estaría legitimado para ejercitarlas.

Al negarle al derecho de autor su inclusión en la categoría de los derechos de la personalidad se excluye su constitucionalización en el artículo 20.1.b) de la CE, norma más bien dedicada a la protección de los derechos fundamentales y libertades públicas a los que sí se les confiere una protección superior a la otorgada a cualquier derecho subjetivo ordinario (*ex.* art. 53.2 CE[546]), siendo no este el caso del derecho de autor al que se le confiere otro tipo de protección (art. 53.1 CE[547]).[548]

---

[545] La sentencia del TS más contundente al respecto, es la de fecha 02-01-1992 que en su fundamento de derecho 2°, afirma que el derecho moral integrado por facultades personalísimas, no es un derecho de la personalidad "...por carecer de la nota indispensable de esencialidad, al no ser consustancial o esencial a la persona, dado que no toda persona es autor." También la sentencia del TS de fecha 30-10-1995 la cual, en su fundamento de derecho 3°, afirmó que el derecho moral autoral es "de carácter personal y subjetivo, si bien temporalmente limitado, aunque no propio derecho personalísimo". DE ROMÁN PÉREZ, Raquel. "Naturaleza jurídica del derecho de autor". *Op. Cit.,* p. 37, pie de página número 83.

[546] Artículo 53.2. "Cualquier ante los Tribunales ordinarios por un procedimiento basado en los principios de preferencia y sumariedad y, en su caso, a través del recurso de amparo ante el Tribunal Constitucional. Este último recurso será aplicable a la objeción de conciencia reconocida en el artículo 30." Fecha: 15-10-2012. http://noticias.juridicas. com/base_datos/Admin/constitucion.t1.html#a53

[547] Artículo 53.1. "Los derechos y libertades reconocidos en el Capítulo II del presente Título vinculan a todos los poderes públicos. Sólo por

Críticos de esta posición de considerar que la propiedad intelectual se encontraría protegida por el artículo 33 de la CE como una propiedad especial, la visualizan como una deformación o exaltación irregular de la teoría dualista sobre la naturaleza bipartita de la propiedad intelectual, por cuanto ésta asume la existencia de dos componentes de la propiedad intelectual, el moral y el patrimonial, que forman parte de un derecho único y no de derechos diferentes que pudieran dividir su protección en normas distintas de la CE, amén de considerar que el artículo 20 forma parte del grupo de derechos fundamentales de la CE, resultando imposible desnaturalizar la unión de las facultades morales y patrimoniales dentro de un solo derecho autoral, a lo que añaden el hecho de que la CE, producto de una transición democrática al calor de cambios políticos, fue en gran medida, un compendio de normas importadas de otras Constituciones lo que producto de ello y de manera inevitable, provocó imprecisiones en la inclusión y aplicación de las mismas sin decir por ello que constituya un cuerpo regulatorio deficiente aunque si imperfecto.[549]

En resumen, podemos resaltar los puntos relevantes de jurisprudencia y doctrina española de esta primera postura que niega de manera contundente, que el derecho de autor sea un derecho fundamental consagrado en el artículo 20.1.b) de la CE, a saber:

Ley, que en todo caso deberá respetar su contenido esencial, podrá regularse el ejercicio de tales derechos y libertades que se tutelarán de acuerdo con lo previsto en el artículo 161.1.a." (recurso de inconstitucionalidad ante el Tribunal Constitucional español).

[548] DE ROMÁN PÉREZ, Raquel. "Naturaleza jurídica del derecho de autor". *Op. Cit.*, p. 48.

[549] CASTRO BONILLA, Alejandra. "La protección constitucional del derecho de autor en España". *Op. Cit.*, p. 4-5.

1. El texto de la normativa que la regula es una ley ordinaria, especial y no una ley orgánica como correspondería a derechos fundamentales y libertades públicas.[550]

2. La Constitución política lo que consagra en el artículo 20.1.b) es un derecho genérico a producir y crear obras pero no un derecho fundamental (sentencia del TS de fecha 09-12-1985).

3. La norma lo que pretende proteger es la libertad del individuo a crear a través de sus propias ideas y no propiamente la creación literaria, artística o científica que como propiedad intelectual, estaría tutelada por el artículo 33 como una propiedad especial.

4. Hasta la fecha, no se ha admitido ningún recurso de amparo ante el TC que tenga por fundamento la protección de la propiedad intelectual (derecho de autor), recurso que sólo es posible para la tutela de los derechos fundamentales[551].

Una segunda interpretación acogida por otra buena parte de la doctrina[552], según la cual el derecho de autor en su totali-

---

[550] Artículo 81.1 de la Constitución Española: "...Son leyes orgánicas las relativas al desarrollo de los derechos fundamentales y de las libertades públicas...", resaltando además el hecho de que según la CE, la competencia legislativa sobre la propiedad intelectual corresponde al Estado y no a las comunidades autónomas (art. 149.1.9.). Fecha: 13-03-2012. http://noticias.juridicas.com/base_datos/Admin/constitucion.t1.html#

[551] ALAI ASOCIACIÓN LITERARIA Y ARTÍSTICA. "Derecho de autor y libertad de expresión". Cuestionario ALAI España. *Op. Cit.*, p. 3.

[552] *J.M. Otero Lastres* menciona entre los doctrinarios que defienden esta teoría, a Fernando BONDÍA ROMÁN, S. CHIRINOS RIVERA, R.M. GARCÍA SANZ, M. GONZÁLEZ LÓPEZ y A. OLLERO TASSARA. Para él, *J.M. Otero Lastres*, el derecho consagrado en el artículo 20.1.b) de la CE, "tutela dos bienes jurídicos diferentes: por un lado, y sobre esto no cabe duda alguna, se protege el derecho a crear obras del entendimiento. Y, por otro lado se protege, como derecho fundamental, el derecho del creador sobre el "resultado" de su acto de creación". OTERO LASTRES, J.M. "La protección constitucional del

dad está protegido constitucionalmente como derecho fundamental en el artículo 20.1.b), que consagra el derecho "...*a la
producción y creación literaria, artística, científica y técnica*", esto
es, al término doctrinario de propiedad intelectual (derecho de
autor y propiedad industrial), como un "... derecho de *superior
rango* o de mayores garantías...", actuando como "...*contrapeso
o límite al derecho de propiedad y a otros derechos o libertades constitucionalmente reconocidos*" por tanto, la relación entre este artículo 20.1.b) y el 33 de la CE "...*puede encontrar un firme fundamento...*".[553]

Al estudiar las distintas posturas doctrinales reunidas en
esta segunda interpretación, habría que determinar el alcance
de dicha protección bajo otra óptica distinta a la estudiada que
iría, desde limitar la tutela sólo a las facultades personales y
patrimoniales que el autor ostenta sobre su obra, lo que supondría la plena adecuación a la interpretación del artículo
27.2 de la *Declaración Universal* y el artículo 15 del Pacto Internacional de los Derechos Económicos Sociales y Culturales,
hasta arropar con esta tutela constitucional a los derechos conexos o afines al derecho de autor. Nos inclinamos por el primer enfoque limitativo que es el que sería cónsono con la interpretación de este derecho en los mencionados instrumentos
jurídicos internacionales.[554]

---

derecho de autor: análisis del artículo 20.1.b) de la Constitución
española de 1978". *Op. Cit.*, p. 3.

[553] BONDÍA ROMÁN, Fernando. "Propiedad intelectual, su significado
en la sociedad de la información", p. 104 y ss. Ed. Trívium, Madrid.
1988., y en "PROPIEDAD PRIVADA Y ARTÍCULO 20.1.b) DE LA CE".
Op. Cit., p. 651.

[554] Esta segunda interpretación no niega completamente la primera
postura dado que admiten que en el derecho del artículo 20.1.b), se
consagra el derecho impersonal a crear y producir obras lo que ha
reconocido el TS en la sentencia de 1985 del *Caso Serrano* pero añaden
que en ese mismo artículo se consagra además, la tutela del derecho de
autor "...con base en la inescindibilidad de la protección de la obra
antes y después de la creación..." amén de otros argumentos. PLAZA

Una tercera interpretación según la cual su vertiente moral se encontraría tutelada por el artículo 20.1.b) de la CE mientras que el 33 tutelaría la parte patrimonial de este derecho[555], enfoque acogido por la doctrina española moderna que tiende a dividir la protección constitucional del derecho de autor en dos, la protección moral que quedaría incluida en atención a su naturaleza jurídica, dentro de la protección que cada Carta Magna otorgue a los derechos de la personalidad mientras que la de los patrimoniales o de explotación, quedaría dentro del reconocimiento y delimitación del derecho de propiedad ordinaria (art. 33), y donde el derecho de autor aparece delimitado por su función social, fundamento principal de su formulación legal con sus límites y excepciones.[556]

La debilidad de este último enfoque radica en el hecho de que la doctrina española es mayoritaria al enfocar al derecho de autor a la luz de la teoría monista, que como ya vimos, considera a este derecho como un solo y único derecho, por lo que debe ser reconocido constitucionalmente, de manera unitaria y no en forma fragmentada.[557]

Partidarios de esta tercera postura como *Plaza Penadés*, ven al derecho de autor, a la luz de la jurisprudencia y legislación española como único e inescindible, como un derecho subjetivo único, pareciendo atribuirle un carácter *sui generis*, cuyo contenido lo integran facultades o derechos de naturaleza jurídica y características diferentes, con una variante y es que no serían todas las facultades morales las que estarían incluidas dentro del artículo 20.1.b), de la CE pertenecientes a la categoría de los derechos de la personalidad, solo una

PENADÉS, Javier. "El derecho de autor y su protección en el artículo 20, 1,b) de la Constitución". *Op. Cit.*, p. 238 y 247.

[555] CASTRO BONILLA, Alejandra. "La protección constitucional del derecho de autor en España". *Op. Cit.*, p. 3.

[556] PLAZA PENADÉS, Javier. "El derecho de autor y su protección en el artículo 20, 1,b) de la Constitución". *Op. Cit.*, p. 379-380.

[557] *Ídem.*, p. 253.

parte y el resto de las facultades patrimoniales quedarían ubicadas en el artículo 33 de la CE reconocidas como derechos propietarios.[558]

Esta postura de incluir los derechos morales en el artículo 20 y los patrimoniales en el artículo 33 de la CE, se interpretaría como estancarse en un dualismo excesivo. Más que el carácter moral o patrimonial, será su mayor o menor vinculación con la dimensión de dignidad personal que la creatividad lleva consigo, lo que permitirá considerar al derecho de autor como parte del núcleo fundamental constitucionalizado en su artículo 20, el que se irá delimitando con una permanente tarea interpretativa legal y judicial.[559]

Para una gran mayoría de doctrinarios resulta evidente que en España, la propiedad intelectual está concebida como un derecho *iusprivatista*[560], tutelado como propiedad especial[561]

---

[558] *De Román Pérez* afirma que, en efecto, para el doctrinario *Plaza Penadés*, no todas las facultades morales se concentran en el artículo 20.1.b) en razón de que esto supondría otorgar una protección privilegiada a ciertas facultades que, reglamentadas en el artículo 14 de la LPI, no tienen verdadera esencia moral. Sólo entonces, incluye "…el derecho a decidir cuándo y de qué forma debe ser divulgada la obra"(art. 14.1 TRLPI); "el derecho a exigir el respeto a la integridad de la obra" (art. 14.4): "…o en un momento posterior, modificar la obra e incluso retirarla del comercio por cambio en las convicciones personales"(arts. 14.5 y 6 TRLPI); las restantes facultades morales del artículo 14 TRLPI resultarían amparadas por el artículo 33 de la CE, junto con las facultades patrimoniales. DE ROMÁN PÉREZ, Raquel. "Naturaleza jurídica del derecho de autor". *Op. Cit.*, p. 28, pie de página número 57 y páginas 35-36.

[559] OLLERO TASSARA, Andrés. "Derechos del autor y propiedad intelectual. Apuntes de un debate". *Op. Cit.*, p. 150-151.

[560] En el ADPIC se reconoce el carácter *iusprivatista* de la propiedad intelectual en su conjunto, así, en sus consideraciones iniciales reconocen los países firmantes, "…que los derechos de propiedad intelectual son derechos privados". El jurista *Alberto Valdés Alonso*, en su obra *Propiedad Intelectual y Relación de Trabajo*, de Editorial Civitas. Madrid, 2001, p. 111-112, ubica al derecho de autor dentro de los derechos privados y va más allá, deslegitimando a éste como un derecho fundamental, a pesar de su consagración expresa dentro de

por el Código Civil español CCE (arts. 428 y 429)[562], y que encuentra su protección penal en diversas normas del Código Penal español[563], subrayando que la especialidad de este dere-

esta categoría de derechos en la CE. Considera el autor que "Al igual que no se puede vulnerar el derecho a la intimidad o a la propia imagen del trabajador, tampoco se pueden vulnerar o lesionar los derechos morales de un autor sobre su obra. Este razonamiento tendría cierto sentido de no ser porque la propiedad intelectual no es tutelada en la CE como un derecho fundamental, especialmente protegido, sino como un derecho de propiedad [especial] más. No están en juego valores del ordenamiento (derecho a «la producción y creación literaria, artística, científica y técnica») que deba ser objeto de una protección privilegiada, sino, sencillamente, la tutela de un derecho [cualificado] de propiedad privada, que, de por sí, no tiene la virtualidad suficiente para suponer un obstáculo al desarrollo de las contraprestaciones propio de una relación laboral. En esta u otras situaciones que puedan plantearse, no se haya en juego ningún derecho de los denominados «fundamentales» (*sic*) sino que nos encontramos ante cuestiones de mera legalidad ordinaria. La limitación que se impone al empresario no proviene, por tanto, del respeto de un derecho «fundamental» indisponible -con lo cual los presupuestos de la relación laboral quedarían intactos-, sino de una norma de rango legal, el TRLPI que afecta a la estructura sinalagmática típica del contrato de trabajo." CASTRO BONILLA, Alejandra. "La protección constitucional del derecho de autor en España". *Op. Cit.*, p. 3-4.

[561] *Raquel De Román Pérez* opina que hay que admitir que el enfoque mas coherente con la realidad jurídica española es el que considera al derecho de autor como propiedad especial al igual que lo hace la doctrina autorizada, entre ellos, *R. Bercovitz Rodríguez–Cano, J. Rams Albesa, C. Rogel Vide, C Vattier Fuenzalida o C. Lasarte Álvarez.* DE ROMÁN PÉREZ, Raquel. "Naturaleza jurídica del derecho de autor". *Op. Cit.*, p. 47.

[562] Las normas sobre la propiedad ordinaria tradicionalmente, han venido sirviendo como normas supletorias de la propiedad intelectual (artículo 5 de la Ley de Propiedad Intelectual de 1879 y artículo 429 del CCE), pero con el reconocimiento del derecho moral en la Ley de 1987, las normas de la propiedad ordinaria resultaron insuficientes para solventar problemas y lagunas que plantea el derecho moral del autor. PLAZA PENADÉS, Javier. "El derecho de autor y su protección en el artículo 20, 1,b) de la Constitución". *Op. Cit.*, p. 252.

[563] Dentro de los tipos penales aparecen conjuntamente el derecho de autor con la propiedad industrial, configurándose en torno a la lesión de bienes patrimoniales, en tanto que las infringidas a los derechos

cho, *"...exige el reconocimiento de las facultades morales que dejan intrínseco el rango de derecho humano derivado del reconocimiento histórico y legal que ostenta."*[564]

Para partidarios de la segunda postura, la libertad de creación del artículo 20.1.b) se refiere directamente aunque no con la redacción idónea, al derecho de autor, por lo que estaríamos frente a un derecho fundamental que debería obligar al Estado a regularlo mediante leyes orgánicas. Esta libertad de creación es un requisito esencial que como derecho fundamental, le corresponde poseer al derecho de autor en tanto protección a todos los individuos en su facultad potencial de expresar ideas por los medios que tutelan la propiedad intelectual[565].

El jurista *Pizarro Moreno*, resume los principales posicionamientos en cuanto al contenido de la libertad o derecho a la libre creación del artículo 20.1.b), como *tesis orgánica, tesis ordinaria* y *tesis conmutativa.* La primera apoya el derecho de autor como derecho fundamental en el artículo 20.1. b) por lo que necesita de una ley orgánica para su regulación; la segunda, *ordinaria,* ubica a la propiedad intelectual dentro del artículo 33 como derecho de propiedad; y la última, la *tesis conmutativa,* que aparece como una teoría ecléctica que incluye las dos tesis anteriores estableciendo una vertiente personal o moral, que tutela el artículo 20.1.b) y otra patrimonial, que vendría a ser tutelada por el artículo 38 CE, de libertad de empresa.[566]

---

morales aparecen como meras circunstancias agravantes. Así, el tratamiento penal del derecho de autor "...acaba reflejando un paleomonismo más o menos edulcorado." OLLERO TASSARA, Andrés. "Derechos del autor y propiedad intelectual. Apuntes de un debate". *Op. Cit.,* p. 160.

[564] CASTRO BONILLA, Alejandra. "La protección constitucional del derecho de autor en España". *Op. Cit.,* p. 3.

[565] *Ídem.,* p. 5.

[566] PIZARRO MORENO, Eduardo. "La disciplina constitucional de la propiedad intelectual". Tirant lo Blanch, Valencia, 2012, p. 170.

Para la tratadista *Rosa María García Sanz,* este derecho consagrado en el artículo 20.1.b), presenta diferentes aristas conectadas, las facultades morales con los derechos de la personalidad; otras claramente entroncadas con los derechos fundamentales de expresión e información[567] consagradas también en el mismo artículo 20; y algunas otras de carácter patrimonial consagradas en los artículos 33 y 38 CE. Esta variedad de contenido es necesario visualizarla de manera integral a fin de lograr adecuarla a la era digital[568].

GARCÍA SANZ, Rosa María. "La posible modificación del art. 20.1.b) CE: Una propuesta a la crisis del derecho de autor". Derecom. ISSN: 1988-2629, N° 14, Nueva Época, Junio-Agosto, 2013, p. 6, pie de página número 40.

[567] *Rosa María García Sanz* cita textualmente, en este punto, al doctrinario *J.M. Desantes Guanter,* cuando afirma que "La facultad de difusión es la que caracteriza el derecho de autor. Pero tal facultad es una de las tres que integran el derecho a la información. El derecho de autor es, genéricamente, derecho a la información que se manifiesta específicamente por constituir el ejercicio de la facultad de difusión por el mismo creador del mensaje. Y, conforme a la facultad genérica de disposición, por sus derechohabientes". DESANTES GUANTER, J.M., y otros. "Derecho de la información". Colex, Madrid, 1994, p. 35. GARCÍA SANZ, Rosa María. "La posible modificación del art. 20.1.b) CE: Una propuesta a la crisis del derecho de autor". *Op. Cit.,* p. 6, pie de página número 43.

[568] La jurista *García Sanz* nos explica en su interesante artículo mencionado en la nota anterior, porqué considera conveniente una modificación del artículo 20.1.b), teniendo en cuenta "…su contenido de doble naturaleza, como derecho fundamental y como derecho de propiedad ordinario…", además de constituir "una garantía institucional que refuerza diversas realidades constitucionales". Concluye su artículo con la siguiente proposición "5. Entendido, o interpretado, el art. 20.1.b) como un derecho de doble naturaleza, fundamental y patrimonial, a la vez que garantía institucional, podría reformularse en los siguientes términos: Se reconoce y protege el derecho sobre la creación literaria, artística o científico-técnica, y el ejercicio de las facultades morales y patrimoniales que contiene". *Ídem.,* p. 1 y 13.

El jurista *Carlos Rogel Vide*[569], cita a *Marcela Alejandra Ahumada Canabés*, la que, en relación con las diferentes interpretaciones dadas del artículo 20.1.b) por diferentes constitucionalistas, señala algunas de ellas: 1ª El 20.1.b) solo consagra constitucionalmente los derechos de autor (*Alfonso Fernández – Miranda, Rosa María García Sanz*). 2ª El 20.1.b) es una modalidad de la libertad de expresión (*Luis María Díez-Picazo*). 3ª El 20.1.b) consagra la libertad de creación junto con su resultado, los derechos de autor (*Javier Cremades*). 4ª El 20.1.b) consagra un derecho cultural; específicamente, consagra la "libertad de creación cultural" (*Jesús Prieto de Pedro, Marcos Vaquer*). 5ª El 20.1.b), en fin, consagra un derecho fundamental autónomo con un contenido específico, relacionado con lo creativo (*Marcela Alejandra Ahumada*).[570]

Es importante recordar y resaltar, tal como afirma la jurista *Gisela María Pérez Fuentes*, que el fin del componente patrimonial del derecho de autor no es tanto proteger las prerrogativas económicas que tiene el autor sobre su obra, sino tutelar el destino de un bien cultural dentro de un mercado social, avalando igualmente, la naturaleza de este derecho como fundamental, originado en su totalidad y de manera unitaria de una concepción personalista extra patrimonial. Este derecho conjuga las características de los derechos de la personalidad, como son, el de esencialidad y de la protección *erga omnes* dado que resulta imprescindible reconocer la identidad de un autor respecto a otras personas, por cuanto se debe proteger la

---

[569] Este autor considera relevante dejar constancia "de la íntima e innegable relación existente entre propiedad intelectual y libertad de creación, conexión reflejada con nitidez, en la gestación del artículo 20.1.b) del texto constitucional." ROGEL VIDE, Carlos. "Libertad de creación y derecho de autor". *Op. Cit.*, p. 31-32.

[570] AHUMADA CANABÉS, Marcela Alejandra. "Configuración constitucional de la libertad de investigación científica. Fundamentos filosóficos y configuración constitucional". Tesis doctoral. Universidad Carlos III de Madrid. Instituto de Derechos Humanos Bartolomé de las Casas. Fecha de edición 2006-2007, Madrid 2006, p. 281- 286.

sola posibilidad de expresar ideas por medios literarios, artísticos y científicos[571].

8. *Puntos relevantes en torno a la consagración como derecho fundamental de la normativa sobre el derecho de autor en la Constitución Española*

Ya estudiadas tanto la jurisprudencia relevante como las diferentes teorías o posturas doctrinarias pre-jurisprudenciales, además de aquellas otras que surgieron en España con posterioridad a la sentencia 1985/6320 del TSE de fecha 09-12-1985, en relación con el alcance y contenido del artículo 20.1.b), es importante pasar revista a otros aspectos relevantes en la consideración del derecho de autor como derecho fundamental en la CE, varios de ellos mencionados a lo largo de este capítulo dedicado a la Carta Magna española.

A. *Carácter orgánico de la Ley de Propiedad Intelectual*

Uno de los principales aspectos sino el más relevante que requeriría un tratamiento especial tanto en la doctrina como en la jurisprudencia del TC, con el que hay que lidiar a la hora de considerar al derecho de autor como derecho fundamental en la CE, lo encontramos en la ausencia de carácter orgánico de la Ley de Propiedad Intelectual, más aún, si se considera que su carácter orgánico fue expresamente previsto aunque desestimado, durante las discusiones del Parlamento español de la Ley de Propiedad Intelectual de 1987.[572]

---

[571] PÉREZ FUENTES, Gisela María. "Evolución doctrinal, legislativa y jurisprudencial de los derechos de la personalidad y el daño moral en España". *Op. Cit.*, p. 10/29.

[572] Para un mejor conocimiento de las razones que llevaron a la Ley de Propiedad Intelectual LPI a no tener el carácter de orgánica durante toda su tramitación parlamentaria, ver estos antecedentes bajo el subtítulo Debate Fundamental en OLLERO TASSARA, Andrés. "Derechos del autor y propiedad intelectual. Apuntes de un debate". *Op. Cit.*, p. 161-166.

Esta situación de que la LPI no tenga carácter orgánico sino ordinario, nos llevaría a concluir que la protección de la propiedad intelectual no está incluida en el artículo 20.1.b), por lo que no constituye un derecho fundamental, de conformidad a lo establecido en el artículo 81 de la CE que establece que las leyes relativas al desarrollo de los derechos fundamentales y libertades públicas deben tener el rango de leyes orgánicas.

Para los doctrinarios que defienden su carácter de derecho fundamental, el hecho de que la ley de propiedad intelectual no tenga carácter orgánico, nos llevaría a la conclusión de que ésta deba considerarse nula lo que llevaría a su derogación ocasionando un vacío legal en la materia. Curiosamente, esta posición no ha tenido respuesta por aquéllos que defienden que el derecho de autor o parte de él, se encuentra tutelado por el artículo 20.1.b), sin embargo no deja de preocupar este punto del carácter orgánico de la LPI dada su complejidad y lo incierto de alcanzar una solución.[573]

Si el legislador hubiese considerado al derecho de autor como derecho fundamental, esta ley especial debería haber tenido carácter orgánico sin embargo, queda abierta la vía para que el TC la declare inconstitucional ya sea por medio del conocimiento de una cuestión de inconstitucionalidad o por medio de un recurso de amparo.[574]

---

[573] *Plaza Penadés* afirma que esta posición es defendida, entre otros, por el doctrinario *Vincent Chulia,* como alegato contundente de que es el artículo 33 de la CE el que tutela el derecho de autor. PLAZA PENADÉS, Javier. "El derecho de autor y su protección en el artículo 20, 1,b) de la Constitución". *Op. Cit.,* p. 256-257.

[574] BONDÍA ROMÁN, Fernando. "Propiedad privada y articulo 20.1.b) de la CE". *Op. Cit.,* p. 656.

a. *Doctrina del Tribunal Constitucional sobre el carácter orgánico de las leyes*

El TC ha ido señalando un camino sobre el carácter orgánico de las leyes sin aportar soluciones claras sino antes al contrario, provocando una inseguridad jurídica dado que en una controvertida sentencia STC 127/1994 de fecha 05-05-1994,[575] seis magistrados estuvieron disconformes con el fallo, aunque aceptaban la doctrina del TC sobre la procedencia de la regulación de una materia por medio de una ley orgánica, "*...disentían de la aplicación que de la misma hicieron "la mayoría" de los Magistrados en relación con la Ley que se enjuiciaba.*"[576]

Los puntos desarrollados en el fundamento jurídico tercero de esta sentencia, van conformando la doctrina del TC sobre el carácter orgánico de las leyes, comenzando en el punto 3.A) cuando sentencia que diferentes resoluciones del TC han afirmado que el constituyente "al configurar la denominada Ley Orgánica (art. 81 CE), lo ha hecho, y así lo ha interpretado el TC, "*de modo restrictivo y excepcional en cuanto excepcional es también la exigencia de la mayoría absoluta y no la simple para su votación y decisión parlamentaria*" (STC 160/1987).

Continúa afirmando que tan solo revestirán la forma de leyes orgánicas las materias previstas expresamente por el constituyente, "*...sin que el alcance de la interpretación pueda ser extensivo al tiempo que, por lo mismo, dichas materias deberán recibir una interpretación restrictiva*" (STC 160/1987, fundamento jurídico 2°; STC 142/1993, fundamento jurídico 2°. 1), justificando el carácter excepcional de la Ley Orgánica en el hecho

---

[575] ESPAÑA. BOLETÍN OFICIAL DEL ESTADO BOE núm. 129 de 31 de mayo de 1994, páginas 40-70. STC 127/1994 de fecha 05-05-1994. Sentencia desestimatoria de los recursos de inconstitucionalidad presentados sobre la Ley 10/1988, de fecha 03-05-1988, de Televisión Privada. Fecha: 11-01-2013. http://www.boe.es/boe/dias/1994/05/31/pdfs/ T00040-00070.pdf

[576] PLAZA PENADÉS, Javier. "El derecho de autor y su protección en el artículo 20, 1,b) de la Constitución". *Op. Cit.*, p. 257-258.

de que caso de ser llevada a su extremo, *"…pudiera producir en el ordenamiento jurídico una petrificación abusiva en beneficio de quienes en un momento dado gozasen de la mayoría parlamentaria suficiente y en detrimento del carácter democrático del Estado"* ya que la CE ha construido una democracia fundada *"…en el juego de las mayorías, previendo tan sólo para supuestos tasados y excepcionales una democracia de acuerdo basada en mayorías cualificadas o reforzadas"* (STC 5/1981, fundamento jurídico 21.A y STC 76/1983, fundamento jurídico 2º).

Finaliza en el punto 3.A.a) afirmando que tan cierto es que existan materias reservadas a leyes orgánicas (art. 81.1 CE), como que éstas últimas están reservadas a estas materias y que por ende, resultaría inconstitucional que esta legislación orgánica *"…invadiera materias reservadas a Ley ordinaria"* (*Ibídem*).[577]

El Pleno del TC recuerda y reconoce lo estatuido en sentencias anteriores, que en materia de derechos fundamentales, *la función de garantía adicional* del artículo 81.1 de la CE *"…conduce a reducir su aplicación a las normas que establezcan restricciones de esos derechos y libertades…"* o bien, los desarrollen directamente *"…en cuanto regulen aspectos consustanciales…"* de éstos, por tanto, dejando por fuera, todas aquéllas que sencillamente afecten a otros *"…elementos necesarios sin incidir directamente sobre su ámbito y límites"*.

Concluye la sentencia al afirmar que cualquiera sea la disciplina legal que pueda afectar a los derechos fundamentales no necesariamente tendrá que ser aprobada por una Ley Orgánica sino que al regular tales derechos *"…se adentra inevitablemente en la reserva del art. 81.1 de la Constitución…"* sin acudir a la reserva de ley ordinaria del artículo 53.1, en tanto y en cuanto, "desarrolle" de manera directa la CE *"…y elementos*

---

[577] ESPAÑA. BOLETÍN OFICIAL DEL ESTADO BOE. Número 129 de 31-05-1994. Fundamento tercero. STC 127/1994 de fecha 05-05-1994. *Op. Cit.*, p. 55.

esenciales para la definición del derecho fundamental…" ya sea en una regulación global o parcial del mismo pero de igual forma, en relación con elementos esenciales del derecho *"…y no por parcial, menos directa o encaminada a contribuir a la delimitación y definición legal del derecho."*[578]

b. *Aplicación de la doctrina del TC sobre el carácter orgánico de las leyes a la ley sobre propiedad intelectual LPI de 1987*

Para comenzar debemos recordar que la LPI consagra un nuevo régimen de propiedad intelectual de forma unitaria y sistemática con el objeto de que los derechos sobre las obras del intelecto sean *"…efectivamente, reconocidos y protegidos acorde con las exigencias de nuestra época"*[579]

Para *Plaza Penadés*, el carácter parcialmente orgánico de la LPI, pareciera derivarse del hecho de que la misma consagra cada uno de los derechos inherentes y privativos del autor sobre su creación, y esto debido a la imposibilidad de identificar la propiedad intelectual en su sentido *latu sensu* con el derecho humano reconocido en la *Declaración Universal* en su artículo 27.1 (aunque gran parte de la doctrina defiende su incorporación en el artículo 20.1.b) de la CE).

Para el autor arriba citado, todo esto se agrava para el caso de equiparar la propiedad intelectual en su sentido amplio con el derecho moral del autor, considerando que éste sea el derecho contenido en el artículo 20.1.b) de la CE, añadiendo el hecho de que la ley regula una serie de aspectos que no son materia de ley orgánica sino de materias relacionadas o conexas (*v.g.*: artistas intérpretes o ejecutantes, entre otros), las que no pueden ser sometidas a una legislación orgánica sin

---

[578] STC 101/1991, fundamento jurídico 2°; la que a su vez se apoya en las sentencias del mismo TC 160/1987, 161/1987, 57/1989 y 132/1989. Fundamento 3.B). *Ídem.*, p. 55.

[579] Ley de Propiedad Intelectual (p. I-XXX). REPÚBLICA DE LAS LETRAS. Preámbulo de la Ley de propiedad intelectual. *Op. Cit.*, p. III.

quedar afectadas por la *congelación de rango* del artículo 81.2 de la CE, según el cual las leyes orgánicas ya sea su aprobación, modificación o derogación, exigen una *"...mayoría absoluta del congreso, en una votación final sobre el conjunto del proyecto"*.[580]

Concluye *Plaza Penadés* en que de toda la materia regulada por la LPI sólo los derechos inherentes a la condición de autor, serían los únicos que podrían ser normados por una ley orgánica lo que nos lleva a decir que el carácter orgánico no se proyectaría sino sólo sobre parte de la LPI, considerando a ésta entonces, como parcialmente orgánica en lo atinente al derecho moral del autor y su protección procesal.

En consecuencia, al aplicar la doctrina del TC sobre el carácter orgánico de la ley de propiedad intelectual, vemos que por cuanto es exigencia para ello el carácter orgánico de la totalidad de la ley con base en que si su núcleo esencial obedece a un desarrollo directo de la CE, como vimos antes, puede entonces defenderse que el carácter ordinario de la LPI si se adecúa a la doctrina del TC ya que la base de su regulación no supone un desarrollo directo del artículo 20.1.b) de la CE, ni fue este motivo que originó su nueva formulación, *"...si bien la regulación de la Ley afecta, indudablemente, al contenido de éste."*[581]

---

[580] Cita *Plaza Penadés*, para explicar la *congelación de rango*, la sentencia del Tribunal Constitucional 6/1981 de fecha 13-02-1981 que establece en sus páginas 23 y siguientes, que "cuando en una Ley orgánica concurran materias estrictas (de ley orgánica) y materias conexas, hay que afirmar que, en principio, éstas también quedarán sujetas al principio de *congelación de rango* señalado en el artículo 81.2 CE y que así debe ser en defensa de la seguridad jurídica (artículo 9.3 CE). Pero este régimen puede ser excluido por la propia ley orgánica en relación con alguno de sus preceptos, indicando cuáles de ellos contienen sólo materias conexas y pueden ser alterados por una ley ordinaria..." PLAZA PENADÉS, Javier. "El derecho de autor y su protección en el artículo 20, 1,b) de la Constitución". *Op. Cit.,* p. 262-264, pie de página número 455.

[581] El hecho de que la LPI no tenga carácter orgánico sino ordinario, no hace sino beneficiar a una institución tan cambiante como es el de la propiedad intelectual en el sentido de que los distintos derechos no

B.   *Garantías constitucionales de los derechos fundamentales*

Como hemos visto al estudiar en el Capítulo III, las cuestiones terminológicas de los *derechos humanos* y de los *derechos fundamentales*, un elemento básico para que un derecho constitucionalmente consagrado sea considerado como fundamental, es que la misma Constitución establezca las garantías necesarias para su observancia o cumplimiento, atribuyéndoles el máximo valor a la garantía de éste, asumiéndolo para todos los ciudadanos del país nacional sin distinción alguna.

Por ende, su determinación de fundamental requiere en un primer momento, como hemos dicho repetidas veces, del análisis del contenido dogmático entendido esto último como innegable, fehaciente, representativo de estos derechos de los que son titulares todos los ciudadanos, para luego complementarlo con una evaluación del sistema de garantías establecidas en la norma constitucional para hacer efectivo el ejercicio de estos derechos por sus titulares.

Pues bien, en la primera parte en este capítulo III se han analizado las diferentes posturas doctrinarias complementadas por legislación y jurisprudencia relevante existentes en España, para poder considerar a la propiedad intelectual entendida como derecho de autor, como un derecho humano fundamental consagrado en el artículo 20.1.b) de la CE. Nos toca ahora su complemento, esto es, considerar las garantías establecidas en la CE para hacer efectivo el ejercicio de estos derechos[582].

---

quedan sujetos a la cantidad de formalismos previstos en el apartado 2°, del artículo 81 de la CE. PLAZA PENADÉS, Javier. "El derecho de autor y su protección en el artículo 20, 1,b) de la Constitución". *Op. Cit.*, p. 264-265.

[582]   El jurista *Juan José Bonilla Sánchez*, opina en cuanto a la protección constitucional del derecho de autor, que: "Defendiendo que tanto las capacidades morales como las patrimoniales del derecho de autor están dentro del derecho de propiedad del art. 33 CE, o que las patrimoniales lo estarán siempre, desde el momento en que la obra se difunda y explote, su protección constitucional será menor, más

Como punto previo, resulta importante destacar que los derechos fundamentales en España no sólo son considerados en su clásica dimensión de derechos subjetivos sino que se erigen como *valores o principios superiores del ordenamiento jurídico* (art. 1.1. CE) y como *fundamento del orden político y de la paz social* (art. 10.1 CE).

Este doble carácter ha sido reconocido por jurisprudencia constitucional, entre otras, con gran claridad, la del TC 53/2985 (FJ4) lo que supera la concepción liberal de considerarlos como derechos subjetivos, entendiéndolos además como un sistema de valores objetivos que deben ser asegurados mediante la adopción de medidas positivas la mayoría, de carácter prestacional, removiendo los obstáculos que impidan o dificulten que la libertad e igualdad sean reales y efectivas (art. 9.2. CE).[583]

---

limitada. Vincularían a todos los poderes públicos; tendrían eficacia directa sin necesidad de desarrollo normativo; se regularían mediante ley ordinaria, que deberá respetar su contenido esencial y someterse a control por el Tribunal Constitucional; se modificarían por el proceso de reforma constitucional del art. 167 CE y su tutela jurisdiccional corresponderá a los Tribunales de Justicia a través del Juicio Ordinario del art. 24 CE (art. 53.1 CE)." Previo a esta opinión es relevante destacar que *Bonilla Sánchez*, subraya el parecido entre una *parcela del derecho de autor y los derechos estipulados en el art. 18 de la CE*, apellidándolos como facultades *morales* y derechos fundamentales *morales* de la personalidad. Así, como consecuencia de ello, continúa: "Basándose, en cambio, en que las facultades morales están dentro de los arts. 18 o 20 de la CE, además de las garantías anteriores, se desarrollarían mediante ley orgánica; se modificarían por el proceso de revisión constitucional del art. 168 CE y se tutelarían jurisdiccionalmente por un procedimiento especial preferente y sumario ante los Tribunales Ordinarios y por el recurso de amparo ante el Tribunal Constitucional." BONILLA SÁNCHEZ, Juan José. "El derecho de autor y los derechos fundamentales a la intimidad, el honor y la fama". *Op. Cit.,* p. 48.

[583] Se cita textualmente, de la sentencia STC 53/1985 (FJ4): "Es también pertinente hacer, con carácter previo, algunas referencias al ámbito, significación y función de los derechos fundamentales en el constitucionalismo de nuestro tiempo inspirado en el Estado social de Derecho. En este sentido, la doctrina ha puesto de manifiesto –en

Desde un enfoque restrictivo de los derechos considerados fundamentales, nos encontramos con que en la CE, éstos estarían todos comprendidos en el Capítulo II ""*Derechos y libertades"*, de la Sección 1a, *"De los derechos fundamentales y de las libertades públicas"*, donde quedan incluidos sus artículos 15 al 29[584], ambos inclusive.

Así entonces, a la luz del artículo 53 de la CE, a estos derechos fundamentales les correspondería darles un trato prioritario tanto en lo concerniente a la característica de legalidad (deben ser regulados por ley) como a su tutela judicial (recursos de amparo y de constitucionalidad).

---

coherencia con los contenidos y estructuras de los ordenamientos positivos- que los derechos fundamentales no incluyen solamente derechos subjetivos de defensa de los individuos frente al Estado, y garantías institucionales, sino también deberes positivos por parte de éste (*vide* al respecto arts. 9.2; 17.4; 18.1 y 4; 20.3; 27 de la Constitución). Pero, además, los derechos fundamentales son los componentes estructurales básicos, tanto del conjunto del orden jurídico objetivo como de cada una de las ramas que lo integran, en razón de que son la expresión jurídica de un sistema de valores que, por decisión del constituyente, ha de informar el conjunto de la organización jurídica y política; son, en fin, como dice el art. 10 de la Constitución, el <<fundamento del orden jurídico y de la paz social>>. Fecha: 24-01-2013. http://www. ucm.es/info/nomadas/24/hectorpe %F1aranda.pdf /p. 22. Fecha: 07-08-2015. http://pendientedemigracion.ucm.es/info /nomadas/24/ hectorpe%f1aranda.pdf

[584] *Bonilla Sánchez* afirma que todos los derechos fundamentales de los artículos 15 al 29 de la CE gozan de la misma posición y garantías. "…no es posible que exista un conflicto entre derechos fundamentales, básicamente por el principio de hermenéutica de la CE, el mismo que señala que debe interpretarse las distintas disposiciones constitucionales como integrantes de un sistema, de una unidad, de una realidad con principios conciliables…"(…) …"Los conflictos de derechos fundamentales son solo aparentes porque éstos no pueden tener un contenido contradictorio entre sí, ya porque su titular posee una naturaleza unitaria y coherente, ya porque las disposiciones constitucionales que los reconocen no pueden interpretarse de modo contradictorio entre sí." BONILLA SÁNCHEZ, Juan José. "El derecho de autor y los derechos fundamentales a la intimidad, el honor y la fama". *Op. Cit.,* p. 56-57, pie de página número 21.

Además, es importante vincular esto con el artículo 123 de la CE, que establece que el Tribunal Supremo, el TS, "... *es el órgano jurisdiccional superior en todos los órdenes, salvo lo dispuesto en materia de garantías constitucionales"*, estas últimas competencia del TC, amén de conocer de los recursos de amparo por violación de los derechos y libertades que establece el artículo 53.2., todo esto consagrado en el artículo 161[585] de la CE.[586]

---

[585] "Artículo 161. 1. El Tribunal Constitucional tiene jurisdicción en todo el territorio español y es competente para conocer: a) Del recurso de inconstitucionalidad contra leyes y disposiciones normativas con fuerza de ley. La declaración de inconstitucionalidad de una norma jurídica con rango de ley, interpretada por la jurisprudencia, afectará a ésta, si bien la sentencia o sentencias recaídas no perderán el valor de cosa juzgada. b) Del recurso de amparo por violación de los derechos y libertades referidos en el artículo 53, 2, de esta Constitución, en los casos y formas que la ley establezca. c) De los conflictos de competencia entre el Estado y las Comunidades Autónomas o de los de éstas entre sí. d) De las demás materias que le atribuyan la Constitución o las leyes orgánicas. 2. El Gobierno podrá impugnar ante el Tribunal Constitucional las disposiciones y resoluciones adoptadas por los órganos de las Comunidades Autónomas. La impugnación producirá la suspensión de la disposición o resolución recurrida, pero el Tribunal, en su caso, deberá ratificarla o levantarla en un plazo no superior a cinco meses." Fecha: 24-01-2014. http://noticias.juridicas. com/base_datos /Admin/constitucion.t9.html#a161

[586] En base a esta interpretación restrictiva, el amparo se encuentra limitado a ciertos derechos constitucionales. El TC ha negado este recurso a todo lo que no está contemplado en el artículo 53.2, en sentencias 57/1994, FJ 3°, de fecha 28-02-1994; 150/1991, del 04-07-1991. BUGANZA GONZÁLEZ, María del Carmen. "El derecho de autor y el derecho de acceso a la cultura", p. 27-29. Fecha: 13-09-2012. http://www.tdx.cat /bitstream/handle/10803/1406/MCBG_TESIS.pdf;jsessionid=78E60EA 099C1103C6517655E91608862.tdx2?sequence=1.

Desde un enfoque amplio, podrían incluirse también, los derechos contenidos en el Título I, específicamente, en el artículo 10 de la CE (*"...1. La dignidad de la persona, los derechos inviolables que le son inherentes, el libre desarrollo de la personalidad, el respeto a la ley y a los derechos de los demás..."*) y en el Capítulo III (arts. 39-51) considerados estos últimos como normas programáticas que no son objeto del recurso de amparo (que no por este hecho dejan de considerarse derechos fundamentales) pero que tienen una doble garantía, en primer lugar, deberán informar la legislación positiva, la práctica judicial y la actuación de los poderes públicos y en segundo término, sólo podrán ser alegados ante la jurisdicción ordinaria acorde a la legislación que los desarrollen(art. 53.3.). Lo que sucede es que las garantías que tutelan estos derechos se encuentran en una categoría diferente de aquéllas relativas a los derechos establecidos en la Sección 1ª del Capítulo II, Título I de la CE.

Sin embargo, aunque la doctrina no es unánime al considerar estos principios rectores[587] como verdaderos mandatos que vinculan a los poderes públicos, la jurisprudencia del TC utilizando un criterio amplio, ha reconocido dentro del rango de los derechos fundamentales a los valores recogidos en la CE, confirmando el triple mandato del artículo 53.3., a los poderes públicos (legislativo / judicial) y sin necesidad de un desarrollo legislativo para su observancia (sentencias STC 71/1982, FJ 3° de 11-04-1985; STC 189/1987, de 24-11-1987; 26-07-1982).[588]

---

[587] Para *Jiménez Campo*, lo que diferencia a los principios rectores de los derechos fundamentales, no es la necesidad de un desarrollo legislativo para los primeros y no para los segundos, a objeto de lograr *plenitud* y *eficacia*; muchas veces, para los derechos fundamentales del Capítulo II resulta indispensable tal intervención legal. Para este autor, la diferencia radica en que mientras los derechos fundamentales existen antes y sin necesidad de una intervención legislativa, *los principios del Capítulo Tercero, sólo serán derechos a partir de las leyes que lo desarrollen y conforme a lo dispuesto en ellas*. JIMÉNEZ CAMPO, Javier. "Comentario al artículo 53". "Comentarios a la Constitución Española de 1978" dirigidos por Oscar Alzaga Villamil, Tomo IV (artículos 39 a 55). Edersa, Madrid, 1996, p. 449. El Capítulo III está compuesto por una serie de "normas pertenecientes al género de las denominadas normas acción (por oposición a las normas –relación) que establecen los principios básicos que concretan al Estado como un Estado social. Son normas de comportamiento del poder público y no de los ciudadanos." LÓPEZ PINA. Comentario introductorio al Capítulo III del Título I. "Comentarios a la Constitución Española de 1978", dirigidos por Oscar Alzaga Villamil, Tomo IV (artículos 39 a 55). Edersa, Madrid, 1996, p. 19, 20 y 24. SERRANO FERNÁNDEZ, María. "Acceso a la cultura y propiedad intelectual. El derecho de acceso la cultura: (*sic*) su significado constitucional. La función social de la propiedad intelectual: la tutela del derecho de acceso a la cultura del art. 40 TRLPI", *Op. Cit.*, p. 123.

[588] *Buganza González* hace una amplia disertación acerca de la interpretación restrictiva y amplia de los derechos fundamentales en la CE, para lograr un acercamiento a su concepto y definición con miras a considerar al derecho a la cultura como un derecho fundamental. Pues bien, ella concluye en que "...El derecho de acceso a la cultura es una manifestación del amplio concepto de derecho a la cultura, entendido éste como derecho fundamental, Derecho reconocido por nuestra

Todo esto nos permite concluir en que indistintamente de la interpretación amplia o restringida que se haga de los derechos fundamentales consagrados en la CE, desde ambas ópticas, el derecho de autor se encuentra consagrado en el artículo 20.1.b) de la CE y que por su condición de derecho fundamental, su observancia está asegurada mediante las garantías máximas allí establecidas[589].

Constitución en el artículo 44.1....”; ahora bien, en cuanto al derecho de autor, concluye afirmando, opinión que no compartimos, en que aunque haya sido reconocido por “...instrumentos internacionales relativos a los derechos fundamentales, se encuentra regulado en nuestro ordenamiento jurídico como un derecho de propiedad...” BUGANZA GONZÁLEZ, María del Carmen. “El derecho de autor y el derecho de acceso a la cultura”. *Op. Cit.*, p. 29-42.

[589] *García Sanz* realiza una categorización de las distintas categorías de derechos y garantías inmersas dentro del derecho de autor, afirmando que: “Conforme a la doctrina constitucional, es posible ensayar una ordenación de las distintas categorías”: el derecho de la personalidad (facultades morales contenidas en el art. 20.1.b) es un derecho fundamental, encuadrado en el Título I, Cap. II, Sección primera, y, por la tanto, recibe el tratamiento y la protección que el art.53.2 CE dispensa a ese bloque. A su vez, la garantía institucional que constituye en el art.20.1.b) se somete al mismo régimen de derecho fundamental, donde se encuadra, es decir, dentro del Título I, Cap. II, Sección primera, y por lo tanto, también, conforme a la protección que le dispensa el art.53.2. CE. Sin embargo, las facultades patrimoniales que se deriven del mismo derecho reconocido en el art. 20.1.b), se someten al régimen de propiedad ordinaria del art. 33CE, es decir, como un indiscutible derecho constitucional de gran importancia, pero que no ha recibido ese “plus de fundamentalidad”, por lo que se somete al régimen de protección que dispensa el art. 53.1 CE para el Título I, Capítulo II, Sección segunda. Se observa, que no coinciden siempre los titulares del derecho, según se ejerza como derecho fundamental, que sólo el autor lo es; o como derecho patrimonial, que lo pueden ser tanto el autor como sus derechohabientes o cesionarios, personas físicas o jurídicas (que a su vez pueden ser titulares del derecho del art. 38 CE). Nota: Este artículo 38 de la CE reconoce la libertad de empresa en el marco de la economía de mercado. GARCÍA SANZ, Rosa María. “La posible modificación del art. 20.1.b) CE: Una propuesta a la crisis del derecho de autor”. *Op. Cit.*, p. 11.

CAPÍTULO IV
CONSAGRACIÓN CONSTITUCIONAL DEL DERECHO DE AUTOR (II). CONSTITUCIONES DE PAÍSES IBEROAMERICANOS

En este cuarto y último capítulo del trabajo, presentamos la consagración constitucional del derecho de autor en los países iberoamericanos, acorde a un esquema temático específico que ameritó un levantamiento de información y análisis de las Constituciones de estos países en lo atinente a la protección que otorgan sus cartas magnas al derecho de autor además de sus antecedentes históricos, constitucionales y legislativos; luego, añadimos un aparte para la jurisprudencia relativa al carácter de derecho fundamental del derecho de autor, bastante escasa por demás, aparte donde también consideramos oportuno incluir alguna otra jurisprudencia relacionada con el tema; y como último punto, presentamos las garantías que otorga cada Constitución para la protección del derecho de autor.

Para comenzar resulta necesario resaltar la figura jurídica del amparo, reconocida en la mayoría de las constituciones estudiadas, ya sea como juicio o recurso de amparo, o bien, con el nombre de *"mandato de segurança"* (mandato de seguridad en idioma español) en países de habla portuguesa como Brasil o como *"recurso de protección"* en Chile.

Como sabemos, el amparo es una garantía de los derechos humanos de difusión universal que aparece consagrada en los tratados internacionales y regionales de derechos humanos y que los países signatarios de los mismos se comprometen a establecerlo en sus plataformas jurisdiccionales[590].

Así, como punto de partida, tenemos la *Declaración Universal* que lo consagra en su artículo 8, en los términos siguientes:

> *Artículo 8. "Toda persona tiene Derecho a un recurso efectivo ante los Tribunales Nacionales competentes que la ampare contra actos que violen sus derechos fundamentales reconocidos por la Constitución o la Ley".*

Por su parte, la *Declaración Americana* de 1948, el *Pacto Internacional de Derechos Civiles y Políticos* de 1966 y el *Pacto de San José de Costa Rica* de 1969, consagran igualmente, el recurso de amparo. Este último lo establece en su artículo 25, en los términos siguientes:

> *Artículo 25. "Toda persona tiene derecho a un recurso sencillo y rápido o a cualquier otro recurso efectivo ante los jueces o tribunales competentes, que la ampare contra actos que violen sus derechos fundamentales reconocidos por la Constitución, la ley o la presente Convención, aun cuando tal violación sea cometida por personas que actúen en ejercicio de sus funciones oficiales."*

La *Convención Europea* de 1950, texto coordinado con las enmiendas del Protocolo N° 11 de 1994, en su artículo 13 consagra un recurso efectivo ante una instancia nacional para el caso de violación de los derechos y libertades allí consagrados.

Por su parte, la *Carta Africana sobre los Derechos Humanos y los Pueblos* (Carta de Banjul 1981), aunque no incluye allí el recurso constitucional de manera explícita, el mismo se puede inferir de una interpretación amplia y por analogía de su art. 7 literal A, que establece que:

---

[590] BOVADILLA, Jaime y ANZIANI, Eduardo. "Aplicación del recurso de amparo en la Rep. Dominicana, a la luz de la Ley 437-06", p. 10. Fecha: 29-06-2013. http://www.buenastareas.com/ensayos/El-Amparo-Dominicano/7159875.html

"todo individuo tiene derecho de apelación a órganos nacionales competentes contra actos que violen sus derechos fundamentales reconocidos y garantizados por los convenios, leyes, ordenanzas y costumbres vigentes".

Como vemos, la figura del amparo aparece en la mayoría de los sistemas de protección internacional y regional de los derechos humanos con diferente alcance: *universal*, en el que los reclamos se efectúan ante la Comisión de Derechos Humanos de la ONU; *europeo*, donde las reclamaciones individuales se realizan ante el Tribunal Europeo; *interamericano*, que cuenta con la Comisión Interamericana de Derechos Humanos *y africano*, donde toma intervención la Comisión Africana[591].

Para concluir esta introducción, es importante señalar que, como veremos de seguidas, en las Constituciones y leyes especiales de los países de Iberoamérica con excepción de España, se utiliza el término *propiedad intelectual* en su sentido *latu sensu*, que comprende las dos grandes ramas de los derechos intelectuales, el derecho de autor y la propiedad industrial y que anteriormente se utilizaba como sinónimo del término *derecho de autor*, sin que esto implique que los legisladores hayan asumido una posición concreta en cuanto a la naturaleza jurídica del derecho de autor, reconociendo en algunos casos, como hemos referido en el primer capítulo de este trabajo, en las exposiciones de motivos de sus leyes especiales en la materia, que se trata de un derecho distinto al derecho de propiedad[592].

---

[591] BOVADILLA, Jaime y ANZIANI, Eduardo. "Aplicación del recurso de amparo en la Rep. Dominicana, a la luz de la ley 437-06". *Op. Cit.*, p. 8.

[592] ANTEQUERA PARILLI, Ricardo. "Consideraciones sobre el derecho de autor (con especial referencia a la legislación venezolana)". *Op. Cit.* p. 49.

1. *Argentina*[593]

"El derecho de autor ocupa un lugar destacado en la Constitución Nacional..." vigente de la República Argentina que data del 22-08-1994. Su artículo 17 viene a consagrarlo tanto como una *propiedad especial* como un derecho humano[594] fundamental, ya que lo incluye dentro del *Capítulo I. "Declaraciones, derechos y garantías"*, capítulo éste que contiene las denominadas *cláusulas pétreas* (artículos 1 al 35) *y que fueron sustraídas a la reforma convocada y aprobada en la Convención Nacional Constituyente de la ciudad de Santa Fe de 1994.*[595]

> Artículo 17:"... *Todo autor o inventor es propietario exclusivo de su obra, invento o descubrimiento, por el término que le acuerde la ley..."*

Al consagrar en este artículo 17 al derecho de autor, lo fortalece de manera definitiva, confiriéndole alcance de contenido constitucional en su artículo 75.22[596], *"...no de mero tratado*

---

593. Fecha: 24-06-2013. http://bib.cervantesvirtual.com/servlet/ SirveObras / 013711858 99054 889650035/index.htm

594 Para el tratadista argentino *Carlos Villalba,* el hecho de que los tratados en materia de derecho de autor establezcan como prioridad esencial la regla del trato nacional, viene a mejorar las normas internas de derecho internacional privado "...que también habían receptado este principio de no discriminación, propio de un derecho humano." Otro principio que aparece consagrado en estos tratados "...acorde con su carácter de derecho humano, es el de la independencia de la obra de la legislación del país de origen, de modo que aun no estando protegida en su país recibe el Trato nacional en los demás". En Argentina, el hecho de considerarla una propiedad especial además de un derecho fundamental, viene dado por la norma donde aparece inserta, por lo que hay que entenderla dentro del contexto del artículo 17 en su totalidad. VILLALBA, Carlos Alberto. "Los derechos intelectuales como parte de los derechos humanos". *Op. Cit.*, p. 152-153, 144 y 146.

595 ALAI ASOCIACIÓN LITERARIA Y ARTÍSTICA. "Derecho de autor y libertad de expresión". *Op. Cit.* Informe del grupo nacional ALAI-Argentina. Respuesta elaborada por Carlos Alberto Villalba (preguntas 1 y 2), p. 1.

596 Artículo 75, numeral 22: "Aprobar o desechar tratados concluidos con las demás naciones y con las organizaciones internacionales y los

a la Declaración Universal de los Derechos Humanos. De este modo el artículo 27 de la Declaración integra la normativa de la Constitución de 1994...".[597]

Al ser dotados de jerarquía constitucional, las Declaraciones y Tratados sobre derechos humanos que reconocen como tal al derecho de autor y el acceso a la cultura y la información, *"... no derogan ningún artículo de la primera parte de la Constitución y son complementarios de los derechos y garantías por ella reconocidos".*[598]

Habría que añadir que en ese mismo artículo 75 de la Constitución argentina, se establece entre las competencias atribuidas al Congreso, en su numeral 19, la de *"...Dictar leyes que protejan la identidad y pluralidad cultural, la libre creación y circulación de las obras del autor...".*

A. Antecedentes

La historia constitucional argentina nos muestra un prematuro e interesante antecedente dentro del constitucionalismo cultural comparado. La Constitución de la Nación argentina que fuera aprobada por la Convención Nacional del 1º de mayo de 1853, se mantuvo vigente por casi siglo y medio, con las reformas dispuestas en 1860, 1866, 1898 y 1957, siendo esta última reforma la que introdujera diversos derechos sociales y socioeconómicos (aunque sin llegar a adquirir jerar-

---

concordatos con la Santa Sede. Los tratados y concordatos tienen jerarquía superior a las leyes."

[597] ALAI ASOCIACIÓN LITERARIA Y ARTÍSTICA. "Derecho de autor y libertad de expresión". *Op. Cit.* Respuesta elaborada por Abel Javier Arístegui, Ana María Saucedo y Judith Viviana Malamud (preguntas 5, 6,8 y 9), p. 24.

[598] "La jurisprudencia ha aplicado suficientemente los derechos consagrados en el Pacto de San José de Costa Rica en sus artículos 11 al 14 sobre la Protección de la Honra y de la Dignidad, la Libertad de Conciencia y de Religión, la Libertad de Pensamiento y de Expresión y el Derecho de Rectificación y Respuesta". *Ídem.* Respuesta elaborada por Carlos Alberto Villalba (preguntas 1 y 2), p. 4.

quía constitucional, los derechos culturales y educativos ya reconocidos en instrumentos jurídicos internacionales), hasta la actual Constitución de 1994.[599]

Ya las constituciones de 1819 y 1826 consagraron privilegios exclusivos a favor de los autores por tiempo determinado y la de 1853 estableció que todo autor o inventor es propietario exclusivo de su obra, invento o descubrimiento, por el tiempo establecido por ley[600] subrayando el hecho de que esta Constitución de 1853 que antecedió a la primera ley de propiedad intelectual (Ley 7092 de 10 de noviembre de 1910 sobre propiedad científica, artística y literaria) constituyó la base jurídico-normativa de las primeras sentencias sobre la materia[601] lo que nos dice claramente, que ya *"...la obra era protegible por el derecho común y la Constitución Nacional."* [602]

---

[599] "La reforma constitucional de 1949 fue dejada sin efecto en 1955 por el gobierno de la Revolución Libertadora". HARVEY, Edwin. "Derecho cultural latinoamericano. Sudamérica y Panamá". Organización de los Estados Americanos. Ediciones Depalma. Buenos Aires 1992 Editores, Talcahuano 494. ISBN 950-14-0668-7, p. 32-34, pie de página número 10.

[600] *Ídem*, p. 78.

[601] ALAI ASOCIACIÓN LITERARIA Y ARTÍSTICA. "DERECHO DE AUTOR Y LIBERTAD DE EXPRESIÓN". *Op. Cit.* Respuesta elaborada por Carlos Alberto Villalba (preguntas 1 y 2), p. 2.

[602] *Ídem*, p. 6.

B. *Jurisprudencia relevante*[603]

El derecho de autor como la libertad de expresión y el derecho a la intimidad son considerados derechos fundamentales[604], habiendo jugado la doctrina y la jurisprudencia, un papel estelar en cuanto a la delimitación y prevalencia de estos derechos al entrar en conflicto y aun cuando estas colisiones ocurren con frecuencia, resulta necesario para cada caso en particular, proceder a su estudio, resultando imposible enunciar reglas generales y mantenerlas para todas las situaciones.[605]

---

[603] No podemos dejar de mencionar en este tema del derecho de autor como derecho humano, la jurisprudencia sentada en 1885 en la causa *José Hernández c/Barbieri Hnos.*, con el fallo pronunciado 25 años antes de dictarse la primera ley sobre derecho de autor con una orientación que se ubica en la concepción de derecho natural o derecho de gentes que puede y debe ser reconocido sin necesidad de una reglamentación. (Nota 7. Fallos, Suprema Corte, 2ª Serie, Tomo 20, p. 148. La sentencia en cuestión confirma un fallo del Juez Tedín en una acción por daños y perjuicios provocada por la piratería de la obra *"La Vuelta de Martín Fierro"*). Este fallo resolvió, entre otros puntos, que la propiedad literaria y artística estaba reconocida por la Constitución Nacional, lo que la coloca en ausencia de leyes especiales que reglamenten su ejercicio, bajo el amparo de las leyes generales que rigen el dominio de las cosas. Otra sentencia a destacar fue la dictada por el Juez Quesada de un tribunal de Buenos Aires, en fecha 03-02-1903, en el proceso incoado por *Podestá y Scotti* contra *Luis Anselmi* por la explotación indebida de dos obras teatrales de autores uruguayos, en donde hubo lugar a la demanda aplicando el Tratado de Montevideo, la Constitución Nacional y el Código Civil Uruguayo, prohibiendo la representación de las obras plagiarias y condenando a una indemnización pecuniaria. VILLALBA, Carlos Alberto. "Los derechos intelectuales como parte de los derechos humanos". *Op. Cit.*, p. 145 y 154.

[604] El jurista argentino Carlos Villalba propone analizar "...a los Derechos Humanos vinculados a la creación intelectual como un plexo jurídico en el que, el derecho de autor, el derecho a la cultura, el derecho al nombre, el derecho a la propia imagen, el derecho a la creación y el derecho a la intimidad, encuentren una forma armónica de articularse según la cual la coexistencia de los mismos lleve a profundizar y extender la existencia de cada uno. Este propósito práctico es posible." *Ídem.*, p. 164-165.

[605] ALAI ASOCIACIÓN LITERARIA Y ARTÍSTICA. "Derecho de autor y libertad de expresión". Informe del grupo nacional ALAI-Argentina. *Op. Cit.*, p. 39.

a. *Sentencia de la Cámara Nacional de Apelaciones en lo Civil, Sala A, de la República Argentina*

En esta sentencia, el derecho de autor se enfoca como un derecho unitario que no puede desmembrarse en facultades de diferente naturaleza, esto es, bajo la concepción monista del derecho autoral, en los siguientes términos:

"la moderna doctrina, al caracterizar al derecho intelectual, señala que ese conjunto de facultades que lo integran no es susceptible de descomponerse en derechos independientes de naturaleza diversa, ya que este "ius in re intelectuali" es un único derecho que contiene facultades de actuar, con fundamento a la vez patrimonial y extrapatrimonial".[606]

b. *Sentencia CS 23/11, ED, 38 p. 331 de la Corte Suprema de Justicia de la Nación*

En esta sentencia de 1989, la Corte Suprema de Justicia determina el alcance de la naturaleza jurídica del derecho de autor en sus dos dimensiones esenciales que se traducen en el derecho personal o moral y en los derechos patrimoniales, en los siguientes términos:

"Los derechos intelectuales en lo que respecta a su naturaleza jurídica comprenden aspectos materiales o patrimoniales que confieren al autor la facultad de obtener los beneficios económicos de su obra, y aspectos de carácter extrapatrimonial que configuran los llamados derechos morales de autor, originados en la necesidad de proteger la personalidad creativa."[607]

---

[606] *Jurisprudencia Argentina (1988-II)*, p. 38-40. Para *Antequera Parilli*, las legislaciones que adoptan la postura monista como derecho unitario, entienden que el derecho de autor solo se transmite *mortis causa* y en cuanto a la explotación de la obra por terceros, se realiza a través de una concesión de derechos de uso que no transfieren derechos sino que constituyen una licencia al usuario para la utilización de la obra por los medios acordados entre las partes. ANTEQUERA PARILLI, Ricardo. "Estudios de derecho de autor y derechos afines". *Op. Cit.*, p. 16.

[607] ALAI ASOCIACIÓN LITERARIA Y ARTÍSTICA. "Derecho de autor y libertad de expresión". Informe del grupo nacional ALAI-Argentina.

c. *Sentencia de fecha 15-07-1996. Cámara Nacional de Apelaciones en lo Civil, Sala K*

Este fallo en particular, pareciera considerar al derecho de autor como una forma particular de derecho real, sugiriendo "...*la idea de que el derecho de autor es un derecho de dominio privado, patrimonial, de carácter real y temporal, que tiene por objeto un bien inmaterial*".[608]

C. *Garantías Constitucionales*

La acción judicial consagrada para la tutela eficaz de los derechos fundamentales es el amparo[609] previsto en el artículo 43 de la Constitución como medida expedita, siempre y

---

Op. Cit. Respuesta elaborada por Leandro Darío Rodríguez Miglio (pregunta 4), p. 19.

[608] Para *Antequera Parilli,* la sentencia [LA LEY. Editorial La Ley. Buenos Aires. (t. 1997-D), p. 145-148], pareciera más bien ir dirigida a explicar la estructura del derecho, "que en la teoría dualista, consiste en dos categorías de facultades, cada una de ellas con sus propias características: las extrapatrimoniales o morales (que guardan contacto con los derechos de la personalidad, aunque también con sus diferencias) y las de carácter patrimonial, cercanas por sus particularidades a los derechos reales." ANTEQUERA PARILLI, Ricardo. "Estudios de derecho de autor y derechos afines". *Op. Cit.,* p. 13.

[609] "Esta acción en Argentina tuvo su origen en la jurisprudencia de la Corte Suprema de Justicia de la Nación, en los famosos casos *Siri* y *Kot*..." (1957 y 1958) "...que admitieron, pese a la ausencia de regulación procesal específica, la existencia de una acción destinada a la protección de los derechos no alcanzados por el habeas corpus, ya que se estimó que los preceptos constitucionales y la experiencia institucional del país reclamaban de consuno el deber de asegurar el goce y ejercicio plenos de las garantías individuales para la efectiva vigencia del Estado de Derecho. El Alto Tribunal en la mencionada jurisprudencia determina las características de la acción al considerarla como excepcional. Asimismo, considera que ella está reservada a las delicadas y extremas situaciones en las que, ante la ausencia de otras vías legales, se pone en peligro la salvaguarda de derechos fundamentales del hombre". BOVADILLA, Jaime y ANZIANI, Eduardo. "Aplicación del recurso de amparo en la Rep. Dominicana, a la luz de la ley 437-06". *Op. Cit.,* p. 11.

cuando, no exista otro medio procesal más conveniente o adecuado.

> *"Artículo 43.- Toda persona puede interponer acción expedita y rápida de amparo, siempre que no exista otro medio judicial más idóneo, contra todo acto u omisión de autoridades públicas o de particulares, que en forma actual o inminente lesione, restrinja, altere o amenace, con arbitrariedad o ilegalidad manifiesta, derechos y garantías reconocidos por esta Constitución, un tratado o una ley. En el caso, el juez podrá declarar la inconstitucionalidad de la norma en que se funde el acto u omisión lesiva."*[610]

La normativa legal del amparo aparece en 1968 con la Ley 16.986 que reglamentó el amparo contra actos de autoridad, mientras que en el Código Procesal Civil y Comercial de la Nación se da cabida a esta acción cuando va dirigida contra actos de particulares (art. 321, numeral 2º).[611]

2. *Bolivia*[612]

La Constitución Política de Bolivia vigente desde el 07 de febrero de 2009, la cual abroga expresamente, la Constitución Política del Estado de 1967 y sus reformas, contiene 411 artículos y 10 disposiciones transitorias, constituyendo el decimoséptimo texto constitucional en la historia republicana de dicho país.

Por vez primera, la Constitución de 2009, nueva Carta Política del Estado Plurinacional, en el Artículo 102, Sección Tercera: Culturas, Capítulo Sexto: Educación, Interculturalidad y Derechos Culturales, consagra la protección a la propiedad intelectual en los siguientes términos:

---

[610] Fecha: 25-06-2013. http://bib.cervantesvirtual.com/servlet/SirveObras /01371185899054889650035/p0000001.htm#I_1_

[611] BOVADILLA Jaime y ANZIANI, Eduardo. "Aplicación del recurso de amparo en la Rep. Dominicana, a la luz de la ley 437-06". *Op. Cit.*, p. 11.

[612] Fecha: 25-06-2013. http://pdba.georgetown.edu/Constitutions/Boli via /bolivia09.html

Artículo 102: 'El Estado registrará y protegerá la propiedad intelectual individual y colectiva de las obras y descubrimientos de los autores, artistas y compositores, inventores y científicos, en las condiciones que determina la ley".

Es importante señalar que en el Título II sobre Derechos Fundamentales y Garantías, Capítulo Primero. Disposiciones Generales, artículo 13. IV, se establece que *los tratados y convenios internacionales* que ratifique la Asamblea Legislativa Plurinacional, que consagran derechos humanos prevalecen en el orden interno con el añadido de que los derechos y deberes consagrados constitucionalmente serán interpretados conforme a los tratados internacionales de derechos humanos ratificados por Bolivia.

Más adelante, en su artículo 257, establece que estos tratados sobre derechos humanos ratificados, formarán parte del ordenamiento jurídico interno con rango de ley además de conformar el bloque de constitucionalidad conjuntamente con las normas de Derecho Comunitario según lo establece su artículo 410.II.

A. *Antecedentes*

A diferencia de la gran mayoría de las constituciones políticas de la región, ni la anterior Constitución de 1967 ni ninguna de las que la precedieron, establecieron normativa especial en materia de propiedad intelectual ni tampoco otorgaron rango constitucional a la protección de la propiedad intelectual en su conjunto[613].

---

[613] La legislación sobre propiedad intelectual en Bolivia se inicia con la sanción del decreto del 13 de agosto de 1879 a la que siguieron la ley de Propiedad Intelectual del 13 de noviembre de 1909 y la ley de Derecho de Autor N° 1322 de 27 de abril de 1992. HARVEY, Edwin. "Derecho cultural latinoamericano. Sudamérica y Panamá". *Op. Cit.*, p. 35 y 89.

También para las naciones y pueblos indígenas originarios campesinos, la Constitución Boliviana, en su artículo 30. 11., establece que gozarán del derecho *"...a la propiedad intelectual colectiva de sus saberes, ciencias y conocimientos, así como a su valoración, uso, promoción y desarrollo"* que es lo que se conoce en su sentido amplio, como conocimientos tradicionales conjuntamente con los recursos genéticos y las expresiones culturales tradicionales.[614]

---

[614] "Los conocimientos tradicionales o "CC.TT." son: conocimientos, experiencia, competencias, innovaciones o prácticas; que se transmiten de generación en generación; que se enmarcan en un contexto tradicional; y que forman parte de un modo de vida tradicional de las comunidades indígenas y locales, quienes cumplen la función de guardianes o custodios. Puede tratarse, por ejemplo, de un conocimiento agrícola, medioambiental o medicinal o de un conocimiento asociado con recursos genéticos. Entre muchos otros ejemplos, cabe citar los siguientes: conocimientos sobre medicinas tradicionales; técnicas tradicionales de caza o de pesca; conocimientos sobre tendencias migratorias animales; conocimientos sobre la gestión del agua. A veces, el término "CC.TT." puede abarcar más aspectos, pudiendo incluir el folclore o las expresiones culturales tradicionales, si bien la OMPI establece una distinción formal entre CC.TT., por una parte, y ECT, por otra. En el contexto de la P.I., las expresiones culturales tradicionales (ECT) o las expresiones del folclore normalmente se distinguen de los CC.TT. Las ECT: pueden considerarse como las formas en que se manifiesta la cultura tradicional; forman parte de la identidad y del patrimonio de una comunidad tradicional o indígena; se transmiten de generación en generación. Pueden ser: danzas; canciones; artesanía; diseños; ceremonias; cuentos así como muchas otras manifestaciones artísticas o culturales. En cuanto a los recursos genéticos (RR.GG.), son definidos en el Convenio sobre la Diversidad Biológica (CDB). Muy resumidamente, puede decirse que los RR.GG. constituyen una parte del material biológico que: contiene información genética de valor; y tiene capacidad de reproducción. Entre otros ejemplos, cabe mencionar el material vegetal, animal o microbiano, como puedan ser las plantas medicinales, los cultivos tradicionales y las razas animales. Los recursos biológicos comprenden RR.GG., organismos o partes de los mismos, poblaciones o cualquier otro componente biótico de ecosistemas con un uso real o potencial o con valor para la humanidad." Fecha: 10-03-2014. http://www.wipo.int/tk/es/resources/faqs.html#q2

La mayoría de los países de la región latinoamericana como Ecuador, Panamá, Perú y Venezuela, entre otros, también han establecido igual protección para sus conocimientos tradicionales a nivel constitucional y legal.

B.   *Garantías Constitucionales*

En el Capítulo Primero sobre Garantías Constitucionales, su artículo 109 no establece distinción entre los derechos consagrados constitucionalmente, reconociéndolos como directamente aplicables y con iguales garantías para su protección con el añadido de que estos derechos y garantías sólo podrán regularse por ley.

Más adelante, en su artículo 128 de la Sección II, consagra la acción de amparo constitucional que podrá incoarse *"...contra actos u omisiones ilegales o indebidos de los servidores públicos, o de persona individual o colectiva, que restrinjan, supriman o amenacen restringir o suprimir los derechos reconocidos por la Constitución y la ley."*

3.   *Brasil*[615]

La Constitución de la República Federativa de Brasil de 1988, consagra en el Título II. De los derechos y garantías fundamentales, Capítulo I De los derechos y deberes individuales y colectivos, la protección al derecho de autor en su artículo 5, numeral 25, tal como sigue:

> *Artículo 5. "Todos son iguales ante la ley, sin distinción de cualquier naturaliza (sic), garantizándose a los brasileños y a los extranjeros residentes en el País la inviolabilidad del derecho a la vida, a la libertad, a la igualdad, a la seguridad y a la prioridad, en los siguientes términos: (...) 25. Pertenece a los autores el derecho exclusivo de utilización, publicación o reproducción de sus obras, siendo transmisible a los herederos por el tiempo que la ley determine;"*

---

[615]   Fecha: 09-09-2013. http://pdba.georgetown.edu/Constitutions/Brazil /esp88.html#mozTocId668348

A. *Antecedentes*

Durante gran parte del siglo XIX, Brasil fue una colonia de Portugal y por ende, se rigió por la legislación portuguesa.

De la época republicana brasilera, encontramos la primera Constitución en 1891 que organizó al país como un Estado federal a la que sucede la Constitución de 1934, producto de la revolución de *Getulio Vargas* en 1930. Luego tenemos la de 1937 con gran influencia corporativa italiana y portuguesa, la de 1946 y la de 1967; esta última rigió con enmiendas un poco más de veinte años. La vigente de 1988 estableció una serie de disposiciones fundamentales en materia cultural.[616]

En general, podemos decir que todas las constituciones políticas de Brasil desde la primera Constitución republicana de 1891, a excepción de la de 1937, han consagrado el derecho de autor en pro de los creadores y herederos por los lapsos establecidos por ley.

Como antecedentes constitucionales en la época colonial en materia de derecho de autor, tenemos la Constitución portuguesa de 1838 que garantizaba a los escritores la propiedad de sus escritos.

En cuanto a los antecedentes legislativos tenemos en la época republicana, la ley 496 del 01-08-1898 "...que definía al derecho de autor como un privilegio asegurado por cincuenta años contados desde el 1 de enero del año de publicación." Por su parte, el Código Civil de 1916 viene a incluir un capítulo sobre propiedad literaria, científica y artística así como normativa sobre contratos de edición y representación dramática. En cuanto a los derechos conexos tenemos que éstos fueron consagrados por la Ley 4944 de fecha 06-04-1966.[617]

---

[616] HARVEY, Edwin. "Derecho cultural latinoamericano. Sudamérica y Panamá". *Op. Cit.*, p. 33-37.

[617] *Ídem*, p. 101.

El cuerpo legal vigente que norma el derecho de autor viene dado por la ley 9610 de 1988 que altera, unifica y actualiza los derechos autorales comprendiendo éstos al derecho de autor y a los derechos conexos.[618]

B. Jurisprudencia relevante

a. Supremo Tribunal Federal de Brasil

Esta máxima instancia jurisdiccional se ha pronunciado en cuanto a la naturaleza jurídica del derecho de autor resaltando su aspecto patrimonial, en los siguientes términos: *"El derecho de autor no es sino una extensión, una ampliación, una exteriorización del derecho de propiedad"*.[619]

C. Garantías Constitucionales

La Constitución brasileña contempla como garantía de los derechos de los ciudadanos y los residentes en ese país, en su artículo 5, numeral 68, una acción de amparo que ellos de-

---

[618] Fecha: 09-09-2013. http://www.cerlalc.org/derechoenlinea/dar/leyes _reglamentos/Brasil/Ley_9610.htm

[619] *Antequera Parilli* cita como fuente del fallo a SANTIAGO, Oswaldo. "Acuarela do direito autoral – três acórdãos do Supremo". U.B.C. Rio de Janeiro, 1985 (páginas 205-219). Como crítica a esta teoría, entre otros tantos argumentos, este jurista venezolano afirma que en tanto que el derecho de autor se ejerce sobre una creación intelectual que es la obra, el derecho de propiedad tiene por objeto el soporte material que la contiene. Añade que son pocos los países cuyas legislaciones asimilan el derecho de autor a la propiedad mueble o que permiten constituir garantías sobre las obras, más propias de las que se constituyen sobre derechos reales (hipoteca del derecho de autor). En cuanto a América Latina, el grueso de los países de la región ha venido sustituyendo paulatinamente, el término *propiedad intelectual* por el de *derecho de autor*, en algunos casos, acorde a las exposiciones de motivos de sus legislaciones, reconociendo que se trata de un derecho distinto al derecho de propiedad; tal es el caso de la Ley venezolana sobre derecho de autor de 1993 y de su predecesora de 1963. ANTEQUERA PARILLI, Ricardo. "Estudios de derecho de autor y derechos afines". *Op. Cit.*, p. 10-12, pie de página número 1.

nominan *mandado de segurança*, en español, *mandamiento* o *mandato de seguridad*, en los siguientes términos:

> 68. *"Se concederá mandamiento de seguridad para proteger un derecho determinado y cierto, no amparado por "habeas corpus" o "habeas data" cuando el responsable por la ilegalidad o abuso de poder fuese una autoridad o un agente de persona jurídica en el ejercicio de atribuciones del Poder Público;"*

Así, el mandamiento de seguridad lo que correspondería a una acción de amparo, aparece en la Constitución Brasileña de 1891, con el *habeas corpus*, no sólo para proteger la libertad física sino que también comprendía en principio, a los demás derechos individuales. Como se consideró que no estaba determinado el alcance del *habeas corpus* y que no se encontraban garantizados el resto de los derechos fundamentales que no estuviesen incluidos en la libertad corporal, excediendo de esta manera la función institucional del *habeas corpus*, se creó de manera independiente lo que ellos denominaron *mandato de seguridad*.[620]

---

[620] El diputado *"...Gudesteu Pires* presentó el 11 de agosto de 1926 un proyecto en el que se presentaba el "mandato de seguridad" como un remedio procesal para "garantizar el ejercicio de derechos líquidos (*sic*) y ciertos que no estaban amparados por el *Habeas Corpus*". También el diputado *Mattos Peixoto* presenta su proyecto el 28 de septiembre de 1927, que aproxima el mandato de seguridad a las acciones posesorias, dotándolo de un procedimiento sumario. En 1930 la revolución disuelve el Poder Legislativo y es en 1934 cuando se fija formalmente en la constitución el derecho de amparo de los ciudadanos brasileños cuando en su artículo 113, numeral 33 decía: " Darse mandato de seguridad para defensa de derecho cierto e incontestable, amenazado o violado por acto manifiestamente inconstitucional o ilegal de cualquier autoridad. El procedimiento será el mismo del *Habeas Corpus*, debiendo ser siempre oída la persona de derecho público interesada. El mandato no perjudica las acciones petitorias competentes." Este mandato fue reglamentado posteriormente, en 1936 y modificado su reglamento en 1939 vía codificación civil aprobado en ese mismo año. BOVADILLA Jaime y ANZIANI, Eduardo. "Aplicación del recurso de amparo en la Rep. Dominicana, a la luz de la Ley 437-06". *Op. Cit.*, p. 5.

4.   *Chile*[621]

La Constitución Política de la República de Chile contentiva de 131 artículos y 26 disposiciones transitorias, fue aprobada por plebiscito de fecha 11-09-1980, entrando en vigor, en régimen transitorio, en fecha 11-03-1981 y en su totalidad, el 11-03-1990. Ha sido objeto de reformas en quince (15) oportunidades desde 1989 hasta 2012.

El derecho de autor aparece consagrado en su Capítulo III. De los derechos y deberes constitucionales (*"...extensa enunciación de los derechos fundamentales reconocidos en Chile..."*[622]), en su artículo 19, numeral 25, en los siguientes términos:

"La Constitución asegura a todas las personas:"(...) "25. La libertad de crear y difundir las artes, así como el derecho del autor sobre sus creaciones intelectuales y artísticas de cualquier especie por el tiempo que señale la ley que no será inferior al de la vida del titular".

Luego añade el contenido de este derecho, en sus vertientes, moral y material, al establecer que:

"El derecho de autor comprende la propiedad de las obras y otros derechos, como la paternidad, la edición y la integridad de la obra, todo ello en conformidad a la ley. Será aplicable a la propiedad de las creaciones intelectuales y artísticas y a la propiedad industrial lo prescrito en los incisos segundo, tercero, cuarto y quinto del número anterior,..." [623]

A.   *Antecedentes*

La propiedad intelectual es reconocida a nivel constitucional y legal en Chile, desde el siglo XIX. Ya la Constitución

---

[621]   Fecha: 29-06-2013. http://www.leychile.cl/Navegar?idNorma=242302

[622]   Fecha: 29-06-2013. http://es.wikipedia.org/wiki/Constituci%C3%B3n_Pol%C3%ADtica_de_la_Rep%C3%BAblica_de_Chile_de_1980#La_Constituci.C3.B3n_dentro_de_la_Transici.C3.B3n

[623]   Estos numerales del número anterior, el 24, contienen normativa referida al "...derecho de propiedad en sus diversas especies sobre toda clase de bienes corporales e incorporales."

de 1833 reconocía la protección de la propiedad intelectual en su artículo 143 (también siguen esta tradición en la protección del derecho de autor, las Constituciones de 1925 y 1980).

En materia legal, vemos que en fecha 24-07-1834, se aprueba la primera ley sobre la materia y es consagrada igualmente, en el artículo 584 del Código Civil de 1857.[624]

La Ley vigente sobre propiedad intelectual es la N° 17.336 de 1970. Su última modificación fue realizada por Ley 20.435 del 23-04-2010.[625]

B.   Garantías Constitucionales

La acción o recurso jurisdiccional que garantiza la tutela de los derechos fundamentales vulnerados, como es el derecho de autor consagrado en el artículo 19, numeral 25, viene dado por el *recurso de protección* contemplado en el artículo 20 del mismo Capítulo III, que sería el equivalente al recurso de amparo en otros países de la región.

"Artículo 20.- El que por causa de actos u omisiones arbitrarios o ilegales sufra privación, perturbación o amenaza en el legítimo ejercicio de los derechos y garantías establecidos en el artículo 19, números 1°, 2°, 3° inciso cuarto, 4°, 5°, 6°, 9° inciso final, 11°, 12°, 13°, 15°, 16° en lo relativo a la libertad de trabajo y al derecho a su libre elección y libre contratación, y a lo establecido en el inciso cuarto, 19°, 21°, 22°, 23°, 24°, y 25° podrá recurrir por sí o por cualquiera a su nombre, a la Corte de Apelaciones respectiva, la que adoptará de inmediato las providencias que juzgue necesarias para restablecer el imperio del Derecho y asegurar la debida protección del afectado, sin perjuicio de los demás derechos que pueda hacer valer ante la autoridad o los tribunales correspondientes."[626]

---

[624]   HARVEY, Edwin. "Derecho cultural latinoamericano. Sudamérica y Panamá". *Op. Cit.*, p. 126-127.

[625]   Fecha: 02-01-2013. http://www.cerlalc.org/derechoenlinea/dar/leyes_reglamentos/Chile/Ley_17336.htm

[626]   El recurso de protección fue reglamentado por la Corte Suprema de Justicia mediante auto acordado sobre la tramitación y fallo del

5.   *Colombia*[627]

La Constitución Política de Colombia de fecha 06-07-1991 y que fuera publicada en fecha 20-07-1991, vino a sustituir a la Constitución de 1886[628]. Contiene 380 artículos y 59 disposiciones transitorias, siendo considerada una de las más extensas del mundo.

La protección a la propiedad intelectual concebida como concepto doctrinario que abarca el derecho de autor y la propiedad industrial, aparece establecida en el artículo 61 del *Capítulo 2. De los derechos sociales, económicos y culturales*, esto es, dentro de los derechos humanos de segunda generación, constituyendo la primera Constitución política de la región que los consagra expresamente en 37 artículos, conjuntamente con los derechos civiles y políticos y a los derechos colectivos y del ambiente.[629]

"Artículo 61.- El Estado protegerá la propiedad intelectual por el tiempo y mediante las formalidades que establezca la ley."

Más adelante, su artículo 150 del Capítulo 3. De las leyes., establece que:

recurso de protección de las garantías constitucionales del 24-06-1992 y modificado en fecha 08-06-2007. Fecha: 29-06-2013.
http://www.bcn.cl/carpeta_temas/temas_portada.2005-10-24.052513 6469/folder.2005-10-24.4238162177/Recurso%20de%20Proteccion.pdf

627   Versión que corresponde a la segunda edición corregida de la Constitución Política de Colombia, publicada en la *Gaceta Constitucional* N° 116 de 20 de julio de 1991. Fecha: 02-01-2013. http://www.secretaria senado.gov.co/senado/basedoc/cp/constitucion_politica_1991.html

628   Esta centenaria Constitución de 1886 contenía algunas pocas normas y principios sobre propiedad intelectual y libertad de prensa. HARVEY. Edwin. "Derecho cultural latinoamericano. Sudamérica y Panamá". *Op. Cit.*, p. 43.

629   *Ídem*, p. 45.

"Corresponde al Congreso hacer las leyes. Por intermedio de ellas, ejerce las siguientes funciones:"(...) ".... 30. Regular el régimen de propiedad industrial, patentes y marcas y las otras formas de propiedad intelectual...".

A.   Antecedentes

La Constitución de 1811 solo hacía referencia a los inventores omitiendo lo relativo a la propiedad literaria y artística y no es sino hasta 1858 que una nueva Constitución se refiriera a esta en forma expresa en su artículo 43, numeral 14, que preveía la concesión de patentes que garantizaran la propiedad de las producciones literarias. De igual manera, lo hizo la Constitución de *Rionegro* de 1863.

Posteriormente, la Constitución de 1886 es la primera que viene a regular a la propiedad literaria y artística, en forma más prolija y autónoma en su artículo 35, cuando estableció que ésta sería protegible *"...como propiedad transferible, por el tiempo de la vida del autor y ochenta años más, mediante las formalidades que prescriba la ley"*. Igualmente, la segunda parte de este artículo estableció el principio de reciprocidad legislativa para los autores de obras publicadas en países hispanoparlantes, siempre y cuando los nacionales gozaran de igual sistema de tutela para sus obras en los respectivos países.[630]

---

[630]   RENGIFO GARCÍA, Ernesto. "Propiedad intelectual. El moderno derecho de autor". *Op. Cit.*, p. 25-26.

B. *Jurisprudencia relevante*

a. *Sentencia de 10-02-1960 de la Sala Plena de la Corte Suprema. Magistrado Humberto Barrera Domínguez*[631]

Bajo el imperio de la Constitución anterior a la vigente de 1991 (la Corte Suprema de Justicia tenía para la época, competencia para conocer del control constitucional de las leyes), esta memorable sentencia, afronta por primera vez, el tan controvertido punto de la naturaleza jurídica de la propiedad intelectual (derecho de autor) con encomiable rigor académico,[632] consagrando el reconocimiento y protección al derecho de autor y en razón de su doble carácter patrimonial y moral, lo califica como una propiedad especial.[633]

---

[631] Fecha: 14-06-2013. Página web: www.derechodeautor.gov.co.
http://derechodeautor.gov.co/web/guest/corte-suprema-de-justicia?
p_p_id=110_INSTANCE_naRhf8VHVGXA&p_p_lifecycle=0&p_p_stat
e=normal&p_p_mode=view&p_p_col_id=column-1&p_p_col_count=
1&_110_INSTANCE_naRhf8VHVGXA_struts_action=%2Fdocument
library_display%2Fview_file_entry&_110_INSTANCE_naRhf8VHV
GXA_redirect=http%3A%2F%2Fderechodeautor.gov.co%2Fweb%2
Fguest%2Fcorte-suprema-de-justicia%2F-%2Fdocument_libra ry_
display %2Fna Rhf8VHVGXA% 2F view%2F216828%3F_110 _INS
TANCE_naRhf8VHV GXA_advancedSearch%3Dfalse%26_110_ INS
TANCE_naRhf8VHVGXA_cur2%3D2%26_110_INSTANCE_naRhf8V
HVGXA_keywords%3D%26_110_INSTANCE_naRhf8VHVGXA_top
Link%3Dhome%26p_r_p_564233524_resetCur%3Dfalse%26_110_INST
ANCE_naRhf8VHVGXA_delta2%3D20%26_110_INSTANCE_naRhf8
VHVGXA_andOperator%3Dtrue&_110_INSTANCE_naRhf8VHVGXA
_fileEntryId=247882, p. 4/9.

[632] RENGIFO GARCÍA, Ernesto. "Propiedad intelectual. El moderno derecho de autor". *Op. Cit.*, p. 63, pie de página número 13.

[633] La jurisprudencia colombiana por vez primera, dilucida sobre el controvertido punto de la naturaleza jurídica de la propiedad intelectual (derecho de autor) en una sentencia de *inexequibilidad* (inconstitucionalidad), donde se consagraron las diferencias entre esta propiedad *sui generis* y la del derecho común, estableciendo que: 1°. En relación a su naturaleza, en la propiedad intelectual hay parte moral y parte patrimonial, la primera llamada "derecho moral" de autor, es

b.   *Sentencia C-276 de 20-06-1996. Sala Plena de la Corte Constitucional. Magistrado Presidente, Julio César Ortiz Gutiérrez*

En esta sentencia[634], la Corte Constitucional reconoce la protección del derecho de autor en sus dos dimensiones esenciales que se traducen en el derecho personal o moral y en los derechos patrimoniales[635].

---

inalienable, irrenunciable, imprescriptible, la segunda, "...al contrario, como ocurre con todo derecho patrimonial. El artículo 49 de la Ley 86 de 1946 consagra el derecho moral (hoy es el artículo 30 de la Ley 23 de 1982), al reservar al autor que ha enajenado o transmitido su derecho de propiedad intelectual, la facultad de exigir la fidelidad del texto y del título en las ediciones y reproducciones; de pedir la mención de su nombre o seudónimo, y de oponerse a toda reproducción o exhibición pública de la obra, alterada, mutilada o modificada..." mientras que en la propiedad común no ocurre esto "...el adquirente no queda sometido a ninguna potestad del dueño anterior. 2° La propiedad intelectual recae sobre una cosa "incorporal"; la obra, la creación. La propiedad común, en sentido estricto, sólo recae sobre las cosas corporales (artículo 679 del Código Civil). 3° La propiedad intelectual es temporal; dura la vida del autor y ochenta años más..." (,,,) "...la común es perpetua. La temporalidad es reflejo de la preeminencia de aquélla en el campo de los valores y los esfuerzos humanos. 4° En la propiedad intelectual, el rendimiento para el titular depende del éxito público de la obra; en la común, no juega tal factor. Por estas peculiaridades, no desaparece la noción de "propiedad", a base (*sic*) de los elementos y atributos de ésta; se obtiene simplemente, una propiedad especial": Corte Suprema de Justicia, Sala Plena, Magistrado ponente: Humberto Barrera Domínguez, febrero 10 de 1960....". RENGIFO GARCÍA, Ernesto. "Propiedad intelectual. El moderno derecho de autor". *Op. Cit.*, p. 63-64, pie de página número 13.

[634] Página 1. Fecha: 17-06-2013. http://www.derechodeautor.gov.co /do cuments/10181/216830/Corte+Constitucional %2C%20Sala+Plena %2C %20Sentencia+del+20+junio+de+1996%2C%20C-276-96.pdf/a2fdc738-d311-4f19-916a-ebb0a303277f

[635] UNESCO. Centro regional para el fomento del libro en América Latina y el Caribe CERLALC. Parte del Concepto Técnico identificado con el número S-2012-DIR-237 presentado por el CERLALC a la Corte Constitucional de Colombia el 2 de agosto de 2012, en el proceso que se surtía ante ese tribunal identificado con el número D-9168. *Op. Cit.*, p. 2.

c. *Sentencia C-155 de 28-04-1998. Sala Plena de la Corte Constitucional. Magistrado Presidente, Vladimiro Naranjo Mesa*

En esta sentencia, la Corte Constitucional reconoce el carácter fundamental de los derechos morales del autor[636] considerando que las disposiciones internacionales o comunitarias que regulan estas prerrogativas morales hacen parte del llamado bloque de constitucionalidad.[637]

---

[636] "...la Corte estima pertinente señalar que, los derechos morales de autor se consideran derechos de rango fundamental, en cuanto la facultad creadora del hombre, la posibilidad de expresar las ideas o sentimientos de forma particular, su capacidad de invención, su ingenio y en general todas las formas de manifestación del espíritu, son prerrogativas inherentes a la condición racional propia de la naturaleza humana, y a la dimensión libre que de ella se deriva. Desconocer al hombre el derecho de autoría sobre el fruto de su propia creatividad, la manifestación exclusiva de su espíritu o de su ingenio, es desconocer al hombre su condición de individuo que piensa y que crea, y que expresa esta racionalidad y creatividad como manifestación de su propia naturaleza. Por tal razón, los derechos morales de autor, deben ser protegidos como derechos que emanan de la misma condición de hombre. Por su parte, los derechos patrimoniales derivados de los derechos de autor, aunque no se consideran fundamentales, merecen también la protección del Estado". Página 16/29. Fecha: 17-06-2013.
http://www.derechodeautor.gov.co/documents/10181/216830/Corte+Constitucional%2C%20Sala+Plena%2C%20Sentencia+del+28+de+abril+de+1998%2C%20C-155-98.pdf/08b6ea55-150c-42eb-a25f-2f1987080 ace

[637] UNESCO. Centro regional para el fomento del libro en América Latina y el Caribe. CERLALC. Parte del Concepto Técnico identificado con el número S-2012-DIR-237 presentado por el CERLALC a la Corte Constitucional de Colombia el 2 de agosto de 2012, en el proceso que se surtía ante ese tribunal identificado con el número D-9168. *Op. Cit.* p. 2.

d. *Sentencia C-1490 de 02-11-2000. Sala Plena de la Corte Constitucional. Magistrado Presidente, Fabio Morón Díaz*[638]

En esta otra sentencia, la Corte Constitucional ha considerado que las normas legales internacionales o comunitarias que regulen los derechos morales del autor, hacen parte del llamado bloque de constitucionalidad el cual define como *"...el conjunto de normas que se utilizan como parámetro para analizar la validez constitucional de las leyes..."* (Sentencia C-582 de 1999, de la Corte Constitucional M.P. Alejandro Martínez Caballero).

Incorpora en este bloque, a la *Decisión 351* de 1993 contentiva del *Régimen Común sobre derecho de autor y derechos conexos* de la Comisión del Acuerdo de Cartagena, por considerar que a la luz del artículo 93 de la Constitución Política, ésta regula los derechos morales de autor que son derechos fundamentales[639]; no pasa lo mismo con el Acuerdo que creó la Organización Mundial del Comercio OMC, cuya materia no incorpora al referido bloque de constitucionalidad por no corresponder a las contempladas por el mencionado artículo 93.[640]

---

[638] Fecha: 14-06-2013. http://www.cecolda.org.co/index.php/derecho-de-autor/normas-y-jurisprudencia/jurisprudencia/109-c-1490-de-noviem bre-2-de-2000-bloque-de-constitucionalidad-y-la-proteccion-del-softwa re -por-la-ley

[639] Resulta interesante conocer las razones que llevaron a la Magistrada (E) *Martha V. Sachica Méndez* a discrepar de uno de los fundamentos de tal decisión. En su opinión no era necesario analizar una eventual violación de la Decisión 351 de 1993 del Acuerdo de Cartagena y menos aún, considerarla parte del bloque de constitucionalidad. Igualmente, consideró inaceptable desprender la existencia de un derecho fundamental asimilado a los derechos morales de autor, p. 41-47. Fecha: 14-06-2013.
http://www.cecolda.org.co/index.php/derecho-de-autor/normas-y-jurisprudencia/jurisprudencia/109-c-1490-de-noviembre-2-de-2000-blo que-de-constitucionalidad-y-la-proteccion-del-software-por-la-ley

[640] "Artículo 93.- Los tratados y convenios internacionales ratificados por el Congreso, que reconocen los derechos humanos y que prohíben su

e. *Sentencia C-975-02 de fecha 13-11-2002. Sala Plena de la Corte Constitucional*

Recordemos que en sentencia de la Corte Suprema de Justicia de fecha 10-02-1960 arriba señalada (punto 4.5.2.1), ésta se pronunció respecto a la naturaleza jurídica de la propiedad intelectual (derecho de autor) como una propiedad especial. Pues bien, en este fallo, la Sala Plena de la Corte Constitucional se pronuncia sobre la concepción dualista de la estructura del derecho de autor, esto es, *"...reconoce una doble dimensión jurídica que resulta consustancial a su desarrollo y evolución: el derecho moral o personal, que nace de la obra misma como resultado del acto creativo y en ningún caso del aval otorgado por la autoridad administrativa..."* (...) *"...Y el derecho patrimonial, entendido como aquél que le asiste al autor para cobrar una remuneración por el uso que se haga de su obra,..."*[641]

C. *Garantías Constitucionales*

Al reconocer la Corte Constitucional el carácter fundamental de los derechos morales del autor[642], éstos estarían ga-

---

limitación en los estados de excepción, prevalecen en el orden interno. Los deberes y derechos consagrados en esta Carta se interpretarán en conformidad con los tratados internacionales sobre derechos humanos ratificados por Colombia". Fecha: 17-06-2013. http://pdba.george town. edu/Constitutions/Colombia/c0191.html

[641] Con ese mismo enfoque dualista se pronuncia el Tribunal de Justicia de la Comunidad Andina en la Interpretación Prejudicial 39-IP-99 (www.comunidadandina.org) cuando afirma que "el orden jurídico internacional en el régimen común de la propiedad intelectual andina, está integrado por un conjunto de facultades exclusivas y absolutas de doble naturaleza como son: morales o personales y patrimoniales" ANTEQUERA PARILLI, Ricardo. "Estudios de derecho de autor y derechos afines". *Op. Cit.*, p. 15.

[642] "Estos derechos pueden ser protegidos mediante la acción de tutela (que a partir de la Constitución de 1991, se convirtió en la acción por excelencia de protección de derechos fundamentales, entre otras, porque es una acción muy garantista y los jueces tienen el deber de resolverla, en primera instancia, en un plazo improrrogable de 10 días hábiles). Ahora bien, no se conoce a la fecha, un primer caso donde se haya discutido mediante esta acción la protección de los derechos

rantizados por el artículo 86 de la Constitución Política de Colombia que establece la protección inmediata a los derechos constitucionales fundamentales, mediante una *acción de tutela*, en los términos siguientes:

> *Artículo 86. Toda persona tendrá acción de tutela para reclamar ante los jueces, en todo momento y lugar, mediante un procedimiento preferente y sumario, por sí misma o por quien actúe en su nombre, la protección inmediata de sus derechos constitucionales fundamentales, cuando quiera que éstos resultaren vulnerados o amenazados por la acción o la omisión de cualquier autoridad pública.*[643]

En cuanto a los derechos de autor de contenido material o económico, por no tratarse de derechos fundamentales, pareciera entonces que éstos quedarían garantizados conforme a lo establecido en el artículo 87 de la Constitución Política de Colombia[644], el cual establece:

---

morales, sin embargo, la puerta fue abierta por la Corte y con seguridad, en cualquier momento, se establecerá un precedente al respecto". Opinión esgrimida por el Dr. *Yecid Andrés Ríos Pinzón*, Subdirector de derecho de autor CERLALC – UNESCO, por consulta de la autora, Bogotá, 29 de abril de 2014.

[643] El artículo 86 continúa: "…La protección consistirá en una orden para que aquel respecto de quien se solicita tutela, actúe o se abstenga de hacerlo. El fallo, que será de inmediato cumplimiento, podrá impugnarse ante el juez competente y, en todo caso, éste lo remitirá a la Corte Constitucional para su eventual revisión. Esta acción sólo procederá cuando el afectado no disponga de otro medio de defensa judicial, salvo que aquella se utilice como mecanismo transitorio para evitar un perjuicio irremediable. En ningún caso podrán transcurrir más de diez días entre la solicitud de tutela y su resolución. La ley establecerá los casos en los que la acción de tutela procede contra particulares encargados de la prestación de un servicio público o cuya conducta afectare grave y directamente el interés colectivo, o respecto de quienes el solicitante se halle en estado de subordinación o indefensión. Fecha: 02-01-2013. http://www.secretariasenado.gov.co /senado/basedoc/cp/cons titucion_politica_1991.html

[644] "Frente a los derechos patrimoniales, la acción de tutela del artículo 86 de la Constitución Nacional en principio no procede, sino que cualquier controversia tiene que ventilarse mediante las acciones ordinarias, bien ante los jueces civiles (si la controversia es entre

Artículo 87. Toda persona podrá acudir ante la autoridad judicial para hacer efectivo el cumplimiento de una ley o un acto administrativo. En caso de prosperar la acción, la sentencia ordenará a la autoridad renuente el cumplimiento del deber omitido.

6.   Costa Rica[645]

La Constitución política vigente en la República de Costa Rica fue aprobada en fecha 07-11-1949 con posteriores reformas en 1997 y 2001. En su artículo 47, bajo el Título IV. Derechos y garantías individuales, consagra protección a toda la propiedad intelectual en los siguientes términos:

"Artículo 47.- Todo autor, inventor, productor o comerciante gozará temporalmente de la propiedad exclusiva de su obra, invención, marca o nombre comercial, con arreglo a la ley".

Hay que vincular este artículo 47 con el artículo 121.18, donde como atribuciones de la Asamblea Legislativa, establece entre otras, la potestad de *"Promover el progreso de las ciencias y de las artes y asegurar por tiempo limitado, a los autores e inventores, la propiedad de sus respectivas obras e invenciones;".*

---

particulares) o ante la jurisdicción contenciosa administrativa (si la controversia se da entre un particular y el Estado). Excepcionalmente, la Corte Constitucional, mediante sentencia T- 367 de 2009, señaló que la acción de tutela procede para la protección de derechos patrimoniales, (específicamente controversias contractuales), si está en juego lo que la misma Corte ha llamado como "el mínimo vital". Es decir: los ingresos mínimos que una persona (atendiendo sus condiciones sociales y económicas) requiere para sostener una vida digna y con satisfacción de sus necesidades básicas. Si este mínimo vital está en juego, por ejemplo, porque un editor no le paga las regalías pactadas y causadas al autor, se puede acudir a esta acción con miras a reclamar una protección y evitar un perjuicio irremediable." Opinión esgrimida por el Dr. *Yecid Andrés Ríos Pinzón*, Subdirector de derecho de autor CERLALC – UNESCO por consulta de la autora. Bogotá, 29 de abril de 2014.

[645]   Fecha: 03-01-2013. http://bib.cervantesvirtual.com/servlet/Sirve Obras /12048752021207172976624/p0000001.htm#I_1_

A. *Antecedentes*

Costa Rica ha tenido catorce constituciones desde que se independizó de España en fecha 15-09-1821. La cuarta carta constitucional vino dada por la Constitución de las Provincias Unidas del Centro de América de 22-11-1824, ya que este país para ese momento, formó parte de la llamada República Federal de Centroamérica conjuntamente con Nicaragua, Honduras, El Salvador y Guatemala. Como República ya independiente, promulga como su quinta Constitución, la Ley Fundamental del Estado Libre de Costa Rica en fecha 25-01-1825.[646]

No encontramos antecedentes constitucionales de protección al derecho de autor. Ahora bien, en cuanto a la primera protección legal a la propiedad intelectual en su conjunto, vemos que nace con el Decreto Ley 40 de fecha 27-06-1896 y la primera Ley de Derechos de Autor y Derechos Conexos, vino dada por el Decreto Ley número 6683[647] de fecha 14-10-1982[648], ley sancionada en fecha 04-11-1982 que aún se encuentra vigente.

---

[646] HERNÁNDEZ VALLE, Rubén. "Constituciones iberoamericanas. Costa Rica". ISBN: 970-32-1930-1, p. 1.

[647] Esta ley en su artículo 161, derogó en lo pertinente, "…a la N° 40 del 27 de junio de 1896, en lo que se refiere a propiedad intelectual; a la N° 1568 de 1953; al decreto N° 32 del 25 de mayo de 1948 y a la ley N° 2834 de 1961, así como al capítulo nueve, sección sexta, del título primero, libro segundo del Código de Comercio, y a cualquier otra disposición que se le oponga."

[648] HARVEY, Edwin R. "Derecho cultural latinoamericano. Centroamérica, México y Caribe". Organización de los Estados Americanos. Ediciones Depalma. Editores, Talcahuano 494. Buenos Aires 1993. ISBN 950-14-0715-2, p. 43-44.

B.	*Jurisprudencia relevante*

a.	*Corte Suprema de Justicia de Costa Rica. Decisión del 18-06-2010. (Expediente 10-003560-0007-CO)*

Recurso de amparo declarado con lugar, a fin de adoptar medidas necesarias al solicitante para que se le proveyera el servicio de acceso a la Internet para disfrutar de los derechos fundamentales a la comunicación y a la información, así como a la libertad de expresión del pensamiento, fallo que vincula el servicio de telecomunicaciones con varios derechos fundamentales. Fundamenta su decisión en la *Declaración Universal* y la *Convención Americana* o *Pacto de San José*.

Lo medular de esta decisión como jurisprudencia relevante en el tema de derecho de autor es que considera que el libre acceso y participación a través de las redes digitales interactivas debe respetar los derechos considerados aquí como fundamentales de los demás, como serían, entre otros, el honor y reputación de las personas, el resguardo de los datos personales y los derechos de propiedad intelectual[649].

C.	*Garantías Constitucionales*

En el artículo 48, bajo el mismo Título IV. Derechos y garantías individuales. Capítulo Único., en el artículo siguiente al que consagra la protección al derecho de autor, establece como garantía de los derechos consagrados constitucionalmente y de los de carácter fundamental consagrados en instrumentos internacionales sobre derechos humanos suscritos por Costa Rica, el recurso de amparo conjuntamente con el *hábeas corpus*, en los siguientes términos[650]:

---

[649]	ANTEQUERA PARILLI, Ricardo. "Internet y los derechos fundamentales en sentencia de la Corte Suprema de Justicia de Costa Rica". Fecha: 09-07-2013. http://www.antequera.com.ve/index.php?mod=articles&exec=detail&id=197

[650]	Reforma constitucional 7128 de 18-08-1989.

Artículo 48. "Toda persona tiene derecho al recurso de hábeas corpus para garantizar su libertad e integridad personales y al recurso de amparo para mantener o restablecer el goce de los otros derechos consagrados en esta Constitución, así como de los de carácter fundamental establecidos en los instrumentos internacionales sobre derechos humanos aplicables en la República...".

7.   Cuba[651]

La Constitución vigente de la República de Cuba es la de 1976 con reformas de 1978, 1992 y 2002. No aparece consagrado el derecho de autor.

Queda claro que su sistema político no democrático, impide la consagración de verdaderas libertades y menos aún, de garantías constitucionales o legales; se trata de un Estado socialista-comunista. Esto lo vemos reflejado en su artículo 62, que establece:

Artículo 62. "Ninguna de las libertades reconocidas a los ciudadanos puede ser ejercida contra lo establecido en la Constitución y las leyes, ni contra la existencia y fines del Estado socialista, ni contra la decisión del pueblo cubano de construir el socialismo y el comunismo. La infracción de este principio es unible" (sic)

Como antecedente constitucional, vemos que su Constitución de fecha 05-07-1940, su artículo 92, consagraba el derecho de autor en los siguientes términos:

Artículo 92. "Todo autor o invento disfrutará de la propiedad exclusiva de su obra o invención, con las limitaciones que señale la ley en cuanto a tiempo y forma."

A nivel legislativo, Cuba cuenta con la Ley N° 14 de derecho de autor de 1977[652] que en sus disposiciones generales del artículo 1, dispone que el objeto de esa legislación es el de

---

[651]   Fecha: 09-07-2013. http://pdba.georgetown.edu/Constitutions/Cuba/cuba.html

[652]   Fecha: 21-07-2013. http://www.cerlalc.org/derechoenlinea/dar/leyes_reglamentos/Cuba/Ley_14.htm

"...brindar la debida protección al derecho de autor en la_República de Cuba, en armonía con los intereses, objetivos y principios de nuestra revolución socialista."

Se le reconocen al autor algunos derechos de orden moral, como el de paternidad, integridad, divulgación, entre otros, contenidos en el artículo 4, literales a), b), c) y d), además del derecho patrimonial en el mismo artículo 4, numeral 1, literal e), el cual consiste en una remuneración al autor cuando su obra vaya a ser utilizada por otras personas naturales o jurídicas, remuneraciones que serán fijadas por el Ministerio de la Cultura (art. 5). La duración del derecho de autor comprende la vida del autor más cincuenta años después de su muerte (art. 43).[653]

8.   *Ecuador*[654]

La Constitución vigente en la República de Ecuador, después de ser aprobada, fue sometida a referéndum constitucional en fecha 28-09-2008, entrando en vigencia desde su publicación el 20-10-2008 en el Registro Oficial.

Esta Constitución que deroga expresamente a la de 1998, es considerada una de las más extensas del mundo y ve luz después de otras veinte anteriores que se suceden en el tiempo desde el desmembramiento de la Gran Colombia en 1830.

---

[653] Es importante resaltar que a la fecha 16-06-2014, Cuba se ha adherido a la mayoría de los tratados internacionales en materia de propiedad intelectual (propiedad industrial y derecho de autor), unos 14 en total. Destaca su adhesión al tratado internacional más importante en derecho de autor como es el Convenio de Berna en fecha 20-11-1996 (en vigor desde el 20-02-1997). Fecha: 09-06-2014. http://www.wipo. int/ treaties/en/ summary.jsp

[654] Fecha: 09-07-2013. http://pdba.georgetown.edu/Constitutions/Ecua dor/ecuador08.html

Bajo el Título II. Derechos, Capítulo Segundo. Del buen vivir, su artículo 22, consagra la protección al derecho de autor en los términos siguientes:

> *Artículo 22. Las personas tienen derecho a desarrollar su capacidad creativa, al ejercicio digno y sostenido de las actividades culturales y artísticas, y a beneficiarse de la protección de los derechos morales y patrimoniales que les correspondan por las producciones científicas, literarias o artísticas de su autoría."*

A. *Antecedentes*

La anterior Constitución de 1998 introdujo la protección al derecho de autor conjuntamente con la propiedad industrial, como *propiedad intelectual*, bajo el Capítulo 4. De los derechos económicos, sociales y culturales, en su Sección Primera dedicada a la propiedad.

La Constitución de 1978 que la antecedió, sólo establecía en su artículo 26 la obligación del Estado de fomentar u promover entre otros, la cultura y la creación artística, aunque la Constitución política anterior de 1945 había ya establecido un cierto reconocimiento a la propiedad intelectual en su artículo 144 al declarar libres *"...la investigación científica, la creación artística y la expresión pública de sus resultados..."* y el deber para el Estado de su fomento y difusión.[655]

Previa a su consagración constitucional encontramos a finales del siglo XIX, la primera protección legal para el derecho de autor con la Ley de propiedad literaria y artística del 08-08-1887 que fuera derogada por la Ley de propiedad intelectual de 22-01-1958. A esta última le siguieron la Ley de de-

---

[655]   HARVEY, Edwin. "Derecho cultural latinoamericano. Sudamérica y Panamá". *Op. Cit.*, p. 50-53.

rechos de autor de 30-07-1976[656] y la vigente Ley de propiedad intelectual número 83, publicada el 19-05-1998.[657]

B. *Garantías Constitucionales*

Las garantías que establece la Constitución ecuatoriana consisten en varias acciones jurisdiccionales desplegadas a lo largo de su Capítulo Tercero. Garantías Constitucionales.

En su Sección Segunda, el artículo 88 establece el recurso de amparo como acción de protección para los derechos consagrados en la Constitución, en los siguientes términos:

> *Artículo 88. La acción de protección tendrá por objeto el amparo directo y eficaz de los derechos reconocidos en la Constitución, y podrá interponerse cuando exista una vulneración de derechos constitucionales, por actos u omisiones de cualquier autoridad pública no judicial; contra políticas públicas cuando supongan la privación del goce o ejercicio de los derechos constitucionales; y cuando la violación proceda de una persona particular, si la violación del derecho provoca daño grave, si presta servicios públicos impropios, si actúa por delegación o concesión, o si la persona afectada se encuentra en estado de subordinación, indefensión o discriminación".*

9. *El Salvador*[658]

La Constitución de El Salvador aprobada por Decreto 38 de fecha 15-12-1983, con reformas aprobadas que van desde 1991 al 2009, en su artículo 103, Título V. Orden económico., al reconocer y garantizar el derecho a la propiedad privada en función social, consagra el reconocimiento como derecho económico al derecho de autor de la manera siguiente:

---

[656] HARVEY, Edwin. "Derecho cultural latinoamericano. Sudamérica y Panamá". *Op. Cit.,* p. 138-139.

[657] Fecha: 16-08-2013. http://www.cerlalc.org/derechoenlinea/dar/leyes_reglamentos/Ecuador/Ley_83.htm

[658] Fecha: 16-07-2013. http://pdba.georgetown.edu/Constitutions/ElSal/ElSa183.html

Artículo 103. "Se reconoce y garantiza el derecho a la propiedad privada en función social. Se reconoce asimismo la propiedad intelectual y artística, por el tiempo y en la forma determinados por la ley..." [659]

Más adelante, en su artículo 131, entre las atribuciones de la Asamblea Legislativa, en su numeral 24, encontramos que ésta podrá *"...conceder permisos o privilegios temporales por actividades o trabajos culturales o científicos".*

A. *Antecedentes*

El Salvador, además de haber formado parte de un Estado Federal en otras dos ocasiones, como provincia, se integró igualmente, a los Estados Federados de Centroamérica junto a Guatemala, Honduras, Nicaragua y Costa Rica en 1824, cuando se promulgó la Constitución de la República Federal de Centroamérica, estableciendo un gobierno republicano, representativo y federal.

Las Constituciones de 1950 y de 1962, esta última aprobada por Decreto número 06, consagraban igualmente, la protección del derecho de autor como derecho económico en términos similares a los de la Constitución vigente.

En el orden legislativo, este país aprobó el decreto legislativo del 02-06-1900 a título de ley relativa a la propiedad literaria, la que fue sustituida por la Ley de derecho de autor número 376 de fecha 06-09-1963[660]. Hoy día cuenta con el decreto número 604 de 1993, contentivo de la Ley de Propiedad Intelectual vigente.

---

[659] Comentario de la autora: el derecho de autor aparecería consagrado en los dos términos "propiedad intelectual" y propiedad "artística"; dentro del primero, junto con la propiedad industrial, como pilares fundamentales de la propiedad intelectual; y respecto al segundo término, propiedad "artística" sólo lo contendría parcialmente, ya que como sabemos, el contenido del derecho de autor está integrado por la propiedad literaria y artística (la científica que muchos añaden a éstas, ya estaría comprendida dentro del primer término, la propiedad literaria).

[660] HARVEY, Edwin R. "Derecho cultural latinoamericano. Centroamérica, México y Caribe". *Op. Cit.,* p. 56.

B.   *Garantías Constitucionales*

La Constitución vigente de El Salvador consagra la figura jurídica del amparo conjuntamente con la del *habeas corpus*, en su artículo 247, que establece:

> *"Toda persona puede pedir amparo ante la Sala de lo Constitucional de la Corte Suprema de Justicia por violación de los derechos que otorga la presente Constitución..."*

Encontramos que las Constituciones anteriores de 1950 y de 1962, consagraban igualmente, el amparo ya en forma similar a la de la Constitución vigente, en sus artículos 222 y 221, respectivamente.

El amparo constitucional en El Salvador, remonta al siglo XIX. En efecto, el artículo 37 de la Constitución de 1886, consagraba esta figura jurídica en los siguientes términos:

> *Artículo 37. "Toda persona tiene derecho de pedir y obtener el amparo de la Suprema Corte de Justicia o Cámara de Segunda Instancia, cuando cualquiera autoridad o individuo restrinja la libertad personal o el ejercicio de cualquiera de los otros derechos individuales que garantiza la presente Constitución. Una ley especial reglamentará la manera de hacer efectivo este derecho."*

El artículo 149 de esta Constitución de 1886, consagró la Ley de Amparo como "ley constitutiva", conjuntamente con las leyes de Imprenta, de Estado de Sitio y la Electoral, lo que significaba que estas cuatro leyes solo podían ser objeto de reforma por medio de una Asamblea Constituyente, *"...por la Legislatura ordinaria, con los dos tercios de votos; pero en este caso las reformas no tendrán fuerza de ley si no fuesen ratificadas por la Legislatura ordinaria del año siguiente, con igual número de votos".*[661]

La legislación que reglamentó el amparo vino dada por la Ley de Amparo de fecha 25-08-1886, la que se acordaba como garantía a los derechos individuales.

---

[661]   Fecha: 19-07-2013. http://bib.cervantesvirtual.com/servlet/SirveObras /01477394433725584232268/p0000001.htm#I_1_

La legislación sobre amparo hoy día vigente en El Salvador, nace con el Decreto 2996 de 1960 con reformas de 1997, contentivo de la Ley de procedimientos constitucionales, la que en su artículo 1° consagra el amparo como una acción que garantiza los derechos constitucionales, conjuntamente con los procedimientos de inconstitucionalidad de leyes, decretos y reglamentos y el proceso de exhibición de la persona.

10. *España*

Como vimos en el Capítulo IV, la tutela constitucional del derecho de autor se ubica en el artículo 20.1.b) de la CE vigente, de fecha 06-12-1978, que establece el derecho a la producción y creación artística y literaria bajo el Título I, de los derechos y deberes fundamentales, en los términos siguientes[662]:

> *Artículo 20. "1. Se reconocen y protegen los derechos: a) A expresar y difundir libremente los pensamientos, ideas y opiniones mediante la palabra, el escrito o cualquier otro medio de reproducción. b) A la producción, creación literaria, artística, científica y técnica.*

A. *Antecedentes*

Los antecedentes históricos constitucionales de España, los podemos condensar *grosso modo*, en las Constituciones de Cádiz de 1812; las de los años 1837, 1845, 1869, 1876 y 1931; y las Leyes Fundamentales del Reino de 1938 hasta 1975 (entre 1975 y 1978, se abre un período constituyente con Juan Carlos I), lo que da inicio a un período de transición que finaliza con la promulgación de la Constitución vigente de 1978.

Ninguna de las cartas fundamentales mencionadas consagraba el derecho de autor como derecho fundamental.

Podemos señalar que la Constitución de 1876, en su artículo 13.1, se limitaba a consagrar el derecho que tenían los españoles de *"...emitir libremente sus ideas y opiniones, ya de*

---

[662] Fecha: 13-02-2012. http://noticias.juridicas.com/base_datos/Admin/ constitucion.t1.html#

palabra, ya por escrito, valiéndose de la imprenta o de otro procedimiento semejante..."; y de forma similar, la de 1931, que en su artículo 34, establecía el derecho de toda persona de emitir "... *libremente sus ideas y opiniones, valiéndose de cualquier medio de difusión...*".

En cuanto a los antecedentes histórico-legislativos, podemos mencionar a la centenaria Ley de Propiedad Intelectual de fecha 10-01-1879 (reglamentada en 1880), de la que podemos decir que protegió al derecho de autor antes de que Constitución alguna española lo reconociese, aunque sin consagrar los derechos morales de los autores de manera expresa y separada, de los derechos patrimoniales.

La vigente Ley de Propiedad Intelectual de 1987, que no cita para nada su reconocimiento constitucional, ni el de la *Declaración Universal,* establece regular "*...derechos reconocidos y protegidos de acuerdo con las exigencias de nuestra época*".

Es importante también señalar que el Código Civil español de 1899 con reforma de su título preliminar en 1974, encuadró al derecho de autor como propiedad especial.[663]

B.   *Jurisprudencia relevante*

En el capítulo anterior, dedicado al estudio de la consagración constitucional del derecho de autor en la Constitución española de 1978, incluimos un aparte dedicado a la jurisprudencia relevante en el tema, donde comentamos un grupo de sentencias del TS y del TC. De entre ellas, haremos referencia aquí, a la sentencia RJ 1987\4006 del 05-06-1987, del Tribunal Supremo español en su Sala Contencioso Administrativa, que nos parece medular en razón de considerar a la propiedad intelectual, léase *derecho de autor*, como un derecho fundamental.

---

[663]   DESANTES GUANTER, José María. "El derecho de autor en la Constitución española de 1978". *Op. Cit.*, p. 7-8.

C. Garantías constitucionales

Como sabemos, en general, en todos los países donde existen legislaciones sobre el recurso o acción de amparo, éste tiene un carácter constitucional, en razón de que de las constituciones emanan los derechos atribuidos a los ciudadanos de cada nación y es ella quien a la vez consagra los instrumentos jurídicos para la tutela de los derechos que consagra.

En el caso de España, la legislación sobre el amparo presenta un doble carácter: ordinario y constitucional. Ordinario, porque a pesar de estar consagrado en la Constitución en su artículo 53.2, la misma Carta Magna otorga a otra ley positiva instituir el procedimiento del mismo, la cual otorga competencia para conocerlo a los tribunales de derecho común (Ley 62-78) y el recurso es sumario y preferente. Es constitucional en el sentido de que la Constitución misma así lo denomina, *recurso de amparo constitucional*, y el mismo es conocido por el TC que es creado por la propia Constitución.[664]

El artículo 53.2., de la Constitución española, consagra el recurso de amparo en los términos siguientes:

Artículo 53.2. Cualquier ciudadano podrá recabar la tutela de las libertades y derechos reconocidos en el artículo 14 y la Sección primera del Capítulo segundo ante los Tribunales ordinarios por un procedi-

---

[664] "El recurso de amparo constituye un medio de impugnación extraordinario y subsidiario, que cabe interponer ante el Tribunal Constitucional contra la última resolución judicial definitiva emanada del Poder Judicial por haber vulnerado dicha resolución (o la sentencia, acto administrativo o vía de hecho que aquella resolución viene a confirmar) algún derecho fundamental de los contemplados en la Sec. 1° del Capítulo II del Título I de la Constitución (arts. 15 a 29), el principio de igualdad (art. 14) o el derecho a la objeción de conciencia (art. 30.2), y dirigido a obtener la declaración de nulidad de tales resoluciones, el reconocimiento del derecho fundamental infringido y la adopción, en su caso, de las medidas apropiadas para su restablecimiento." BOVADILLA, Jaime y ANZIANI, Eduardo. "Aplicación del recurso de amparo en la Rep. Dominicana, a la luz de la Ley 437-06". *Op. Cit.*, p. 6 y 8.

miento basado en los principios de preferencia y sumariedad y, en su caso, a través del recurso de amparo ante el Tribunal Constitucional." [665]

El origen del recurso de amparo como figura jurídica se remonta a principios del siglo XIX, cuando en fecha 28-11-1812, las Cortes españolas dictan un decreto que llamaron *recurso sumario* con el objeto de tutelar los derechos fundamentales, amén de atribuir a los tribunales del reino la competencia para conocer los asuntos relativos a las infracciones contra la Constitución política de la monarquía con prioridad a cualquier otro asunto. Posteriormente, la Constitución de la Segunda República Española de 1931, consagró el amparo (artículos 105 y 121) y ya para 1933, la Ley orgánica del tribunal de garantías constitucionales, en su artículo 45, *"... facultaba para acudir en amparo ante el mismo, siempre que los tribunales de urgencia no resolvieran estos casos en el plazo legal señalado o cuando la petición de amparo ante estos haya sido inadmitida o rechazada"* [666].

11.   *Guatemala* [667]

La Constitución Política de la República de Guatemala aprobada por una Asamblea Nacional Constituyente en fecha 31-05-1985 y que fuera reformada por Acuerdo Legislativo N° 18-93 del 17 de Noviembre de 1993, consagra en su artículo 42 el derecho de autor, bajo el Título II. Derechos humanos, Capítulo I. Derechos individuales, junto con varios otros dere-

---

[665]   Artículo 161. 1. "El Tribunal Constitucional tiene jurisdicción en todo el territorio español y es competente para conocer:" (...) "...b. Del recurso de amparo por violación de los derechos y libertades referidos en el artículo 53.2, de esta Constitución, en los casos y formas que la ley establezca". Fecha: 29-08-2013. http://dat.etsit.upm.es/~mmonjas/politica/ce.html

[666]   BOVADILLA, Jaime y ANZIANI, Eduardo. "Aplicación del recurso de amparo en la Rep. Dominicana, a la luz de la Ley 437-06". *Op. Cit.,* p. 4.

[667]   Fecha: 16-07-2013. http://pdba.georgetown.edu/Constitutions/Guate/guate93.html

chos individuales, económicos, sociales y culturales, de la manera siguiente:

Artículo 42. Derecho de autor o inventor. Se reconoce el derecho de autor y el derecho de inventor; los titulares de los mismos gozarán de la propiedad exclusiva de su obra o invento, de conformidad con la ley y los tratados internacionales."

A. *Antecedentes*

La primera Constitución de ese país, denominado en ese entonces como Estado de Guatemala, data de 1825.

La República de Guatemala conformó una Federación Centroamericana que se consagró en las constituciones de 1823 y 1835, esta última, conjuntamente con Costa Rica, Nicaragua, Honduras, y El Salvador. También formó parte de la República Federal de Centroamérica junto con El Salvador y Honduras, los cuales adoptaron una Constitución política en fecha 09-09-1921. No conocemos antecedentes constitucionales de la protección al derecho de autor con anterioridad a 1985.

En cuanto a los antecedentes legislativos tenemos la Ley de Propiedad Literaria del 29-10-1879 a la que sucedió ya en el siglo XX, la Ley sobre el derecho de autor en obras literarias, científicas y artísticas, de febrero de 1954.[668]

La legislación vigente en la materia, viene dada por el decreto 33 contentivo de la Ley sobre derecho de autor y derechos conexos, publicada en fecha 21-05-1998, la que ya en su artículo 1º establece que: *"La presente ley es de orden público y de interés social…".*

B. *Garantías Constitucionales*

La Constitución de la República de Guatemala de 1985 consagra el amparo en su artículo 265 bajo el Título VI. Ga-

---

[668] HARVEY, Edwin R. "Derecho cultural latinoamericano. Centroamérica, México y Caribe". *Op. Cit.,* p. 64.

rantías constitucionales y defensa del orden constitucional, en su Capítulo II. Amparo, en los términos siguientes:

Artículo 265. "Procedencia del amparo. Se instituye el amparo con el fin de proteger a las personas contra las amenazas de violaciones a sus derechos o para restaurar el imperio de los mismos cuando la violación hubiere ocurrido. No hay ámbito que no sea susceptible de amparo, y procederá siempre que los actos, resoluciones, disposiciones o leyes de autoridad lleven implícitos una amenaza, restricción o violación a los derechos que la Constitución y las leyes garantizan."

La Constitución Política de la República de Centroamérica de 1921 establecía el amparo en su artículo 65 de la manera siguiente:

"Contra la violación de las garantías constitucionales se establece el Amparo. Una ley reglamentaria desarrollará este proyecto."

En el orden legislativo ya ese mismo año de 1921, Guatemala contó con una Ley de Amparo que estableció el recurso de amparo a objeto de mantener o de restituirle a los ciudadanos, el goce y garantías que la Constitución establece.

12. *Honduras*[669]

La Constitución de la República de Honduras aprobada mediante decreto 131 de fecha 11-01-1982, consagra en su Capítulo II. De los derechos individuales, a la propiedad intelectual en su conjunto, derecho de autor y propiedad industrial, en los siguientes términos:

Artículo 108. Todo autor, inventor, productor o comerciante gozará de la propiedad exclusiva de su obra, invención, marca o nombre comercial, con arreglo a la Ley.

Otro artículo vinculado a la protección constitucional de la propiedad intelectual sería el artículo 133, bajo el Título III, Capítulo V. Del trabajo, que establece un reconocimiento a los

---

[669] Fecha: 16-07-2013. http://pdba.georgetown.edu/Constitutions/Honduras/vigente.html

trabajadores intelectuales independientes y al producto de su actividad, *"... los que serán objeto de una legislación protectora."*

Más adelante, el artículo 205, al establecer las atribuciones al Congreso Nacional, incluye en su numeral 18, el decretar *"...premios y conceder privilegios temporales a los autores o inventores y a los que hayan introducido nuevas industrias o perfeccionado las existentes de utilidad general;..."*

A. *Antecedentes*

La primera Constitución que consagró la protección al derecho de autor fue la de 1894, que en su artículo 68 relativo a la propiedad en su Título V. De los derechos y garantías., estableció que *"Todo autor o inventor goza de la propiedad exclusiva de su obra o descubrimiento, por el tiempo que determine la ley"*.

Las subsiguientes constituciones de 1906, 1936 y 1957, mantuvieron esta disposición[670].

A nivel legislativo, Honduras cuenta con el Decreto 4-99-E contentivo de la Ley del derecho de autor y de los derechos conexos de 1999.

Las primeras normas legales sobre derecho de autor se encontraban incluidas en la Ley de patentes de invención promulgada por decreto presidencial de fecha 15-04-1919, con posteriores reformas en 1935 y 1939. El hecho de que durante todos esos años, las normas sobre derecho de autor estuviesen contenidas en una ley de patentes, constituyó *"...un caso excepcional de simbiosis de los dos campos en que se dividen los derechos intelectuales."*[671]

---

[670] HARVEY, Edwin R. "Derecho cultural latinoamericano. Centroamérica, México y Caribe". *Op. Cit.*, p. 31, pie de página número 24.

[671] Dichas normas "...extendían el derecho de patente a las obras literarias y artísticas con protección por diez, quince y veinte años, desde la fecha de expedición". PLAZAS, Arcadio. "Estudios sobre derecho de autor. Reforma legal colombiana", Temis, Bogotá 1984, p. 197.

B.   *Garantías Constitucionales*

La Constitución vigente de 1982, consagra el recurso de amparo como garantía de los derechos constitucionales, en su artículo 183, bajo el Título IV. De las garantías constitucionales., Capítulo I. Del *Hábeas Corpus* y el amparo., en los siguientes términos:

> *Artículo 183. El Estado reconoce la garantía de Amparo. En consecuencia toda persona agraviada o cualquiera otra en nombre de ésta, tiene derecho a interponer recurso de amparo: 1. Para que se le mantenga o restituya en el goce o disfrute de los derechos o garantías que la constitución establece; y, 2. Para que se declare en casos concretos que una ley, resolución, acto o hecho de autoridad, no obliga al recurrente ni es aplicable por contravenir, disminuir o tergiversar cualesquiera de los derechos reconocidos por esta Constitución."*

Como antecedente tenemos a la Constitución de 1894, que en su artículo 29, consagraba el amparo en los términos siguientes:

> *Artículo 29. "Toda persona tiene derecho para requerir amparo contra cualquier atentado o arbitrariedad de que sea víctima, y para hacer efectivo el ejercicio de todas las garantías que esta Constitución establece, cuando sea indebidamente coartada en el goce de ellas, por leyes o actos de cualquier autoridad, agente o funcionario público."*

Las constituciones subsiguientes de 1906, 1924, 1936 y 1957, continuaron su consagración en idénticos términos, luego la de 1965 con mejoras significativas.

La primera normativa legal que vino a reglamentar el amparo fue la Ley Reglamentaria del juicio de amparo en 1893 y luego le sucedieron ya propiamente como leyes de amparo, las de 1894, 1906, 1908, 1924, y 1936. Actualmente, la normativa vigente en Honduras viene dada por la Ley de amparo de fecha 21-11-1967[672].

---

[672]   Fecha: 18-10-2013. http://clubensayos.com/Temas-Variados/El-Amparo-Y-El-Habeas/21060.html

13. México[673]

La Constitución de los Estados Unidos Mexicanos vigente, aprobada el 05-02-1917, consagra la protección al derecho de autor de forma diferente a otras cartas fundamentales de la región.

En efecto, en su artículo 28 ubicado en el Título primero, Capítulo I. De las garantías individuales., la establece conjuntamente con las invenciones y mejoras, como una excepción a los monopolios, en los siguientes términos:

> *Artículo 28. "...Tampoco constituyen monopolios los privilegios que por determinado tiempo se concedan a los autores y artistas para la producción de sus obras y los que para el uso exclusivo de sus inventos, se otorguen a los inventores y perfeccionadores de alguna mejora."*

Por estar colocado bajo el manto de las garantías individuales, el derecho de autor se considera un derecho fundamental y en virtud del artículo 1 *ejusdem* (en México, *"...todo individuo gozará de las garantías que otorga esta Constitución..."*) se les reconoce tanto a autores nacionales como extranjeros. Igualmente, se le considera al mismo nivel de otros derechos fundamentales allí consagrados como son las garantías de libertad de empleo, libertad de expresión y libertad de prensa, establecidos en los artículos 5, 6 y 7, respectivamente.[674]

A. Antecedentes

Estos "privilegios temporarios" consagrados para los autores en la Constitución de 1917, fueron anteriormente reco-

---

[673] Fecha: 12-07-2013. http://pdba.georgetown.edu/Constitutions/Mexico/mexic01917.html

[674] ALAI ASOCIACIÓN LITERARIA Y ARTÍSTICA. "Derecho de autor y libertad de expresión". *Op. Cit.* Informe del grupo nacional ALAI-México. Autores del documento: Licenciados Gabriel E. Larrea Richerand, Ricardo E. Larrea Soltero, Manuel Larrea Legorreta y Raúl Pastor Escobar, p.1.

nocidos en 1824 por la primera Constitución mexicana que adopta el sistema federal, la que en su artículo 50 facultaba al Congreso General a promover, entre otras medidas, la ilustración, además de garantizar por tiempo limitado derechos exclusivos a los autores por sus respectivas obras. Es de hacer notar que en virtud del artículo 124, siendo México un Estado federal, las facultades no expresamente otorgadas a las autoridades federales por la Constitución, se entienden reservadas a los Estados locales[675].

Ya en fecha 03-12-1846, se publica el Decreto sobre propiedad literaria que asimilaba el derecho de la creación con el derecho de propiedad, otorgando de esta manera, autonomía a una legislación especial, mucho antes de haber sido promulgado el Código Civil mexicano de 1870 que incorporara la propiedad intelectual en su título octavo, sustituyendo al mencionado decreto de 1846.[676]

Este Código Civil fue el primer estatuto en el mundo que igualó el derecho de autor al derecho de propiedad, línea que siguió el Código Civil de 1884.[677]

B.   *Garantías Constitucionales*

El amparo ve luz en ese país, siendo para muchos "...*una aportación de México al mundo*".[678]

Su Constitución de 1824 no lo consagraba expresamente, sin embargo autorizaba reclamar ante la Corte Suprema por las infracciones a la Constitución. Viene a ser reconocido en el

---

[675]   HARVEY, Edwin R. "Derecho cultural latinoamericano. Centroamérica, México y Caribe". *Op. Cit.*, p. 34-35.

[676]   *Ídem*, p. 81-82.

[677]   FAREL CUBILLAS, Arsenio. "El sistema mexicano de derechos de autor. Apuntes monográficos". Editor Ignacio Vado, México, 1966, p. 17-18.

[678]   Fecha: 15-07-2013. http://es.wikipedia.org/wiki/Recurso_de_Amparo

Acta de Reformas de 1847 y en la siguiente Constitución de 1857 y perfeccionado en la de Querétaro de 1917.[679]

Esta última Constitución Mexicana de 1917 mantiene su vigencia y a diferencia de otras constituciones de países hispanoamericanos que consagran el recurso de amparo, ésta establece el juicio de amparo en sus artículos 103 (*"Los tribunales de la Federación resolverán toda controversia que se suscite: I. Por leyes o actos de la autoridad que violen las garantías individuales;..."*) y 107.

Las sentencias dictadas en el juicio de amparo no tienen efectos generales y solo afectan a las partes litigantes ya que se trata de un verdadero juicio teniendo por objeto restablecer los derechos humanos consagrados en la Constitución que hayan sido violentados por las autoridades sin distinción de rango (a excepción de dictámenes emitidos por la Suprema Corte de Justicia y de actos relativos a materias electorales), lo que se basa en una limitación del poder de los funcionarios gubernamentales, partiendo de la decisión de la soberanía que la Constitución en sus primeros artículos, garantiza a los derechos fundamentales consagrados en sus primeros 28 artículos.[680]

Las primeras referencias a esta acción judicial, ya se advierten en la Constitución yucateca de 1841 y en la Constitución Federal de los Estados Unidos Mexicanos de 1857, que establecen como ley fundamental, las garantías individuales y un procedimiento para proteger dichas garantías llamado *amparo* lo que fuera reglamentado en la *"Ley Orgánica Constitucional Sobre el Juicio de Amparo"* de fecha 20 de enero de 1869. Hoy día, la novedosa Ley de Amparo, en vigor desde el 03 de abril de 2013, viene a reglamentar los arriba mencionados artículos 103 y 107 de la Constitución vigente.[681]

---

679   FLORES DAPKEVICIIUS, Rubén. "El amparo en Uruguay". Fecha: 15-07-2013.   http://www.ilustrados.com/tema/5933/Amparo-Uruguay.html

680   Fecha: 12-07-2013. http://es.wikipedia.org/wiki/Recurso_de_Amparo

681   Fecha: 12-07-2013. http://es.wikipedia.org/wiki/Juicio_de_amparo

14.   *Nicaragua*[682]

La Constitución vigente de la República de Nicaragua fue aprobada por la Asamblea Nacional Constituyente el 19-11-1986 y publicada en la Gaceta, el diario oficial, en fecha 09-01-1987 con posteriores reformas en los años 1995, 2000 y 2005. Sus artículos 125, en su cuarto párrafo y el 127, bajo el Capítulo Único del Título VII. Educación y Cultura., consagran tanto a la propiedad intelectual en su conjunto como al derecho de autor, respectivamente, en los siguientes términos:

> *Artículo 125. (…) "…Se garantiza la libertad de cátedra. El Estado promueve y protege la libre creación, investigación y difusión de las ciencias, la tecnología, las artes y las letras, y garantiza y protege la propiedad intelectual."*

> *Artículo 127. "La creación artística y cultural es libre e irrestricta. Los trabajadores de la cultura tienen plena libertad de elegir formas y modos de expresión. El Estado procurará facilitarles los medios necesarios para crear y difundir sus obras, y protege (sic) sus derechos de autor."*

A.   *Antecedentes*

La Constitución sancionada en fecha 21-01-1948 consagraba en su artículo 59.b), a la propiedad intelectual y al derecho de autor, bajo su Título IV. Derechos y garantías, de la manera siguiente:

> *Artículo 59. "El Estado garantiza y protege la propiedad intelectual, los derechos del autor, del inventor y del artista. La ley regulará su ejercicio y duración".*

A nivel legislativo, es el Código Civil de fecha 01-02-1904, el que incluye al derecho de autor, en su Título IV. Del trabajo., bajo siete diferentes capítulos que tratan, entre otros, a la pro-

---

[682]   Fecha: 14-07-2013. http://pdba.georgetown.edu/Constitutions/Nica/nica87.html

piedad literaria, la propiedad dramática y la propiedad artística.[683]

La legislación vigente en Nicaragua es la Ley de derecho de autor y derechos conexos, ley 312 de 1999, publicada en fechas 31-08-99 y 01-09-99.

B. *Garantías Constitucionales*

La Constitución vigente de Nicaragua, consagra en su artículo 188, el recurso de amparo como garantía al respeto de los derechos y garantías consagrados constitucionalmente, en los siguientes términos:

> *Artículo 188. "Se establece el Recurso de Amparo en contra de toda disposición, acto o resolución y en general en contra de cada acción u omisión de cualquier funcionario, autoridad o agente de los mismos que viole o trate de violar los derechos y garantías consagrados en la Constitución Política."*

Luego en su artículo 190 establece que *"La Ley de Amparo regulará los recursos establecidos en este capítulo"* que son además del amparo, los recursos de inconstitucionalidad y el de exhibición personal.

A nivel legislativo, Nicaragua cuenta con la Ley de Amparo número 49 de 1995, que deroga expresamente, los Decretos 232 y 417 contentivos de la Ley de Amparo para la libertad y seguridad personal y la Ley de Amparo, respectivamente, ambas publicadas en 1980.

15. *Panamá*[684]

La Constitución Política vigente de la República de Panamá, que data de fecha 11-10-1972, con reformas de los años

---

683 HARVEY, Edwin R. "Derecho cultural latinoamericano. Centroamérica, México y Caribe". *Op. Cit.*, p. 99.

684 Fecha: 12-07-2013. http://es.wikisource.org/wiki/Constituci%C3%B3n_de_Panam%C3%A1_%282004%29

1978, 1983, 1993, 1994 y 2004, constituye una de las cartas fundamentales latinoamericanas que incluye mayor cantidad de normas en materia cultural.

Esta Carta Magna consagra la protección constitucional del derecho de autor, en su artículo 53, Capítulo I. Garantías individuales., de su Título III Derechos y deberes individuales y sociales, de la siguiente manera:

> *Artículo 53. "Todo autor, artista o inventor goza de la propiedad exclusiva de su obra o invención, durante el tiempo y en la forma que establezca la Ley".*

A.   Antecedentes

Dado que el territorio panameño perteneció a Colombia desde 1821 hasta 1903, el desarrollo de la protección jurídica que se le dio a la propiedad intelectual en su conjunto, *"...a partir del inicio de la etapa republicana en el siglo XIX, estuvo ligada al desarrollo normativo..."* de esta materia en Colombia.[685]

Por ley número 1 de fecha 22-08-1916, habiendo dado inicio a un desarrollo legislativo propio, se aprobó el Código Administrativo de la Nación, cuyo Libro Cuarto consagró la propiedad literaria y artística en setenta y ocho artículos, adoptando en la mayor parte de su articulado, la ley 32 de fecha 26-10-1886 de Colombia[686].

---

[685]   El autor *Garibaldi Camacho* estudia el desarrollo de la materia cultural partiendo del período en que este país perteneció a la Corona Española, aproximadamente unos trescientos veinte años y de los ochenta y tres años que formó parte del territorio colombiano. Panamá evolucionó desde una Constitución conservadoramente liberal de 1904, que no incluyó en su articulado más que los derechos del individuo frente al Estado, hasta la Constitución de 1972. GARIBALDI CAMACHO, Vicente. "Legislación panameña sobre derecho de autor [con jurisprudencia]." Editorial Signos. Panamá, 1986, p. 35-41 y 20-21.

[686]   HARVEY, Edwin. "Derecho cultural latinoamericano. Sudamérica y Panamá". *Op. Cit.*, p. 149.

La normativa legislativa vigente en Panamá, viene dada por la Ley número 64 de fecha 10-10-2012, Ley sobre derecho de autor y derechos conexos.

No podemos dejar de mencionar aquí, la Ley 20 del año 2000, que protege la propiedad intelectual de los pueblos indígenas, conocida como *"Del régimen especial de propiedad intelectual sobre los derechos colectivos de los pueblos indígenas, para la protección y defensa de su identidad cultural y de sus conocimientos tradicionales, y se dictan otras disposiciones"*.

B.   *Garantías constitucionales*

Los antecedentes constitucionales en materia de amparo constitucional nos remontan a la Constitución de 1941 que introdujo el recurso de amparo de garantías constitucionales.

La doctrina panameña ha considerado que esta institución jurídica no es propiamente un recurso sino una acción, a pesar de su denominación en las constituciones de ese país, *"…por la temprana caracterización del amparo como "recurso extraordinario""*.[687]

El artículo 54 de la Constitución de 1972 vigente, consagra el recurso de amparo bajo el mismo Capítulo I. Garantías fundamentales., donde consagra el derecho de autor (art. 53), en los siguientes términos:

Artículo 54. "Toda persona contra la que expida o se ejecute, por cualquier servidor público, una orden de hacer o de no hacer, que viole los derechos y garantías que esta Constitución consagra, tendrá derecho a que la orden sea revocada a petición suya o de cualquier persona. El recurso de amparo de garantías constitucionales a que este artículo se refiere, se tramitará mediante procedimiento sumario y será de competencia de los tribunales judiciales".

---

[687] Lo mismo ocurre con la expresión "amparo de garantías" que puede resultar redundante hoy día, dado que las garantías amparadas son *"…en realidad, el catálogo de derechos fundamentales"*. HARAÚZ, Heriberto. "Panorama de la justicia constitucional panameña". Universal Books, Panamá, 2003, p. 106-107.

En cuanto a la legislación sobre el amparo en Panamá, existe una situación poco clara en relación a dos leyes, las números 32 y la 49, ambas de 1999. El hecho de que un fallo de la Corte Suprema de Justicia del 25-01-2011, que declaró la reviviscencia de la ley 32 al declarar inconstitucional la ley 49 que era posterior y que derogaba la ley 32, no deja claro el panorama respecto a esta institución jurídica ni de otras como el del *hábeas corpus* tratados en la mencionada ley 32 de 1999[688].

16. *Paraguay*[689]

La Constitución de la República de Paraguay vigente de fecha 20-06-1992, sancionada por una Convención Nacional Constituyente, derogó expresamente la Constitución del 15-08-1967 y su enmienda de 1977.

En su artículo 110, Capítulo IX. De los derechos económicos y de la reforma agraria. Sección I. De los derechos económicos, consagra la protección a la propiedad intelectual en su conjunto, como un derecho económico, en los términos siguientes:

> *Artículo 110. "DE LOS DERECHOS DE AUTOR Y PROPIEDAD INTELECTUAL. Todo autor, inventor, productor o comerciante gozará de la propiedad exclusiva de su obra, invención, marca o nombre comercial, con arreglo a la Ley."*

Es relevante destacar que la Ley Suprema de la República de Paraguay es la Constitución, acorde a su artículo 137. El derecho positivo nacional lo integran en orden de prelación, la Constitución, los tratados y convenios internacionales, las leyes y otras disposiciones jurídicas de inferior jerarquía.

---

[688] SÁNCHEZ G. Salvador. "El amparo en Panamá". *IUS Revista del Instituto de Ciencias Jurídicas de Puebla*. A.C., vol. 5, número 27, junio 2011, p. 216-234. Instituto de Ciencias Jurídicas de Puebla A.C. México. ISSN (versión impresa): 1870-2147, p. 232.

[689] Fecha: 13-07-2013. http://pdba.georgetown.edu/Constitutions/Para guay/para1992.html

A.   Antecedentes

La Constitución anterior de 1967 había consagrado a la propiedad intelectual en su artículo 58, como un derecho individual junto a otros derechos como la libertad de conciencia, de pensamiento, de opinión, de expresión, entre otros, de manera muy parecida a la Constitución actual, solo que ubicado bajo el capítulo relativo a los derechos individuales y no económicos como la actual.[690]

El precedente más antiguo de protección constitucional al derecho de autor lo encontramos en la Constitución inmediatamente anterior de 1940, la que en su artículo 24 establecía que *"todo autor o inventor es propietario de su obra, invento o descubrimiento por el término que le acuerde la ley"*.

La consagración legal a la propiedad intelectual se materializó por obra de la Ley 94 de 05-07-1951 que aprobó el decreto-ley 3642 de fecha 31-03-1951 y que estableció protección para las creaciones científicas, literarias y artísticas. Años más tarde, en 1985, el Código Civil incluyó un nuevo régimen regulatorio para la propiedad intelectual derogando expresamente, las disposiciones de la ley 94 que fueran contrarias a este nuevo régimen.[691]

Hoy día, Paraguay cuenta con la *Ley de Derechos de Autor y Derechos Conexos*, contenida en la Ley 1.328 de 1998.

B.   Garantías Constitucionales

Entre las garantías establecidas en la Constitución paraguaya, para el derecho de autor y propiedad intelectual en general, por ser derechos consagrados constitucional y legalmente, tenemos el *amparo* contemplado en su artículo 134,

---

[690]   HARVEY, Edwin. "Derecho cultural latinoamericano. Sudamérica y Panamá". *Op. Cit.*, p. 63, pie de página número 75.

[691]   *Ídem.*, p. 154-155.

Capítulo XII. DE LAS GARANTÍAS CONSTITUCIONALES.,
en los siguientes términos:

> *Artículo 134. "DEL AMPARO. Toda persona que por un acto u
> omisión, manifiestamente ilegítimo, de una autoridad o de un parti-
> cular, se considere lesionada gravemente, o en peligro inminente de
> serlo en derechos o garantías consagradas en esta Constitución o en
> la Ley, y que debido a la urgencia del caso no pudiera remediarse por
> la vía ordinaria, puede promover amparo ante el Magistrado compe-
> tente. El procedimiento será breve, sumario, gratuito, y de acción po-
> pular para los casos previstos en la Ley...".*

17. Perú[692]

La Constitución Política de Perú, promulgada en fecha
29-12-1993 y en vigencia desde diciembre del mismo año, con
reformas de 1995, 2000, 2002, 2004 y 2005, consagra como derecho fundamental a toda la propiedad intelectual, bajo el
Título I. De la persona y de la sociedad. Capítulo I. Derechos
fundamentales de la persona., en los siguientes términos:

> *Artículo 2. Toda persona tiene derecho: 1. (...) (...) 8. A la libertad
> de creación intelectual, artística, técnica y científica, así como a la
> propiedad sobre dichas creaciones y a su producto. El Estado propicia
> el acceso a la cultura y fomenta su desarrollo y difusión."*

A. Antecedentes

Como precedente tenemos la Constitución Política de
1979 aprobada por la Asamblea Constituyente en fecha 12-07-
1979, en su artículo 2.6, Capítulo I. De las personas. Esta Constitución incluía entre los clásicos derechos civiles y políticos
del ser humano, el que toda persona tenía derecho a la libertad
de creación intelectual, artística y científica subrayando la función del Estado de propiciar *"...el acceso a la cultura y la difusión
de ésta"*, con lo que consagraba dos principios fundamentales,
la libertad de la creación cultural y el derecho de la persona a

---

[692] Fecha: 15-07-2013. http://pdba.georgetown.edu/Constitutions/Peru
/per93reforms.html

la cultura. Más adelante en su artículo 129, Capítulo III. De la Propiedad., estableció la garantía por parte del Estado, a *"los derechos de autor y del inventor a sus respectivas obras creaciones por el tiempo y en las condiciones que la ley señala"* (...), indicando que la ley establecería el régimen para cada uno de estos derechos.[693]

Respecto a la consagración legal del derecho de autor, vemos que su primera ley de propiedad intelectual data de mediados del siglo XIX, siendo aprobada en fecha 03-11-1849. Posteriormente en 1961, se deja de lado el término propiedad intelectual y se promulga la Ley de derechos de autor por ley 13.714 de fecha 31-10-1961.[694]

La vigente Ley sobre el derecho de autor fue aprobada por Decreto legislativo 822 de 1996 que fuera publicado en fecha 24-04-1996.

B.   *Garantías Constitucionales*

La Constitución establece las garantías constitucionales en su artículo 200, el cual en su numeral segundo, consagra la acción de amparo[695] por la amenaza o violación de los derechos

---

[693]   HARVEY, Edwin. "Derecho cultural latinoamericano. Sudamérica y Panamá". *Op. Cit.*, p. 64-65 y 69.

[694]   *Ídem,* p. 160-161.

[695]   Muy oportuno el siguiente comentario doctrinario respecto de la importancia de la jurisprudencia sobre la acción de amparo, en la delimitación del verdadero alcance de los derechos fundamentales. "El adecuado funcionamiento del amparo y su contribución al respeto de los derechos humanos y al fortalecimiento de la institucionalidad democrática no solo depende de su regulación constitucional y legal. En efecto, corresponde a la jurisprudencia un rol de especial relevancia para ir avanzando y precisando los alcances de los derechos fundamentales –evitando las distorsiones existentes en el proceso de amparo y limitando los excesos del poder-. Para ello se requiere contar con órganos jurisdiccionales independientes e imparciales, lo que no sucedió durante el régimen del ingeniero *Fujimori*. En la actualidad, la situación ha cambiado y particularmente, el Tribunal Constitucional viene aportando sólidas e importantes resoluciones que tratan de

reconocidos constitucionalmente, esto es, la acción procederá *"...contra el hecho u omisión, por parte de cualquier autoridad, funcionario o persona, que vulnera o amenaza los demás derechos reconocidos por la Constitución. No procede contra normas legales ni contra resoluciones judiciales, emanadas de procedimiento regular."*

18. Portugal[696]

La Constitución de Portugal de fecha 02-04-1976, consagra en su artículo 42, PRIMERA PARTE. TITULO II. DE LOS DERECHOS, LIBERTADES Y GARANTÍAS, la protección al derecho de autor, en los siguientes términos:

> *Artículo 42. "De la libertad de creación cultural. 1. Será libre la creación intelectual, artística y científica. 2. Esta libertad comprende el derecho a la invención, producción y divulgación de obras científicas, literarias o artísticas, incluyendo la protección legal de los derechos de autor."*

Queda claro que al constitucionalizar la libertad de creación intelectual, artística y científica, "incluye, según la dicción literal del artículo 42.2., al derecho de autor dentro del ámbito de dicha libertad."[697]

A. Antecedentes

La Constitución vigente de 1976, originalmente de corte socialista, fue producto de la llamada *Revolución de los Claveles.* Tuvo por objeto socializar los medios de producción y la ri-

---

garantizar la tutela de los derechos fundamentales y el principio de supremacía constitucional." ABAD YUPANQUI, Samuel B. Análisis del artículo 200, 2, p. 1052-1059. "La Constitución comentada". Análisis artículo por artículo. Obra colectiva escrita por 117 juristas del país. Director Walter Gutiérrez. Lima, Perú. @ *Gaceta Jurídica.* ISBN: 9972-208-28-1. Primera edición. Diciembre 2005, p. 1059.

[696] Fecha: 11-09-2013. http://www.wipo.int/wipolex/es/text.jsp?file_id=179476

[697] PLAZA PENADÉS, Javier. "El derecho de autor y su protección en el artículo 20, 1,b) de la Constitución". *Op. Cit.,* p. 202.

queza (artículo 9). Estas referencias ideológicas fueron eliminadas en siete posteriores revisiones, las de 1982, 1989, 1992, 1997, 2001, 2004 y 2005.[698]

Como primeras constituciones, tenemos las de 1822 y 1826 (Carta Constitucional), está última habiendo estado en vigor por 72 años, hasta 1920 en que fuera proclamada la República.[699]

En materia legislativa, Portugal cuenta con el Código de Derecho de Autor y Derechos Conexos en portugués, *Código do Direito de Autor e dos Direitos Conexos*, promulgado en fecha 17-09-1985, el que fuera modificado por última vez, en fecha 01-04-2008, por ley número 16/2008.[700]

B.   *Garantías Constitucionales*

El artículo 49 de la Constitución consagra la defensa de los derechos constitucionales, legales y del interés general de los ciudadanos, por medio del derecho de petición y la acción popular en los siguientes términos:

Artículo 49. Derecho de petición y acción popular. 1. Todos los ciudadanos podrán presentar, individual o colectivamente, a los órganos de soberanía o a cualquier autoridad, peticiones, exposiciones, reclamaciones o quejas para la defensa de sus derechos, de la Constitución y de las leyes o del interés general. 2. Se reconoce el derecho de acción popular en los casos y términos previstos por la ley.

---

[698]   Fecha: 12-09-2013. http://es.wikipedia.org/wiki/Constituci%C3% B3n _ portuguesa_de_1976

[699]   Fecha: 12-09-2013. http://es.wikipedia.org/wiki/Constituci%C3%B3n _ portuguesa_de_1826

[700]   Fecha: 12-09-2013.   http://www.wipo.int/wipolex/es/details.jsp?id =7793

19.   *Puerto Rico*[701]

Por pertenecer al sistema jurídico del *copyright* o derecho de copia anglosajón, en razón de ser un Estado asociado a los Estados Unidos de América, la norma constitucional fundamental para la protección de este derecho de copia que ya no sería el *droit d'auteur*, tiene su espacio en la Constitución de los Estados Unidos de América de 1787, cuando establece, en su Sección Octava, numeral 8°, como facultad al Congreso de ese país, la de otorgar a los autores e inventores, el derecho exclusivo sobre sus obras e invenciones, en los términos siguientes:

"Para fomentar el progreso de la ciencia y las artes útiles, asegurando a los autores e inventores, por un tiempo limitado, el derecho exclusivo sobre sus respectivos escritos y descubrimientos."

En materia legislativa, Puerto Rico aplica la legislación del *Copyright Act* de 1976 de los Estados Unidos de América, 17 USC 101 et seq., vigente el 01-01-1978 (última modificación hecha en 30-06-2009)[702-703]

Igualmente, hay que añadir dentro de la protección legal del derecho de autor a su Código Civil que incorpora la *Ley de*

---

[701] La Constitución del Estado Libre Asociado de Puerto Rico data del año 1952. Fecha: 21-07-2013. http://www.lexjuris.com/lexprcont.htm

[702] Fecha: 21-07-2013. http://www.wipo.int/wipolex/es/details.jsp?id=5405

[703] Resulta interesante conocer la aplicación en Puerto Rico de otras leyes federales contentivas de algunos derechos morales en forma de limitaciones a los derechos exclusivos del autor como la *Ley de protección para las obras arquitectónicas,* en inglés, el *"Architectural Works Copyright Protection Act"* que constituye una enmienda a la Sección 101 del *Copyright Act.,* así como la *Ley sobre los derechos de artistas visuales* conocida por sus siglas en inglés como VARA. En cuanto a esta última ley, tenemos el fallo del *Tribunal Supremo de Puerto Rico en Cotto Morales v. Ríos, 140 DPR 604 (1966) y otros,* que determinó la no aplicación de la VARA en este caso en particular. Ver sentencia en el sitio web de fecha: 22-12-2015: https://quizlet.com/40671627/cotto-vs-rios-flash-cards/

propiedad intelectual de Puerto Rico[704]*,* leyes números 96 y 56 de fechas 15-07-1988 y 24-06-1988, respectivamente.

A pesar de que como ya dijimos, *Puerto Rico* forma parte del sistema del *copyright* o derecho de copia anglosajón, paralelamente, aplica una ley protectora de los derechos morales del autor, ya que no se consideró suficiente la protección de estos derechos a través de otras leyes federales circunscritas a los artistas visuales (ley VARA[705]-[706]) y obras arquitectónicas.

---

[704] "Debe mencionarse, además, que la Ley de Propiedad Intelectual de España de 10 de enero de 1879, con vigencia diferida hasta el 10 de abril de 1879, no fue derogada por el Tratado de París de 1899. Por éste, España cedió a los EE.UU. su soberanía sobre Puerto Rico (y Filipinas). En el art. XIII de dicho Tratado se dispuso que "continuarán respetándose los derechos de propiedad literaria, artística e industrial adquiridos por los españoles en las Islas de Cuba y en las de Puerto Rico, Filipinas y demás territorios cedidos, al hacerle el canje de las ratificaciones de este Tratado." SILVA RUIZ, Pedro F. Nueva "Ley de derechos morales de autor de Puerto Rico (Núm. 55 del 9 de marzo de 2012)". *Op. Cit.,* p. 3.

[705] La mencionada ley VARA, *Visual Artists Rights Act,* (17 U.S.C. § 106 A), contiene limitaciones al derecho del autor, de forma diferente a la consagrada por la primera enmienda de la Constitución. Esta ley enmienda la definición de una obra de arte visual del *Copyright Act* (17 U.S.C. § 101) a través del otorgamiento de derechos adicionales a los artistas visuales expresando que un titular de una obra de arte o del *copyright,* no es libre de alterar o mutilar la obra, lo que constituye el otorgamiento de derechos morales limitados de integridad y de atribución, siendo independientes de los derechos exclusivos de *copyright* de los que se diferencian por ser *derechos personales* lo que contrasta con los *derechos propietarios* del *copyright.* Incluye obras de arte visual incluidas obras pictóricas, gráficas o esculturales; pinturas, dibujos, imágenes fotográficas producidas para exhibición, entre otras; excluyendo expresamente, de su protección a los afiches, mapas, dibujos técnicos, entre otros. STEINER, Christine. "Intellectual property and the right to culture". *Op. Cit.,* p. 49.

[706] La ley VARA reconoce el derecho de paternidad y el de integridad dejando por fuera, el derecho a la divulgación y el de arrepentimiento. Estos derechos se configuran como en el derecho continental, con independencia de quien detente los derechos patrimoniales sobre la obra, reputándose intransferibles aunque renunciables sólo si esta se produce de forma expresa. El problema fundamental de la legislación

En efecto, en ese país insular, se promulgó la *Ley de derechos morales de autor de Puerto Rico*[707], Ley número 55-2012, de fecha 09-03-2012, la que derogó a la Ley número 96 de 15-07-1988[708] y donde se incluye protección para los derechos morales de atribución, retracto, integridad y acceso.

VARA radica en su reducido alcance y en que su existencia se ha tomado como excusa para reducir el ámbito de los derechos morales en los EEUU., alegando que la existencia de una ley federal sobre el asunto, imposibilita a los jueces a ir más allá y por ende, proteger los derechos morales en aplicación de otras leyes que no son específicas, como tradicionalmente lo hacían. "Así sucedió en el caso *Dastar* (*Dastar Corp. V. Twentieth Century Fox Film Corp.*, 539 U.S.23, 34 (2003), en donde el Justice SCALIA negó la aplicación de la *Lanham Act*, una ley sobre propiedad industrial, cuyo artículo 43 a), se había usado tradicionalmente para defender el derecho a la paternidad de las obras, aunque no estaba específicamente concebido para tal fin, sino para proteger a los consumidores de la falsa descripción o representación de bienes o servicios en el comercio. *Vid.* HUGUES, Justin, "American Moral Rights...cit., pasim." ROSELLÓ MANZANO, Rafael. "Derechos de la personalidad y derechos morales de los autores". *Op. Cit.*, p. 110-112, pie de página número 169.

[707] Para conocer en mayor detalle los contenidos de esta ley ver Pedro F. SILVA-RUIZ, "La protección legal del autor / creador intelectual en Puerto Rico y en derecho comparado", en el Libro *Homenaje a los Congresos Nacionales de Derecho Civil (1927-1937-1961-1969)*, Academia Nacional de Derecho y Ciencias Sociales de Córdoba, Tomo III, Argentina, 2009, p. 1871-1921.

[708] Esta ley de 1988 "fue incorporada al Código Civil de Puerto Rico vigente, 31 LPRA 1401 ss., como un capítulo sobre propiedad intelectual". Esta ley significó que "trasladaban los derechos morales de autor a una ley especial en lugar de estar en el Código Civil". Merece mencionarse la Exposición de Motivos de esta ley en razón de que: 1) *reconoce el régimen legal dual de la propiedad intelectual, particularmente el derecho de autor (derechos morales) y el copyright.* 2) reconoce al derecho de autor como un derecho de propiedad añadiendo este autor que "...es también derecho de la personalidad". *Ídem*, p. 1-2, pie de página números 2 y 5.

A. *Jurisprudencia relevante*

a. *Corte Suprema de Puerto Rico. Caso CC-96-49*[709]

Un fallo de este alto tribunal de justicia de Puerto Rico, de fecha 07-04-1999, definió en términos bastante precisos, la figura del autor, en los siguientes términos:

> "...el autor es quien, como cuestión de hecho, crea la obra; esto es, la persona que transforma una idea a una expresión tangible, merecedora de protección por la ley de propiedad intelectual".

La relevancia de esta sentencia viene dada por el hecho de haber sido dictada por la Corte Suprema de un Estado Libre Asociado a los Estados Unidos de América como lo es Puerto Rico, el que debe regirse por la ley federal de un país perteneciente al sistema del *copyright* del derecho anglosajón, de tal manera que su legislación estatal, a pesar de tener influencias de la tradición latina del *droit d'auteur,* no puede entrar en conflictividad con la ley federal de los EEUU. Pero dado que tanto su legislación estatal como su jurisprudencia, puede entrar a conocer lo que la legislación federal no prohíba[710], de la letra de la decisión se desprende la posición del juez portorriqueño de tener como autor sólo a la persona física que realizó la creación[711] y no a personas jurídicas, característica inherente al sistema anglosajón del *copyright.*[712]

---

[709] Fecha: 14-09-2013. *Ricardo Antequera Parilli,* autor de la selección y disposición de los fallos, resúmenes y comentarios. http://www.cerlalc.org/derechoenlinea/dar/index.php?mode=archivo&id=92

[710] "...la *Ley Foraker* de 1900 dispuso que las leyes de Puerto Rico que no resulten incompatibles, o en conflicto con las leyes de los Estados Unidos, quedaban vigentes." SILVA RUIZ, Pedro F. Nueva "Ley de derechos morales de autor de Puerto Rico" (Núm. 55 del 9 de marzo de 2012). *Op. Cit.,* p. 3 pie de página número 10.

[711] ANTEQUERA PARILLI, Ricardo. "Estudios de derecho de autor y derechos afines". *Op. Cit.,* p. 31-32.

[712] Recordemos que una de las características del sistema civilista de derecho de autor es que no reconoce la autoría sino a las personas naturales, no a las personas jurídicas (con la excepción del software), ni

20.   *República Dominicana*[713]

La Constitución Política de la República Dominicana proclamada en fecha 26-01-2010, consagra el derecho de autor en su artículo 52, bajo su Título II. De los derechos, garantías y deberes fundamentales, Capítulo I. De los derechos fundamentales., Sección II. De los derechos económicos y sociales., en los términos siguientes:

> *Artículo 52.* **Derecho a la propiedad intelectual.** *"Se reconoce y protege el derecho de la propiedad exclusiva de las obras científicas, literarias, artísticas, invenciones e innovaciones, denominaciones, marcas, signos distintivos y demás producciones del intelecto humano por el tiempo, en la forma y con las limitaciones que establezca la ley".*

Igualmente, en su artículo 64., Sección III. De los derechos culturales y deportivos., Derecho a la cultura., va más allá y establece que:

> *"Toda persona tiene derecho a participar y actuar con libertad y sin censura en la vida cultural de la Nación, al pleno acceso y disfrute de los bienes y servicios culturales, de los avances científicos y de la producción artística y literaria. El Estado protegerá los intereses morales y materiales sobre las obras de autores e inventores. En consecuencia: ..."*

A.   *Antecedentes*

La Constitución de fecha 10-01-1947, entre otras disposiciones especiales, consagraba en su artículo 6, la *"...propiedad exclusiva por el tiempo y en la forma que determine la ley, de los inventos y descubrimientos, así como de las producciones científicas, artísticas y literarias."*

---

a los resultados de actividades técnicas como los fonogramas a los que sí se les reconoce protección pero dentro de los llamados derechos conexos al derecho de autor.

[713]   Fecha: 19-07-2013.   http://www.wipo.int/wipolex/es/text.jsp?file_id =229500

Como antecedentes histórico-legislativos, tenemos el Reglamento ejecutivo de fecha 05-08-1911, la ley 5393 sobre Registro y protección de obras literarias y artísticas de fecha 24-11-1914 y la ley 1381, de fecha 17-03-1947, sobre Registro y protección de la propiedad intelectual[714].

La legislación vigente en la materia, es la Ley 65 de 2.000, contentiva de la Ley sobre derecho de autor.

B.   *Garantías Constitucionales*

La Constitución de la República Dominicana vigente de 2010 consagra en su artículo 72, la acción de amparo en los siguientes términos:

> *Artículo 72. Acción de amparo. "Toda persona tiene derecho a una acción de amparo para reclamar ante los tribunales, por sí o por quien actúe en su nombre, la protección inmediata de sus derechos fundamentales, no protegidos por el hábeas corpus, cuando resulten vulnerados o amenazados por la acción o la omisión de toda autoridad pública o de particulares, para hacer efectivo el cumplimiento de una ley o acto administrativo, para garantizar los derechos e intereses colectivos y difusos. De conformidad con la ley, el procedimiento es preferente, sumario, oral, público, gratuito y no sujeto a formalidades".*

La legislación vigente que reglamenta el Recurso de Amparo viene dada por la Ley 437-06 de fecha 30-11-2006.

21.   *Uruguay*[715]

La Constitución de la República Oriental del Uruguay data de 1967 con modificaciones plebiscitadas en 1989, 1994, 1996 y 2004.

---

[714]   HARVEY, Edwin R. "Derecho cultural latinoamericano. Centroamérica, México y Caribe". *Op. Cit.*, p. 40 y 106, pie de página número 34.

[715]   Fecha: 14-07-2013.   http://www.parlamento.gub.uy/constituciones/const004.htm

En su artículo 33 bajo la Sección II. Derechos, deberes y garantías. Capítulo I., consagra protección al derecho de autor, del inventor o del artista, en los siguientes términos:

Artículo 33. El trabajo intelectual, el derecho del autor, del inventor o del artista, serán reconocidos y protegidos por la ley.

Para algunos doctrinarios, los derechos de propiedad intelectual son en ese país, derechos humanos de primera generación lo que quedaría demostrado "*...por antiguas normas de nuestro acervo jurídico...*"[716].

Otros afirman que aunque no existe estatus formal de derecho fundamental para el derecho de autor, se puede afirmar que sí lo es dado que el artículo 33 está incluido en la Sección II sobre derechos, deberes y garantías, sin hacer distinción entre nacionales y extranjeros, "*...y que el Uruguay participó de la aprobación de la Carta Internacional de Derechos Humanos del año 1948*".[717]

A. *Antecedentes*

La Constitución Política del Uruguay de 1830 no incluía ninguna disposición relativa al derecho de autor o al tema cultural, y no es sino hasta 1934 que los textos constitucionales de ese país y los subsiguientes, consagraron a la propiedad intelectual como un derecho específico del creador.[718]

---

[716] ETTLIN, Edgardo. "Normativa sobre propiedad intelectual de la República Oriental del Uruguay". © Edgardo Ettlin, Montevideo 2012, p. 8.

[717] Añaden que no existen antecedentes sobre la prevalencia de los derechos fundamentales a nivel jurisprudencial y que la doctrina proclama el equilibrio entre derechos. ALAI ASOCIACIÓN LITERARIA Y ARTÍSTICA. "Derecho de autor y libertad de expresión". *Op. Cit.* Informe del grupo nacional ALAI-Uruguay integrado por Carlos Fernández Ballesteros, p. 1.

[718] HARVEY, Edwin. "Derecho cultural latinoamericano. Sudamérica y Panamá". *Op. Cit.*, p. 70.

En materia legal, vemos que ya el Código Civil de 1868, estableció en su artículo 491 que *"...las producciones del talento o del ingenio son una propiedad de su autor, y se regirán por leyes especiales"* [719] y no es sino en 1912 que se aprueba la primera ley sobre propiedad literaria y artística del Uruguay.

La legislación vigente viene dada por la Ley sobre propiedad literaria y artística de fecha 17 de diciembre de 1937, ley 9.739, denominada "Ley de propiedad literaria y artística", que fuera modificada por la *Ley de derechos de autor y derechos conexos* número 17.616 de fecha 10 de enero de 2003[720]. El decreto reglamentario vigente es el número 154/2004 de 3 de mayo de 2004[721].

---

[719] "No pasó mucho tiempo para que la Propiedad Intelectual fuera constitucionalizada como derecho humano en la República Oriental del Uruguay. En la Sección II de la Constitución Nacional de 1934, su art. 32 consagró en texto semejante al del Código Civil (en esa época era el art. 491 de dicho Código) que "El trabajo intelectual, el derecho del autor, del inventor o del artista, serán reconocidos y protegidos por la Ley". Esta disposición, incambiada en su texto y contenido, es el actual art. 33 de nuestra Constitución (vigente desde 1967 con reformas en 1989, 1996 y 2004). Nuestra primera Ley De derecho interno especial en materia de propiedad intelectual data del 15 de marzo de 1912 (Ley N° 3.956), sobre Derechos de Autor. Años antes, en 1892, el Uruguay había ratificado por la Ley N° 2.207 del 3.10.1892 los Tratados sobre Propiedad Intelectual de Montevideo de 1889, cuyos textos estarían vigentes..." ETTLIN, Edgardo. "Normativa sobre propiedad intelectual de la República Oriental del Uruguay". *Op. Cit.*, p. 8.

[720] Fecha: 10-09-2013. http://www.cerlalc.org/derechoenlinea/dar/le yes_ reglamentos/Uruguay/Uruguay.htm

[721] En el año 2004 se modificaron los artículos 22 a 24 por ley número 17.803. BUGALLO MONTAÑO, Beatriz. "La propiedad intelectual en el Uruguay" Publicación on line en el año 2005, revisión 2011 actual revisión marzo 2013. @Beatriz Bugallo Montallo 2013, p. 14. Fecha 16-12-2015. http://issuu.com/beatrizbugallomontano/docs/manual_pi_ marzo_2013

B.   *Garantías Constitucionales*

El amparo no tiene una consagración expresa en la Constitución de Uruguay aunque sí la tiene a nivel legislativo con la ley de amparo número 16011 de 1988, la que tuvo gran influencia de otras regulaciones de la institución en Latinoamérica.

La doctrina patria no es uniforme acerca de cuál es el fundamento de esta figura jurídica. Para algunos surge directamente del artículo 7 de la Constitución uruguaya, que establece el derecho que tienen todos los habitantes de la República de Uruguay:

> *"...a ser protegidos en el goce de su vida, honor, libertad, seguridad, trabajo y propiedad. Nadie puede ser privado de estos derechos sino conforme a las leyes que se establecen por razones de interés general."*

Otra parte de la doctrina *"...hace una interpretación lógico-sistemática-teleológica..."* de este artículo 7, el 72 y el 332[722] de la Constitución.[723]

---

[722] "Artículo 72.- La enumeración de derechos, deberes y garantías hecha por la Constitución, no excluye los otros que son inherentes a la personalidad humana o se derivan de la forma republicana de gobierno."(...) "Artículo 332. Los preceptos de la presente Constitución que reconocen derechos a los individuos, así como los que atribuyen facultades e imponen deberes a las autoridades públicas, no dejarán de aplicarse por falta de la reglamentación respectiva, sino que ésta será suplida, recurriendo a los fundamentos de leyes análogas, a los principios generales de derecho y a las doctrinas generalmente admitidas."

[723] Esta reforma se produjo "...a los efectos de ampliar la protección a los titulares de derechos conexos en virtud de la ratificación de la Convención de Roma, e incorporar el Convenio de Berna para la protección de obras Literaria y Artísticas. Y así cumplir también, con los requisitos legales exigidos por la Organización Mundial del Comercio. Asimismo, se dispone con esta reforma una protección respecto de las nuevas tecnologías, incluyendo los programas de ordenador y las bases de datos, que constituyen objeto de protección en la lista que ejemplifica la tutela del derecho de autor, porque se

En Uruguay, la naturaleza jurídica del amparo es una acción de garantía, no un recurso. La ley que lo consagra, la mencionada ley N° 16011, se intitula *Acción de Amparo* contentiva de un procedimiento autónomo, independiente. Así, no constituye un recurso dado que la misma ley que lo consagra lo estableció *"...como un medio de impugnación contra una decisión administrativa en el mismo procedimiento en que esa decisión se adopte".*[724]

22. *Venezuela*[725]

La Constitución de la República Bolivariana de Venezuela de 1999, la CRBV, consagra la propiedad intelectual en su conjunto, bajo el Título III. *"De los derechos humanos y Garantías y de los Deberes"*, en el artículo 98 de su capítulo VI, como derechos culturales y educativos, ordenando reconocer y proteger:

> *"...la propiedad intelectual sobre las obras científicas, literarias y artísticas, invenciones, innovaciones, denominaciones, patentes, marcas y lemas de acuerdo con las condiciones y excepciones que establezcan la ley y los tratados internacionales suscritos y ratificados por la República en esta materia."*[726]

---

trata de creaciones del intelecto humano. También se amplía el plazo de protección de 40 años a 50 años *post mortem autorum,* se elimina la obligatoriedad del registro de la obra para ser consagrada como tal, y se dispone la protección de las expresiones de ideas que se constituyen en obra y no tan solo de las ideas aisladas. PORTEIRO REPETTO, Paula. IA Instituto Autor.org. 29/07/2014, p. 1-2. Fecha: 16-12-2015. http://www.institutoautor.org/uploads/website/docs/4099-1-marco%20 nor ma tivo%20de%20uruguay.pdf

[724] FLORES DAPKEVICIIUS, Rubén. "El amparo en Uruguay". *Op. Cit.* Página única.

[725] Fecha: 15-07-2013. http://pdba.georgetown.edu/Constitutions/Venezuela/ven1999.html

[726] La Constitución vigente además de consagrar la protección a toda la propiedad intelectual en su conjunto(derecho de autor y propiedad industrial), contiene una veintena de artículos que tutelan diversos aspectos de toda esta materia, específicamente, sus artículos 85, 98,

En su artículo 56, numeral 32, del Capítulo II. De la Competencia del Poder Público Nacional, su artículo 56, numeral 32, establece como competencia del Poder Público Nacional:

"32. La legislación en materia de derechos, deberes y garantías constitucionales; (...); la de propiedad intelectual, artística e industrial;..."

A.   Antecedentes

Desde el nacimiento de la República de Venezuela en 1830, se ha venido protegiendo constitucional y legalmente, a la propiedad intelectual.

La Carta Magna de 23 de enero de 1961, que precedió a la vigente de 1999, consagró la protección a la propiedad intelectual en un solo artículo (art. 100), otorgándole el tratamiento de derecho económico, lo que concuerda con reiterados antecedentes constitucionales en la materia.

En los antecedentes legislativos venezolanos, toda la materia cultural fue objeto de seis leyes sucesivas "que recogieron la teoría del Privilegio, heredada de España, pasando por las leyes que adoptaron el concepto de la propiedad intelectual, hasta llegar al sistema vigente del derecho de autor como un derecho nuevo".[727]

101, 108, 110, 112, 113, 115, 117, 124, 127, 129, 153, 156.15, 156.32, 302, 305, 307.

[727]   ANTEQUERA PARILLI, Ricardo. "Consideraciones sobre el derecho de autor (con especial referencia a la legislación venezolana)". *Op. Cit.*, p. 20.

En materia de derecho de autor, ya en el año 1839, se aprobó la primera ley que protegía la propiedad de las producciones literarias[728]. Posteriores reformas desembocaron en las leyes de propiedad intelectual de 1887, 1894 y 1928 para que luego en 1963, se promulgara la Ley sobre el Derecho de Autor, lo que constituyó un hito para la época, hasta la actual normativa contenida en esa ley especial, en 1993.

B.   *Garantías Constitucionales*

La Constitución venezolana asume expresamente como fundamentales, todos aquellos derechos que están incluidos en la categoría de los que se ha dado en llamar derechos humanos, como sería el caso de la propiedad intelectual (ubicada en el Capítulo *"De los derechos humanos y Garantías y de los Deberes"*), haciendo una referencia específica a los tratados internacionales ratificados por el país. Así, el artículo 19, establece:

"Artículo 19.- El Estado garantizará a toda persona, conforme al principio de progresividad y sin discriminación alguna, el goce y ejercicio irrenunciable, indivisible e interdependiente de los derechos humanos.

---

[728] "... Los derechos autorales tuvieron un carácter de privilegio otorgado por el Estado en las leyes de 1839 y 1853, según las cuales el autor recibía un derecho sobre su obra mediante una Patente expedida por el Gobernador de la respectiva Provincia. La ley de 1887, por el contrario, le reconoce al autor un derecho de propiedad sobre su obra, pero el ordenamiento que la deroga, la ley de 1894, restablece el sistema de la Patente sobre las creaciones del ingenio, por lo que regresa a la primitiva etapa del privilegio. La ley de 1928 reconoció nuevamente a los autores un derecho de propiedad intelectual. Este concepto de propiedad fue acogido por el Código Civil, cuyo artículo 546 dice: "El producto o valor del trabajo o industria lícitos, así como las producciones del ingenio o del talento de cualquier persona son propiedad suya y se rigen por las leyes relativas a la propiedad en general y las especiales sobre estas materias". ANTEQUERA PARILLI, Ricardo. "Consideraciones sobre el derecho de autor (con especial referencia a la legislación venezolana)". *Op. Cit.*, p. 48.

Su respeto y garantía son obligatorios para los órganos del Poder Público de conformidad con la Constitución, los tratados sobre derechos humanos suscritos y ratificados por la República y las leyes que los desarrollen".

La posición teórica acorde a la cual la asunción de los derechos humanos como fundamentales en el ámbito del ordenamiento jurídico venezolano no constituye una mera y simple enunciación de principios contenida en su artículo 19, sino que se encuentra corroborada por la consagración de los más amplios medios de tutela los cuales refuerzan la garantía de esos derechos[729] estableciendo un conjunto de medidas que configuran en tres niveles[730], con un carácter concéntrico y comple-

---

[729] Resulta interesante traer a colación (por una parte, lo consagrado en la Constitución y por la otra, su observancia), la opinión del destacado jurista venezolano *Héctor Faúndez Ledesma*: "En el marco del procedimiento de seguimiento de la ejecución de sus sentencias, la Corte Interamericana de Derechos Humanos nuevamente ha sancionado a Venezuela por el franco desacato a su sentencia en el caso de la Corte Primera de lo Contencioso Administrativo. Este año, en el informe anual que la Corte Interamericana debe enviar a la Asamblea General de la OEA, Venezuela será denunciada como un Estado delincuente, que viola los derechos humanos y no acata las sentencias de la justicia internacional..."(...)"...El 18 de diciembre de 2008, la Sala Constitucional del TSJ..." (...) "...declaró "inejecutable" el fallo de la Corte Interamericana. Con no disimulado cinismo, la Sala Constitucional afirma que la ejecución de la sentencia de la Corte Interamericana afectaría "principios y valores" esenciales del orden constitucional, al pretender modificar la autonomía del Poder Judicial venezolano. La Corte Interamericana recuerda que sus fallos son definitivos e inapelables, y que los Estados partes en la Convención Americana sobre Derechos Humanos se han comprometido a cumplir las decisiones de la Corte en todo caso en que sean partes. La obligación de cumplir lo dispuesto en las decisiones del tribunal interamericano corresponde a un principio básico del Derecho sobre la responsabilidad internacional del Estado."(...)"... Nuevamente, Venezuela se queda aislada, como la única nación que se niega a dar cumplimiento a las sentencias de la Corte Interamericana..." FAÚNDEZ LEDESMA, Héctor. "Sanción a Venezuela". Diario El Nacional. Artículo de opinión. Opinión. Caracas, 26-04-2013, p. 4.

[730] Un primer nivel, en su artículo 29, dirigido a conformar el marco sustantivo procesal de carácter constitucional especialmente

---

mentario el uno respecto del otro, un sistema de tutela reforzada de los aludidos derechos[731].

En su artículo 27, Capítulo Primero Disposiciones Generales del mismo título donde consagra la protección de la propiedad intelectual, esto es, el Título III *De los deberes, derechos humanos y garantías*, consagra la acción de amparo para restablecer el ejercicio de todos los derechos constitucionales igualmente, para los comprendidos en los instrumentos internacionales sobre derechos humanos.

> *Artículo 27.- Toda persona tiene derecho a ser amparada por los tribunales en el goce y ejercicio de los derechos y garantías constitucionales, aun de aquellos inherentes a la persona que no figuren expresamente en esta Constitución o en los instrumentos internacionales sobre derechos humanos.*
>
> *El procedimiento de la acción de amparo constitucional será oral, público, breve, gratuito y no sujeto a formalidad..."[732].*

---

relacionado con las violaciones a los derechos humanos por parte de los Poderes Públicos. Un segundo nivel, en su artículo 30, encaminado a configurar el marco sustantivo constitucional relacionado con la protección e indemnización de las víctimas de violaciones a los derechos humanos; y un tercer nivel, en su artículo 31, que convierte en principio constitucional la posibilidad de petición directa dirigida a los organismos internacionales competentes por parte de los sujetos que viven, residen o se encuentran en el territorio de la República, sean o no ciudadanos, los cuales hayan sido afectados por violaciones a los derechos humanos. CHIARACANE, Salvatore. "Hacia un concepto y práctica universales de los derechos fundamentales". *Op. Cit.*, p. 56.

[731] NIKKEN, Pedro. "Constitución venezolana de 1999". *La habilitación para dictar decretos ejecutivos con fuerza de ley restrictivos de los derechos humanos y su contradicción con el derecho internacional.* En *Revista de Derecho Público*, Nº 83, julio-septiembre 2000, p. 5.

[732] De una mirada somera a la CRBV, vemos como se desprende su armonía, al menos en teoría, con la dinámica tendiente a asumir un núcleo imprescindible de derechos que están destinados a reflejar los valores máximos que la normativa jurídica atribuye a un grupo de situaciones jurídicas activas para asumirlas como derechos fundamentales del país nacional. *Ibídem.*, p. 57.

A nivel legal, Venezuela cuenta con la *Ley Orgánica de Amparo sobre Derechos y Garantías Constitucionales*, de fecha 22-01-1988, sancionada bajo la anterior Constitución de 1961[733] y que *"...constituye un verdadero código en la materia"*.[734]

---

[733] "...A partir de la promulgación de la nueva Constitución, el Tribunal Supremo de Justicia, en Sala Constitucional, ha asumido la tarea de adaptar el procedimiento de amparo las nuevas exigencias adjetivas establecidas en el artículo 27 constitucional. En tal sentido, por vía de interpretación constitucional, conforme al artículo 335 de la Constitución, el Tribunal Supremo, en la Sala anteriormente mencionada, ha señalado que la Ley de Amparo "debe adecuarse sin esperar más" a la nueva concepción del amparo constitucional en Venezuela. Por esta vía de interpretación constitucional con efectos vinculantes generales, la Sala Constitucional decidió desaplicar el procedimiento existente, estableció uno nuevo, convirtiéndose en un verdadero legislador positivo." Fecha: 29-09-2013. http://www.monografias.com/trabajos45/amparo-dominicana/amparo-dominica na. shtml

[734] BOVADILLA, Jaime y ANZIANI, Eduardo. "Aplicación del recurso de amparo en la Rep. Dominicana, a la luz de la Ley 437-06". *Op. Cit.*, p. 4.

A MODO DE CONCLUSIÓN

1. *El derecho de autor como derecho humano*

1.1. Su estudio teórico nos demuestra que el derecho de autor constituye una prolongación de la libertad de crear ya que la creación intelectual constituye la expresión del pensamiento del autor, siendo representativa de libertades fundamentales como es la libertad de expresión de la cual es una extensión y de los derechos de integridad y privacidad del individuo.

Cumple además, con dos condiciones básicas de los derechos humanos, el de ser fundamental ya que su privación negaría la dignidad del ser humano y por ello, su reconocimiento como valor universal, esto último en razón de que es sólo la institucion de este derecho que nace en la persona del creador, a diferencia del *copyright* o derecho de copia, el que podría por su propia esencia, asimilarse a los derechos humanos.

El derecho de autor encuentra su fundamento de convivencia con los derechos humanos dado que los principios que estos representan, reflejan el equilibrio interno con sus limitaciones justificadas por el interés público y nos hablan de un objetivo dual de la normativa de derechos humanos al ubicar al derecho de autor con el derecho a la cultura, ya que ambos se retroalimentan para progresar, aunque por distintas razones, el primero para justificar su existencia y el segundo, para seguir desarrollandose a partir de las obras existentes.

1.2. Su estudio por el derecho positivo también nos muestra por su parte, la asimilación del derecho de autor a los derechos humanos:

En el marco internacional, a través de su consagración dentro de los derechos fundamentales y universalmente reconocidos afirmando la dimensión esencial de la dignidad humana, en la *Declaración universal* de 1948 y el *Pacto internacional de los derechos económicos, sociales y culturales* de 1966.

En el marco regional, con su consagración en la *Declaración americana de 1948*.

A nivel nacional, encontramos que en la mayoría de los paises estudiados, sus constituciones consagran al derecho de autor, ya sea de manera explícita como derecho humano, como derecho de propiedad o económico, entre otros, o bien, de forma implícita dentro de otros derechos humanos.

Algunos países lo hacen en su totalidad de manera expresa, conjuntamente con la propiedad industrial, dentro del término doctrinario de *propiedad intelectual*, y otros, de manera parcial, disgregados en diferentes artículos, generalmente ubicando al derecho moral dentro de los derechos de la personalidad y al derecho pecuniario dentro del derecho de propiedad.

2. *La Constitución española de 1978*

2.1. El derecho de autor denominado *propiedad intelectual* en España, se le consideró originalmente, como una propiedad especial derivada del derecho civil concebida como un derecho subjetivo *iusprivatista*, vista por otros como un derecho de la personalidad. A este derecho con rango de derecho humano consagrado en instrumentos internacionales, en razón de su función social que implica el ejercicio y protección de ambas facultades de este derecho, el moral y el patrimonial como parte de un único derecho (lo que es corroborado por la jurisprudencia, entre otras decisiones, en sentencia del TS del

21-06-1965), se le considera hoy día, un derecho fundamental reconocido en la norma constitucional española del artículo 20.1.b).

2.2. La CE no hace sino colocar al artículo 27.2 de la *Declaración Universal* como el fundamento para considerar al derecho de autor dentro de los derechos fundamentales en razón de que su artículo 10.2., al establecer que: *"Las normas relativas a los derechos fundamentales y a las libertades que la Constitución reconoce se interpretarán..."* acorde a la *Declaración Universal "...y los tratados y acuerdos internacionales sobre las mismas materias ratificadas por España",* en consecuencia, por mandato constitucional debe interpretarse que se mantiene este rango en la legislación española.

2.3. La protección constitucional del derecho de autor en España, ha sido reconocida por la jurisprudencia, a través de la Sala Contencioso Administrativa del TS en sentencia de fecha 05 de junio de 1987, al declarar que el artículo 20.1.b) de la CE al constitucionalizar el derecho de autor, tutela además, dos vertientes adicionales a la facultad patrimonial implícita de este derecho, como son, el reconocimiento y protección del derecho a la libertad de creación y de la producción literaria, artística, científica y técnica exteriorizada en una obra, amén de afirmar que la sola ubicación de este artículo en el Título Primero de la CE, significa *"...considerar a la propiedad intelectual como un derecho fundamental inherente a la dignidad de la persona y al libre desarrollo de la personalidad."* Por tanto, debe entenderse consagrado tanto en su componente moral como patrimonial dentro del artículo 20 de la CE (doble contenido igualmente reconocido por sentencia del TS de 03-06-1991).

3. *Consagración constitucional del derecho de autor en Iberoamérica*

3.1. A partir de los conceptos de derechos humanos y de derechos fundamentales estudiados, en particular de la visión de los derechos fundamentales como aquéllos derechos humanos positivados en las Constituciones estatales, podemos concluir en que si existe una vertiente normativa constitucional de protección para el derecho de autor como derecho humano fundamental en la región iberoamericana, en un porcentaje del 91% (20 de 22 países) tanto por el contenido dogmático de la norma como por las máximas garantias establecidas en todos esos países para su ejercicio, además de una protección legal de este derecho en la totalidad de los países estudiados.

4.2. El derecho de autor como derecho humano fundamental aparece entonces consagrado en las constituciones de 20 países iberoamericanos, explícitamente como tal, bajo el título de derechos fundamentales (Brasil, España, República Dominicana); como derecho individual (Argentina, Costa Rica, Guatemala, Honduras, Panamá y Uruguay); como derecho constitucional (Chile); como derecho económico (El Salvador y Paraguay); como derecho cultural (Bolivia y Nicaragua); como derecho humano (Colombia y Venezuela); como derecho de la libertad de creación cultural (Portugal); como derecho del buen vivir (Ecuador) y dentro de las garantías individuales como excepción a la prohibición de monopolios (México), amén de la jurisprudencia nacional que consagra expresamente, al derecho de autor como derecho humano fundamental (Colombia en cuanto al derecho moral, Costa Rica como derecho integrante de la propiedad intelectual y España, como derecho inherente a la dignidad de la persona y al libre desarrollo de la personalidad).

4.3. La garantía constitucional por excelencia, viene dada por la figura jurídica del amparo (Paraguay), ya sea como recurso (Costa Rica, Ecuador, España, Guatemala, Honduras, Nicaragua, Panamá) o como acción (Argentina, Bolivia, El Salvador, Perú, República Dominicana, Venezuela); como recurso de protección (Chile); acción de tutela (Colombia); juicio de amparo (México); derecho de petición y acción popular (Portugal); mandamiento de seguridad (Brasil); acción de garantía (Uruguay). En este último país, no aparece expresamente consagrado en la Constitución, pero se desprende de una interpretación directa de artículos allí establecidos, y su procedimiento es autónomo e independiente, establecido por ley especial.

4.4. La revisión de los antecedentes constitucionales en la región iberoamericana, da cuenta de que durante los siglos XX y XXI, los pocos países que no consagraban al derecho de autor en sus constituciones, independientemente de contar o no con normativa legal sobre propiedad intelectual, lo incluyen en las mismas con el rango de derecho fundamental, como es el caso del Reino de España en su Constitución de 1978 y de Bolivia en su Constitución de 2.009 aunque ambos países lo consagraban a nivel legal desde 1879. También otros países que habiéndolo consagrado en sus cartas magnas pero sin incluirlo dentro de los derechos fundamentales, lo elevan a esta categoría, como es el caso de Venezuela que en su Constitución vigente de 1.999, consagra al derecho de autor como derecho humano, derecho que en su Constitución anterior de 1961, era consagrado en conjunto con toda la propiedad intelectual, como derecho económico. La excepción a todo esto viene dada por la República de Cuba, país que aunque cuenta con protección legal al derecho de autor, su Constitución de 1940 que consagraba la protección a toda la propiedad intelectual en su artículo 92, fue sustituida por la Constitución vigente de 1976 que no consagra esta protección.

Todas estas conclusiones dan cuenta de la existencia de una vertiente normativa en la tutela otorgada al derecho de autor como derecho humano fundamental, tanto por el Derecho internacional como por el Derecho constitucional en Iberoamérica recogiendo así los países en sus respectivas Cartas Constitucionales, lo consagrado y refrendado en el plano supranacional como ya vimos, en la *Declaración Universal* (art. 27.2), la *Declaración Americana* (art. 13.2), ambas de 1948, además del *Pacto Internacional de Derechos Económicos, Sociales y Culturales* de la ONU de 1966 (art. 15.1.c).

A modo de recomendación, resaltamos la importancia de realizar trabajos académicos de este tipo, en cuanto al levantamiento de información sobre la consagración constitucional y legal del derecho de autor en diferentes regiones del mundo, con miras a inventariar en un primer momento lo existente y luego poder proceder a uniformizar en lo posible, esta institución jurídica que aunque compartiendo terrenos con el *copyright*, pudiera tambien adicionalmente, tender puentes y estrechar lazos con éste, en la difícil pero no imposible tarea, de lograr una verdadera universalidad del sistema con la mundialización del derecho de autor a través de una bienvenida unificación legislativa.

Igualmente, consideramos de relevancia la adopción de un sistema normativo jurisdiccional en materia de derecho de autor y por qué no, incluida la propiedad industrial, que abarque toda la *propiedad intelectual,* además de poder determinar el derecho aplicable y el reconocimiento de sentencias en los diferentes países y/o regiones del mundo, lo que pudiera realizarse a través de una adecuada adaptación del *Derecho Internacional Privado* lo que garantizaría la libre circulación o al menos, tendería a mejorarla, de los derechos intelectuales en general, permitiendo la difusión del conocimiento en el marco de la cooperación regional e internacional. Instituciones intergubernamentales como UNIDROIT, UNESCO, OMPI, dentro o fuera del sistema de la ONU, con apoyo de ONGs, pudieran perfectamente, facilitar el logro de estos objetivos.

Por último, debo decir que a lo largo de mi experiencia profesional, siempre mantuve contacto con autores y creadores en general, quienes en la búsqueda de conocer sus derechos por medio de literatura disponible en la materia, no encontraron respuesta satisfactoria; es por ello que en el desarrollo de este trabajo, siempre los tuve presentes, tratando de hacer un poco más accesible la lectura del mismo, a pesar del rigor jurídico que caracterizan estos trabajos académicos. Es a ellos a quienes dedico esta investigación.

BIBLIOGRAFÍA

ABAD YUPANQUI, Samuel B. Análisis del artículo 200°.2. "La Constitución comentada", p. 1.052-1.059. Análisis artículo por artículo. Obra colectiva escrita por 117 juristas del país. Director Walter Gutiérrez. Lima, Perú. @ *Gaceta Jurídica*. ISBN: 9972-208-28-1. Primera Edición: Diciembre 2005.

AHUMADA CANABÉS, Marcela Alejandra. "Configuración constitucional de la libertad de investigación científica. Fundamentos filosóficos y configuración constitucional". Tesis doctoral. Madrid 2006.

ALAI ASOCIACIÓN LITERARIA Y ARTÍSTICA. "Derecho de autor y libertad de expresión". Jornadas de estudio ALAI 2006 Barcelona, 19-20 de junio de 2006, Barcelona, España. ALAI, ALADDA-2008. Lista de informes nacionales contenido en CD anexo.

ALEXY, Robert. "Teoría de los derechos fundamentales". Traducción y estudio introductorio de Carlos Bernal Pulido. 2ª Edición en español, Centro de Estudios Políticos y Constitucionales. Colección: El Derecho y la Justicia. Madrid 2008. ISBN: 978-84-259-1393-8.

ANGUITA VILLANUEVA, Luis Antonio (Coordinador). "Constitución y propiedad intelectual". *Colección de propiedad intelectual*. FUNDACIÓN AISGE, Editorial REUS, ASEDA, 1ª edición, ISBN: 978-84-290-1768-7, Madrid 2014.

ANGUITA VILLANUEVA, Luis Antonio. "Libertad de expresión e información y derecho de autor" p. 7-24. "Constitución y propiedad intelectual". Luis A. Anguita Villanueva (Coordinador). *Colección de propiedad intelectual*, FUNDACIÓN AISGE, Editorial REUS, ASEDA, 1ª edición, ISBN: 978-84-290-1768-7, Madrid 2014.

_____ "Derechos fundamentales y propiedad intelectual: el acceso a la cultura", p. 49-88. En IGLESIAS REBOLLO, César (Coordinador). "Propiedad intelectual, derechos fundamentales y propiedad industrial". *Colección de Propiedad Intelectual*, Estudios, Editorial Reus, S.A. ISBN: 84-2901429-2, Madrid 2005.

ANSUÁTEGUI, Roig (Ed). "Una discusión sobre derechos colectivos". Debates del Instituto Bartolomé de las Casas número 1, Universidad Carlos III de Madrid, Madrid, 2001, Editorial DYKINSON S.L., ISBN: 84-8155-857-5.

ANTEQUERA PARILLI, Ricardo. "Internet y los derechos fundamentales en sentencia de la Corte Suprema de Justicia de Costa Rica". Fecha: 09-07-2013. http://www.antequera.com.ve/index.php?mod=articles&exec=detail&id=197

_____ "Estudios de derecho de autor y derechos afines". *Colección de propiedad intelectual*. Fundación AISGE. © Editorial Reus S.A., Madrid 2007, ISBN: 978-84-2901458-7.

_____ "Los límites del derecho subjetivo y del derecho de autor". (Los "usos honrados", el "fair use" y el *"ius usus innocui"*. El supuesto de abuso del derecho a la no divulgación de la obra. Instituto interamericano de derecho de autor IIDA. Noticias. Boletín informativo para abonados (versión electrónica). Junio de 2006. http://www.iidautor.org/documents/doctrina/2006/antequera.pdf

ANTEQUERA PARILLI, Ricardo. "Introducción. La propiedad intelectual en sus diferentes facetas". Congreso Internacional Propiedad Intelectual, Derecho de Autor y Propiedad Industrial. Homenaje al Dr. Ricardo Antequera Parilli. Colección Eventos. Universidad de Margarita 2004, Venezuela. ISBN: 980-12-0855-4.

_____ "Manual para la enseñanza virtual del derecho de autor y los derechos conexos". Escuela Nacional de la Judicatura de la República Dominicana. Primera edición, 2001, t. I, ISBN: 99934-816-0-2.

_____ "Cuestiones claves relacionadas con la aplicación del WCT y el WPPT". El Derecho de Reproducción en el Entorno Digital. Los Derechos que Rigen la Transmisión por Internet los Derechos de Distribución y Alquiler. Seminario Subregional sobre el Tratado de la OMPI sobre Derecho de Autor (WCT), el Tratado de la OMPI sobre Interpretación o Ejecución y Fonogramas (WPPT), y las Actividades Actuales de Establecimiento de Normas. Organización Mundial de la Propiedad Intelectual. San José de Costa Rica. 16-19 de diciembre de 1999. Documento OMPI/DA/COS/99/3.

_____ "La Decisión 344 de la comunidad andina de régimen común sobre propiedad industrial". En GÓMEZ MUCI, GILENI y ANTEQUERA PARILLI, RICARDO. "Legislación sobre propiedad industrial". Colección Textos Legislativos N° 18. Editorial Jurídica Venezolana. Primera edición. Caracas, 1999.

_____ "Derecho de autor". Servicio Autónomo de la Propiedad Intelectual. Dirección Nacional del Derecho de Autor. Segunda edición. Caracas. 1998. Tomo I: ISBN: 980-07-50-43-6 y ISBN: 980-07-50-44-4. Tomo II ISBN: 980-07-50-43-6 y ISBN: 980-07-50-44-2.

ANTEQUERA PARILLI, Ricardo. "Panorámica de las legislaciones latinoamericanas en materia de derecho de autor y derechos conexos". Reunión de Jefes de oficina o responsables de derecho de autor en los países iberoamericanos, Montevideo, 08-12-1997. Documento de la Organización Mundial de la Propiedad Intelectual OMPI/JDA/MVD /97/1.

_____ "El nuevo régimen del derecho de autor en Venezuela". Editorial Buchivacoa, Autoralex. Caracas, 1993, ISBN: 980-07-1729-3.

_____ "El derecho de autor y el derecho a la cultura", p. 65-78. *Libro Memorias del I Congreso Iberoamericano de Propiedad Intelectual*, t. I, Madrid, 28-31 de octubre de 1991.

_____ "Consideraciones sobre el derecho de autor (con especial referencia a la legislación venezolana)". Talleres Gráficos Leonardo Impresora, Buenos Aires, 1977.

ARRABAL, Pablo. "Manual práctico de propiedad intelectual e industrial", Ediciones Gestión 2000 S.A., Primera edición: junio 1991. Barcelona, ISBN: 84-86.703-62-X

ARRAIZ LUCCA, Rafael. "El día del idioma español". Diario El Nacional. Página de opinión, Caracas, domingo, 22 de abril de 2007.

BARRANCO AVILÉS, Mª C. "La teoría jurídica de los derechos fundamentales", Dykinson, Madrid, 2004.

BAYLOS CORROZA, Hermenegildo. "Tratado de derecho industrial. Propiedad industrial, propiedad intelectual, derecho de la competencia económica, disciplina de la competencia desleal". Ed. CIVITAS, 3ª edición, Madrid, 2014.

BECOURT, Daniel. "El derecho de autor y los derechos humanos". Asociación Internacional de Abogados de Derecho de Autor (AIADA) [traducción del francés al español por

Georgina Almeida], p. 13-15. *Boletín de derecho de autor*. Volumen XXXII, N° 3, Julio-Septiembre 1993, "Cincuentenario de la Declaración universal de derechos humanos", Ediciones UNESCO.

BERCOVITZ ÁLVAREZ, Germán. *Cuadernos Cívitas de jurisprudencia civil*, Número 27, Septiembre-Diciembre 1991, ISSN 0212-6206, N° 27, 1991, p. 1085-1101.

BERCOVITZ RODRÍGUEZ-CANO, Rodrigo (Coordinador). V.V.O.O. "Comentarios al Convenio de Berna para la protección de las obras artísticas y literarias". Tecnos, Madrid, edición (Abril 16, 2013). ISBN-10: 8430957332. ISBN-13: 978-8430957330.

BERCOVITZ RODRÍGUEZ-CANO. "Bienes de la personalidad y derecho moral del autor". Colección de Propiedad Intelectual, coord. Por Rogel Vide, Madrid, 2003, p. 95-110.

_____ (Coordinador). V.V.A.A. "Manual de propiedad intelectual". Tirant lo Blanch, Valencia 2001. ISBN. 84-8442-442-1.

BERNAL PULIDO, Carlos. "Estudio introductorio". En ALEXY, Robert. "Teoría de los derechos fundamentales". Traducción y estudio introductorio de Carlos Bernal Pulido, 2ª Edición en español, Centro de Estudios Políticos y Constitucionales, Colección: El Derecho y la Justicia, Madrid 2008, ISBN: 978-84-259-1393-8.

BIDART CAMPOS, Germán. "La interpretación de los derechos humanos". "Lecturas constitucionales andinas", N° 3, Ed. Comisión Andina de Juristas, Lima Perú, 1994.

BON, Pierre. "La protección constitucional de los derechos fundamentales. Aspectos de derecho comparado europeo". *Revista Del Centro de Estudios Constitucionales*, N° 11, Madrid España, 1992.

BONDÍA ROMÁN, Fernando. "Propiedad privada y articulo 20.1.b) de la CE". Dirección General del Servicio Jurídico del Estado. XV Jornadas de Estudio. "El sistema económico en la Constitución española". Volumen I, Secretaria General Técnica, Centro de Publicaciones, Ministerio de Justicia, p. 651-659.

_____ "Propiedad intelectual, su significado en la sociedad de la información". La nueva ley de 11 de noviembre de 1987, Editorial Trívium, Madrid 1988.

BONILLA SÁNCHEZ, Juan José. "El derecho de autor y los derechos fundamentales a la intimidad, el honor y la fama", p. 43-76. "Constitución y propiedad intelectual". Luis A. ANGUITA VILLANUEVA (Coordinador). Colección de propiedad intelectual. Fundación AISGE, Editorial REUS. ASEDA, 1ª edición, ISBN: 978-84-290-1768-7, Madrid 2014.

BOUZA LÓPEZ, Miguel Ángel. "El derecho sui generis del fabricante de bases de datos". Editorial Reus/ Aisge, Madrid, 2001, ISBN 9788429013702.

BOVADILLA, Jaime y ANZIANI, Eduardo. "Aplicación del recurso de amparo en la República Dominicana, a la luz de la ley 437-06". Fecha: 29-06-2013. http://www.buenastareas.com/ensayos/El-Amparo-Dominicano/7159875.html

BUERGENTHAL, T., GROSSMAN, C. y NIKKEN, P. "Manual internacional de derechos humanos". Editorial Jurídica Venezolana. IIDH/EJV, Caracas 1990.

BUGALLO MONTAÑO, Beatriz. "La propiedad intelectual en el Uruguay". Publicación on line en el año 2005, revisión 2011 actual revisión marzo 2013. @Beatriz Bugallo Montallo 2013. Fecha 16-12-2015. http://issuu.com/beatriz bugallomontano/docs/manual_pi_marzo_2013

BUGANZA GONZÁLEZ, María Del Carmen. "El derecho de autor y el derecho de acceso a la cultura". Fecha: 13-09-2012. http://www.tdx.cat/bitstream/handle/10803/1406/MC BG_TESIS.pdf;jsessionid=78E60EA099C1103C6517655E91 608862.tdx2?sequence=1.

BURDEKIN, Brian. Opening address. "Intellectual property and human rights". A panel discussion to commemorate the 50th anniversary of the Universal Declaration of Human Rights. Geneva, November 9, 1998, organized by WIPO/OMPI in collaboration with the Office of the United Nations High Commissioner for Human Rights, p. 5-12.

CASSIN, René. "Etudes sur la propriété industrielle, littéraire et artistique". Melanges Palisant. Paris, Sirey 1959.

CASTÁN TOBEÑAS, José. "Los derechos del hombre", 4ª Edición 1992, REUS, S.A. ISBN 84-290-1331-8.

_____ "Los derechos de la personalidad". *Revista General de Legislación y Jurisprudencia*, Edición Séptima, Madrid, Julio-Agosto 1952.

CASTORIADIS, Cornelios "Naturaleza y valor de igualdad". Conferencia pronunciada el 28 de septiembre de 1981, publicada en *L'Exigence d'égalité*, Editions de la Baconniére, Neuchatel, Ginebra, 1982.

CASTRO BONILLA, Alejandra. "El derecho de autor como un derecho humano". *Revista Electrónica de Derecho Informático. REDI*, N° 50. Costa Rica. ISSN 1576-7124. Fecha: 24-11-2015. http://v2.vlex.com /global /redi/ detalle_doctrina_redi.asp?articulo=167328

_____ "La protección constitucional del derecho de autor en España". Fecha: 12-08-2007. http:// www.informatica-juridica.com/trabajos/Pagina_especifi ca_sobre_derechos_de_autor_proteccion_constitucional. asp

CHAPMAN, Audrey R. "La propiedad intelectual como derecho humano: obligaciones dimanantes del apartado C) del párrafo I del artículo 15 del Pacto internacional de derechos económicos, sociales y culturales". Doctrina. Boletín de derecho de autor. Volumen XXXV, N° 3, julio-septiembre 2001. Ediciones UNESCO. La propiedad intelectual como derecho humano. Versión electrónica, p. 4-39. Fecha: 22-03-07. http://unesdoc.unesco.org/images/0012 /001255/125505s.pdf

CHIARACANE, Salvatore. "Hacia un concepto y práctica universales de los derechos fundamentales". Fecha: 29-09-2007. http://servicio.cid.uc.edu.ve/derecho/revista/idc26/ 26-3.pdf

CLAVEL VERGÉS, Gaspar. "La propiedad intelectual e internet: su subordinación a la cultura y a la información". Bilbao, 15 de noviembre de 1999. Fecha: 16-03-2012. http:// www.ucm.es/info/multidoc/multidoc/revista/num8/ gaspar.html

COHEN, D. "La liberté de créer", 2ª Ed. Paris, Dalloz, 1995.

COLMENTER GUZMÁN, Ricardo. "Implicaciones de derechos humanos en las disposiciones de observancia contenidas en el ADPIC / Human rights implications in the TRIPS enforcement provisions". Caracas, 2002

COLOMBET, Claude. "Grandes principios del derecho de autor y los derechos conexos en el mundo: Estudio de derecho comparado". Traducción Martín Almeida, Ediciones UNESCO/CINDOC, 3ª Edición, Madrid 1997. ISBN 978-92-3-303383-2.

COLOMBIA. MINISTERIO DE GOBIERNO. DIRECCIÓN NACIONAL DEL DERECHO DE AUTOR. "Génesis y evolución del derecho de autor." VVAA. 2ª Edición, Bogotá, 1995.

CORREA, Carlos M. "Metodologías para la medición de la importancia económica del derecho de autor y derechos conexos en América Latina". Sistema Económico Latinoamericano SELA. Secretaría Permanente. Caracas, Venezuela. Enero de 1999. SP-E N° 1-99, p. 5-6. Fecha: 14-03-2007. http://www.sela.org/DB/ricsela/EDOCS/SRed / 2006/08/T023600002239-0-Metodo logias_para _la_me dición_de_la_importancia_económica_del_Derecho_de_ Au tor_y_Derechos_conexos_en_AL.pdf

_____ "Acuerdo TRIPs. Régimen internacional de la propiedad intelectual". Segunda edición. ©1988. Ciudad Argentina. ISBN: 987-507-095-5.

CORTÉS MARTÍN, J. M. "La protección de los derechos de propiedad industrial e intelectual en el Tratado de Lisboa y en la Carta de los Derechos fundamentales de la UE", p. 219-231. SOBRINO HEREDIA, José Manuel (Dir.), ALCAIDE FERNÁNDEZ, Joaquín, PUREZA José Manuel (coords.). *Innovación y conocimiento. IV Jornadas Iberoamericanas de Estudios Internacionales*. Lisboa 23. 24 y 25 de noviembre de 2009. Marcial Pons. Madrid, Barcelona, Buenos Aires 2010. AEPDIRI. ISBN: 978-8-9768-810-9.

COTINO HUESO, Lorenzo. "Aproximación a los derechos fundamentales en la Constitución española de 1978". Fecha: 02-03-2012. http://www.portalfio.org/inicio/repositorio //CUADERNOS/CUADERNO-4/Lorenzo%20Cotino% 20Hueso.pdf

CRAWFORD (Ed.). "The rights of peoples". Clarendon Press, Oxford 1988.

DE ÁNGEL, Yagüez. "Comentarios a la ley de propiedad intelectual" (Coordinador R. BERCOVITZ)". Tecnos, 1ª ed., Madrid 1987.

DE ESTEBAN, Jorge y GONZÁLEZ-TREVIJANO, Pedro. "Curso de derecho constitucional español II". Servicio de Publicaciones de la Facultad de Derecho, Universidad Complutense de Madrid, Madrid 1993.

DE VERDA Y BEAMONTE. "Libertad de creación literaria y protección post mortem del derecho al honor. Comentario a la sentencia del tribunal constitucional 51/2008, de 14 de abril". Diario La Ley, N° 7090, Sección Tribuna, 12 Enero 2009, Año XXX, Editorial La Ley. Grupo Wolters Kluwer. LA LEY 41583/2008.

DE LA PUENTE, Esteban. "Su perfil en el orden constitucional español", Primer Congreso Iberoamericano de Propiedad Intelectual. Ed. Ministerio de Cultura, Madrid, 28-31 de octubre de 1991, p. 47 y ss.

DE LA PUENTE GARCÍA, Esteban. "La elaboración de la Ley. Apuntes para su historia". La elaboración de la Ley de Propiedad Intelectual de 1987: Apuntes para su historia. En República de las letras. *Revista de la Asociación Colegial de Escritores*, N° 20, Enero, 1988, p. 11-21.

DE ROMÁN PÉREZ, Raquel. "Naturaleza jurídica del derecho de autor", p. 13-48. En IGLESIAS REBOLLO, César (Coordinador). "Propiedad intelectual, derechos fundamentales y propiedad industrial". Primera edición, REUS S.A., 2005, ISBN: 84-290-1429-2.

DE SANCTIS, Valerio. "Desarrollo y consagración internacional del derecho de autor", p. 206-290. Trad. de Juana MARTÍNEZ-Arretz, RIDA, 1974, RAÍDA, N° LXXIX, enero 1974.

DEL CORRAL, Milagros. "Derecho de autor y diversidad cultural". *Boletín Informativo de CEDRO*, N° 49, p. 17-16. Julio-agosto 2005). Fecha: 19-03-07. http://www.cedro.org/Files/bolefor049.pdf

DEL CORRAL, Milagros. "Información, educación, cultura y derecho de autor: en busca del equilibrio". Seminario Internacional sobre Derecho de Autor y Acceso a la Cultura. Madrid, 28 de octubre 2005. Subdirectora General Adjunta para la Cultura. Ponencia Principal. UNESCO Fecha: 17-03-07. http://www.cedro.org/Files/Milagros delCorral.pdf

DESANTES GUANTER, José María. "El derecho de autor en la Constitución española de 1978". Universidad Complutense de Madrid, *Cuadernos constitucionales de la Cátedra Fadrique Furió Ceriol*, p. 5-19. ISSN 1133-7087, Nº 3, 1993. Fecha: 22-10-2013. http://dialnet.unirioja.es/servlet/articulo?codigo=229791

DESANTES GUANTER, José María y otros. "Derecho de la información", Colex, Madrid, 1994.

DRAHOS, Peter. "The universality of intellectual property rights: origins and development". "Intellectual property and human rights." A panel discussion to commemorate the 50th anniversary of the Universal Declaration of Human Rights. Geneva, November 9, 1998, organized by WIPO/OMPI in collaboration with the Office of the United Nations High Commissioner for Human Rights, p. 13-41.

ESPAÑA. BOLETÍN OFICIAL DEL ESTADO. Sala Segunda. Sentencia 51/2008, de 14 de abril de 2008. STC 051/2008. Fecha: 24-01-2014. http://www.tribunalconstitucional.es/fr/jurisprudencia/Pages/Sentencia.aspx?cod=15730

ESPAÑA. BOLETÍN OFICIAL DEL ESTADO BOE. N° 129 de 31 de mayo de 1994, p. 40-70. Fecha: 16-09-2012. http://www.boe.es/buscar/doc.php?id=BOE-T-1994-12317#top

ESPÍN CÁNOVAS, Diego. "Las facultades del derecho moral de los autores y artistas". *Cuadernos Cívitas*, Editorial Cívitas S.A. ISBN: 84-7398-883-3. Primera Edición, Madrid 1991.

ETTLIN, Edgardo. "Normativa sobre propiedad intelectual de la República Oriental del Uruguay". Montevideo 2012. © Edgardo Ettlin, 2012. Fecha: 14-07-2013. http://www.scribd.com/doc/116892643/Edgardo-Ettlin-Normativa-Sobre-Propiedad-Intelectual-en-Uruguay

EVANGELIO LLORCA, Raquel. "El encargo de obra intelectual". Dykinson, S.L. 2006. ISBN-10:84-9772-904-8. ISBN-13: 978-84-9772-904-8.

FAREL CUBILLAS, Arsenio. "El sistema mexicano de derechos de autor. Apuntes monográficos". Editor Ignacio Vado. México, 1966.

FAÚNDEZ LEDESMA, Héctor. "Sanción a Venezuela". Diario El Nacional. Artículo de opinión. Opinión. Caracas, Venezuela. Fecha: 26-04-2013, p. 4.

_____ "El derecho internacional de los derechos humanos y su aplicación por el juez nacional". Lectura N° 5. Módulo II. Fecha: 25-10-07. http://www.jueces.org.ve/manual/lecturas/faundez.pdf

FERNÁNDEZ GALIANO, Antonio. "Derecho natural. Introducción filosófica al derecho". Madrid, 1983.

FERNÁNDEZ-NOVOA, Carlos. "Actas de derecho industrial y derecho de autor". Tomo XV (1993). Comentarios de jurisprudencia española (1994). Marcial Pons Ediciones Jurídicas y Sociales. ISBN: 9788472482265, p. 1/11. Versión generada por el usuario Gileni GÓMEZ. Fecha: 15-08-2012. http://vlex.com/vid/integridad-obra-artistica-262470

FERNÁNDEZ, María Encarnación y VIDAL, Ernesto. "Los derechos humanos de segunda y tercera generación", p. 103-135. En MEGÍAS QUIRÓS, José Justo (Coord.) "Manual de derechos humanos. Los derechos humanos en el siglo XXI". The Global Law Collection. Garriges Cátedra. Universidad de Navarra. Thomson Aranzadi. Primera edición 2006. ISBN 84-9767-589-4.

FERRAIOLI, Luigi. "Diritti fondamentali". *Un dibattito teorico*, A cura di E. Vitale, Roma-Bari, Laterza, 2001.

FLORES DAPKEVICIIUS, Rubén. "El amparo en Uruguay". Fecha: 15-07-2013. http://www.ilustrados.com/tema/5933/Amparo-Uruguay.html

FRANCESCHELLI, Rémo. "Trattato di diritto industriale". Vol. I. GIUFFRÉ, Milán, 1960.

FRANCIA. Rapport du groupe de travail de l'Académie des sciences morales et politiques présidé par M. Gabriel de Broglie. "Le droit d'auteur et l'internet". Fecha: 23-06-2007. http://www.culture.gouv.fr/culture/cspla /rapport broglie. pdf.

FRANCIA. Sentencia del Tribunal de Apelación de París del 1º de febrero de 1989. RIDA, Nº 142, Octobre 1989, p. 301.

FRANÇON, André. "Cours de propiété littéraire, artistique et industrielle". LITEC, 1999.

GARCÍA SANZ, Rosa María. "La posible modificación del art. 20.1.b) CE: Una propuesta a la crisis del derecho de autor". Derecom. ISSN: 1988-2629. Nº 14. Nueva Época. Junio-Agosto, 2013.

_____ "El Derecho de autor en Internet". Colex, Madrid, 2005.

GARIBALDI CAMACHO, Vicente. "Legislación panameña sobre derecho de autor [con jurisprudencia]." Editorial Signos. Panamá, 1986.

GARROTE FERNÁNDEZ-DÍEZ, Ignacio. "El derecho de autor en internet". Editorial Comares, Granada, 2001. ISBN: 10-848444659X. ISBN: 13-978-8484446590.

GAUBIAC, Yves. "Las excepciones y limitaciones al derecho de autor en el sentido del artículo 13 del acuerdo sobre los ADPIC". La OMC se pronuncia sobre las excepciones al derecho de autor. Doctrina. Boletín de derecho de autor. Junio 2003. Fecha: 28-03-07. http://portal.unesco.org /culture/es/ev.php-URL_ID=10018&URL_DO=DO_TOPIC &URL_SECTION=201.html

GERVAIS, Daniel L. "Propiedad intelectual y derechos humanos: aprendiendo a vivir juntos". En *Revista iberoamericana de derecho de autor*. Año III. N° 5. Enero-Junio 2009. UNESCO- CERLALC-Universidad de los Andes. ISSN: 1909-6003, p. 68-93.

GIANNINNI, Massimo Severo. "Diritto amministrativo VI y II". Ediciones Giuffre, Milán, 1993.

GINSBURG, Jane C., RICKETSON, Sam. "International copyright and neighbouring rights: the Berne convention and beyond". Oxford University Press, 2 volumes. 2006. ISBN-10: 0198259468 / ISBN-13: 978-0198259466.

GOLDSTEIN, P. "Copyright, patent, trademark and related state doctrines. Cases and materials on the law of intellectual Property." The Foundation Press. Nueva York. 1993.

GÓMEZ MUCI, Gileni. "Propiedad intelectual y globalización". Obra Conmemorativa del Centenario del Código de Comercio venezolano de 1904, Tomo I, Academia de Ciencias Políticas y Sociales, 2004, Caracas, Venezuela, p. 347-389. ISBN. 980-6396-22-7.

_____ "La protección jurídica a la propiedad industrial", p. 7-102. En GÓMEZ MUCI, Gileni y ANTEQUERA PARILLI, Ricardo. "Legislación sobre propiedad industrial". Colección textos legislativos N° 18, Editorial Jurídica Venezolana. Primera edición. Caracas, Venezuela, 1999. ISBN: 980-365-033-5.

GÓMEZ MUCI, Gileni. "El derecho de autor y los derechos conexos en el marco del Acuerdo sobre los aspectos de los derechos de propiedad intelectual relacionados con el comercio" Acuerdo sobre los ADPIC, p. 105-135. En *Legislación sobre derecho de autor y derechos conexos* por Ricardo ANTEQUERA PARILLI y Gileni GÓMEZ MUCI. Colección textos legislativos N° 16, Editorial Jurídica Venezolana. Primera edición, Caracas, Venezuela, 1999. ISBN: 980-365-021-1.

_____ "El problema ambiental y los incentivos fiscales". Biblioteca de la Academia de Ciencias Políticas y Sociales, Serie Estudios Caracas, Venezuela, 1994. ISBN. 980-6106-96-2.

GÓMEZ SEGADE, José Antonio. "El derecho de autor en el entorno digital". *RGLJ*, N° 13, enero-febrero, 2001.

GONZÁLEZ, Agustín. "Aspectos básicos de la directiva sobre derechos de autor y derechos afines a los derechos de autor en la sociedad de la información". Fecha: 12-03-07. http://www.cedro.org/Files/Boletin24FORO.pdf

GONZÁLEZ MORENO, Beatriz. "Estado de cultura, derechos culturales y libertad religiosa". Monografías. Civitas ediciones 2003. ISBN: 84-470-1931-4.

GUIBAULT, Lucie. "Naturaleza y alcance de las limitaciones y excepciones al derecho de autor y los derechos conexos en relación con las misiones de interés general de la transmisión del conocimiento: sus perspectivas de adaptación al entorno digital". E-Boletín de derecho de autor. Doctrina y opiniones. Octubre-diciembre 2003. Fecha: 28-03-07. http://portal.unesco.org/culture/es/file_download.php/6fc981a2b5a9266f149732e802e9f6eel_guibault_sp.pdf

HÄBERLE, Peter, "El concepto de los derechos fundamentales". Traducción revisada por María José Fariñas Dulce. A.A.V.V. "Problemas actuales de los derechos fundamentales". Edición José María Sauca, Universidad Carlos III /BOE, Madrid, España. 1994.

HARAÚZ, Heriberto. "Panorama de la justicia constitucional panameña". Universal Books. Panamá 2003.

HARVEY, Edwin R. "Derecho cultural latinoamericano. Centroamérica, México y Caribe". Organización de los Estados Americanos. Ediciones Depalma. Buenos Aires 1993. Editores, Talcahuano 494. ISBN 950-14-0715-2.

_____ "Derecho cultural latinoamericano. Sudamérica y Panamá". Organización de los Estados Americanos. Ediciones Depalma. Editores Talcahuano 494. Buenos Aires 1992. ISBN 950-14-0668-7.

_____ "Legislación cultural (aproximación a la materia)". Monte Ávila Editores, Caracas, 1991. ISBN 980-01-0562-X, p. 119-135.

HERNÁNDEZ, Tulio. Artículo periodístico. "La Cultura en la nueva Constitución". Cuerpo "A". Página de Opinión del Diario ELNACIONAL. Caracas, Venezuela. Fecha: 18-09-1999.

HERNÁNDEZ COLLAZOS, Isabel. "Patrimonio fotográfico. Originalidad y dominio público. Una aproximación desde el derecho de autor en España", p. 74-104. RIIPAC N° 2/2013. *Revista sobre Patrimonio Cultural: Regulación. Propiedad Intelectual e Industrial*. Editada por eumed.net. ISSN: 2255-1565.

HERNÁNDEZ VALLE, Rubén. "Constituciones iberoamericanas. Costa Rica". ISBN: 970-32-1930-1. Fecha: 15-07-2013. http://biblio.juridicas.unam.mx/libros/4/1541/3.pdf

IGLESIAS REBOLLO, César (Coordinador). "Propiedad intelectual, derechos fundamentales y propiedad industrial". Colección de Propiedad Intelectual. Estudios. Editorial Reus, S.A. ISBN: 84-2901429-2. Madrid 2005.

_____ "Bibliografía española sobre propiedad intelectual 1987-2000". Año de edición: 2002. Editorial Reus. ISBN: 9788429013788.

JIMÉNEZ CAMPO, Javier. "Derechos fundamentales. Concepto y garantía". Trotta, Madrid, 1999.

_____ "Comentario al artículo 53". "Comentarios a la Constitución Española de 1978" dirigidos por Oscar ALZAGA VILLAMIL, Tomo IV (artículos 39 a 55). Edersa, Madrid, 1996.

KÉRÉVER, André. "El derecho de autor como derecho humano". La opinión de un especialista. En "Cincuentenario de la Declaración Universal de derechos humanos". *Boletín de derecho de autor.* Volumen XXXII, Nº 3, Julio-Septiembre 1998, Ediciones UNESCO.

LASSO DE LA VEGA, Javier. "El contrato de edición o los derechos y obligaciones de autores y editores". Editorial Estades, Artes Gráficas, Madrid. 1949.

LEPAGE, Anne. "Panorama general de las excepciones y limitaciones al derecho de autor en el entorno digital". Doctrina y opiniones. E-Boletín de derecho de autor. Enero-marzo de 2003. Fecha: 30-03-07. http://unesdoc.unesco.org/images/0013/001396/139696S.pdf

LILLICH. R.B. "Global protection of human rights", p. 115-170. Theodor Meron (Ed.). "Human rights in International law: legal and policy issues". Clarendon Press, Oxford, 1984, 1992 reprint.

LIPSZYC, Delia. "Nuevos temas de derecho de autor y derechos conexos". © UNESCO 2004. ISBN UNESCO: 92-3-303925-0; ISBN CERLALC: 958-671-088-2; ISBN Zabalía: 950-572-667-8.

_____ "Esquema de la protección internacional del derecho de autor por las convenciones del sistema interamericano". LIPSZYC, DELIA, VILLALBA, CARLOS Y UCHTENHAGEN ULRICH. "La protección del derecho de autor en el Sistema Interamericano" Universidad Externado de Colombia. Dirección Nacional de derecho de autor de Colombia. Primera Edición: abril de 1998. ISBN: 958-616.

_____ "Derecho de autor y derechos conexos". Ediciones UNESCO, CERLALC, Zavalia, Buenos Aires 1993.

_____ "La protección de la obra extranjera y los Convenios internacionales". Organización Mundial de la Propiedad Intelectual OMPI / Universidad Católica Andrés Bello / Instituto de Estudios Jurídicos del Estado Lara. Colegio de Abogados. Editores S.R.L. Barquisimeto, Estado Lara, Venezuela, p. 49-84. En Libro memorias del Congreso Internacional sobre la protección de los derechos intelectuales (del autor; el artista y el productor) a la memoria de *Roberto Goldschmidt*, 1986

LÓPEZ, Miguel Ángel. "El derecho sui generis del fabricante de bases de datos". Editorial Reus/ Aisge. Madrid, 2001.

LÓPEZ, Pina. "Comentario introductorio al Capítulo III del Título I". "Comentarios a la Constitución Española de 1978", dirigidos por Oscar ALZAGA VILLAMIL, Tomo IV (artículos 39 a 55). Edersa, Madrid, 1996.

LOREDO ÁLVAREZ, Alejandro. "Derecho de Autor y Copyright dos caminos que se encuentran". Fecha: 12-10-2010. http://www.cecolda.org.co/images/publicaciones/ed 11_5. pdf

MADRID MARTÍNEZ, Claudia. "El derecho internacional privado como mecanismo para garantizar la circulación del conocimiento entre los países latinoamericanos, especial referencia al caso venezolano", p. 153-167. SOBRINO HEREDIA, José Manuel (Dir.), ALCAIDE FERNÁNDEZ, Joaquín, PUREZA, José Manuel (coords.). "Innovación y conocimiento". IV Jornadas Iberoamericanas de Estudios Internacionales. Lisboa 23. 24 y 25 de noviembre de 2009. Marcial Pons. Madrid, Barcelona, Buenos Aires 2010. AEPDIRI. ISBN: 978-8-9768-810-9.

MADRIÑÁN VÁZQUEZ Marta. "Derecho a la herencia y derecho de autor", p. 99-117. "Constitución y propiedad intelectual". Luis A. ANGUITA VILLANUEVA (Coordinador). Colección de propiedad intelectual. FUNDACIÓN AISGE. Editorial REUS. ASEDA, 1ª edición, ISBN: 978-84-290-1768-7, Madrid 2014.

MARÍN LÓPEZ, J. J. "Comentario al artículo 41 LPI". "Comentarios a la Ley de Propiedad Intelectual", coord. BERCOVITZ RODRÍGUEZ-CANO, 3ª edición, Tecnos, Madrid 2007.

MARTÍNEZ DE VALLEJO FUSTER, B., "Los derechos humanos Como derechos fundamentales. Del análisis del carácter fundamental de los derechos humanos a la distinción conceptual". En BALLESTEROS, J. (ed), *Los derechos humanos. Concepto, fundamento, sujetos.* Tecnos, Madrid, 1992,

MASOUYÉ, Claude. "Guía para la aplicación del Convenio de Berna para la protección de las obras literarias y artísticas" (Acta de París 1971). Ginebra: Organización Mundial de la Propiedad Intelectual OMPI, 1978.

MEGÍAS QUIRÓS, José Justo (Coord.) "Manual de derechos humanos. Los derechos humanos en el siglo XXI". The Global Law Collection. Garriges Cátedra. Universidad de Navarra. Thomson Aranzadi. ISBN 84-9767-589-4. Primera edición 2006.

MINTEGUIA ARREGUI, Igor. "Sentimientos religiosos, moral pública y libertad artística en la Constitución española de 1978". Colección Conciencia y Derecho. Dykinson S.L. Madrid 2006. ISBN-10: 84-9772-928-5.

NETTEL DÍAZ, Ana Laura. "Derecho de autor y plagio". Revista ALEGATOS. Núm. 83, Universidad Autónoma Metropolitana. Sección Artículos de Investigación, Enero-abril de 2013, México, p. 135-152.

NIKKEN, Pedro. "Código de derechos humanos". Colección Textos Legislativos Nº 12, Editorial Jurídica Venezolana. Segunda edición. Caracas, 2006. ISBN: 980-365-104-8.

_____ "Constitución venezolana de 1999. La habilitación para dictar decretos ejecutivos con fuerza de ley restrictivos de los derechos humanos y su contradicción con el derecho internacional". *Revista de Derecho Público* Nº 83, Julio-Septiembre 2000.

NOGUEIRA ALCALÁ, Humberto. "Los derechos esenciales o humanos contenidos en los tratados internacionales y su ubicación en el ordenamiento jurídico nacional: doctrina y jurisprudencia". Vol. 9, N° 1, *Ius et Praxis*, 2003, p. 403-466. Versión *on-line*. ISSN: 0718-0012. TALCA 2003. Fecha: 29-09-2010. http://redalyc.uaemex.mx/src/inicio/ArtPdfRed.jsp?iCve=19790120.

OLLERO TASSARA, Andrés. "Derechos del autor y propiedad intelectual. Apuntes de un debate". *Revista de Derecho Político*, N° 27-28, Universidad Nacional de Estudios a Distancia UNED. Madrid 1988, p. 180-115. ISSN: 0210-7562.

ORGANIZACIÓN MUNDIAL DE LA PROPIEDAD INTELECTUAL. OMPI. "Tratado de la OMPI sobre derecho de autor". Documento WIPO/CR/POS/99/2 preparado por la Oficina Internacional de la OMPI. Simposio Regional para Países de América Latina y el Caribe sobre el Tratado de la OMPI sobre Derecho de Autor (WCT) y el Tratado de la OMPI sobre Interpretación o Ejecución y Fonogramas (WPPT). Puerto España, Trinidad y Tobago, 16-18 de marzo de 1999.

_____ "Glosario de OMPI de derechos de autor y derechos conexos". Ginebra: Autor, 1980. Ediciones OMPI.

_____ "Guía del Convenio de Berna". Ginebra, 1978. Ediciones OMPI.

OSSORIO, Manuel. "Diccionario de ciencias jurídicas, políticas y sociales". Editorial Obra Grande S.A., Montevideo, Uruguay. 1986. Editorial Heliasta. Buenos Aires, República Argentina.

OTERO LASTRES, J.M. "La protección constitucional del derecho de autor: análisis del artículo 20.1.b) de la Constitución española de 1978". Diario La Ley, 1986, tomo 2. Editorial La Ley, p. 370 y ss. Documento solicitado por la autora en Internet, p. 1/8.

PALADIN, L. "Diritto costituzionale". Ediciones CEDAM. Padova. 1995.

PALAO MORENO, Guillermo. "La transferencia internacional del conocimiento y de la innovación en Iberoamérica: una aproximación conflictual", p. 137-152. SOBRINO HEREDIA, José Manuel (Dir.), ALCAIDE FERNÁNDEZ, Joaquín, PUREZA, José Manuel (coords.). "Innovación y conocimiento". IV Jornadas Iberoamericanas de Estudios Internacionales. Lisboa 23. 24 y 25 de noviembre de 2009. Marcial Pons. Madrid, Barcelona, Buenos Aires 2010. AEPDIRI. ISBN: 978-8-9768-810-9.

PAZ -ARES, Cándido. "La economía política como jurisprudencia racional". ADC, N° 34, 1981.

PECES-BARBA, G., FERNÁNDEZ LIESA, C., LLAMAS CASCÓN, A. "Textos básicos de derechos humanos". Aranzadi, Madrid, 2001

PECES-BARBA, G., ASÍS, R. DE, LLAMAS, A., FERNÁNDEZ LIESA, C. "Curso de derechos fundamentales". B.O.E.- Universidad Carlos III, Madrid, 1995.

PECES-BARBA MARTÍNEZ, Gregorio. "Derechos fundamentales". *Guadiana de Publicaciones*, Madrid, 1973.

PEÑA SOLÍS, José. "Lecciones de Derecho Constitucional Venezolano". Tomo II: "Los derechos políticos, sociales, culturales y educativos, económicos, de los pueblos indígenas y ambientales." *MU Manuales universitarios*, Ediciones Paredes, Primera edición, 2014.

PEÑARANDA QUINTERO, Héctor Ramón. "Análisis jurisprudencial de las sentencias del Tribunal Constitucional español", N° 53/1985, 99/1994 y 136/1999. Nómadas, núm. 24, julio-diciembre, 2009. Publicación electrónica de la Universidad Complutense de Madrid. ISSN 1578-6730. Madrid, España. Fecha: 31-10-2015. http://www.redalyc.org articulo.oa?id=18112178016.

PÉREZ FUENTES, Gisela María. "Evolución doctrinal, legislativa y jurisprudencial de los derechos de la personalidad y el daño moral en España". *Revista de Derecho Privado*. Nueva época, Año III. Número 8, mayo-agosto 2004, p. 111-146. Instituto de Investigaciones Jurídicas. Universidad Nacional Autónoma de México. Primera Edición 2004. ISSN: 0188-5049. Fecha: 10-08-2012. http://www.juridicas. unam.mx/publica/librev/rev/derpriv/cont/8/dtr /dtr4. pdf

PÉREZ LUÑO, Antonio Enrique. "La tercera generación de derechos humanos". Primera Edición 2006. Garrigues Cátedra Universidad de Navarra. Thomson Aranzadi. The Global Law Collection. Legal Studies Series. Director: Rafael Domingo. ISBN 84-9767-640-8.

_____ "Diez tesis sobre la titularidad de los derechos humanos", p. 259-269. ANSUÁTEGUI, Roig (Ed). "Una discusión sobre derechos colectivos". Debates del Instituto Bartolomé de las Casas, N° 1, Universidad Carlos III de Madrid, Madrid, 2001. Editorial DYKINSON S.L. ISBN: 84-8155-857-5.

_____ "Los derechos fundamentales". Tecnos, Madrid, 1998.

_____ "Derechos humanos, Estado de derecho y Constitución". Tecnos, 9ª edición. Madrid 2005.

PÉREZ SERRANO, Nicolás. "El derecho moral de los autores". Anuario de Derecho Civil, 1949, p. 7-27.

PINO, Giorgio. "Conflictos entre derechos fundamentales. Una crítica a Luigi Ferrajoli". DOXA. *Cuadernos de Filosofía del Derecho*, 32 (2009), p. 647-664. ISSN: 0214-8676.

PIOLA CASELLI, Eduardo. "Trattato del diritto di autore", Nápoles, E. Marghieri y Turín, Uniones Tip. Ed. Torinese, 1927.

PIZARRO MORENO, Eduardo. "La disciplina constitucional de la propiedad intelectual". Tirant lo Blanch. Valencia, 2012.

_____ "Análisis de los fundamentos filosóficos de la propiedad intelectual". Teoría & Derecho. *Revista de Pensamiento Jurídico*. Autonomía de la Voluntad y Control Registral. Tirant lo Blanch. *Revista Semestral*. Junio 5/2009, p. 159-181.

PLAZA PENADÉS, Javier. "El derecho de autor y su protección en el artículo 20, 1,b) de la Constitución". Tirant Monografías 65. Tirant lo Blanch. Valencia, 1997. I.S.B.N: 84-8002-451-8.

PLAZAS, Arcadio. "Estudios sobre derecho de autor. Reforma legal colombiana". Temis. Bogotá 1984.

PORTEIRO REPETTO, Paula. IA Instituto Autor.org. 29/07/2014. p. 1-2. Fecha: 16-12-2015.http://www.institutoautor.org /uploads/website/docs/4099-1-marco%20normativo% 20de%20 uruguay.pdf

PRIETO DE PEDRO, J. "Cultura, culturas y constitución". Congreso de los Diputados. Centro de Estudios Constitucionales, Madrid, 1995.

PRIETO SANCHÍS, L. "Estudios sobre derechos fundamentales". Debate, Madrid, 1990.

PUY MUÑOZ, Francisco. "Ensayo de definición de los derechos culturales". *Anuario de derechos humanos*. Instituto de Derechos Humanos, Universidad Complutense, 1988-1989.

RADAELLI, Sigfrido Augusto, MOUCHET, Carlos. "Los derechos del escritor y del artista". Editorial Sudamericana. Buenos Aires. 1957

RAMS ALBESA J. "La génesis de los derechos morales de los creadores", *Colección de propiedad intelectual*. Coord. por ROGEL VIDE, Madrid, 2003, p. 17-42.

REAL ACADEMIA ESPAÑOLA. Diccionario castellano de Real Academia Española. Versión digital. Vigésima Segunda Edición.

RECHT, Pierre. "Le droit d'auteur, une nouvelle forme de propriété: histoire et théorie". Librairie Générale de Droit et de Jurisprudence. Gembloux. Editions J.Duculot, Paris, 1969.

RENGIFO GARCÍA, Ernesto. "Propiedad intelectual. El moderno derecho de autor". Universidad Externado de Colombia. Septiembre de 1997. Segunda Edición. ISBN 958-616.277-X.

REPÚBLICA DE LAS LETRAS. *Revista de la Asociación Colegial de Escritores,* N° 20, Enero, 1988.

RICKETSON, Sam. "Estudio sobre las limitaciones y excepciones relativas al derecho de autor y a los derechos conexos en el entorno digital". OMPI. Comité Permanente de Derecho de Autor y Derechos Conexos. Novena Sesión. Documento SCCR/9/7. Ginebra, 23 a 27 de junio de 2003.

RÍOS PINZÓN, Yecid Andrés, Subdirector de Derecho de autor CERLALC. Bogotá, Colombia. Opiniones esgrimidas por consultas de la autora en fecha 29-04-2014.

RODRÍGUEZ, Agustín W., GALETTA DE RODRÍGUEZ, Beatriz, "Diccionario Latín Jurídico, Locuciones latinas de aplicación jurídica actual". Ed. García Alonso, 1° Ed., 1° reimp., Buenos Aires, 2008. Fecha: 09-07-2012. http://www.significadolegal.com/2009/07/de-lege-ferenda. html

RODRÍGUEZ TAPIA, J. Miguel y BONDIA ROMÁN, Fernando. "Comentarios a la Ley de propiedad intelectual". (Texto refundido, R.D. Leg. 1/1996, de 12 de abril). Editorial Civitas, S.A. Primera edición. Madrid, 1997. ISBN: 84-470-0896-7.

RODRÍGUEZ-ZAPATA PÉREZ, Jorge. "Derecho de propiedad y derecho de autor", p. 77-98. "Constitución y propiedad intelectual". Luis A. ANGUITA VILLANUEVA (Coordinador). *Colección de propiedad intelectual*. FUNDACIÓN AISGE. Editorial REUS. ASEDA. 1ª edición. Madrid 2014. ISBN: 978-84-290-1768-7.

ROGEL VIDE, Carlos. "Libertad de creación y derecho de autor", p. 25-42. Constitución y propiedad intelectual". Luis A. ANGUITA VILLANUEVA (Coordinador). Colección de propiedad intelectual. FUNDACIÓN AISGE. Editorial REUS. ASEDA. 1ª edición. Madrid 2014. ISBN: 978-84-290-1768-7.

_____ "Estudios completos de propiedad intelectual". Volumen III. Editorial Reus S.A., Madrid, 2009. ISBN: 9788429013818.

_____ "Estudios de Derecho Civil, Persona y Familia". Editorial Reus, Madrid, 2008.

_____ "Estudios sobre propiedad intelectual". José María Bosch Editor, S.A. Barcelona 1995. ISBN: 84-7698-317-4.

ROSELLÓ MANZANO, Rafael. "Derechos de la personalidad y derechos morales de los autores". Colección de Propiedad Intelectual. Fundación AISGE/ REUS/ ASEDA. Primera edición. Madrid 2011. ISBN: 978-84-290-1673-4.

RUBIO LLORENTE, Francisco. "Derechos fundamentales, derechos humanos y estado de derecho", p. 483-509. En VIDAL-BENEYTO, José (ED.). "Derechos humanos y diversidad cultural". *Globalización de las culturas y derechos humanos*. Icaria Antrazyt 234. Primera edición. Barcelona. Enero, 2006. ISBN: 84-7426-738-2.

RUBIO LLORENTE, Francisco. "Prácticas". VIDAL-BENEYTO, José (ED.). "Derechos humanos y diversidad cultural". Globalización de las culturas y derechos humanos. Icaria

Antrazyt 234. Primera edición. Barcelona. Enero, 2006. ISBN: 84-7426-738-2.

SAIZ GARCÍA, Concepción. "Objeto y sujeto del derecho de autor". Biblioteca Jurídica Cuatrecasas. Dirigida por: F. Vicent Chuliá. Tirant lo Blanch. Valencia 2000. ISBN: 84-8442-124-4.

SALELLES, José R. "La armonización comunitaria proyectada del régimen de excepciones del derecho de autor y otros derechos afines en la sociedad de la información". *RGD*, Nº 675, diciembre 2000.

SÁNCHEZ G. Salvador. "El amparo en Panamá". *Ius Revista del Instituto de Ciencias Jurídicas de Puebla*. A.C., vol. 5, Nº 27, Instituto de Ciencias Jurídicas de Puebla A.C. México. Junio 2011, p. 216-234. ISSN (versión impresa): 1870-2147.

SÁNCHEZ MARÍN, Ángel-Luis. "Concepto, fundamento y evolución de los derechos fundamentales". Fecha: 29-09-2007. http://www.intercodex.com/ficharticulo.php?ID=13

SANTIAGO, Oswaldo. "Acuarela do direito autoral – três acórdãos do Supremo". U.B.C. Rio de Janeiro, 1985.

SATANOWSKY, Isidro. "Derecho intelectual", Buenos Aires, TEA, 1954.

SCHERMERS. H. G. "The international protection of the right of property", p. 565-580. F. MATSCHER, H. PETZOLD (eds.), Protecting Human Rights: The European Dimension (Carl Heymanns Verlag KG, Köln, 1998).

SEGADO, F.F. "La dogmática de los derechos humanos". Ediciones Jurídicas, Lima, Perú, 1994.

SERRANO FERNÁNDEZ, María. "Acceso a la cultura y propiedad intelectual. El derecho de acceso la cultura: (sic) su significado constitucional. La función social de la propiedad intelectual: la tutela del derecho de acceso a la cultura del art. 40 TRLPI", p. 119-140. *Constitución y propiedad intelectual*. Luis A. ANGUITA VILLANUEVA (Coordinador). Colección de propiedad intelectual. FUNDACIÓN AISGE. Editorial REUS. ASEDA, 1ª edición, Madrid 2014. ISBN: 978-84-290-1768-7.

SILVA-RUIZ, Pedro F. Nueva "Ley de derechos morales de autor de Puerto Rico" (Núm. 55 del 9 de marzo de 2012). Fecha: 21-12-2015. http://www.acaderc.org.ar/doctrina/articu los/nueva-ley-de-derechos-morales-de-autor-de-puerto/ at_download/file

SILVA-RUIZ, Pedro F. "La protección legal del autor / creador intelectual en Puerto Rico y en derecho comparado". Libro *Homenaje a los Congresos Nacionales de Derecho Civil (1927-1937-1961-1969)*, Academia Nacional de Derecho y Ciencias Sociales de Córdoba, el tomo III, Argentina, 2009, p. 1871-1921.

SOBRINO HEREDIA, José Manuel (Dir.), ALCAIDE FERNÁNDEZ, Joaquín, PUREZA, José Manuel (coords.). "Innovación y conocimiento. IV Jornadas Iberoamericanas de Estudios Internacionales". Lisboa 23. 24 y 25 de noviembre de 2009. Marcial Pons. Madrid, Barcelona, Buenos Aires 2010. AEPDIRI. ISBN: 978-8-9768-810-9.

STEINER, Christine. "Intellectual property and the right to culture". A panel discussion to commemorate the 50th anniversary of the Universal Declaration of Human Rights. Geneva, November 9, 1998, organized by WIPO/OMPI in collaboration with the Office of the United Nations High Commissioner for Human Rights, p. 43-63.

STROWE, Alain. "Droit d'auteur et copyright". Bruylant. Bruselas/ Paris. Librairie Générale de Droit et de Jurisprudence (LGDJ), 1993.

THEODOR, Meron (Ed.). "Human rights in International Law: legal and policy issues". Clarendon Press. Oxford, 1984, 1992 reprint.

TRUYOL Y SERRA, Antonio. "Los derechos humanos", 4ª edición, Tecnos, Madrid, 2000.

UCHTENHAGEN, Ulrich. "Acerca de la historia de las convenciones de derecho de autor latinoamericanas". LIPSZYC, Delia, VILLALBA, Carlos, UCHTENHAGEN, Ulrich. "La protección del derecho de autor en el Sistema Interamericano" Universidad Externado de Colombia. Dirección Nacional de derecho de autor de Colombia. Primera Edición: abril de 1998. ISBN: 958-616.

UCHTENHAGEN, Ulrich. "Génesis y evolución del derecho de autor en el mundo". En *VI Congreso Internacional sobre la protección de los derechos intelectuales*. SEP. OMPI. FEMESAC. México, 1991. Fecha: 20-05-07. http://www.sieca.org.gt/publico/ProyectosDeCooperacion/Proalca/PI/Revistas/R4A2/ElEditordeLibros.htm

UNESCO. CENTRO REGIONAL PARA EL FOMENTO DEL LIBRO EN AMÉRICA LATINA Y EL CARIBE. CERLALC. Parte del Concepto Técnico identificado con el número S-2012-DIR-237 presentado por el CERLALC a la Corte Constitucional de Colombia el 2 de agosto de 2012, en el proceso que se surtía ante ese tribunal identificado con el número D-9168.

UNESCO. Página web del Centro regional para el fomento del libro en América Latina y el Caribe © CERLALC 2007. Selección y disposición de las materias y comentarios Ricardo Antequera Parilli. Fecha: 29-10-2012. http://www.cerlalc.org/derechoenlinea/dar/index.php?mode=archivo&id=57

VARIAN, Hal R. "Copying and copyright: los derechos de propiedad en la era de internet" Fecha: 10-06-07. http://www.mityc.es/NR/rdonlyres/5BF32BD8-0E92-4190-AA32-9BCAEECD70A1/0/1P1727_Ei3605.pdf

VENEZUELA. CONSEJO NACIONAL DE LA CULTURA CONAC. "Proyecto de ley orgánica de la cultura". "Colección Pensamiento y Acción Cultural", 1ª edición, Caracas 2002. ISBN: 980-376-048-3.

VIDAL-BENEYTO, José (ED.). "Derechos humanos y diversidad cultural". Globalización de las culturas y derechos humanos. Icaria Antrazyt 234. Primera edición. Barcelona. Enero, 2006. ISBN: 84-7426-738-2.

VILLALBA CARLOS, A. "Limitaciones del derecho de autor que benefician al autor y al editor". II Jornada de Derecho de Autor en el Mundo Editorial. Buenos Aires, 28 y 29 de abril de 2004. CADRA/OMPI/IFRRO/CEDRO. Fecha: 23.06-2007. http://www.cadra.org.ar/upload/Villalba_Limitaciones.pdf

_____ "El derecho de autor y los derechos conexos en las declaraciones y tratados sobre derechos humanos". Curso Regional para Países de América Latina sobre las Nuevas Tendencias en la Protección Internacional del Derecho de Autor y de los Derechos Conexos. Organización Mundial de la Propiedad Intelectual OMPI. 15 a 23 de julio de 1996. Santo Domingo, República Dominicana. Documento de la Organización Mundial de la Propiedad Intelectual OMPI/DA/SDO/96.

_____ "Los derechos intelectuales como parte de los derechos humanos", p. 137-166. Jornadas "J.M. Domínguez Escovar" sobre Derechos Humanos. Colegio de Abogados del Estado Lara. Instituto de Estudios Jurídicos. Con el auspicio de la Universidad Católica Andrés Bello y la Universidad Centro Occidental Lisandro Alvarado. Barquisimeto, Venezuela, 3 al 6 de enero 1986.

_____ "Introducción a los tratados internacionales en materia de derecho de autor". *Revista del derecho industrial*. Separata. N° 5, Mayo-Agosto 1980, Ed. Depalma, Buenos Aires, p. 331-349.

VIVANT, Michel. «¿Es el derecho de autor uno de los derechos humanos?", p. 61-123. "Le droit d'auteur, un droit de l'homme". *Revue Internationale du droit d'auteur (RIDA)*, N° 174, octubre de 1997.

VON SINGER, Harro. "From the limited to the universal concept of human rights". Comparative Law Review, Vol. XXVI, N° 2, Tokyo 1992.

VON LEWINSKI, Silke. "El papel de la convención universal sobre derecho de autor y su futuro". UNESCO. e-Boletín de derecho de autor. Oct-Dic. 2006. Fecha: 09-10-10. http://portal.unesco.org/culture/es/files/32622/117189 44031ucc_study_sp.pdf/ucc_study_sp.pdf

ZAPATA LÓPEZ, Fernando. "Los tratados de la OMPI de diciembre 1996". III Congreso Iberoamericano de sobre Derecho de Autor y Derechos Conexos, Montevideo 1997.

PRINCIPALES PÁGINAS WEB CONSULTADAS

CAPÍTULO I

http://www.wipo.int /

http://www.wipo.int/about-wipo/es/how_wipo_ works. html

http://www.wipo.int/treaties/es/ip/beijing/beijing_treat y.html

http://www.wipo.int/treaties/en/ip/berne/trtdocs_w000 1.html#P109_16834

http://www.wipo.int/treaties/es/ip/berne/trtdocs_w000 1.html

http://209.85.165.104/search?q=cache:kRFmx9C8VnwJ:w
ww.lacult.org/docc/1971derechoautor.doc+convenci%C3%B3n
+universal+sobre+derecho+de+autor&hl=es&ct=clnk&cd=3&gl
=ve&lr=lang_es

http://www.wto.org/english/thewto_e/whatis_e/who_
we_are_e.htm/ http://www.wto.org/spanish/thewto_s/ wha-
tis_s/inbrief_s/inbr00_s.htm

http://www.wipo.int/treaties/es/ip/berne/trtdocs_w000
1.html

http://www.wto.org/spanish/docs_s/legal_s/27-trips_07
_s.htm. http://www.wto.org/spanish/docs_s/legal_s/27-trips
_01_s.htm. http://www.wto.org/spanish/docs_s/legal_s/04-
wto_s.htm

http://www.wipo.int/treaties/es/ip/wct/trtdocs_w0033.
html

http://www.tuobra.unam.mx/publicadas/040219212417.
html

http://www.tuobra.unam.mx/publicadas/040219212417.
html

http://www.wto.org/spanish/docs_s/legal_s/27-trips_02
_s.htm

http://209.85.165.104/search?q=cache:2srOolsKB5YJ:www
.un.org/spanish/aboutun/hrights.htm+Declaraci%C3%B3n+Un
iversal+de+los+Derechos+Humanos&hl=es&ct=clnk&cd=1&gl
=ve&lr=lang_es

http://www.unhchr.ch/spanish/html/menu3/b/a_ccpr_
sp.htm

http://constitucion.rediris.es/legis/1950/tr1950-11-04_ ro
ma.html

http://es.wikipedia.org/wiki/Parodia

http://www.copyright.gov/title17/92chap1.html#107

http://www.copyright.gov/fls/f1102.html

http://www.copyright.gov/fls/f1102.html

http://www.copyright.gov/fls/f1102.html

http://www.wipo.int/treaties/es/

http://www.wipo.int/export/sites/www/treaties/es/ip/berne/pdf/trtdocs_w0001.pdf

http://es.wikipedia.org/wiki/Convenci%C3%B3n_de_Viena_sobre_el_Derecho_de_los_Tratados_celebrados_entre_Estados_y_Organizaciones_Internacionales_o_entre_Organizaciones_Internacionales

http://www.derechos.org/nizkor/ley/viena.html

http://www.wipo.int/export/sites/www/treaties/es/ip/berne/pdf/trtdocs_w0001.pdf

http://portal.unesco.org/es/ev.php-URL_ID=15241&URL_DO=DO_TOPIC&URL_SECTION=201.html

http://www.wipo.int/export/sites/www/treaties/es/ip/rome/pdf/trtdocs_w0024.pd

http://www.wto.org/spanish/docs_s/legal_s/27-trips_03_s.htm

http://www.wto.org/spanish/tratop_s/dispu_s/cases_s/ds160_s.htm

http://portal.unesco.org/culture/es/ev.php-URL_ID=10018&URL_DO=DO_TOPIC&URL_SECTION=201.html

http://www.wipo.int/export/sites/www/treaties/es/ip/wct/pdf/trtdocs_w0033.pdf

http://www.wipo.int/export/sites/www/treaties/es/ip/wppt/pdf/trtdocs_w0034.pdf

http://www.cedro.org/Files/Boletin24FORO.pdf

http://eur-lex.europa.eu/LexUriServ/LexUriServ.do?uri=CELEX:32001L0029:ES:NOT

CAPÍTULO II

http://servicio.cid.uc.edu.ve/derecho/revista/idc26/26-3.pdf

http://www.jueces.org.ve/manual/lecturas/faundez.pdf

http://www.intercodex.com/ficharticulo.php?ID=13

http://www.iidautor.org/documents/doctrina/2006/antequera.pdf

http://es.wikipedia.org/wiki/Contrato_social

http://mexico.cnn.com/tecnologia/2011/06/08/la-onu-declara-el-acceso-a-internet-como-un-derecho-humano

http://www.un.org/es/documents/udhr/index.shtml

http://dhpedia.wikispaces.com/Proclamaci%C3%B3n+de+Teher%C3%A1n

http://www2.0hchr.org/spanish/law/ccpr.htm

http://www.acnur.org/biblioteca/pdf/0014.pdf

http://www.oas.org/juridico/spanish/tratados/b-32.html

http://www.corteidh.or.cr/docs/opiniones/seriea_10_esp1.pdf

http://www.oas.org/OASpage/esp/Documentos/Carta_Democratica.htm

http://www.acnur.org/biblioteca/pdf/4534.pdf

http://www.echr.coe.int/NR/rdonlyres/1101E77A-C8E1-493F-809D-800CBD20E595/0/ESP_CONV.pdf

http://www.cinu.org.mx/onu/documentos/dudh.htm

http://www.oas.org/juridico/spanish/tratados/b-32.html

http://www.oas.org/juridico/spanish/tratados/b-32. html

http://www.aclufl.org/spanish/derechosCiviles/index/cfm

http://portal.unesco.org/es/ev.php-URL_ID=13147&URL_DO=DO_TOPIC&URL_SECTION=201.html.

http://209.85.165.104/search?q=cache:TmkNLjb9cd4J:www.cidh.oas.org/Basicos/Basicos1.htm+%E2%80%9CDeclaraci%C3%B3n+Americana+de+los+Derechos+y+Deberes+del+Hombre%E2%80%9D&hl=es&ct=clnk&cd=1&gl=ve&lr=lang_es

http://209.85.165.104/search?q=cache:6F4HVQKDNDwJ:www1.umn.edu/humanrts/iachr/B/10-esp-5.html+Estatuto+de+la+Declaraci%C3%B3n+Americana+de+los+Derechos+y+Deberes+del+Hombre%E2%80%9D&hl=es&ct=clnk&cd=3&gl=ve&lr=lang_es

http://www.cidh.oas.org/Basicos/Basicos9.htm

http://portal.unesco.org/culture/es/files/32622/11718944031ucc_study_sp.pdf/ucc_study_sp.pdf

http://209.85.165.104/search?q=cache:qYtTNAOCTnEJ:www.unhchr.ch/spanish/html/menu3/b/a_cescr_sp.htm+%E2%80%9CPacto+Internacional+de+Derechos+Econ%C3%B3micos,+Sociales+y+Culturales%E2%80%9D&hl=es&ct=clnk&cd=1&gl=ve&lr=lang_es

http://www.ohchr.org/spanish/law/cerd.htm

http://shr.aaas.org/article15/Reference_Materials/E-CN_4-SUB_2-RES-2000-7-2_Sp.pdf

http://209.85.165.104/search?q=cache:G5da14gjlEEJ:www.oas.org/juridico/spanish/tratados/b-32.html+%E2%80%9CConvenci%C3%B3n+Americana+sobre+Derechos+Humanos%E2%80%9D&hl=es&ct=clnk&cd=1&gl=ve&lr=lang_es

http://www.oas.org/juridico/spanish/tratados/a-52.html

http://72.14.209.104/search?q=cache:iymI3J4XJeAJ:www.c
idh.oas.org/Basicos/Basicos2.htm+%E2%80%9CConvenci%C3%
B3n+Americana+sobre+Derechos+Humanos%E2%80%9D&hl=e
s&ct=clnk&cd=3&gl=ve&lr=lang_es

http://www.oas.org/juridico/spanish/firmas/b-32.html

http://www.corteidh.or.cr/docs/casos/articulos/seriec_1
35_esp.pdf

http://www.echr.coe.int/NR/rdonlyres/1101E77A-C8E1-
493F-809D-800CBD20E595/0/ESP_CONV.pdf

http://www.europarl.europa.eu/charter/pdf/text_es.pdf

http://www.europarl.europa.eu/charter/pdf/04473_es.
pdf

http://portal.unesco.org/culture/es/ev.php-URL_ID= 112
81 &URL_DO=DO_TOPIC&URL_SECTION=201.html

http://portal.unesco.org/culture/es/ev.php-URL_ID= 112
81&URL_DO=DO_TOPIC&URL_SECTION=201.html

http://www.unesco.org/new/es/culture/themes/cultu-
ral-diversity/2005-convention/the-convention/convention-
text/#I

http://www.un.org/es/documents/udhr/index.shtml

http://www.un.org/spanish/largerfreedom/statement.
html

http://unesdoc.unesco.org/images/0012/001255/125505s.
pdf

CAPÍTULO III

http://es.wikisource.org/wiki/Constituci%C3%B3n_del_
Reino_de_Dinamarca

http://www.eft.com.ar/legislac/constit/grecia.htm

http://www.wipo.int/wipolex/es/text.jsp?file_id=179476

http://html.rincondelvago.com/constitucion-de-suecia-de-1976.html

http://www.lexjuris.com/lexuscon.htm

http://www.italianoinfamiglia.it/documenti/costituzione-in-spagnolo.pdf

http://www.buenos-aires.diplo.de/contentblob /2227504 /Daten/375140/Grundgesetz_Download.pdf

http://www.significadolegal.com/2009/07/de-lege-feren da. html

http://noticias.juridicas.com/base_datos/Admin/constitu cion.t1.html#

http://www.wipo.int/export/sites/www/treaties/es/ip/ berne/pdf/trtdocs_w0001.pdf

http://www.uclm.es/profesorado/jjmarin/tema_1.doc

http://www.google.co.ve/url?sa=t&rct=j&q=&esrc=s&so urce=web&cd=2&sqi=2&ved=0CCwQFjAB&url=http%3A%2F %2Fwww.uclm.es%2Fprofesorado%2Fjjmarin%2Ftema_1.doc&e i=suhwT7uu07LE0AHGxNHXBg&usg=AFQjCNH4hGu_CZzH GU7U56mYwJQ50tR_CQ&sig2=LhlBZWl-tbjvoWihsOA-gg

http://www.google.co.ve/url?sa=t&rct=j&q=&esrc=s&so urce=web&cd=2&sqi=2&ved=0CCwQFjAB&url=http%3A%2F %2Fwww.uclm.es%2Fprofesorado%2Fjjmarin%2Ftema_1.doc&e i=suhwT7uu07LE0AHGxNHXBg&usg=AFQjCNH4hGu_CZzH GU7U56mYwJQ50tR_CQ&sig2=LhlBZWl-tbjvoWihsOA-gg

http://derecho-internet.org/node/365

http://es.wikisource.org/wiki/Constituci%C3%B3n_espa %C3%B10la_de_1978

http://www.popjuris.com/diccionario/definicion-de-obi ter-dictum/

http://www.juridicas.unam.mx/publica/librev/rev/derp
riv/cont/8/dtr/dtr4.pdf

http://www.aladda.org/docs/06Barcelona/Quest_Espana
_es.pdf

http://vlex.com/vid/integridad-obra-artistica-262470

http://www.aladda.org/docs/06Barcelona/Quest_Espana
_es.pdf

http://www.ucm.es/info/multidoc/multidoc/revista/nu
m8/gaspar.html

http://noticias.juridicas.com/base_datos/Admin/rdleg1-
1996.11t1.html

http://elpais.com/diario/1987/02/24/cultura/541119612
_850215.html

http://noticias.juridicas.com/base_datos/Admin/constitu
cion.t1.html#a53

http://www.cerlalc.org/derechoenlinea/dar/index.php?
mode=archivo&id=57

http://noticias.juridicas.com/base_datos/Admin/constitu
cion.t1.html#

http://www.boe.es/boe/dias/1994/05/31/pdfs/T00040-
00070.pdf

http://www.ucm.es/info/nomadas/24/hectorpe%F1aran
da.pdf

https://www.boe.es/buscar/act.php?id=BOE-A-1982-111
96

http://www.tribunalconstitucional.es/fr/jurisprudencia/
Pages/Sentencia.aspx?cod=15730

CAPÍTULO IV

http://bib.cervantesvirtual.com/servlet/SirveObras/01371
185899054889650035/index.htm

http://tierra.free-people.net/paises/banderas-paises-lati
noamericanos.php

http://pdba.georgetown.edu/Constitutions/Bolivia/boliv
ia09.html

http://pdba.georgetown.edu/Constitutions/Brazil/esp88.
html#mozTocId668348

http://www.cerlalc.org/derechoenlinea/dar/leyes_regla
mentos/Brasil/Ley_9610.htm

http://www.leychile.cl/Navegar?idNorma=242302

http://es.wikipedia.org/wiki/Constituci%C3%B3n_Pol%
C3%ADtica_de_la_Rep%C3%BAblica_de_Chile_de_1980#La_Co
nstituci.C3.B3n_dentro_de_la_Transici.C3.B3n

http://www.cerlalc.org/derechoenlinea/dar/leyes_regla
mentos/Chile/Ley_17336.htm

http://www.bcn.cl/carpeta_temas/temas_portada.2005-
10-24.0525136469/folder.2005-10-
24.4238162177/Recurso%20de%20Proteccion.pdf

http://www.secretariasenado.gov.co/senado/basedoc/cp
/constitucion_politica_1991.html

http://www.derechodeautor.gov.co/documents/10181/2
16830/Corte+Constitucional%2C%20Sala+Plena%2C%20Sentenc
ia+del+20+junio+de+1996%2C%20C-276-96.pdf/a2fdc738-d311-
4f19-916a-ebb0a303277f

http://www.derechodeautor.gov.co/documents/10181/2
16830/Corte+Constitucional%2C%20Sala+Plena%2C%20Sentenc
ia+del+28+de+abril+de+1998%2C%20C-155-98.pdf/08b6ea55-
150c-42eb-a25f-2f1987080ace

http://www.cecolda.org.co/index.php/derecho-de-autor
/normas-y-jurisprudencia/jurisprudencia/109-c-1490-de-no
viembre-2-de-2000-bloque-de-constitucionalidad-y-la-proteccion-
del-software-por-la-ley

http://www.cecolda.org.co/index.php/derecho-de-autor/normas-y-jurisprudencia/jurisprudencia/109-c-1490-de-noviembre-2-de-2000-bloque-de-constitucionalidad-y-la-proteccion-del-software-por-la-ley

http://pdba.georgetown.edu/Constitutions/Colombia/c0191.html

http://www.secretariasenado.gov.co/senado/basedoc/cp/constitucion_politica_1991.html

http://bib.cervantesvirtual.com/servlet/SirveObras/12048752021207172976624/p0000001.htm#I_1_

http://pdba.georgetown.edu/Constitutions/Cuba/cuba.html

http://www.cerlalc.org/derechoenlinea/dar/leyes_reglamentos/Cuba/Ley_14.htm

http://pdba.georgetown.edu/Constitutions/Ecuador/ecuador08.html

http://www.cerlalc.org/derechoenlinea/dar/leyes_reglamentos/Ecuador/Ley_83.htm

http://pdba.georgetown.edu/Constitutions/ElSal/ElSa183.html

http://bib.cervantesvirtual.com/servlet/SirveObras/01477394433725584232268/p0000001.htm#I_1_

http://noticias.juridicas.com/base_datos/Admin/constitucion.t1.html#

http://dat.etsit.upm.es/~mmonjas/politica/ce.html

http://pdba.georgetown.edu/Constitutions/Guate/guate93.html

http://pdba.georgetown.edu/Constitutions/Honduras/vigente.html

http://clubensayos.com/Temas-Variados/El-Amparo-Y-El-Habeas/21060.html

http://pdba.georgetown.edu/Constitutions/Mexico/mexic01917.html

http://es.wikipedia.org/wiki/Recurso_de_Amparo

http://es.wikipedia.org/wiki/Juicio_de_amparo

http://pdba.georgetown.edu/Constitutions/Nica/nica87.html

http://es.wikisource.org/wiki/Constituci%C3%B3n_de_Panam%C3%A1_%282004%29

http://pdba.georgetown.edu/Constitutions/Paraguay/para1992.html

http://pdba.georgetown.edu/Constitutions/Peru/per93reforms.html

http://www.wipo.int/wipolex/es/text.jsp?file_id=179476

http://es.wikipedia.org/wiki/Constituci%C3%B3n_portuguesa_de_1976

http://es.wikipedia.org/wiki/Constituci%C3%B3n_portuguesa_de_1826

http://www.wipo.int/wipolex/es/details.jsp?id=7793

http://www.lexjuris.com/lexprcont.htm

http://www.wipo.int/wipolex/es/details.jsp?id=5405

http://noticiasmicrojuris.files.wordpress.com/2012/03/1_55_12.doc

http://www.cerlalc.org/derechoenlinea/dar/index.php?mode=archivo&id=92

http://www.wipo.int/wipolex/es/text.jsp?file_id=229500

http://www.cerlalc.org/derechoenlinea/dar/leyes_reglamentos/Uruguay/Uruguay.htm

http://pdba.georgetown.edu/Constitutions/Venezuela/ven1999.html

ÍNDICE

CAPÍTULO I
EL DERECHO DE AUTOR

CAPÍTULO II

LOS DERECHOS HUMANOS Y EL DERECHO DE AUTOR

CAPÍTULO III

CONSAGRACIÓN CONSTITUCIONAL DEL DERECHO DE AUTOR (I). LA CONSTITUCIÓN ESPAÑOLA DE 1978

CAPÍTULO IV

CONSAGRACIÓN CONSTITUCIONAL DEL DERECHO DE AUTOR (II). CONSTITUCIONES DE PAÍSES IBEROAMERICANOS

A MODO DE CONCLUSIÓN